ÉVELYNE LEVER

Madame de Pompadour

PERRIN

ISBN : 2-262-01225-3

Pour M. B. L.

1

La mort d'une favorite

La Cour est en émoi, Louis XV au désespoir. A Paris, dans son hôtel de la rue du Bac, Mme de Châteauroux se meurt. Depuis que l'état de sa maîtresse est devenu critique, le roi a renoncé à paraître en public. Confiné dans ses petits cabinets, il vit suspendu aux nouvelles. Les ducs d'Ayen [1] et de Luxembourg [2] se relaient avec le marquis de Gontaut [3] pour lui donner les derniers bulletins de santé ; de l'antichambre de la malade où il s'est installé, le banquier Pâris de Montmartel lui envoie quatre courriers par jour. Mais les messages sont de plus en plus alarmants et les messes que fait célébrer le souverain n'auront pas le mérite qu'il faut pour attirer quelque grâce d'En Haut. Le 7 décembre 1744, alors que Mme de Châteauroux reçoit

1. Louis de Noailles, duc d'Ayen (1713-1793), brigadier des armées du roi, en 1740, lieutenant général en 1748, maréchal de France en 1775, épousa en 1737 Catherine de Cossé-Brissac.

2. Charles Louis de Montmorency, duc de Luxembourg, capitaine des gardes du corps, maréchal de France.

3. Charles Antoine de Gontaut, comte de Biron, puis duc de Gontaut (1708-1800), frère cadet de Louis Antoine, maréchal duc de Biron (1700-1788). Charles Antoine avait épousé Antoinette Eustachie Crozat du Châtel, petite-fille de Crozat du Châtel, trésorier général du clergé, dit « le pauvre » par comparaison avec son oncle Crozat, receveur général des Finances de Bordeaux, dit « le riche ». De ce mariage est né le célèbre duc de Lauzun.

les derniers sacrements, il quitte discrètement Versailles pour le château de La Muette, à l'orée du bois de Boulogne. C'est là qu'il apprend, le lendemain matin, la fatale nouvelle. Il a demandé de n'être dérangé qu'en cas d'extrême urgence. Seuls quelques intimes ont reçu l'ordre de le rejoindre.

Depuis son enfance, le roi était obsédé par la mort. N'avait-elle pas enlevé prématurément tous les mâles de la famille royale pour le désigner, lui, fragile prince de deux ans, comme successeur au plus prestigieux des monarques [1] ? En 1715, lorsque s'éteignit le Roi-Soleil, son arrière-grand-père, il monta sur le trône sous le nom de Louis XV. Il n'avait que cinq ans, mais la sollicitude inquiète dont on l'entoura lui fit bientôt prendre conscience de sa toute-puissance et de sa vulnérabilité. On tremblait pour ses jours au moindre rhume et on l'éleva dans la crainte du diable et de l'enfer. Ainsi se familiarisa-t-il, très jeune, avec l'idée de sa fin dernière qu'il se plaisait à évoquer, peut-être pour mieux la conjurer. Il parlait souvent de la mort, des mourants et des châtiments de l'autre monde. Un jour, il répondit au duc de Luynes, qui lui conseillait de chasser de telles images de son esprit : « Pourquoi donc ? Ne faut-il pas que ce moment arrive [2] ? »

La brutale disparition de Mme de Châteauroux ravive d'anciennes souffrances chez ce grand mélancolique. Comment ne lui rappellerait-elle pas celle de Mme de Vintimille, sa précédente maîtresse, qui n'a pas survécu à un accouchement, le 9 septembre 1741 ? Terrassé par ce coup du sort, il

1. En 1711, le Grand Dauphin, fils unique de Louis XIV, avait succombé à la petite vérole. L'année suivante, le duc de Bourgogne, son fils aîné, devenu dauphin à son tour, mourut des suites d'une rougeole pourprée, tout comme sa femme dont il avait sans doute contracté la maladie. Ils laissaient deux enfants mâles : le premier suivit de près ses parents dans la tombe ; le second était le futur Louis XV. C'est sa gouvernante, Mme de Ventadour, qui lui sauva la vie, en le soustrayant aux soins des médecins.

2. Duc de Richelieu, *Mémoires*, éd. Barrière, t. I, p. 331.

avait alors refusé de voir qui que ce fût pendant une journée et s'était réfugié à Saint-Léger, chez la comtesse de Toulouse, sa confidente. Aujourd'hui, dans sa retraite de La Muette, il demeure triste et abattu, mange à peine et ne trouve de réconfort qu'en la compagnie de quatre ou cinq personnes proches de Mme de Châteauroux. Les jours se suivent, lourds de tristesse. Cependant, il faut bientôt rompre cet isolement et regagner Versailles. C'est un souverain pâle et amaigri qui s'installe, le 14 décembre, non au château, mais à Trianon pour mieux se protéger contre ses inévitables obligations.

Toujours « fort occupé de sa douleur [1] », il se lève à 10 heures ou 10 heures et demie, entend la messe, préside le Conseil ou s'entretient avec ses ministres jusqu'à 2 heures. Il dîne alors, sans le moindre appétit, avec les familiers qui ne le quittent pas depuis la mort de Mme de Châteauroux. Après le repas, on se lance dans quelques languissantes parties de quadrille jusqu'à ce que le roi sorte se promener dans le jardin attenant à son appartement. Vers 6 heures, il se retire pour travailler jusqu'au souper, à 9 heures, en présence des mêmes invités qu'au dîner. La conversation se poursuit jusqu'à 2 heures du matin [2]. Il faut beaucoup de tact pour l'animer car les dernières nouvelles ne sont guère réjouissantes : Mme de Ventadour, qui avait tenu lieu de mère au souverain, vient de mourir. Elle avait quatre-vingt-douze ans et le roi lui avait toujours manifesté beaucoup d'affection.

Louis XV ne consentit à revenir dans ses appartements que pour Noël. Il paraissait inconsolable et la nouvelle année commença aussi tristement que celle qui s'achevait. Respectant la douleur de leur maître, les courtisans s'ennuyaient élégamment à Versailles, mais s'amusaient à Paris. Au reste, les langues allaient bon train depuis la mort de la favorite. La soudaineté et la violence de sa maladie

1. Duc de Croÿ, *Journal inédit*, t. 1, p. 51
2. Duc de Luynes, *Mémoires*, t. VI, p. 188-189

avaient tout d'abord jeté quelque effroi. Comme d'habitude, à l'occasion d'un décès foudroyant et inexpliqué, tout le monde parla de poison. Les uns y croyaient, les autres en doutaient, mais on pleura peu Mme de Châteauroux qui n'était guère aimée. Oserait-on dire qu'on se réjouit de sa dispartion ? A la Cour, les morts ont toujours tort. On les oublie vite. Ils laissent une place vacante. Et celle de maîtresse en titre est la plus convoitée de toutes. On ne peut rêver plus grand honneur que d'être aimée du roi ; et ce monarque, dans tout l'éclat de sa trente-cinquième année, passe pour le plus bel homme de son royaume. Couvert de gloire, adoré de ses sujets qui l'ont surnommé le Bien-Aimé, il fait vibrer bien des cœurs, tout en excitant les plus folles ambitions. L'élue de cet homme placé au-dessus des mortels ne tirera pas seulement gloire et plaisir de son élévation, elle pourra obtenir pour elle, pour sa famille et ses inévitables protégés toutes les grâces imaginables : nominations aux postes les plus enviables, pensions, gratifications de toutes sortes... Elle pourra peut-être plus encore : s'emparer de l'esprit du roi pour lui inspirer des décisions capitales. L'élévation d'une favorite entraînant celle de sa parentèle, les clans de la Cour sont alors sur le qui-vive. Chacun a sa candidate, car il est impossible de parvenir à la conquête du roi sans le soutien d'un puissant *lobby*, autrement dit d'une cabale bien organisée, reposant sur une alliance de lignages unissant et défendant leurs intérêts.

Louis XV n'est pas Louis XIV. Il ne choisit pas ses maîtresses. Il attend d'être conquis et fait preuve à l'égard du beau sexe de plus de timidité et de méfiance qu'on ne pourrait l'imaginer. Le cardinal Fleury l'a mis en garde contre ces dangereuses tentatrices qui entraînent les hommes – et particulièrement les rois – dans le péché. Adolescent raisonnable et soumis aux vœux de son ancien précepteur devenu Premier ministre, marié à 15 ans pour assurer la postérité de la dynastie, il s'est tout d'abord montré un époux fidèle à la pieuse Marie Leszczinska. Cette modeste princesse polonaise, de sept ans son aînée, lui a voué un amour sans partage. Elle l'idolâtre et lui parle d'un ton humble et soumis. Régulièrement enceinte, elle lui a donné deux fils dont un seul a survécu, le dauphin Louis Ferdinand, et huit filles dont six [1] atteindront l'âge adulte. Mais après quelques années d'une vie conjugale assez terne, le roi a voulu connnaître d'autres plaisirs. Fatiguée par ses maternités successives, son épouse ne se donnait plus qu'à regret et osait même reprocher à son mari de sentir le vin de champagne lorsqu'il la rejoignait dans son lit où elle reposait, enfouie sous un amoncellement d'édredons.

Bachelier et Le Bel, les fidèles valets de chambre du roi, lui procurèrent, en secret, quelques maîtresses passagères dont il se laissa caresser sans qu'il eût à s'engager. Mais ces passades ne lui suffisaient plus. Il s'ennuyait. Les joyeux compagnons de ses soupers nocturnes le pressaient de prendre une favorite. Le vertueux cardinal Fleury dut se rendre à la réalité. Mais afin d'éviter que le choix du souverain (ou celui de ses amis) ne se portât sur une ambitieuse susceptible d'exercer quelque influence, il se chargea de trouver, lui-même, celle qui convenait le mieux à ses vues. C'est lui qui demanda à Bachelier et à Le Bel de favoriser l'intrigue qui devait mettre Mme de Mailly dans le lit du roi. Douce et réservée, sans être belle, elle était fort élégante et savait mettre en valeur les quelques avantages que la nature lui avait donnés. Et surtout, elle aimait le roi d'un amour éperdu, où l'ambition n'avait aucune part. Elle ne lui demanda jamais rien, ni pour elle-même ni pour les autres. Leur liaison, tenue secrète pendant trois ans, devint officielle en 1735 après que le roi eut renoncé à tout jamais « à demander le devoir » à la reine qui s'était refusée à lui.

1. Des jumelles, nées le 14 août 1727, Louise Elisabeth, future duchesse de Parme, dite Madame Première et Anne Henriette, dite Madame Seconde ; Marie-Adélaïde, née le 23 mars 1732 ; Marie-Louise Thérèse Victoire née le 11 mai 1733 ; Sophie Elisabeth Justine née le 17 juillet 1734 ; Louise-Marie, née le 15 juillet 1737

Eloignée de toute intrigue, Mme de Mailly restait en extase devant le souverain qui lui témoignait régulièrement sa flamme, malgré les scrupules religieux qui l'assaillaient parfois. Louis XV paraissait heureux et Fleury était satisfait d'un plan qui n'entravait pas la marche du gouvernement. Il ne tarda pas à déchanter. Fille du marquis de Nesle, Mme de Mailly avait plusieurs sœurs qui ne lui ressemblaient guère. En toute innocence, elle céda aux instances de Mlle de Nesle, sa cadette, qui était encore au couvent. Elle la fit venir à Versailles, ignorant que cette jeune personne fière et hardie avait formé le projet de la remplacer auprès du roi, de chasser le cardinal-ministre et de régner dans l'ombre du monarque. Ambitieuse, intelligente, elle séduisit Louis XV avec ses reparties mordantes. Il s'amusait avec elle. Bien qu'elle fût loin d'être belle, il en tomba amoureux et en fit sa maîtresse, sans cesser d'honorer sa sœur aînée. Lorsque Mlle de Nesle tomba enceinte de ses œuvres, il la maria sans plus attendre au complaisant marquis de Vintimille. L'idylle fut, on s'en souvient, de courte durée, et le roi revint à Mme de Mailly, l'installa dans un appartement secret aménagé au-dessus du sien et leur liaison se poursuivit. Tristement. Mme de Mailly ne parvenait plus à égayer les petits soupers des cabinets. Elle pleurait souvent, le roi aussi. Lorsqu'il partageait son lit, il se levait parfois la nuit pour réciter un acte de contrition, avant de se recoucher à côté de sa maîtresse, parée comme une châsse, car elle ne dormait jamais sans ses bijoux. Comme toujours, Versailles avait l'humeur du maître et les courtisans, prévoyant déjà la fin de cette liaison, intriguaient pour donner une nouvelle favorite au souverain. « Qui est-ce qui va s'emparer de l'esprit du roi ? Dans quels bras tombera-t-il ? Car il faut qu'il tombe quelque part ; je n'en sais rien et cela m'inquiète [1] », se demandait alors le duc de Richelieu. Né en 1696, ce grand seigneur libertin était, pour le roi, un irremplaçable

1. Duchesse de Brancas, *Mémoires*, p. 64-65.

compagnon de plaisirs. Mais il ne voulait pas se contenter d'être le ministre de ses amours. Il attendait beaucoup plus du souverain, dont il devinait les faiblesses. Il rêvait tout simplement de succéder à Fleury, lequel approchait allégrement de ses quatre-vingt-dix ans.

En septembre 1742, l'arrivée des trois dernières sœurs de Mme de Mailly ranima les espoirs d'une Cour qui s'enlisait dans l'ennui. La beauté des deux plus jeunes, Mme de Flavacourt et Mme de La Tournelle, frappa d'emblée Louis XV. Mais à sa grande surprise, ni l'une ni l'autre ne se risquèrent à lui faire des avances. Mme de Flavacourt n'avait aucune intention de tromper un mari jaloux; quant à Mme de La Tournelle, libre de tous liens conjugaux depuis son récent veuvage, on la savait fort éprise du duc d'Agenois. Elle venait d'obtenir la charge de dame du palais de la reine et ne briguait pas d'autre faveur. Bien qu'il ne se déclarât pas, le roi n'avait d'yeux que pour elle.

Pour assouvir ses ambitions, Richelieu avait besoin d'avoir auprès du monarque une femme qui lui fût dévouée. L'ambitieuse et intelligente Mme de La Tournelle, qui était sa parente, possédait, à ses yeux, toutes les qualités de la favorite idéale. Aussi décida-t-il de prendre l'affaire en main. Il lui fallait convaincre le roi de se montrer pressant avec la jeune femme et de mettre fin à sa liaison avec le duc d'Agenois. Suivant les conseils de son mentor, Louis XV expédia le séduisant gentilhomme en Languedoc. Pendant plusieurs jours, la Cour fut aux aguets. On voyait fréquemment Richelieu sortir de chez le roi pour se rendre aussitôt après chez Mme de La Tournelle et ensuite chez Mme de Mailly. Pressentant le sort qui l'attendait, la malheureuse pleurait beaucoup. Excédé par ses larmes, le roi lui dit assez brutalement : « Je vous ai promis de vous parler naturellement. Je suis amoureux fou de Mme de La Tournelle; je ne l'ai pas encore, mais je l'aurai [1]. » Cependant la coquette se

1. Luynes, *op. cit.*, t. IV, p. 267.

faisait prier. N'y tenant plus, Richelieu parla fermement au roi : « Belle comme les amours, elle doit être une conquête. Vos généraux ne feront pas cette conquête pour vous. Elle ne sera point conquise si vous ne la conquérez pas. Assurément vos pareils ont des avantages, mais le plus grand, en amour, est d'être jeune et beau comme Votre Majesté et surtout d'être aimable. François Ier, Henri IV, Louis XIV se donnèrent la peine de plaire. Cela devrait coûter moins à Votre Majesté qu'à personne. Une maîtresse n'est point un portefeuille et si vos ministres vous apportent le leur à votre Conseil, je doute fort qu'ils puissent mettre Mme de La Tournelle dans vos bras. Il faut lui plaire et commencer par dire que vous en êtes épris [1]. » Le roi écouta son maître en libertinage, qui lui ménagea des entrevues secrètes, sous le couvert d'un déguisement, avec celle qu'il convoitait. Mme de La Tournelle se fit longtemps désirer et posa ses conditions. A l'instar de Mme de Montespan, elle voulait être « maîtresse déclarée » et que le roi tînt sa cour chez elle. Elle exigeait, en outre, que la pauvre Mailly quittât définitivement Versailles. Louis XV céda sur tous les points et, au début du mois de décembre 1742, il put jouir de ses nouveaux droits d'amant. Richelieu triomphait. Comme Mme de La Tournelle n'aimait pas le roi qui en semblait fort épris, son crédit risquait d'être d'autant plus éclatant.

La passion de Louis XV ne se démentit point. Au mois d'octobre 1743, Mme de La Tournelle reçut le duché-pairie de Châteauroux, d'un revenu annuel de 86 000 livres. Avec la nouvelle duchesse, qui était aussi belle que spirituelle, la gaieté était revenue à Versailles. La tristesse du roi avait disparu comme par enchantement et Louis XV se laissait aller aux délices de ses nouvelles amours. Sa maîtresse présidait les soupers des petits cabinets avec grâce. Autour du monarque et de sa favorite s'était formé un cercle intime libre et galant, où l'on rencontrait la princesse de Conti

1. Duchesse de Brancas, *op. cit*, p. 71

Mlle de Charolais, Mlle de La Roche-sur-Yon, Mme d'Antin et quelques seigneurs aux mœurs légères dont Richelieu était le maître. « Chef des gens à la mode [1] », il espérait encore jouer un rôle de premier plan, bien que le roi ne lui eût pas donné la place de Fleury, mort le 29 janvier 1743. Mais la déception n'avait pas été trop rude, car Louis XV avait décidé de se passer de Premier ministre et de gouverner lui-même. Richelieu se consolait avec la charge de premier gentilhomme de la chambre, qui lui donnait la haute main sur l'organisation des fêtes et des spectacles de la Cour.

Depuis qu'elle était duchesse, Mme de Châteauroux avait pris des airs de hauteur qui la rendaient insupportable, en particulier à la reine. Elle aimait tout ce qui était magnifique et cherchait les parures susceptibles de rehausser son éclat. Le roi, qui lui passait tous ses caprices, l'appelait *Princesse.* Seule ombre au tableau, elle devait supporter le goût de son royal amant pour l'une de ses sœurs, la grosse Mme de Lauraguais qui n'avait apparemment rien de séduisant. Mais tel était le roi et il fallait bien subir ses fantaisies sans broncher.

Rêvant de gloire pour le souverain, Mme de Châteauroux commençait à se mêler de politique. Elle s'était attachée à deux ministres, Orry, le contrôleur général des Finances et le comte d'Argenson qui dirigeait le département de la Guerre. Elle convainquit bientôt le monarque de se mettre à la tête des armées pour la prochaine campagne. Cette décision valut à Louis XV une considérable popularité. Mais après son départ, elle usa de mille ruses pour le rejoindre, accompagnée de Mme de Lauraguais, de la princesse de Conti, de la duchesse de Chartres et de quelques autres dames, ravies de s'échapper de la Cour privée de son maître et désertée par les plus fringants gentilshommes. Le voyage de ces charmantes personnes fit scandale partout où elles passèrent. Fort heureux de ces

1. Duclos, *Mémoires secrets*, t. II, p. 38.

retrouvailles imprévues, Louis XV partagea son temps entre Mars et Vénus.

Il filait le parfait amour lorsqu'il fut terrassé par une fièvre maligne à Metz, au début du mois d'août 1744. Les médecins affolés le crurent perdu et les autorités ecclésiastiques jugèrent nécessaire de lui administrer les derniers sacrements. Mais l'évêque de Soissons, Mgr de Fitz-James, exigea du souverain une cérémonie publique de repentir, précédée du renvoi de Mmes de Châteauroux et de Lauraguais qui n'avaient pas quitté sa chambre depuis le début de sa maladie. Le monarque dut s'y résoudre. Après que les deux dames eurent traversé la ville dans une voiture fermée, sous les huées de la foule, le souverain fit publiquement amende honorable pour sa conduite passée. Il demanda pardon à la reine, accourue en toute hâte, des peines qu'avait pu lui causer le scandale de sa vie privée. Le clergé et les dévots l'emportaient. Louis XV était encore trop faible pour s'en rendre compte.

La maladie du souverain bouleversa la France entière. On arrêtait les courriers pour connaître les dernières nouvelles. On les embrassait quand elles étaient bonnes. On se taisait lorsqu'elles étaient mauvaises. On courait en foule dans les églises, on disait des neuvaines, on faisait des processions pour que le Bien-Aimé recouvrât la santé. La grande scène de repentance fit verser bien des larmes. On pardonnait tout au roi, mais la vindicte populaire se porta contre sa maîtresse, comme si elle était responsable de la menace de mort qui pesait sur lui. Après quelques jours d'angoisse, la fièvre tomba. Le roi était sauvé. Trois semaines plus tard, il rejoignit l'armée, avant de rentrer triomphalement dans la capitale.

Humilié par « les scènes de Metz » qu'il ne devait jamais oublier, il voulut rappeler auprès de lui sa favorite qu'on l'avait contraint de répudier. Plus ulcérée par l'affront qu'elle avait subi qu'angoissée de perdre son amant, Mme de Châteauroux avait adressé des lettres véhémentes à

Richelieu, où elle donnait libre cours à sa colère. Elle se terrait chez elle, à Paris, avec Mme de Lauraguais et ruminait des projets de vengeance contre ceux qui avaient forcé le roi à la renvoyer. Lorsqu'elle reçut la lettre du souverain, qui lui demandait de reprendre ses fonctions, elle eut tout juste le temps d'écrire quelques billets à des amis pour leur faire part de son retour en grâce. Quelques heures plus tard, elle était la proie d'une forte fièvre et de maux de tête intolérables. On sait ce qu'il en advint.

Il fallait donc donner une nouvelle maîtresse au roi. Certains pariaient sur l'élévation de la grosse Lauraguais – jusque-là favorite subalterne – au rang de sultane. Elle avait l'avantage sur toutes les autres d'être déjà dans la place. Puisque le roi s'était montré d'une fidélité rare à une même famille, Richelieu et les intimes du roi pensaient que Mme de Flavacourt, la seule des cinq sœurs Nesle à ne pas avoir succombé au charme du souverain, allait finir par lui céder. « Choisir une famille entière, est-ce être infidèle ou constant ? » disait une chanson. Mais la plupart des grands lignages du royaume ambitionnaient de détrôner ces Nesle qui n'avaient que trop bénéficié des faveurs Sa Majesté. La princesse de Rohan, grande, belle et bien faite, espérait attirer les regards du roi. Dans cet espoir, elle sacrifia le duc de Richelieu, son infidèle amant, ainsi que son jeune sigisbée, le marquis de Valfons. Ce dernier lui prédit pourtant qu'elle risquait d'être la dupe de l'intrigue, « car les amis du roi ne voulaient pas d'elle [1] ». Rien ne put cependant « la distraire du désir où la portait l'ambition de voir l'univers à ses pieds [2] ». Comme disait méchamment d'Argenson, les femmes qui veulent devenir maîtresses du roi « croient trouver la gloire dans un putanisme qui fait partie de l'Histoire ». La ravissante duchesse de Rochechouart, veuve depuis un an et qui avait naguère vécu à Rambouillet dans une sorte de familiarité avec le jeune souverain, se mit, elle

1. Marquis de Valfons, *Souvenirs*, p. 130
2. *Ibid.*

aussi, sur les rangs. Sans succès. On disait qu'elle était comme les chevaux de la petite écurie, toujours présentés mais jamais acceptés. Tous les espoirs semblaient permis aux postulantes à la faveur royale. Signe des temps, des bourgeoises et des femmes de financiers, telles que la présidente Portail ou Mme de La Poplinière, osaient briguer l'honneur d'être élues. De telles prétentions faisaient sourire la Cour. On savait bien que partager la couche royale était un privilège aristocratique. Les circonstances semblaient on ne peut plus favorables pour s'emparer de ce cœur tant convoité. Le roi, qui avait bien meilleure figure, préparait avec Richelieu les fêtes du mariage de son fils unique, le dauphin, lequel devait épouser l'infante d'Espagne, Marie-Thérèse Raphaëlle.

2

Madame d'Etiolles

Parmi toutes les femmes parties à la conquête du roi, il en est une qui n'ose encore croire à son bonheur. Elle a tout juste vingt-quatre ans et rayonne d'une éclatante beauté. Grande et bien faite, la taille fine, elle se déplace avec grâce. Auréolé par des cheveux châtain clair, son visage, à l'ovale très pur, garde encore un je ne sais quoi d'enfantin, surtout lorsqu'un sourire découvre ses dents d'une blancheur parfaite et creuse deux fossettes sur ses joues. Personne ne peut échapper à l'envoûtement de son regard gris, tendre et insistant, qui brûle parfois d'un feu incandescent. « Tout homme aurait voulu avoir pour maîtresse [1] » Mme Le Normant d'Etiolles, que reçoit secrètement Louis XV dans ses petits cabinets. Et personne, enfin presque personne ne connaît encore leur secret. Est-ce une simple amourette ou le début d'un grand amour ? Les deux amants ne le savent sans doute pas encore.

Cette ravissante créature, presque inconnue à Versailles, est pourtant l'une des mondaines les plus en vue de la capitale. Elle a subjugué le président Hénault, l'un des fidèles de la reine. L'ayant rencontrée à l'Opéra, trois ans plus tôt, il n'avait pas caché à Mme du Deffand l'admiration qu'elle lui inspirait : « Je trouvai là [à l'Opéra] l'une des plus jolies

1. Dufort de Cheverny, *Mémoires*, éd. Guicciardi, p. 97.

femmes que j'y aie jamais vues : elle sait la musique parfaitement, elle chante avec toute la gaieté et tout le goût possibles, sait cent chansons, joue la comédie à Etiolles sur un théâtre aussi beau que l'Opéra, où il y a des machines et des changements. Paris est admirable pour la diversité des sociétés et pour les amusements sans nombre [1]. »

Douée de tous les talents, Mme d'Etiolles, née Jeanne-Antoinette Poisson, s'est jusque-là comportée fort sagement. Mariée à un financier plein d'avenir, mère d'une petite Alexandrine [2], elle s'est montrée réservée avec ses nombreux soupirants. Elle a toujours prétendu, en riant, qu'elle ne tromperait son époux qu'avec le roi. Appartenant par sa naissance et son mariage au monde de la finance, très méprisé à la Cour, elle avait peu de chance d'entrer dans l'intimité du roi, même si elle avait rêvé, comme tant d'autres, d'être aimée de cet homme jeune, beau et séduisant, qu'on révérait à l'égal d'un demi-dieu. Les insinuations de sa mère et les prédictions d'une voyante avaient cependant entretenu ses désirs les plus fous. L'une avait toujours voulu la persuader qu'elle était un *morceau de roi* et l'autre lui avait annoncé qu'elle deviendrait la maîtresse du souverain. L'anecdote ne relève pas de la légende : une vingtaine d'années plus tard, sentant venir sa dernière heure, elle accordera un legs de 600 livres à la bonne dame, pour la remercier de cet heureux présage [3]. En attendant cet improbable bonheur, elle se tenait tout naturellement au courant de la chronique de la Cour. La chance lui sourit. Elle se fit remarquer du roi lorsqu'il chassait dans la forêt de Sénart,

1. Mme du Deffand, *Correspondance complète*, t. I, p. 70. Lettre du président Hénault à Mme du Deffand, 18 juillet [1742 ?].

2. Le 26 décembre 1741, elle avait mis au monde un garçon, qui ne devait vivre que quelques mois. Sa fille Alexandrine naquit trois ans plus tard, le 10 août 1744 et fut baptisée à l'église Saint-Roch.

3. *Cf.* J.A. Leroi, *Curiosités historiques*, p. 222, *Relevé des dépenses de Mme de Pompadour, d'après les manuscrits des Archives de la préfecture de Seine-et-Oise* : « Pension de 600 livres faite à Mme Lebon, pour avoir prédit à Mme de Pompadour qu'elle serait un jour la maîtresse de Louis XV. »

non loin de son petit château d'Etiolles. Ces jours-là, elle parvenait toujours à se mettre sur son passage, habillée d'une robe d'azur dans un phaéton rose, ou vêtue de rose dans un phaéton bleu. Louis XV avait eu la délicatesse de faire porter chez elle une grande abondance de gibier, un jour où il avait chassé sur ses terres. L'intérêt que la belle châtelaine semblait avoir éveillé chez le souverain inquiéta Mme de Châteauroux. Elle prétendait qu'on « voulait lui donner la petite d'Etiolles ».

La duchesse n'avait pas tout à fait tort. La jeune femme était bel et bien encouragée dans ses fantasmes par les frères Pâris, ses protecteurs, qui étaient tous trois les plus puissants financiers du royaume. Pâris de Montmartel – que d'aucuns prétendaient son père, ce dont nous reparlerons bientôt – était banquier de la Cour. La promotion au rang de maîtresse royale d'une femme de leur milieu eût été le signe d'une ascension irréversible pour le groupe social auquel ils appartenaient, en même temps qu'une source inappréciable de profits. Ils pouvaient ainsi briguer une sorte de mainmise sur le pouvoir. Mais tant que vécut Mme de Châteauroux, avec laquelle ils entretenaient les meilleures relations, il ne fallait pas songer à mettre Mme d'Etiolles dans le lit du roi. C'eût été un pas de clerc. Après la mort de la favorite, la jeune d'Etiolles devait tenter sa chance.

Il est cependant impossible de dire comment la nymphe de la forêt de Sénart tomba dans les bras du roi. Les deux amants ont soigneusement gardé le secret de leurs premières rencontres. Le valet de chambre du dauphin, Binet de Marchais, semble avoir joué les entremetteurs. Cousin de Mme d'Etiolles et connu des Pâris, il parla en faveur de Jeanne-Antoinette au roi. Louis XV avait alors besoin d'être consolé, et redoutait de tomber dans les pièges tendus par les femmes de la Cour. Leurs manèges l'avaient lassé depuis longtemps. Pour rien au monde il n'eût voulu être leur dupe. Il écouta donc Binet avec intérêt, lorsque celui-ci offrit de lui faire rencontrer une femme différente de celles qu'il connaissait, et qui – à ce qu'il prétendait – l'aimait depuis toujours. Le roi accepta cette proposition et c'est sans doute ainsi que Mme d'Etiolles vint discrètement chez lui.

En ce mois de février 1745, on mettait la dernière main aux préparatifs du mariage du dauphin. Comme toujours en de telles circonstances, une série de fêtes étaient prévues à Versailles et à Paris. Le roi invitait aux noces de son fils aussi bien la fine fleur de la noblesse que les représentants de la bourgeoisie parisienne. De son côté, la Ville de Paris conviait la famille royale et la Cour à des divertissements somptueux auxquels participait le peuple. Au nom du roi, le duc de Richelieu avait déjà fait envoyer les invitations pour le bal paré, prévu à 5 heures du soir, le 24, c'est-à-dire le lendemain du mariage princier. Il était précisé que les dames seraient « coiffées en grandes boucles [1] ». Mme d'Etiolles reçut une invitation et dit négligemment au président Hénault que Binet se chargeait de la loger à Versailles.

Il y avait longtemps que les marchands de nouveautés, les modistes et les perruquiers n'avaient fait d'aussi bonnes affaires. Toutes les jolies femmes avaient besoin de leurs soins pour briller d'un éclat sans pareil aux yeux du monarque qu'elles voulaient éblouir. Et jamais celui-ci n'avait paru aussi détendu. A la grande surprise de la reine, le 7 février, il insista pour qu'il y eût bal chez ses filles, lesquelles n'appréciaient pourtant pas ce genre de divertissement. « A leur âge, on aime toujours danser », dit-il gaiement. Et le très sérieux duc de Luynes, à qui l'on doit cette information, raconte que le monarque était allé, quelques jours plus tôt, incognito, à un bal masqué dans la ville de Versailles avec une mystérieuse inconnue. « On a tenu à cette occasion quelques propos soupçonnant qu'il pouvait y avoir quelque projet de galanterie », note-t-il, avant d'ajou-

1. Luynes, *op. cit,* t. VI, p. 302.

ter prudemment qu'il s'agissait là « d'un soupçon léger et peu vraisemblable [1] ». Louis XV prenait des libertés que jamais Louis XIV n'eût osé se permettre. Le 11 au soir, après son coucher officiel, il quitta le château et ne revint qu'au petit matin ; le lendemain soir, il alla encore à un bal masqué dans Versailles et ne regagna sa chambre qu'à 6 heures du matin. Le 14, grimé en paysan (!), on le vit à un nouveau bal, chez ses filles, cette fois.

Cependant l'infante approchait de Versailles, à petites étapes. La famille royale, suivie par une partie de la Cour, se porta au-devant d'elle jusqu'à Sceaux, et le roi l'accueillit à Mondésir, au-delà d'Etampes. Mais on se souciait beaucoup plus des regards du souverain que de la mine de la jeune mariée, laquelle n'éblouit d'ailleurs personne. Rousse, au visage ingrat, elle avait l'air hautain et peu amène, ce qui n'empêcha pas le dauphin, un gros lourdaud assez tartufe, de la trouver fort à son goût. Le 23, jour du mariage, dans la galerie des Glaces brillamment éclairée, au milieu d'une foule silencieuse et respectueuse, se déroula le cortège princier conduit par le roi, qui éclipsait, bien malgré lui, le jeune couple. Le soir, dans la salle du Manège décorée par les Slodtz en 1737, et qui servait aux grands divertissements royaux avant la construction de l'Opéra, on donna *La Princesse de Navarre*, comédie lyrique de Voltaire, dont Rameau avait composé la musique. Ce spectacle ne remporta pas tous les suffrages. Une mauvaise acoustique nuisait à la musique et aux chanteurs. D'aucuns jugèrent le sujet assez maladroit : on rendait plus hommage à la France qu'à l'Espagne. Enfin, le décor représentant la chaîne des Pyrénées s'abaissant pour faire place au Temple de l'Amour parut ridicule. Après le souper, qui réunit la famille royale, on procéda, selon la tradition, au coucher des mariés.

---

1. Luynes, *op. cit.*, t. VI, p. 288.

Le lendemain soir, Mme d'Etiolles était au bal paré, mais personne ne la remarqua lors de cette manifestation officielle où le roi désignait personnellement danseurs et danseuses, tous princes et princesses du sang et membres de la plus ancienne noblesse. On attendait avec impatience le bal masqué de la Cour et celui de la Ville, où l'on comptait véritablement s'amuser. Bien des idylles pouvaient s'y ébaucher.

Le soir du 25 février, la façade du château, côté cour, est illuminée par des milliers de terrines, où brûlent des bougies sans cesse renouvelées. Vers 11 heures et demie, des centaines de carrosses se pressent dans l'avenue de Paris. Le roi et la famille royale, qui ont soupé en grand couvert, se sont retirés dès l'arrivée des premiers convives. Comme on n'a pas donné de billets d'invitation, on laisse entrer tous les masques dans le salon d'Hercule. Mais la cohue est telle que les huissiers sont bientôt débordés. Quinze cents personnes s'entassent, debout ou assises par terre. En attendant le début des réjouissances, on lorgne sur les immenses buffets où s'étalent poissons (régime de carême oblige) et confiseries entre des pyramides d'oranges.

Enfin s'ouvrent les portes de l'appartement royal, laissant paraître la reine, en grand habit de cour, escortée par le dauphin et la dauphine, costumés en berger et en bergère. On se demande où peut bien être le roi lorsque, soudain, huit ifs, taillés à la manière de ceux du parc, font irruption dans la galerie. Sans nul doute le souverain se trouve parmi eux. Mais qui saura le reconnaître ? Un essaim de jolies femmes se déploie aussitôt autour des mystérieuses apparitions. La présidente Portail défaille lorsque l'un des arbustes s'incline devant elle et l'entraîne loin de la foule. Elle se croit sûre du succès. Elle déchantera un peu plus tard, après avoir accordé les dernières faveurs à celui qu'elle aura pris pour Louis XV... Les Cochin, qui immortaliseront la scène, mettront en valeur un if contant fleurette à une belle chasseresse, évident hommage rendu au souverain et à celle dont l'astre sera devenu éclatant [1]. Mais pour l'heure, on se contente d'observer; et ceux qui prononcent à mi-voix le nom de Mme d'Etiolles croient à un simple caprice.

Les jours suivants, on ne revit pas la jeune femme lors des fêtes qui se succédèrent à Versailles, mais le roi était radieux. La vie lui souriait de nouveau et il semble bien qu'il ait couru plusieurs lièvres à la fois. L'abbé de Bernis fait allusion à une charmante jeune fille que le monarque avait remarquée au bal des ifs [2]. N'ayant pas été « dégoûté » d'apprendre que ses parents appartenaient au monde de la finance, il lui avait donné rendez-vous pour le bal de l'Hôtel de Ville, le 28 février. Ne voulant pas manquer la moindre occasion de s'amuser, il était encore allé, à Versailles, à un petit bal masqué, appelé « le bal d'un écu [3] ». Il attendait avec une impatience non dissimulée la soirée parisienne.

Ce soir-là, dimanche gras, Louis XV laissa le dauphin se rendre seul à l'Hôtel de Ville pour la réception donnée en son honneur. Sous un domino noir, il partit de Versailles, peu après minuit, avec le duc d'Ayen et quelques intimes. A la barrière de Sèvres, il croisa le carrosse de son fils qui rentrait au château. Sachant que le prince avait quitté Paris, le roi était désormais sûr qu'on ne l'attendait plus dans la capitale. Afin de parfaire son incognito, il abandonna son carrosse pour un fiacre qui le mena au bal, comme un simple bourgeois.

Cependant, les abords de l'Hôtel de Ville étaient tellement encombrés qu'il renonça momentanément à son projet. Il alla au bal de l'Opéra où il paya son billet d'entrée. Il y dansa longtemps sans être reconnu. Les délices de ce lieu épuisées, il retourna à l'Hôtel de Ville, tout en sachant qu'il

1. *Cf.* l'estampe qui a pour titre : *Décoration du bal masqué donné par le roi dans la grande galerie du château de Versailles, à l'occasion du mariage de Louis, dauphin de France, avec Marie-Thérèse, infante d'Espagne, la nuit du 25 au 26 février 1745....C.N. Cochin filius delineavit, C.N. Cochin, sculpsit.*

2. Cardinal de Bernis, *Mémoires et Lettres*, t. I, p. 109.

3. Luynes, *op. cit.*, t. VI, p. 341.

ne verrait pas la jolie fille du financier. Ses parents, un instant éblouis par les brillantes perspectives d'une telle rencontre, avaient finalement préféré pour elle un destin plus conforme à la morale. La belle avait été privée de sortie [1]. Qu'importe ! A l'Hôtel de Ville, le roi devait retrouver Mme d'Etiolles qui l'attendait d'ailleurs depuis longtemps. Affolée par des masques qui avaient failli l'étouffer, elle avait demandé secours au prévôt des marchands, M. de Bernage. Il l'avait conduite dans un petit salon où s'était déjà réfugié le marquis de Valfons en galante compagnie. Mme d'Etiolles « était en domino noir, mais dans le plus grand désordre, parce qu'elle avait été poussée et repoussée comme tant d'autres par la foule, raconte-t-il. Un instant après, deux masques, aussi en domino noir, traversèrent le même cabinet ; je reconnus l'un à sa taille, l'autre à sa voix : c'étaient M. d'Ayen et le roi. Mme d'Etiolles les suivit [2] ». Le roi décida de passer le reste de la nuit... tout simplement chez sa maîtresse, rue Croix-des-Petits-Champs. Il savait qu'il n'avait rien à redouter d'un mari jaloux. M. Le Normant d'Etiolles était fort opportunément parti en voyage depuis plusieurs semaines !

Mais un souverain ignore qu'on ne traverse pas facilement la capitale, en fiacre, une nuit de fête. Tout Paris est encore dehors et la voiture ne peut pas se frayer un chemin à travers la foule en liesse. Louis XV n'a pas l'habitude de se trouver confronté à des réalités aussi triviales. Qu'à cela ne tienne. Il veut donner un énorme pourboire au cocher. Le duc d'Ayen doit l'en empêcher : une telle somme éveillerait les soupçons du conducteur. Un simple écu fera parfaitement l'affaire. En effet, quelques instants plus tard, Mme d'Etiolles fera les honneurs de sa chambre à son amant. Le roi ne regagnera Versailles qu'à 9 heures du matin. Avant de se coucher, il donnera l'ordre de ne le

1. Bernis, *op. cit.*, t. I, p. 109.
2. Valfons, *op.cit.*, p. 132.

réveiller qu'à 5 heures. Cette folle nuit devait rester l'un des souvenirs les plus excitants du roi et de sa favorite.

Les fêtes du mariage passées, les langues commencèrent à se délier. On s'intéressait beaucoup moins au dauphin, lequel ne parvenait pas à consommer son union, qu'aux nouvelles amours du roi. Toute la Cour évoquait maintenant l'existence de cette Mme d'Etiolles aperçue à plusieurs reprises à Versailles. « On prétend que, depuis quelque temps, elle est presque toujours dans ce pays-ci, et que c'est le choix que le roi a fait, écrit le duc de Luynes. Si le fait était vrai, poursuit-il incrédule, ce ne serait vraisemblablement qu'une galanterie et non pas une maîtresse [1]. » Que le monarque eût choisi une favorite dans la bourgeoisie parisienne paraissait tellement incongru à ce gentilhomme qu'il se refusait à envisager autre chose qu'une passade. Pourtant, le duc de Luynes et ses amis durent bientôt se rendre à la réalité : Mme d'Etiolles passait de plus en plus de temps auprès du monarque.

Le 1er avril, à la surprise de la Cour, elle parut le soir au théâtre, fort élégante, dans une petite loge proche de celle du roi et de celle de la reine. Les lorgnettes se posaient alternativement sur Louis XV, sur son épouse et sur la nouvelle venue. Fallait-il dire l'intruse ? Nul ne le savait encore. Cette incertitude mettait un frein aux propos trop fielleux. Chaque jour qui passait apportait au duc de Luynes des indices confirmant ses appréhensions. Le 7 avril, il déplorait que Mme de Lauraguais, qui avait un « fort bon maintien », n'eût pas occupé l'appartement de Mme de Châteauroux, lors d'une excursion du souverain à Choisy. Et comme s'il nourrissait quelque rancœur à l'égard d'un maître tombé dans les bras d'une bourgeoise, il nota que les propos du roi étaient devenus « beaucoup trop libres [2] ». Seule la fréquentation d'une « caillette » pouvait conduire à de tels manquements aux usages.

1. Luynes, *op. cit.*, t. VI, p. 354.
2. Luynes, *op. cit.*, t. VI, p. 393.

De toute évidence, le roi manifestait le plus vif intérêt à cette dame avec laquelle il soupait tête à tête dans ses cabinets, « ou dans quelque autre endroit que l'on ne sait point [1] ». Le duc de Luynes essayait encore de minimiser les faits et de se rassurer, en notant les petites attentions du souverain à l'égard de Mme de Lauraguais. Mais ce n'était là que politesses de pure forme. On savait bien que Mme de Lauraguais ne partageait plus l'intimité royale. La Cour était aux aguets. On essayait de s'informer par tous les moyens. Beaucoup de bruits couraient sur le rôle de Binet. Mme de Luynes voulut le faire parler, mais celui-ci se défendit : toutes les calomnies qui couraient sur son compte « étaient affreuses et n'avaient pas le plus léger fondement [2] ». Les dévots s'indignaient. N'y tenant plus, leur chef, Mgr Boyer, évêque de Mirepoix, ancien précepteur du dauphin, convoqua Binet. Se targuant de l'influence qu'il exerçait toujours sur le jeune prince, il mit le valet de chambre en demeure de lui révéler tout ce qu'il savait sur la liaison du roi. Binet prétendit que Mme d'Etiolles était venue voir Sa Majesté afin de solliciter une charge de fermier général pour son mari. Ayant obtenu ce qu'elle souhaitait, elle ne devait plus reparaître à Versailles. Cette version des faits ne pouvait abuser un prélat rompu aux habitudes de la Cour. Il savait que le roi ne s'occupait pas directement de telles nominations. Courroucé, Mgr Boyer mit fin à l'entretien en menaçant le valet de chambre de le faire renvoyer s'il ne lui avait pas dit la vérité.

Le roi se moquait de l'anxiété dans laquelle il avait plongé sa Cour. Il était le maître et jouissait pleinement de ses droits, sans la moindre contrainte. Il continuait de voir régulièrement Mme d'Etiolles. Le 22 et le 23 avril, pour la première fois, il la convia à souper en même temps que M. de Luxembourg et Mme de Bellefonds, anciens amis de Mme de Châteauroux. Ils avaient partagé le chagrin du roi

1. *Ibid.*, p. 396.
2. *Ibid.*, p. 418.

peu de temps auparavant. C'était une façon d'officialiser sa liaison auprès de ses intimes. Il consacrait désormais la plupart de ses soirées et de ses nuits à sa nouvelle maîtresse. Il en était même épris au point de négliger d'aller à la réception officielle donnée par l'ambassadeur d'Espagne en l'honneur du mariage de l'infante ! Il se contenta d'envoyer M. de Lugeac et M. de Tressan pour le représenter. Il venait d'installer Mme d'Etiolles dans l'ancien appartement de Mme de Châteauroux, naguère celui de Mme de Mailly. Aménagé au second étage de l'aile droite du château, au-dessus de la galerie décorée par Mignard, il comprenait une chambre, un cabinet et un salon. Restait à savoir si le roi allait présenter la jeune femme à la Cour et la « déclarer », comme il l'avait fait pour Mme de Châteauroux. Il pouvait fort bien se contenter de l'appeler auprès de lui, quand bon lui eût semblé.

Le destin de Mme d'Etiolles se joua à la fin du mois d'avril, peu avant le retour de l'époux trompé. Lorsque ce dernier regagna le domicile conjugal, il eut la désagréable surprise de constater que ses appartements avaient été vidés de fond en comble. Son oncle, le fermier général Le Normant de Tournehem, l'attendait pour lui faire part de son infortune : incapable de résister à la passion qu'elle éprouvait pour le roi, sa femme l'avait quitté, sans oublier d'emporter tous les biens qui lui appartenaient. Abasourdi par cette nouvelle, M. d'Etiolles s'évanouit, mais son oncle apaisa bientôt sa douleur en lui faisant miroiter un avenir plein de promesses, puisqu'il se démettait pour lui de sa très lucrative charge de fermier général.

Sur ces entrefaites, on apprit que le roi faisait acheter pour sa nouvelle maîtresse le marquisat de Pompadour. Sans nul doute, la marquise de Pompadour allait succéder à la duchesse de Châteauroux. La Cour n'avait plus qu'à se taire et à se préoccuper de la campagne de Flandre pour laquelle partit le roi, le 5 mai suivant. L'heureuse élue allait-elle suivre le souverain ? On prétendait qu'elle prendrait les eaux à Saint-Amand [1], station thermale située entre Tournai et Valenciennes. Trop fine pour se mettre dans une situation qui risquait de causer quelque embarras, elle préféra s'installer au château d'Etiolles, non sans avoir déposé auparavant une demande de séparation de corps et de biens d'avec son époux.

1. Claude Henri Feydeau de Marville, *Lettres... au ministre Maurepas (1742-1747)*, t. II, p. 65.

3

L'irrésistible ascension

Née Jeanne-Antoinette Poisson, Mme d'Etiolles ne sortait pas de la cuisse de Jupiter, et Vénus avait beaucoup fait cascader la vertu de madame sa mère. Bien née, ses écarts de conduite eussent été sans grande importance. Mais en raison de ses modestes origines, la légèreté de Mme Poisson portait préjudice à sa fille, qui ne pouvait pas se targuer, comme les précédentes maîtresses royales, d'une noblesse remontant au XIe siècle. Passe encore si M. et Mme Poisson, ses parents, avaient fait partie de cette vieille bourgeoisie apparentée à la noblesse. Ce n'était pas le cas. Ils appartenaient au monde de la finance, un milieu en pleine évolution avec lequel la noblesse était bien obligée de frayer, même si elle méprisait ces hommes du peuple qui, « sans savoir un mot de latin, avaient trouvé le secret de parvenir [1] ». Mais le corps politique ne pouvait fonctionner sans eux. Ils détenaient à la fois le nerf de la guerre et les clés de la prospérité en temps de paix. Les placements et les investissements qu'ils faisaient faire étaient fructueux, et ils prêtaient volontiers aux aristocrates endettés. Ainsi, la plupart des gentilshommes étaient-ils obligés de les fréquenter, en dépit du mépris qu'ils leur inspiraient. Certains avaient même dû se résoudre à leur donner leurs filles en mariage. Dans une société aussi hiérar-

1. Lapeyre, *Les Mœurs de Paris*, Amsterdam, 1747, p. 32.

chisée que celle de l'Ancien Régime, où la place de chacun était déterminée par la naissance, ces unions flatteuses contribuaient à relever le prestige des financiers. Cependant, leur milieu était loin d'être homogène. L'ancienneté des fortunes et quelques alliances prestigieuses dans une même famille avaient contribué à créer une nouvelle et invisible hiérachie, à l'intérieur même de ce microcosme, dans lequel on ne pouvait situer M. et Mme Poisson qu'au niveau le plus bas. On les considérait comme des parvenus récents, de réputation douteuse. Des gens infréquentables.

Si l'on en croit le lieutenant de police Feydeau de Marville, François Poisson, le père de Mme d'Etiolles, aurait commencé sa carrière comme laquais chez M. de Bernage, alors intendant d'Amiens [1]. Ce dernier lui aurait fait obtenir un emploi dans les vivres et Poisson serait ensuite devenu le commis des puissants frères Pâris, qui assuraient la subsistance des armées depuis 1690. Les lieutenants de police sont, en principe, les hommes les mieux informés du royaume. On peut toutefois penser que celui-ci a un peu forcé la note dans l'espoir de satisfaire son ministre de tutelle, le comte de Maurepas, secrétaire d'Etat à la Maison du roi, lequel s'était d'emblée déclaré hostile à la nouvelle favorite. Feydeau de Marville a sans doute pris plaisir à rabaisser les origines du sieur Poisson. Ne disait-on pas communément que tous les financiers étaient fils de laquais ?

Les premières années de la vie de François Poisson restent obscures. On sait seulement qu'en 1715, à l'âge de trente et un ans, il est à la tête d'une jolie fortune de 100 000 livres et qu'il achète une charge de secrétaire du roi, appelée alors « savonnette à vilains », puisqu'elle décrassait de la roture en donnant à son détenteur le premier degré de la noblesse. Belle réussite pour le neuvième enfant d'un tisserand de Provenchères, petite bourgade proche de Langres ! Com-

1. Claude Henri, Feydeau de Marville, *op. cit.*, t. II, p. 70-71.

ment François Poisson avait-il pu amasser pareille somme, sans avoir fait d'héritage ni de riche mariage ? Dans les affaires, car il est bel et bien entré au service des frères Pâris, mais probablement grâce à l'un de ses beaux-frères, commissaire aux vivres. Cette même année 1715, il épouse Anne Geneviève Gabrielle Le Carlier, jeune fille de la bonne bourgeoisie de Laon, dont le père, ancien commissaire à la Monnaie, s'était installé à Paris. Prématurément veuf en 1718, Poisson se remarie sans plus attendre avec Louise Madeleine de La Motte, que Feydeau de Marville décrit « belle comme une Vénus ». Elle est la fille cadette du pourvoyeur des viandes de l'hôtel des Invalides. Poisson est-il tombé éperdument amoureux de ce tendron de dix-neuf ans à l'insolente beauté, ou a-t-il accepté un marché proposé par les Pâris, moyennant certains avantages ? La seconde hypothèse paraît plus plausible. En effet, plusieurs hommes importants convoitaient Mlle de La Motte. Ils ne pouvaient songer à l'épouser, sa condition étant trop inférieure à la leur, mais ils ne pouvaient pas non plus la traiter comme une fille d'opéra et l'installer dans une « petite maison ». Si Poisson acceptait de se comporter en époux complaisant, sa carrière pouvait prendre un cours nouveau.

Au bas du contrat de mariage, conclu le 6 octobre 1718, figurent, outre les signatures des membres de la famille, celles des Pâris, de Claude Le Blanc, ministre de la Guerre, et enfin celles du duc d'Orléans, Régent de France, et de la princesse Charlotte de Lorraine, sa sœur. On ne s'étonne pas de voir Claude Le Blanc signer un tel acte. Il avait longtemps veillé sur les approvisionnements des armées et connaissait bien le père de la mariée, ayant lui-même habité pendant longtemps l'hôtel des Invalides. En revanche, la signature des princes surprend davantage. Il faut voir là l'intervention des Pâris, auxquels Philippe d'Orléans ne pouvait rien refuser puisqu'ils étaient alors les créanciers de l'Etat. Soucieux de flatter Poisson, ils avaient en outre obtenu pour lui le titre ronflant de « fourrier du duc d'Orléans », ce qui lui permettait de se dire « écuyer de S.A.R. le duc d'Orléans ».

Les noces célébrées, Poisson devint l'homme de confiance des Pâris qui l'envoyèrent en mission en France et à l'étranger pendant que sa charmante femme entreprenait une carrière qui s'apparente à celle de la galanterie. Elle fut tout d'abord la maîtresse de Claude Le Blanc avant d'être celle de son frère, César Le Blanc, évêque d'Avranches. M. du Laurens, commis au sécrétariat de la Guerre, leur succéda dans ses bonnes grâces, avant que Pâris de Montmartel ne se déclarât son amant, ce qui n'empêcha pas le fermier général Le Normant de Tournehem d'obtenir aussi ses faveurs. Elle eut également des faiblesses remarquées pour M. Fournier, directeur des magasins de Charleville, ainsi que pour M. Wedderkop, l'envoyé du roi de Danemark; pour le prince de Grimberghen; pour M. Graevenbrock, chargé d'affaires de l'Electeur Palatin, sans parler de Le Bel, valet de chambre de Louis XV. Il n'est pas interdit de penser qu'elle obtenait de ses amants des informations à l'intention des frères Pâris. Ceux-ci resteront toujours ses protecteurs ainsi que ceux de sa fille, qui paiera largement ses dettes de reconnaissance, une fois devenue marquise de Pompadour. En 1724, Pâris de Montmartel accédait aux charges les plus prestigieuses et les plus lucratives du monde de la finance, en étant nommé garde du Trésor royal et banquier de la Cour. La première de ces deux fonctions lui donnait voix délibérative au Conseil d'Etat et rang de conseiller d'Etat. Quant à son frère, Pâris-Duverney, conseiller d'Etat en 1725, il avait la haute main sur les approvisionnements des armées et devint directeur général des vivres en 1733. Les deux frères, qui géraient une fortune considérable, représentaient ce qu'il y avait de plus huppé dans leur milieu.

Lorsque naquit la petite Jeanne-Antoinette, le 30 décembre 1721, tout le monde se demanda qui pouvait être son père. Les mauvaises langues prétendaient que Mme Poisson elle-même ne le savait pas. On était peu tenté d'attribuer cette paternité à son époux, qui avait toujours fermé les yeux sur les amours de sa femme. Le long séjour qu'il avait dû faire au début de l'année à Marseille [1], où l'avait retenu une terrible épidémie de peste, ne plaidait guère en faveur de la légitimité de sa fille. Restaient deux pères putatifs, Pâris de Montmartel et Le Normant de Tournehem. La longue liaison qu'entretint Mme Poisson avec Le Normant de Tournehem, la tendresse et l'intérêt que celui-ci portait à Jeanne-Antoinette laisseraient plutôt penser qu'elle est la fille de ce dernier.

Quelques jours après sa naissance, l'enfant est portée sur les fonts baptismaux de l'église Saint-Eustache par son parrain, Pâris de Montmartel et par la nièce de ce dernier, Antoinette Justine Pâris. Deux ans plus tard, Mme Poisson met au monde une seconde fille qui ne vivra pas longtemps et, en 1725, un fils, prénommé Abel François, qui jouera un rôle non négligeable dans la vie de sa sœur aînée. Malgré la vie dissipée de leur mère, personne ne se demanda qui était le père des deux cadets. Poisson continuait de voyager pour ses patrons et gagnait beaucoup d'argent. Les déménagements successifs de sa famille témoignent de la prospérité de sa fortune. Après avoir vécu rue de Cléry où était née Jeanne-Antoinette, puis rue Thévenot (actuelle rue Réaumur), les Poisson s'installèrent comme locataires dans un hôtel du Marais, avant d'acheter une élégante maison à l'angle de la rue de Richelieu et de la rue Saint-Marc, dans le quartier où vivaient les plus riches financiers. Avec plusieurs domestiques à leur service, ils commençaient de mener grand train.

Alors que la carrière de François Poisson s'annonçait encore riche de promesses, la disgrâce royale fondit momentanément sur les Pâris et leurs employés. En 1725, les mesures fiscales imposées par le contrôleur général des Finances Dodun et Pâris-Duverney suscitèrent des troubles

1. Il fit alors preuve d'un certain courage, et les lettres d'anoblissement qu'il obtint en 1747 font justement état de sa conduite à cette occasion.

d'autant plus graves qu'une mauvaise récolte avait occasionné un début de disette. Poisson fut alors chargé des approvisionnements en blé de la capitale. Il se tira fort bien de cette mission et coulait des jours paisibles lorsqu'en 1726 le jeune Louis XV (plus exactement le cardinal Fleury) décida de mettre un terme au ministère du duc de Bourbon, successeur du Régent. Le roi procéda à un remaniement ministériel, renvoyant le contrôleur général des Finances qui avait eu partie liée avec les Pâris, lesquels avaient participé activement à toutes les opérations financières de la Régence. Les frères Pâris virent leurs charges supprimées. Et comme il était difficile de poursuivre des hommes qui avaient tenu entre leurs mains les finances de l'Etat et dont on pouvait avoir encore besoin, il fallut trouver un bouc émissaire. Ce fut Poisson. Une commission du Conseil examina ses comptes dans lesquels apparurent des anomalies. On l'accusa d'avoir spéculé sur les blés l'année précédente et il fut condamné à la pendaison et à la saisie de ses biens, car il était débiteur de 232 430 livres. Détail curieux, on ne retrouva jamais trace de cette condamnation à mort. Il est possible que l'acte ait été volontairement détruit ultérieurement. Mais Poisson n'avait pas attendu les conclusions de l'enquête, rendues le 27 avril 1727, pour quitter la France, avec l'aide de ses patrons qui l'avaient muni d'un solide viatique. Réfugié en Allemagne, il s'installa à Hambourg où il resta secrètement en relation avec ses maîtres qui entamaient, pour leur part, une traversée du désert qui devait durer beaucoup moins longtemps que la sienne.

Restée seule avec ses deux enfants, la belle Mme Poisson dut affronter des difficultés auxquelles elle n'était guère préparée. Elle commença par demander une séparation d'avec son époux, qu'elle obtint du Châtelet le 12 août 1727, ce qui lui permit de récupérer ses biens propres, au demeurant assez modestes. L'actif de la communauté entre elle et son mari ayant été saisi, il lui fallut, sans tarder, congédier sa nombreuse domesticité et abandonner sa maison de la rue de Richelieu pour un logis plus modeste, rue Neuve-des-Bons-Enfants. Mais le fermier général Le Normant de Tournehem veillait alors sur elle, ainsi que sur Jeanne-Antoinette et son frère.

Appelée familièrement Reinette, l'enfant grandissait. Est-ce Poisson ou sa femme qui décida de l'envoyer au couvent des Ursulines de Poissy ? Nul ne peut le dire, mais l'on sait que Poisson, depuis son exil, veillait sur elle. Si les lettres que les deux époux continuaient d'échanger, malgré leur séparation, n'ont pas été retrouvées, en revanche subsistent quelques épaves de la correspondance entre Poisson et les Ursulines. Elles permettent de reconstituer quelques mois de l'enfance de Jeanne-Antoinette.

Au début de l'année 1729, Mme Poisson la conduisit dans la vénérable maison, où elle avait une sœur et une cousine religieuses. Il ne s'agissait pas d'une mesure de brimade. On mettait généralement les petites filles de bonne famille dans un établissement religieux jusqu'à leur mariage. Elles y recevaient une éducation qui les destinait à devenir des épouses chrétiennes soumises à leurs devoirs. D'après les lettres de la mère supérieure adressées à M. Poisson, qui prend régulièrement des nouvelles de sa fille, il semble que Reinette soit heureuse dans son couvent. La religieuse se plaît à louer l'aimable caractère de cette enfant de sept ans, déjà capable de séduire tout le petit monde qui l'entoure, depuis ses compagnes jusqu'aux maîtresses appelées à s'occuper d'elle. On prend grand soin de sa santé lorsqu'elle contracte une « rougeole vérolée » au mois de février[1]. On la garde au lit bien au chaud et on la purge plusieurs fois. A la fin du mois, elle retrouve son appétit et la bonne religieuse constate avec soulagement qu'elle « n'a rien perdu de son embonpoint ». Comme son père s'inquiète du régime qu'on pourrait lui imposer pendant le carême, elle le rassure

1. Lettres inédites de la supérieure des Ursulines de Poissy, publiées par M. Fromageot : « L'enfance de Mme de Pompadour d'après des documents inédits », in *Revue de l'histoire de Versailles*, 1902.

aussitôt : « Dès que ces jeunes enfants ont quelque incommodité, l'on y apporte tous les ménagements nécessaires ; quand elles font maigre, elles ont toujours du poisson ou marée [*sic*] à dîner : carpes, raie, merlan, morue ou goujon ; le soir, du riz bouilli et des œufs. Vous pouvez compter que nous leur servons de mère quand l'on nous les confie [1]. »

Sa santé rétablie, Jeanne-Antoinette apprend à lire et à écrire, mais les prières et les exercices spirituels remplissent une bonne partie de la journée. Pourtant, la petite fille ne s'ennuie pas (c'est du moins ce qu'affirme la mère supérieure). Elle pense à son père, prie pour lui et se dit pressée de savoir écrire pour lui témoigner son affection. (C'est toujours la religieuse qui parle.) Cependant, tout l'agrément de la vie conventuelle vient sans doute pour elle de la présence de sa cousine, Mlle Deblois, avec laquelle elle s'est liée d'une grande amitié. Les petites filles s'amusent et chantent ensemble. Parfois, M. et Mme Deblois [2] les emmènent toutes deux en promenade car ils s'occupent beaucoup plus de leur fille et de leur nièce que ne le fait Mme Poisson. Cette dernière ne rend guère visite à Jeanne-Antoinette. Il faut attendre Pâques pour qu'elle l'accueille pendant quatre semaines. Elle lui fait confectionner un corps de baleines [3] et plusieurs fourreaux d'indienne. Rentrée au couvent, la petite fille reprend aussitôt ses jeux avec sa cousine. « Elles ne vont jamais l'une sans l'autre », dit encore la mère supérieure à M. Poisson.

Tout laisse penser qu'il subvient aux dépenses de sa fille et que sa femme pleure misère auprès de lui. « Sous le prétexte qu'elle s'imagine que vous lui donnez beaucoup, elle ne lui donne positivement que pour son nécessaire [*sic*] », écrit, à son lointain beau-frère, la révérende Perpétue,

1. *Ibid.*
2. Marie-Anne Thiercelin, sœur de Mme Poisson, avait épousé en 1708 Laurent Deblois, chef de la fruiterie de la dauphine.
3. Il s'agit là d'une sorte de corset.

propre sœur de Mme Poisson. Et Poisson veille à ce que sa fille, qu'on lui décrit comme « très délicate », ne manque de rien. Le jour de la Saint-Louis, la pensionnaire a la permission d'aller avec sa cousine à la foire de Poissy et de participer aux vendanges, au début de l'automne. Avec le retour de la saison froide, elle contracte, cette fois, une coqueluche qui l'oblige de nouveau à garder la chambre. On l'entoure de mille soins. Un bon feu flambe en permanence dans sa cheminée et on la nourrit de soupe chaude, de bouillon aux œufs frais, de confiture et de compote, tout en lui permettant de jouer et de se divertir à sa guise. Comme elle n'est pas parfaitement rétablie au mois de janvier 1730, sa mère préfère la reprendre avec elle. « L'on nous a dit qu'elle n'a plus de fièvre, écrit la supérieure à M. Poisson, qu'elle se porte bien, qu'elle est fort aise d'être auprès de madame sa mère. Il y a apparence qu'elle y va rester. Ainsi, Monsieur, nous ne saurons plus des nouvelles si certaines [*sic*] ; nous ne laisserons pas que de nous en informer souvent, y prenant beaucoup d'intérêt et l'aimant tendrement. Elle est toujours très aimable et d'un agrément qui charmait tous ceux qui la voyaient [1]. » Jamais Jeanne-Antoinette ne retournera au couvent.

Mme Poisson a prétexté la fragilité de sa fille pour la retirer de chez les Ursulines. Sans doute préférait-elle la soustraire à l'influence de son père, au moment où les Pâris rentraient en grâce et où Le Normant de Tournehem, son amant en titre, venait de perdre sa mère. Fermier général opulent, veuf depuis plusieurs décennies, Le Normant n'avait jamais songé à se remarier. Véritable bourreau de travail, il n'éprouvait d'intérêt que pour les affaires et accessoirement pour Mme Poisson. Tout changea lorsque Jeanne-Antoinette sortit du couvent. Il se prit aussitôt d'une grande passion pour elle et voulut qu'elle devînt une jeune

1. Lettres inédites de la supérieure des Ursulines de Poissy, publiées par M. Fromageot, *op. cit.*

fille parfaitement accomplie. Lanoue et Crébillon [1] lui donnèrent des cours de déclamation. Jélyotte, qui faisait alors pâmer tout Paris dès qu'il montait sur la scène de l'Opéra, lui apprit à chanter. Les meilleurs maîtres de ballet lui enseignèrent la danse. Elle se révéla une élève incomparable. Si Le Normant n'avait pas envisagé un grand avenir pour elle, Jeanne-Antoinette aurait pu devenir l'une des meilleures actrices de son temps. A ces dons évidents pour la scène, exaltés par sa beauté et sa grâce, elle joignait une aimable culture qui lui permit très tôt de briller dans la conversation. Avec un tact inné, elle trouvait le mot juste et savait déjà pénétrer les âmes.

Emerveillé par ses talents, Le Normant voulut lancer sa pupille dans le monde et certains salons de la capitale lui ouvrirent leurs portes. Grâce à sa fille, Mme Poisson put ainsi pénétrer dans une société qui avait jusque-là préféré l'ignorer. On remarqua pour la première fois Jeanne Antoinette chez Mme d'Angervillers [2], lorsqu'elle chanta le grand air d'*Armide* de Lulli. Elle émut à tel point l'assemblée que Mme de Mailly, alors en grande faveur auprès de Louis XV, s'avança vers elle pour l'embrasser avec effusion ! Jeanne-Antoinette mettait en valeur ses dons de comédienne et d'artiste lyrique dans le théâtre du château d'Etiolles qu'avait fait construire Tournehem. A seize ans, elle tenait un rôle dans *Zaïre* de Voltaire, en présence de l'auteur. « Les acteurs du théâtre d'Etiolles n'ont point voulu me laisser en repos, écrit-il. [...] On ne s'attend point que des gens d'une condition aussi éloignée du théâtre puissent être si bons acteurs. [...] Pour les rôles de femmes, ils sont remplis par Mme de Blagny et par Mlle Le Normant, fille du fermier général, qui n'a commencé à jouer que de cette année, mais qui montre toutes les dispositions pour devenir une très

---

1. Il s'agit de Prosper Jolyot Crébillon (1674-1762), auteur de tragédies et censeur royal.

2. Née Marie-Anne de Maupeou, épouse de Prosper Bauyn d'Angervillers, secrétaire d'Etat à la Guerre.

bonne actrice [1]. » Comme on le voit, Jeanne-Antoinette passait bel et bien pour la fille de Le Normant.

Mme et Mlle Poisson fréquentaient le salon de Mme de Tencin, cette Frosine de la Régence, dont le frère, encore archevêque d'Embrun, n'allait pas tarder à devenir cardinal et ministre, grâce à ses intrigues. On rencontrait chez elle secrétaires d'Etat, financiers, philosophes, écrivains et artistes de toutes sortes. Montesquieu, le vieux Fontenelle, l'abbé Prévost, Helvétius, Réaumur ne dédaignaient pas sa compagnie. Marivaux, Piron et Duclos animaient des soirées où fusaient bons mots, épigrammes et propos philosophiques. Jeanne-Antoinette buvait leurs paroles, tout en observant les attitudes et les réactions des assistants. Elle recueillait les souvenirs du Grand Siècle et ceux de la Régence, tout en brûlant d'en savoir encore davantage. La célèbre Mme Geoffrin, qui tenait sans doute le salon le plus recherché de Paris, répugnait cependant à recevoir les dames Poisson. Toute bourgeoise qu'elle fût, cette personne avait des principes. Horrifiée de voir, un jour, la mère et la fille se présenter chez elle, elle accueillit froidement une femme aussi « décriée » que Mme Poisson, qu'elle prétendait notoirement « entretenue sur le pavé de Paris », mais se montra moins cassante avec Jeanne-Antoinette qui, pensait-elle, « méritait des politesses [2] ».

Alors que Jeanne-Antoinette connaissait ses premiers succès mondains, François Poisson rentra d'Allemagne. Les Pâris, pour lesquels il n'avait jamais cessé de travailler, ne s'étaient pourtant pas donné beaucoup de peine pour obtenir sa réhabilitation. Il avait fallu qu'il rencontrât en 1733 le commandeur de Thianges en mission diplomatique en

1. Cité par René Pomeau, *Voltaire*, t. I, p. 456, d'après J. Sareil, p. 104-105.

2. Pierre de Ségur, *Le Royaume de la rue Saint-Honoré*, p. 158. Pierre de Ségur a travaillé sur les manuscrits de Mme de La Ferté-Imbault, fille de Mme Geoffrin. Déposés aux Archives nationales depuis une dizaine d'années, ces papiers ne sont toujours pas consultables.

Allemagne. Connaissant parfaitement la langue de ce pays, Poisson l'avait aidé dans ses démarches et raccompagné jusqu'à Bruxelles. N'osant s'aventurer plus près de la France, il lui avait demandé d'intercéder en sa faveur. M. de Thianges plaida sa cause auprès du marquis de Breteuil, alors ministre de la Guerre, lequel parla au cardinal Fleury. En 1736, Poisson fut autorisé à rentrer en France moyennant une caution de 400 000 livres. En 1741, son affaire ayant été réexaminée, il obtint satisfaction. La sentence de la commission de 1726 fut cassée, et Poisson rétabli dans ses droits. Deux personnes s'étaient beaucoup démenées pour lui, Mme de Saissac [1], une amie de son épouse et M. de Graevenbrock, représentant de l'Electeur Palatin, qui, on s'en souvient peut-être, avait joui des dernières faveurs de Mme Poisson [2].

On ne sait comment Mme Poisson reçut ce mari disparu depuis dix ans et dont elle était officiellement séparée. Faisant contre mauvaise fortune bon cœur, et moyennant quelques arrangements que nous ignorons, elle s'installa avec lui et ses enfants dans un nouveau logis, rue Neuve-des-Petits-Champs. C'est elle qui paya 10 000 livres à Flamand, le tapissier à la mode, pour la décoration de ses appartements. La situation financière de Mme Poisson se rétablissait alors grâce à une série d'héritages familiaux, celui de ses parents étant le plus important. Ainsi, le 8 janvier 1738, put-elle acheter une maison rue de Richelieu [3], donnant sur les jardins du Palais-Royal. Elle ne devait pas tarder à la faire démolir pour en reconstruire une autre, plus luxueuse et mieux adaptée à son style de vie.

Malgré toutes les grâces dont elle était parée, Jeanne-Antoinette n'était pas un parti présentable. Seul un parvenu sans grande réputation pouvait prétendre à sa main. Mais Le

1. Née Jeanne-Thérèse d'Albert de Luynes.
2. Luynes, *op. cit.*, t. VII, p. 68-69.
3. Acte passé par devant Me Melin, le 8 janvier 1738, A.N., M.C., Et. CVII, 450.

Normant de Tournehem pensait à son avenir. Il avait sans doute prévu depuis longtemps de lui faire épouser son neveu, Charles-Guillaume Le Normant, fils de son frère Hervé-Guillaume, trésorier général des Monnaies. Tournehem, qui n'avait pas d'enfant légitime, avait élevé ce garçon dans l'espoir qu'il lui succéderait dans sa charge de fermier général. En 1738, tout juste âgé de vingt et un ans, le jeune homme fut d'ailleurs agréé comme sous-fermier. Intelligent, cultivé, doué pour les affaires, il pouvait d'autant plus espérer un beau mariage que son oncle venait de le désigner comme son légataire universel [1]. Lorsque Tournehem fit part de ses projets matrimoniaux à son frère, il se heurta à un refus hautain. Fier de sa noblesse toute fraîche, le trésorier général des Monnaies tenait à être reconnu pour un véritable gentilhomme. Sa fille, qui avait épousé François de Baschi, comte de Saint-Estève, venait de rehausser le prestige de la famille. A de plus beaux partis que Mlle Poisson son cher fils devait prétendre.

Mais Tournehem tint bon, et le mariage se fit comme il l'avait décidé. Les arguments matériels avaient eu raison de l'orgueil d'un père outragé qui risquait de voir la fortune de son frère passer en d'autres mains que celle de son fils, s'il avait persisté dans son opposition. Quant aux futurs époux, ils n'avaient sûrement pas été consultés. A cette époque, le mariage était, avant tout, un arrangement entre deux familles. Peu importaient les goûts et les sentiments des principaux intéressés. Comme la plupart des jeunes gens de leur âge, on mit Jeanne-Antoinette et Charles-Guillaume devant le fait accompli. Se connaissant depuis l'enfance, ils n'avaient jamais éprouvé d'affection l'un pour l'autre, mais l'arrangement de Tournehem leur convenait. La beauté et le charme exceptionnel de la femme qu'on accordait à Charles-Guillaume compensaient la médiocrité de ses origines. Quant à Jeanne-Antoinette, elle avait tout lieu d'être

1. Testament olographe du 15 décembre 1740. A.N. Y 351.

satisfaite. Ce mariage faisait oublier tout ce qui entachait la réputation de ses parents et lui donnait un statut social très supérieur à celui de sa mère : celui d'une femme mariée à un futur fermier général. Elle avait dix-neuf ans et lui vingt-quatre.

Le 4 mars 1741, on conclut le contrat [1]. Mlle Poisson apportait une assez jolie dot comprenant des bijoux et un somptueux trousseau pour la somme de 30 000 livres, auxquels venait s'ajouter la maison de la rue Saint-Marc, qui venait d'être restituée à son père et qu'on évaluait à 90 000 livres [2]. Charles-Guillaume Le Normant était, pour sa part, riche d'espérances : il devait hériter de ses parents et son oncle Tournehem lui faisait don de la somme de 85 000 livres qu'il lui avait avancée pour qu'il fût agréé comme sous-fermier. En outre, Tournehem s'engageait, jusqu'à la fin de ses jours, à entretenir le jeune ménage sur un certain pied puisqu'il prévoyait de mettre à sa disposition cinq domestiques, des chevaux et des équipages. L'acte notarié fut signé rue de Richelieu, chez les Poisson. Aucune signature illustre n'y figure. Le dîner de contrat se passa dans la plus stricte intimité, les parents du jeune homme boudant une telle alliance. Le 9 mars, l'union de Jeanne-Antoinette et de Charles-Guillaume fut célébrée à l'église Saint-Eustache. Les nouveaux mariés se firent appeler M. et Mme Le Normant d'Etiolles bien que Tournehem fût le seigneur d'Etiolles. Mais, appelés à vivre une partie de l'année dans ce petit château, c'était, pour eux, le moyen de se distinguer des autres membres de la famille. Comme convenu, le jeune ménage s'installa aussitôt chez son oncle, qui venait de louer un hôtel rue Saint-Honoré. Tournehem s'était en effet séparé de son frère dont il avait jusque-là partagé la

1. Contrat conclu par Perret et Marchand, le 4 mars 1741. A.N. M.C. Et. XCV, 155.

2. La jeune mariée ne pouvait que percevoir les loyers dont le montant s'élevait à 3000 livres annuelles. M. Poisson s'était réservé la possibilité de revendre ce bien en cas de besoin.

demeure. Le trésorier général des Monnaies refusait, en effet, de vivre sous le même toit que son fils et sa belle-fille. Il devait d'ailleurs remâcher sa rancune jusqu'à la fin de ses jours.

Une vie brillante commença pour Mme d'Etiolles dont la personnalité éclipsa bien vite celle de son époux qu'elle réduisit au rôle de simple figurant dans son nouvel univers. Sans être mal tourné, comme l'a prétendu la légende, ce bourgeois sérieux, très absorbé par ses affaires, n'avait pas assez de charme et de brio pour faire battre le cœur de Jeanne-Antoinette. Mais que lui importait ! Elle se laissait griser par ses succès mondains, ce qui suffisait à combler tous ses désirs. Son mariage lui avait permis d'accéder à ce Tout-Paris de l'époque, où se côtoyaient la plus ancienne noblesse, le clergé libertin, la vieille magistrature, la haute finance, ainsi que les hommes de lettres et les artistes. Si elle continuait de fréquenter le salon de Mme de Tencin, on la vit de plus en plus souvent chez la comtesse d'Estrades, cousine de son mari [1]. Cette dame appartenait à un autre milieu que le sien. Sur le point d'être présentée à la Cour, elle allait fréquemment à Versailles et recevait dans son salon la fine fleur de l'aristocratie. C'est chez elle que Mme d'Etiolles fit la connaissance du spirituel abbé de Bernis qui la trouvait charmante, mais refusait ses invitations, car « la compagnie » qu'elle fréquentait « ne lui convenait pas ». Mme Geoffrin avait fini par l'accueillir dans son célèbre « royaume de la rue Saint-Honoré », où se rencontraient toutes les célébrités de l'Europe. Et Jeanne-Antoinette ne cachait pas « son bonheur d'être admise dans son aréopage [2] ». On recevait volontiers Mme d'Etiolles, on portait aux nues sa beauté, son esprit et ses talents, mais on aurait eu l'impression de déchoir en lui faisant visite. Elle

1. Elisabeth Charlotte Huguet de Sémonville avait épousé le comte d'Estrades qui devait mourir le 19 juillet 1743 à la bataille de Dettinghen. Il était le fils de Charlotte Le Normant, sœur de Le Normant de Tournehem.

2. Pierre de Ségur, *op. cit.* p. 159.

avait l'air de Paris mais pas celui de Versailles. Elle s'en rendait compte et brûlait d'acquérir ce ton du grand monde qui lui faisait encore défaut. « Que vous êtes heureuse ! disait-elle souvent à la fille de Mme Geoffrin, la marquise de La Ferté-Imbault. Vous vivez avec ce charmant duc de Nivernais [1], cet aimable abbé de Bernis [2] et ce Gentil-Bernard [3], et les avez tant que vous voulez ! Et moi, j'ai toutes les peines du monde à avoir l'un d'eux à souper chez mon oncle de Tournehem, parce que sa société les ennuie. » Aussi priait-elle la marquise de l'autoriser à lui faire visite le plus souvent possible afin de gagner auprès d'elle « de l'esprit et de bonnes manières ». « La compagnie de mon oncle se compose de très honnêtes gens, mais qui ont un très mauvais ton », ajoutait-elle [4].

Modeste, discrète et aimable avec tous ceux qui pouvaient contribuer à son élévation, Mme d'Etiolles savait faire preuve d'une douce autorité dans son intérieur. Elle régnait sur la maison de son oncle et surtout sur Etiolles dont elle était la véritable châtelaine. Acheté par Charles Le Normant du Fort, père de Le Normant de Tournehem, ce domaine situé à l'orée de la forêt de Sénart, au nord de Corbeil, comprenait, au milieu d'une imbrication de bois, de vignes et de prés, un manoir et un petit château qui venait d'être rénové et devant lequel s'étendait un jardin réaménagé au goût du jour. C'est là que Jeanne-Antoinette fit ses premières armes de maîtresse de maison. Elle recevait Crébillon et Jélyotte, ses vieux amis, mais aussi Fontenelle, Montesquieu et Voltaire qui célébrait déjà « la divine

1. Louis Jules Mancini-Mazarin, duc de Nivernais (1716-1798), brigadier d'infanterie, ambassadeur à Rome, membre de l'Académie française. Il avait épousé, en 1730, Hélène Phélypeaux de Pontchartrain, sœur de Maurepas.

2. *Cf. infra*, ch. 4.

3. Pierre Joseph Justin Bernard, dit Gentil-Bernard (1708-1775), militaire et poète. Mme de Pompadour le fera nommer bibliothécaire de S.M. à Choisy.

4. Pierre de Ségur, *op. cit.*, p. 159.

d'Etiolles ». Emu par sa douceur et sa beauté, le président du Rocheret l'emmenait chez son cousin M. Bertin de Blagny [1], pour lui lire *Paméla*, le roman de Richardson.

Le théâtre de société faisait alors fureur. Toutes les grandes dames voulaient avoir leur salle de spectacle et monter sur scène devant un parterre d'amis. Mais toutes n'étaient pas aussi douées que Mme d'Etiolles. Elle se trouvait alors assez lancée dans la bonne société pour qu'on pût lui demander de donner la réplique aux plus grands noms de France. Ainsi fut-elle appelée à jouer, à Chantemerle chez Mme de Villemur, avec le duc de Duras et le duc de Nivernais, devant le duc de Richelieu. C'était un pas de plus vers la Cour dont elle rêvait en secret.

Etrange coïncidence : l'année même du mariage de Jeanne-Antoinette, Louis XV acheta le château de Choisy où il avait l'intention d'échapper aux pesanteurs du pouvoir. Il prit l'habitude d'y venir en aimable compagnie pour s'y distraire et s'adonner à sa passion de la chasse. Beaucoup de gentilshommes se mirent aussitôt à fréquenter les environs de Choisy. Etiolles ne désemplissait pas et la maîtresse de maison ne passait pas inaperçue. L'écuyer préféré du roi, M. de Briges, lui faisait une cour assidue. Elle acceptait ses hommages en riant, sans vouloir jamais poursuivre plus loin cet élégant badinage. Et pourtant le gentilhomme ne manquait pas de séduction... Elle préférait jouer les apparitions sur le chemin du monarque.

Ce jeu théâtral donna-t-il des idées à ses protecteurs ? Ou bien en étaient-ils les metteurs en scène inspirés ? Sans pouvoir avancer quoi que ce soit de définitif, rappelons que les Pâris menaient grand train, non loin de là, dans leur demeure de Brunoy où ils avaient reçu le roi et les personnalités les plus en vue de la Cour, à commencer par les maîtresses de Louis XV. Mme de Tencin, qui passa plusieurs jours chez eux en 1743, écrivait à Richelieu qu'ils « étaient

1. Bertin de Blagny, maître des requêtes et trésorier des parties casuelles, était seigneur de Coudray-sur-Etiolles.

riches par-dessus les yeux [*sic*]. Ils ont beaucoup d'amis, tous les souterrains possibles et de l'argent à répandre. Voyez, après cela, s'il peuvent faire du bien ou du mal [1] », poursuivait-elle. A cette époque, les Pâris jouissaient de la confiance de Mme de Châteauroux, mais ils savaient la faveur royale changeante et tenaient à conserver la confiance du souverain par l'intermédiaire de ses maîtresses. Il fallait prévoir le changement et ils savaient se servir des femmes. Ils avaient naguère utilisé Mme Poisson pour des missions obscures mais lucratives. Ils pouvaient demander davantage à sa fille. Depuis longtemps, ils avaient beaucoup investi sur la mère et la fille. Il était temps que la plus jeune prît la relève. La mort subite de Mme de Châteauroux lui donnait toutes ses chances. Quant à Tournehem, il était prêt à seconder les Pâris. Il le prouva lorsque sa nièce se rendit pour la première fois à Versailles. C'est lui qui envoya fort opportunément Charles-Guillaume en voyage et c'est lui aussi qui, on s'en souvient, l'avertit de sa disgrâce. Dans toute cette affaire, il avait agi comme s'il avait tout prévu, tout préparé. Et le plus naturellement du monde, il prit le parti de Jeanne-Antoinette contre celui de l'époux bafoué, bien qu'il fût son neveu. Mieux encore, il choisit de suivre la nouvelle favorite à Versailles, tout en priant instamment le mari trompé de partir en mission à Grenoble et en Provence où l'appelaient les obligations de la charge de fermier général dont il se démettait en sa faveur. Contraint et forcé, Le Normant d'Etiolles obtempéra, au grand soulagement de sa femme qui ne voulait surtout plus entendre parler de lui.

---

1. Paul-Maurice Masson, *Mme de Tencin*, Paris, 1909. Citation faite d'après la *Correspondance de Mme de Tencin et le duc de Richelieu.*

4

L'été de Fontenoy

La fulgurante réussite de Mme d'Etiolles abasourdit la Cour, qui voyait dans son élévation au rang de favorite royale le chef-d'œuvre de l'intrigue, mais sûrement pas le miracle de l'amour. Indigne du roi, du fait de sa naissance, elle passa d'emblée pour une femme légère, experte en volupté, auprès de laquelle Louis XV trouvait « une maîtresse bien dressée pour le gouverner ». Ainsi pensait le marquis d'Argenson, qui la considérait comme « le gracieux instrument des plus tristes desseins [1] ». Le portrait vitriolé qu'il en esquissa (resté inédit jusqu'en 1857) ressemble étrangement à celui qu'on retrouve dans la plupart des correspondances et des Mémoires du temps. Ces textes ressassent, presque tous, le même discours hargneux et méprisant à l'égard de la future marquise. On la jugeait, avant de la connaître. Cela n'empêcha pas ses détracteurs de lui jouer, plus tard, la comédie de l'adulation dans l'espoir d'obtenir, grâce à elle, la faveur du monarque. A Versailles, pendant près de vingt ans, on ne cessera jamais de parler d'elle, d'épier le moindre de ses gestes, et de guetter le faux-pas annonciateur de sa chute. Personne ne se souciera de ses sentiments ou de ses états d'âme, puisqu'on ne lui supposera que de l'ambition. Prudente, méfiante peut-être, Jeanne-

1. D'Argenson, *op. cit.*, éd. Elzévirienne, t. II, p. 341-342.

Antoinette s'est rarement laissé aller aux confidences. Elle est de ces êtres qui gardent leur mystère, malgré l'abondante littérature qu'on leur a consacrée.

Il ne subsiste aucune lettre des deux amants, qui ont pourtant échangé une abondante correspondance au cours de leur première séparation. Voltaire, qui vint plusieurs fois à Etiolles pendant l'été de 1745, a laissé, semble-t-il, un témoignage assez proche de la vérité : « Elle était bien élevée, sage, aimable, remplie de grâces et de talent, née avec du bon sens et du cœur. Je la connaissais assez : je fus même le confident de son amour. Elle m'avoua qu'elle avait toujours eu un secret pressentiment qu'elle serait aimée du roi, et qu'elle s'était senti une violente inclination pour lui, sans trop la démêler. Cette idée qui aurait pu paraître chimérique dans sa situation était fondée sur ce qu'on l'avait souvent menée aux chasses, que faisait souvent le roi dans la forêt de Sénart [...]. Enfin, quand elle eut tenu le roi entre ses bras, elle me dit qu'elle croyait fermement à la destinée, et elle avait raison [1]. » Louis XV passait pour l'image de la séduction faite homme : « Sa tête était belle à ravir[...]. Jamais peintre très habile ne put dessiner le coup de tête de ce monarque lorsqu'il la tournait pour regarder quelqu'un. On se sentait forcé de l'aimer dans l'instant [...]. Je me suis trouvé certain que Mme de Pompadour était devenue amoureuse de cette physionomie [2] », prétendait Casanova.

Tout laisse penser que la jeune femme jouissait du plus parfait bonheur, lorsque Louis XV partit pour la campagne de Flandre, à l'aube du 6 mai 1745. Elle venait de réaliser le rêve de sa vie, et une relative solitude ne lui faisait pas peur. Un peu de calme lui était nécessaire pour se remettre d'une joie aussi intense et pour se préparer au destin glorieux qui l'attendait. Elle ne doutait pas de l'amour du roi, qui lui écrivait pratiquement chaque jour. Il lui avait promis que

1. Voltaire, *Mémoires*, p. 105.
2. Casanova, *Histoire de ma vie*, t. I, 557-558.

dès son retour à Versailles, elle serait présentée à la Cour, afin qu'elle pût vivre auprès de lui.

Les décisions du monarque concernant sa maîtresse avaient été tenues secrètes. Le lieutenant de police lui-même les ignorait. « Le bruit court que Mme d'Etiolles ne sera pas longtemps en place, et l'on dit que c'est une assez belle bête », confie-t-il à Maurepas, persuadé que la favorite est partie pour la Normandie [1]. Apprenant qu'elle se trouve en réalité à Brunoy, chez Pâris de Montmartel, « séjour ordinaire des maîtresses de nos maîtres », il prétend qu'elle serait grosse de six semaines [2]. Ce qui est faux. Comme Jeanne-Antoinette s'est finalement installée à Etiolles avec sa mère, Feydeau de Marville pense qu'elle « a été parfaitement la dupe du roi, qui s'en est amusé quelques jours et qui l'a laissée là. Elle n'est ni baronne, ni comtesse, ni marquise ; elle n'a rapporté de la Cour que des regrets de toutes les folles démarches qu'elle a faites [3] ». Trois jours plus tard, le 13 mai, il annonce qu'elle « ne tiendra pas longtemps et qu'il est absolument faux qu'elle ait été qualifiée de marquise [4] ». Le 18 mai, une nouvelle rumeur se répand dans Paris, dont il se fait l'écho : Mme d'Etiolles se serait retirée dans un couvent pour « y passer le reste de ses jours si le roi ne la rappelait pas à la Cour. Si cette résolution est bien vraie, ajoute le lieutenant de police, Mme d'Etiolles risque, dit-on, de ne jamais sortir du couvent [5] ».

Jeanne-Antoinette coulait des jours tranquilles à Etiolles avec sa mère, Le Normant de Tournehem et son jeune frère, Abel Poisson, un gros garçon de vingt ans, qui ne manquait ni de subtilité ni d'ambition. La belle saison de cette année-là ne devait pourtant pas être uniquement consacrée au repos et aux distractions habituelles à la vie de château.

---

1. Feydeau de Marville, *op. cit.*, t. II, p. 73, lettre du 6 mai 1745.
2. *Ibid.*, p. 73, lettre du 9 mai.
3. *Ibid.*, p. 75, lettre du 10 mai.
4. *Ibid.*, p. 76, lettre du 13 mai.
5. *Ibid.*, p. 81, lettre du 18 mai.

La nouvelle maîtresse du roi devait s'initier aux subtilités d'un monde qu'elle ne connaissait pas, celui de la Cour. Elle devait apprendre les moindres nuances de sa sacro-sainte étiquette, naguère codifiée par Henri III, et érigée en règle absolue par Louis XIV. Louis XV la subissait à regret, mais exigeait qu'on l'observât scrupuleusement. Et rien n'était moins facile à comprendre que ce rituel curial presque aussi complexe que celui du Vatican. Mme d'Etiolles devait également connaître l'histoire des familles qui s'illustraient dans l'entourage royal depuis des siècles ou seulement des décennies. Il fallait se souvenir des naissances, des mariages, des cousinages ; connaître les liaisons, les amitiés, les inimitiés, les réseaux de clientèle existant au sein de ce microcosme ; se faire une idée assez précise des clans et de leur pouvoir ; savoir comment se formaient les cabales, quels étaient les sujets brûlants, ceux qu'on devait à tout prix éviter. Et surtout, il fallait tenter d'acquérir le ton inimitable de la vieille noblesse, cet air de la Cour qui semblait un privilège de la naissance.

Deux gentilshommes avaient été agréés par le roi pour faire l'éducation de Mme d'Etiolles, le marquis de Gontaut et l'abbé de Bernis. Le premier comptait parmi les intimes de Louis XV, qui aimait son caractère enjoué et sa discrétion. Sans fortune et ayant épousé la petite-fille d'un des plus riches financiers de la Régence, il pouvait apprécier, mieux que beaucoup d'autres, les difficultés auxquelles risquait de se heurter Mme d'Etiolles. Mais c'est surtout l'abbé de Bernis qui joua le rôle de Mentor. Cadet d'une illustre et ancienne famille, François Joachim de Pierre de Bernis avait embrassé la carrière ecclésiastique sans éprouver la moindre vocation. Ayant perdu tout espoir d'obtenir un bénéfice, il n'avait reçu que les ordres mineurs et menait une vie oisive, qui eût été celle d'un parfait sybarite s'il avait pu jouir de quelques confortables revenus. Le teint frais, la bouche gourmande, l'œil vif, il aimait les femmes qui restaient rarement insensibles à son charme. Il taquinait joliment la muse et « dorlotait l'amour ». Devenu, selon sa propre expression, « la coqueluche » des salons, reçu à l'Académie française à vingt-neuf ans, il attendait que la fortune voulût bien lui sourire, mais il était trop orgueilleux pour la solliciter. Quelle ne fut pas sa surprise lorsque Mme d'Estrades lui annonça que Mme d'Etiolles, la nouvelle maîtresse de Louis XV, « désirait voir en lui un ami et que le roi l'approuvait ». Comprenant fort bien le sens de la mission qui lui incombait, Bernis commença par se récrier. « Je marquai, dit-il, la plus grande répugnance à me prêter à cet arrangement, où, à la vérité, je n'avais aucune part, mais qui paraissait peu convenable à mon état. On insista, je demandai du temps pour réfléchir. Je consultai les plus honnêtes gens. Tous furent d'accord que, n'ayant contribué en rien à la passion du roi, je ne devais pas me refuser à l'amitié d'une ancienne connaissance, ni au bien qui pouvait résulter de mes conseils [1]. » Ainsi décida-t-il de répondre à « l'amitié éternelle » que lui jura Mme d'Etiolles lors du premier souper qu'il fit chez elle. Ils convinrent de se voir souvent.

Jeanne-Antoinette aimait la compagnie du jeune abbé, qu'elle appelait familièrement « mon pigeon pattu », eu égard à son aimable embonpoint. Conquis par cette jolie femme spirituelle, le « pigeon » ne se formalisa pas d'une telle familiarité et remplit ses fonctions de conseiller avec autant de sérieux que de galanterie. « Je n'eus point de conseil à lui donner pour chérir et rechercher les honnêtes gens, raconte-t-il. Je trouvai ce principe établi dans son âme ; je n'aperçus alors dans l'âme de Mme de Pompadour d'autre défaut qu'un amour-propre trop aisé à flatter et à blesser, et une défiance trop générale, qu'il était aussi aisé d'exciter que de calmer [2]. » Bernis résolut cependant de lui dire toujours la vérité, au risque de lui déplaire. « Je dois dire à sa louange que, pendant plus de douze ans, elle a

1. Bernis, *Mémoires*, t. I, p. 110-111.
2. *Ibid.*, p. 114.

mieux aimé mes vérités, quelquefois dures, que les flatteries des autres [1]. »

La France était alors en liesse. On célébrait partout des *Te Deum* en l'honneur de la victoire décisive que les armées françaises venaient de remporter, à Fontenoy, sur les Anglais que soutenaient les Hollandais et les Autrichiens [2]. La popularité de Louis XV atteignit alors son zénith. Pour la première fois depuis la bataille de Poitiers (de sinistre mémoire), on avait vu un monarque braver le feu de l'ennemi aux côtés de son fils. Louis XV et le jeune prince s'empressèrent d'annoncer la grande nouvelle à la reine. La prose du dauphin vibrait d'une émotion à peine contenue, alors que celle du roi restait empreinte de la froideur qui caractérisait, depuis longtemps, ses rapports avec Marie Leszczinska. Malheureusement la lettre qu'il écrivit à sa maîtresse et la réponse de celle-ci ont été détruites. D'aucuns prétendaient que Bernis et Voltaire rédigeaient la correspondance de Mme d'Etiolles. Sans doute lui ont-ils soufflé quelques jolies phrases, peut-être quelques vers. Mais c'est faire bien peu de cas des talents d'épistolière de la favorite que de supposer les deux poètes lui tenant la main.

Nommé depuis peu historiographe du roi et gentilhomme ordinaire de sa chambre [3], Voltaire s'était mué en courtisan attentif et quelque peu obséquieux. Dès le lendemain de Fontenoy, il écrivit à l'heureuse châtelaine

1. *Ibid.*

2. En 1740, le cardinal de Fleury avait fait entrer la France dans une coalition regroupant la Prusse, plusieurs princes allemands ainsi que l'Espagne et les Deux-Siciles. Ces puissances refusaient de reconnaître la couronne impériale à Marie-Thérèse. Cette dernière ayant été contrainte de céder la Silésie à Frédéric II, celui-ci s'était retiré du combat en juin 1742. L'impératrice, soutenue par les Anglo-Hanovriens, avait alors regroupé des troupes contre ses autres adversaires et menacé l'Alsace en 1744. La reprise de la guerre par Frédéric II avait sauvé la France d'une situation critique. La victoire de Fontenoy allait permettre l'invasion des Pays-Bas autrichiens puis celle des Provinces-Unies.

3. Cette nomination datait du 1er avril 1745.

d'Etiolles : « Je m'intéresse à votre bonheur plus que vous ne le pensez, et peut-être n'y a-t-il personne à Paris qui y prenne un intérêt plus sensible. Ce n'est point comme un vieux galant flatteur de belles que je vous parle, c'est comme bon citoyen et je vous demande la permission de venir vous dire un petit mot à Etiolles ou à Brunoy, ce mois de mai... » Ces lignes étaient précédées de quelques vers assez alambiqués, mais galamment tournés :

Quand César, ce héros charmant,
De qui Rome était idolâtre,
Battait le Belge ou l'Allemand,
On en faisait son compliment
A la divine Cléopâtre.
Ce héros des amants ainsi que des guerriers
Unissait le myrte aux lauriers;
Mais l'if est aujourd'hui l'arbre que je révère,
Et, depuis quelque temps, j'en fais bien plus de cas
Que des lauriers sanglants du fier dieu des combats,
Et que des myrthes de Cythère[1].

La réponse ne se fit pas attendre. Voltaire fut gracieusement reçu à Etiolles. Il partagea dès lors son temps entre le château de Champs, où l'accueillait le duc de La Vallière, et celui d'Etiolles. Il fit une cour assidue à la châtelaine. Il voyait en elle l'astre naissant susceptible d'éclairer sa carrière. Il la consultait, l'encensait, tout en lui chantant les louanges de son amant. Il venait d'ailleurs de composer une ode lyrique à la gloire de Louis XV, *La Bataille de Fontenoy*, qui sortit des presses le 16 mai, et reçut aussitôt l'approbation du censeur (qui n'était autre que Crébillon). Le succès fut foudroyant. Le 26 mai, on en était déjà à la quatrième édition. A chacune d'elles, le poète rajoutait quelques dizaines de vers, exaltant les hauts faits d'armes du souverain

1. Voltaire, *Correspondance*, éd. de la Pléiade, t. II, p. 965.

et du dauphin, mais aussi ceux de toute la noblesse, dont il voulait obtenir la reconnaissance.

Comment ces courtisans doux, enjoués, aimables,
Sont-ils dans les combats des lions indomptables,

s'écriait-il. « En voulant contenter tout le monde, il a fait grand nombre de mécontents », maugréait le duc de Luynes, reconnaissant pourtant qu'il y avait là « de très beaux vers [1] ». On reprochait en particulier à l'historiographe d'avoir loué avec quelque exagération les mérites du duc de Richelieu, l'un de ses protecteurs, au demeurant ami intime du souverain. En dehors de la Cour, on stigmatisait son indifférence pour les « héros subalternes », qui avaient payé de leur vie leur fidélité au souverain.

Flattée de l'intérêt que lui portait Voltaire, Mme d'Etiolles le soutenait auprès du roi. En cela, elle suivait les avis de Bernis, lequel lui avait conseillé de « protéger les gens de lettres. Ce furent eux qui donnèrent le nom de Grand à Louis XIV [2] », lui avait-il dit. Pouvait-elle rêver d'avoir auprès d'elle plus grand écrivain que Voltaire, dont l'œuvre faisait déjà autorité dans toute l'Europe ? Jeanne-Antoinette prit son parti, s'indignant des critiques suscitées par son ode. « Je ne sais pourquoi on se déchaîne contre votre poème. C'est une chose qui me paraît la plus injuste du monde. Cela ne doit vous affliger en aucune façon. C'est le sort des grands hommes d'être enviés [3]. » Elle lui prodiguait les plus chaleureux encouragements, au cours de soupers où coulait généreusement le vin de Tokay. Voltaire chantait les louanges de son amie. « Elle a plus lu à son âge qu'aucune vieille dame du pays où elle va régner et où il est bien à désirer qu'elle règne », écrit-il au président Hénault. A Richelieu, il avoue que les bontés de la favorite le

1. Luynes, *op. cit.*, t. VI, p. 469.
2. Bernis, *op. cit.*, t. I, p. 114.
3. Voltaire, *Œuvres complètes*, éd. Besterman, lettre du 10 juin 1745.

« pénètrent de reconnaissance [...]. Je lui suis tendrement attaché et je crois devoir compter sur sa bienveillance autant que personne [1] ». Mme d'Etiolles, avec l'accord de Richelieu, venait de lui commander un opéra à la gloire de Louis XV, dont Rameau était chargé de composer la musique [2].

Jamais Jeanne-Antoinette n'avait éprouvé pareil bonheur. Tandis qu'à Versailles on rénovait pour elle l'ancien appartement de Mme de Châteauroux, le Châtelet prononça, le 16 juin, un arrêt de séparation de corps et de biens d'avec son mari. Et enfin, le 11 juillet, jour de la prise de Gand par le maréchal de Lowendal, Louis XV lui envoya le brevet de marquise de Pompadour. Le roi, détenant le pouvoir d'anoblir à sa guise qui bon lui semblait, avait fait acheter pour sa maîtresse la seigneurie de Pompadour dans le Limousin [3]. Pour cette acquisition, Pâris de Montmartel avait avancé 200 000 livres au Trésor royal. Devenue marquise de Pompadour, Jeanne-Antoinette se trouvait ainsi propriétaire d'un château et de ses dépendances, où elle ne devait d'ailleurs jamais aller. Elle reprit aussitôt les armes de la famille de Pompadour, éteinte depuis peu : d'azur à trois tours d'argent, maçonnées de sable.

La nouvelle se répandit comme une traînée de poudre. Cette fois, le lieutenant de police fut bien obligé d'annoncer à Maurepas que les lettres d'anoblissement de la nouvelle marquise allaient être incessamment enregistrées au parlement et à la Chambre des comptes [4]. Le duc de Luynes notait dans son *Journal* que le roi avait déjà écrit plus de quatre-vingts lettres à sa maîtresse depuis le début de la campagne. Déposées chez Pâris de Montmartel à Brunoy, soigneusement cachetées, elles portaient en suscription la

---

1. Voltaire, *Correspondance*, éd. de La Pléiade, t. II, p. 986, lettre du 20 juin 1745 et p. 1016, lettre écrite vers le 25 août.
2. Ce sera *Le Temple de la gloire*.
3. A.N. A.P. 463.
4. Feydeau de Marville, *op. cit.*, t. II, p. 104. Lettre du 30 juin 1745.

devise « discret et fidèle ». « Plus amoureux que jamais » de la jeune femme, le monarque lui adressait des courriers à tout moment [1].

L'anoblissement de Jeanne-Antoinette la hissait, en principe, au même rang que celui de beaucoup de femmes de la Cour, et lui permettait d'être « présentée ». Cependant pour les courtisans, cette faveur imméritée ne décrassait pas la nouvelle marquise de Pompadour de sa roture originelle. Plus formalistes que leur maître, ils persistaient à voir en elle la fille des méprisables Poisson. Ils savaient toutefois, qu'ils leur faudrait feindre de la traiter comme une femme bien née. Ils n'en décoléraient pas, tandis qu'à Etiolles, Voltaire composait quelques vers pour célébrer l'heureux événement. Ils ne s'élèvent pas au sublime :

Il sait aimer, il sait combattre ;
Il envoie en ce beau séjour
Un brevet digne d'Henri quatre
Signé Louis, Mars et l'Amour...

Mais ne valait-il pas mieux être platement exaltée par le grand homme que par quelque poétaillon au génie méconnu ?

L'été se poursuivit comme il avait commencé. On déplora cependant un incident dramatique : le 9 juillet, un fracas épouvantable ameuta les habitants d'Etiolles et la porte du salon vola en éclats sous la violence d'un choc dont on ne pouvait comprendre l'origine. A une lieue de là, le moulin à poudre d'Essonne venait de sauter, faisant une trentaine de victimes...

Le reste du séjour se déroula dans le plus grand calme. Mme de Pompadour écoutait ses maîtres ou faisait la conversation avec Mme d'Estrades et Mme de Tencin. Cette dernière restait persuadée que la réussite de la petite

1. Luynes, *op. cit.*, t. VI, p. 492-493.

Poisson était un peu la sienne. Elle insistait auprès d'elle pour qu'elle fît nommer Premier ministre son frère, le cardinal de Tencin. Mme de Pompadour écoutait, sans rien promettre. Souvent l'aimable compagnie se rendait chez Montmartel qui donnait de brillantes réceptions à Brunoy. Et Bernis de composer des vers près « du bois solitaire où va rêver la jeune Pompadour ».

Pendant ce temps, la campagne de Flandre se déroulait heureusement. L'armée royale avait pris Tournai, Gand, Alost, Bruges, Audenarde, Ostende et Nieuport tombait le 5 septembre. Louis XV s'apprêtait à rentrer à Versailles. Auréolé des lauriers de la victoire, il devait participer aux fêtes préparées en son honneur par les édiles parisiens. Paris en liesse s'apprêtait à célébrer fastueusement le vainqueur de Fontenoy. L'heure des retrouvailles allait sonner pour les amants.

Le 2 septembre, escortée de quatre laquais en habit galonné d'argent, coiffés d'un tricorne à plumet, la marquise de Pompadour quitta Etiolles dans un carrosse à six chevaux. Arrivée à Paris, elle s'installa dans un pied-à-terre du château des Tuileries, voisin de celui du duc de Richelieu, lequel communiquait avec l'appartement du monarque. Il fallait bien sauvegarder les apparences !

Le 7 septembre, à 4 heures de l'après-midi, Louis XV, le dauphin et leur suite arrivèrent à La Villette où une collation leur était préparée. Mais, pressé d'arriver aux Tuileries le plus tôt possible, le monarque écourta les cérémonies et se contenta de changer de carrosse. A 4 heures et demie, il atteignit la porte Saint-Martin, où l'attendaient agenouillés le duc de Gesvres, gouverneur de Paris, le prévôt des marchands et les échevins. Après avoir reçu les clés de la ville, il fit son entrée dans une capitale aux rues pavoisées et tendues de tapisseries. Un immense concours de peuple se pressait sur son passage pour l'acclamer. Et ce n'est qu'à 6 heures qu'il parvint enfin aux Tuileries, où l'attendaient la famille royale et les courtisans, aux fenêtres du palais. L'immense foule, qui le suivait depuis la porte Saint-Martin, se répandit alors dans les jardins d'où redoublèrent les vivats. Souriant, détendu, Louis XV mit pied à terre, embrassa la reine, la dauphine et ses filles descendues pour l'accueillir. Pâle et amaigri, le dauphin gambadait comme un chien fou, au milieu des siens. Le roi et son fils demeurèrent un bon moment à bavarder dans la galerie, avant que chacun ne se retirât dans ses appartements afin de se changer. Le souverain fit savoir qu'il n'avait aucune intention d'assister, le soir même, à quelque cérémonie que ce fût. Désireux de se reposer, il ne passa qu'une demi-heure au jeu de son épouse et prit avec elle son souper, en grand couvert, c'est-à-dire en public et en musique. Cette obligation accomplie, il mit fin à la conversation au bout d'un quart d'heure. Et, comme dit le duc de Luynes, « tout le monde alla se coucher [1] ».

Consacrée aux cérémonies et aux fêtes, la journée du lendemain commença par la célébration d'une messe solennelle à Notre-Dame, qui s'acheva à 1 heure et demie. Il fallut ensuite que le monarque reçût les représentants de la Ville et les dames de la Halle, venues lui débiter les compliments d'usage. Le soir, toute la famille royale monta en carrosse pour se rendre à l'Hôtel de Ville, où plusieurs appartements avaient été préparés à son intention, afin qu'elle pût se reposer quand bon lui semblerait. Dans la grande salle de réception, où attendaient déjà le nonce, les ambassadeurs, les ministres étrangers, les courtisans et les représentants des grands corps de l'Etat, on avait installé des estrades à la hauteur des fenêtres pour permettre aux assistants d'admirer le feu d'artifice tiré place de l'Hôtel de Ville. On pria ensuite les invités à un concert, où la musique des petits violons exécuta un divertissement composé pour la circonstance, intitulé *Le Retour du Roi*. Suivit un souper. Le roi et la reine présidaient une table où avaient pris place leurs enfants, les princes et les princesses du sang ainsi que quelques per-

1. Luynes, *op. cit.*, t. VII, p. 49.

sonnes que Leurs Majestés tenaient particulièrement à honorer. Pendant ce temps, la marquise de Pompadour soupait incognito, dans un petit appartement au-dessus de la gande salle. Mme d'Estrades, Mme de Sassenage, Le Normant de Tournehem et le jeune Abel Poisson lui tenaient compagnie. Avant son arrivée à l'Hôtel de Ville, le duc de Gesvres, le prévôt des marchands, et Feydeau de Marville, le lieutenant de police, étaient venus chez elle pour « lui rendre compte de tout [1] ». Le duc de Richelieu et le duc de Gesvres montèrent la voir pendant le banquet. Elle quitta l'Hôtel de Ville à 11 heures et demie, alors que le roi était encore obligé de partir, en carrosse, admirer les illuminations de Paris jusqu'à la place Vendôme. Il ne regagna les Tuileries qu'à 2 heures du matin. Le 9 septembre, le monarque reçut les compliments des cours souveraines et se reposa le reste de la journée. Le lendemain, après un dîner au Louvre, Louis XV prit, avec sa suite, le chemin de Versailles.

Pendant ces journées de fête, la marquise de Pompadour avait fait le sujet de toutes les conversations. Bien que sa présence fût très discrète, on savait qu'elle avait revu le roi, en dépit des obligations auxquelles il avait été soumis. Toute la Cour attendait avec une impatience non dissimulée sa présentation officielle qui devait avoir lieu quelques jours plus tard.

1. Luynes, *op. cit.*, t. VII, p. 55.

5

La Cour

Depuis longtemps, Versailles n'avait connu pareille excitation. La fin de la guerre, un mariage princier, une réception de souverain étranger auraient provoqué moins d'émoi que la présentation de la marquise de Pompadour à la Cour. Ce mardi 14 septembre 1745 allait rester une date mémorable dans les annales auliques : la fille Poisson, épouse séparée du fermier général Le Normant d'Etiolles, faisait son entrée officielle dans le sanctuaire de la monarchie, où, seuls, avaient droit de cité les aristocrates capables de prouver, pièces à l'appui, une noblesse remontant à l'an 1400 ! Ils ne pouvaient cependant pas tous se targuer d'une ascendance aussi ancienne. On comptait parmi eux beaucoup d'anoblis de plus fraîche date, qui avaient bénéficié d'une présentation « par ordre ou par grâce du roi [1] ». Mais deux générations, au moins, les séparaient de leur état de roturier. Et ce jour-là, les derniers élus n'étaient pas forcément les plus indulgents à l'égard de la nouvelle marquise.

---

1. Le roi avait dispensé ces courtisans de produire leurs preuves de noblesse. C'est ainsi que la cour de France comptait de nombreux descendants de robins qui avaient acheté leurs charges aux XVIe et XVIIe siècles, et même au début du XVIIIe. Sous le règne de Louis XV, noblesse d'épée, noblesse de robe et petits-fils de traitants se trouvaient liés par de nombreux mariages.

A la fin de l'après-midi, des centaines de courtisans piétinent dans l'antichambre du roi et dans celle de la reine. Moqueurs, malveillants, en un mot, impitoyables, ils sont venus assister au spectacle insolite que leur offre un souverain amoureux, qu'ils jugent oublieux de ses devoirs. Ils espèrent bien que la « caillette » commettra l'irréparable impair qui la perdra. Puisque toute nouvelle impétrante devait être parrainée par deux dames de la Cour, on se demandait « quelle p... oserait » se prêter à pareille comédie. On s'attendait bien à voir Mme d'Estrades chaperonner la favorite, mais sûrement pas la princesse de Conti [1]. L'illustre douairière, oubliant les scandales de sa lointaine jeunesse, s'était fait un peu prier lorsque le roi lui avait imposé ce patronage. Mais la promesse de voir ses dettes acquittées avait eu raison de ses hésitations. Craignant pourtant de se déconsidérer aux yeux de la famille royale et du reste de la Cour, elle répétait à tout venant qu'elle n'avait jamais rencontré Mme d'Etiolles. Et elle avait pris grand soin de faire savoir à la reine qu'elle n'était pour rien dans cette honteuse mise en scène.

Avant de paraître devant ce public dont elle pressent la froide hostilité, comme avant d'entrer en scène, Mme de Pompadour se remémore les gestes à accomplir, les phrases à prononcer. Elle a pris plusieurs « leçons de révérences » auprès du maître des cérémonies. La veille, elle a fait les visites d'usage à la dame d'honneur et à la dame d'atours de la reine [2]. Sans aucun doute, son cœur bat trop vite en ce moment solennel. Elle a beau être sûre de l'amour du roi, qui a encore soupé tête à tête avec elle, une infime mala-

1. Louise Elisabeth de Bourbon-Condé (1693-1775), fille de Louis, prince de Condé et de Mlle de Nantes, fille légitimée de Louis XIV ; veuve de Louis Armand III prince de Conti. En 1743, sa fille Louise Henriette avait épousé le duc de Chartres qui devait devenir duc d'Orléans en 1752.

2. La reine, la dauphine et les princesses avaient une dame d'honneur et une dame d'atour. On appelait « dames du palais » les autres dames de compagnie de la reine. Elles étaient toutes titrées.

dresse pourrait remettre en question son nouveau statut. Et, pour rien au monde, Jeanne-Antoinette ne voudrait décevoir son amant. Elle n'en éprouve que plus d'angoisse, car « dans ce pays-ci [1] » le moindre manquement aux usages peut être fatal.

A 6 heures, majestueuse et gracieuse, la taille bien prise dans son grand habit de cour à longue traîne, paraît Mme de Pompadour, accompagnée de la princesse de Conti et de Mme d'Estrades que suit Mme de Lachau-Montauban. Ayant franchi le seuil du cabinet du roi, la marquise ploie dans une profonde révérence, avance de quelques pas pour en exécuter une seconde et, arrivée aux pieds du monarque, plonge pour la troisième. « La conversation fut fort courte et l'embarras très grand de part et d'autre [2] », remarque le duc de Luynes. Très sûre de ses gestes, la marquise repart bientôt à reculons, en exécutant de nouveau les trois révérences exigées par le protocole. La même épreuve l'attend chez la reine. Tout le monde se demande ce que l'épouse délaissée va pouvoir dire à la maîtresse triomphante. Elle lui fera, pense-t-on, quelques compliments sur sa robe, « sujet fort ordinaire aux dames quand elles n'ont rien à se dire [3] ». Lorsque la marquise, après ses trois révérences, prend de sa main dégantée le bas de la jupe de la reine pour y déposer un respectueux baiser, Marie Leszczinska ne lui parle pas de sa toilette, mais de Mme de Saissac. Elle se dit heureuse d'avoir fait la connaissance de cette dame, qui compte parmi les amies de Mme de Pompadour. On ne sait pas si la nouvelle présentée a bien saisi toutes les paroles de la reine, qui parle assez bas, mais on l'a entendue assurer la souveraine « de son respect et du désir qu'elle a de lui plaire [4] ». Le public n'a pas perdu un mot de cet entretien exceptionnellement long pour une telle cérémonie : on a compté douze

1. C'était l'expression consacrée pour désigner la Cour.
2. Luynes, *op. cit.*, t. VII, p. 60.
3. *Ibid.*
4. *Ibid.*

phrases ! Rien n'échappe aux courtisans. Dans son émotion, Jeanne-Antoinette a laissé tomber son gant, que la princesse de Conti a vivement ramassé. (Incident sans importance qui sera pourtant chansonné [1] !) Et Mme de Pompadour repart de chez la reine comme elle est repartie de chez le roi, en faisant ses trois révérences à reculons. Il ne lui reste plus qu'à s'exécuter de la même façon chez le dauphin, qui se montre glacial, chez la dauphine très distante, et chez Mesdames Henriette et Adélaïde, filles de Louis XV, qui n'ont pas l'intention d'adresser la moindre gracieuseté à la maîtresse de leur père.

A l'instar de toutes les autres femmes présentées, Mme de Pompadour peut désormais faire sa cour au roi, à la reine, et aux autres membres de la famille royale, le matin après la messe et le soir au jeu. Elle a le droit de monter dans les carrosses du souverain et de son épouse ; elle sera invitée aux soupers dans les petits appartements et conviée à tous les bals de la reine. Mais le statut de maîtresse déclarée est bien différent de celui d'une simple « présentée ». Comme aucune règle ne le définit, dans ce monde pourtant codifié à l'extrême, il faut que la marquise impose très tôt sa souveraineté, de manière à la rendre inexpugnable. Elle doit d'emblée donner un style à son règne, qu'elle devine semé de redoutables pièges. Le moment est venu de se souvenir des conseils de Bernis, qui a tenté de démêler pour elle l'écheveau embrouillé des rites et des intrigues de Versailles.

« Tout le monde déteste la Cour et tout le monde en fait son paradis », affirmait le marquis d'Argenson. Depuis 1682, Versailles était devenu un lieu mythique, à la fois résidence royale, centre du pouvoir et du divertissement, où Louis XIV avait rasssemblé autour de lui la fine fleur de sa noblesse, réduite en une douce captivité, après qu'elle eut frondé la monarchie pendant plusieurs décennies. Par

1. L'incident a été évidemment noté. Un chansonnier, averti par un assistant (probablement Maurepas) en fera quelques couplets satiriques. (*Cf. Correspondance de Marville*, *op. cit.*, t. II, p. 154-155.)

crainte ou par espérance, elle avait décidé de servir ce monarque, dispensateur de tout honneur et de toute grâce, selon son humeur. En imposant à l'aristocratie, aux princes, à la famille royale et en s'imposant à lui-même une étiquette rigoureuse, Louis XIV avait défini une règle de vie dont nul ne devait s'éloigner, au risque de se trouver exclu de ce microcosme offert en spectacle à l'univers et dont il était l'astre rayonnant. Autour de lui, selon son rang, chacun jouait son rôle. Louis XIV vivait en perpétuelle représentation. Quel que fût son état de santé, il se soumettait aux rigueurs protocolaires, sans rien changer au rituel de sa journée, exigeant la même discipline de tous les siens. « Nous ne sommes pas comme des particuliers, nous nous devons tout entier au public », dit-il un jour à sa belle-fille, la dauphine Marie-Anne de Bavière, qui s'estimait trop malade pour paraître à un bal. « Avec un almanach et une montre, on pouvait, à trois cents lieues d'ici, dire ce qu'il faisait », affirme Saint-Simon. Cette mécanique aulique n'était pas pour le Roi-Soleil une simple affaire de cérémonial, mais avant tout un instrument de domination.

La liturgie s'est maintenue, mais les temps et les êtres ont changé. Louis XV admire Louis XIV. Il aime son prestigieux château, que tous les souverains européens ont pris pour modèle. Comme son aïeul, il tient à marquer, grâce à l'étiquette, la distance qui le sépare des princes et, à fortiori, des nobles, bien que leurs entreprises belliqueuses ne soient plus à redouter. Mais il refuse de vivre comme lui. Il ne supporte pas la théâtralisation curiale et la rhétorique du paraître savamment élaborée par le Roi-Soleil. Respectueux des traditions, il subit douloureusement le rituel monarchique qu'il accomplit avec une consciencieuse lassitude. Mais pour échapper à la pesanteur de ses obligations souveraines, il s'est ménagé une double vie, ce qui a déjà contribué à modifier l'intérieur du palais et à changer l'esprit de la Cour.

Son existence officielle se déroule dans les grands appartements, ponctuée par les cérémonies publiques du lever et du coucher, de la messe quotidienne et du dîner, les jours dits « de grand couvert ». Une foule considérable se presse alors autour du monarque, car le château n'accueille pas que les courtisans. Il est ouvert à n'importe quel visiteur, à condition qu'il soit convenablement vêtu. Les hommes doivent simplement arborer une épée au côté, qu'ils peuvent louer dans une échoppe installée à l'entrée du château. Courtisans et manants se côtoient ainsi au milieu des cohortes d'administrateurs et de serviteurs de tous rangs, qui s'affairent dans les galeries, très fiers de l'emploi qu'ils occupent. Mais seuls les trois ou quatre mille « présentés » participent à la vie de cour. Les autres ne sont que des spectateurs fortuits. Ils n'assisteront jamais aux concerts, aux bals, aux jeux et aux fêtes que président le roi et la reine, plusieurs fois par semaine. On ne convie le peuple à des réjouissances qu'à des occasions exceptionnelles, telles que le mariage d'un dauphin.

Afin de protéger sa vie privée, Louis XV s'est aménagé un domaine personnel, où nul ne peut pénétrer sans son autorisation. Très mal à son aise dans la somptueuse chambre du Roi-Soleil, qu'il a laissée intacte, et où il se soumet au lever et au coucher en public, il a décidé, dès 1738, de passer ses nuits dans une pièce plus modeste, mais beaucoup plus intime. C'est là qu'il dort et qu'il s'éveille, avant le lever officiel. Louis XIV s'était réservé un appartement intérieur qui doublait, en quelque sorte, son grand appartement. Louis XV l'a modernisé pour le rendre plus accueillant et plus confortable. Cependant, malgré les transformations qu'il a subies, l'appartement privé manque d'intimité. Le roi n'y est jamais seul. Il a dû parfois se réfugier dans sa garde-robe pour trouver un peu de tranquillité ! C'est au deuxième et au troisième étages, auxquels on accède par des escaliers intérieurs, qu'il se sent réellement chez lui, dans une multitude de petites pièces, souvent entresolées, décorées et meublées avec un goût raffiné, appelées « petits cabinets ». En quelques décennies, on les a souvent remaniées, changeant à plusieurs reprises l'emplacement des salles à manger, des cuisines et des salles de bains.

Un escalier donnant sur une cour intérieure, le « petit degré » du roi, dessert cette retraite. Il permet au souverain d'accorder, à l'insu de tous, des audiences particulières. Se glissent par « les derrières » aussi bien des ministres que quelques jolies femmes. Si rien ne transpire de ces entretiens répétés, ils intriguent la Cour. Peu de gens savent que Louis XV travaille dans cette thébaïde et qu'il se livre en toute quiétude à ses *hobbies* : la géographie et la physique. Il passe des heures à consulter sa collection de cartes ou à manier des instruments de précision réunis dans ses laboratoires. Ces appartements secrets sont aussi des espaces de plaisir. Le roi aime y passer une partie de ses soirées, au milieu de quelques rares élus, délaissant ainsi le reste de la Cour, depuis qu'il a institué les « soupers des petits cabinets », où il convie ceux dont il apprécie la société. Ses précédentes maîtresses ont toujours présidé ces repas, où il se considère comme un seigneur qui recevrait ses amis dans son château.

Ce privilège insigne accordé à quelques intimes excite beaucoup de jalousies. « Pour qu'on fasse attention à vous, il faut tenir à un ministre ou souper dans les cabinets. Si vous parvenez à ce bonheur-là, la Cour vous paraîtra agréable [1] », dit le comte de Sade à son fils. Beaucoup de nobles ont l'impression que le roi les néglige, pis encore, qu'il les ignore. Du temps de Louis XIV, il suffisait d'être vu régulièrement par le monarque pour obtenir sa faveur. Les courtisans vivaient dans une émulation permanente, les yeux fixés sur le prince, dont ils attendaient emplois, distinctions, pensions qui passaient pour la juste récompense de leurs mérites. Ils préfèrent maintenant la vie mondaine de Paris aux plaisirs monotones de Versailles. Ils vont à la Cour par devoir, parfois à regret, mais toujours par intérêt.

1. Ecrits politiques du comte de Sade, « Le courtisan », *in* Maurice Lever, *Sade et la Révolution, Que suis-je à présent ?*, p. 40.

La plupart des nobles fréquentent assidûment les ministres, les maîtresses, ou même les proches du roi pour conserver des droits acquis et en obtenir de nouveaux. Bernis s'indigne de la cupidité de ses commensaux : « Ils aiment l'argent et ne rougissent pas d'en demander et quelquefois d'en prendre [...]. Ils ont de la vanité et point de vraie hauteur. Rien de si rare que de trouver aujourd'hui à la Cour des *caractères* : personne ne s'y montre au-dessus des autres ; il semble que tout le monde y soit de la même taille [1]. » Les courtisans se jalousent et s'épient. « Aujourd'hui les amis sont aussi légers et aussi infidèles qu'autrefois et les ennemis n'y sont plus irréconciliables ; les liaisons y changent d'un jour à l'autre [2]. » Le goût du roi pour la vie privée, sa présence intermittente à Versailles, son apparent désintérêt pour une partie de sa noblesse encouragent la formation de cabales et d'intrigues que les ministres se trouvent obligés de démêler. « La chaîne de protection et du crédit s'étend du connétable jusqu'au valet de pied », affirme d'Argenson.

Bien que Louis XV paraisse insaisissable, le plus modeste des « présentés » essaie pourtant d'attirer son attention. Il sait que le caprice royal peut changer une destinée. Et le roi, homme d'habitude, a parfois ses foucades. Parvenir à éveiller son intérêt relève d'une véritable stratégie. Il faut respecter scrupuleusement les détails de la contraignante étiquette, se montrer déférent sur le passage du monarque, lui faire sa cour, suivre ses chasses, aller à son jeu et surtout... lui plaire. Le postulant à la faveur passe son temps à faire des visites où l'on s'entretient immanquablement de ce que le roi et la famille royale ont fait hier ou feront demain. « La vie d'un courtisan assidu ressemble à celle d'un valet de chambre, enfin d'un être quelconque en servitude, assure Dufort de Cheverny. J'ai vu le duc de Luynes, le duc de Saint-Aignan, le président Hénault, Moncrif et tant d'autres rétrécir leur

1. Bernis, *op. cit.*, t. I, p. 104.
2. *Ibid.*, p. 104.

esprit par une conversation si peu variée que je ne pouvais m'y faire ni m'y fixer [...]. On pouvait diversifier l'ennui qu'entraîne nécessairement le séjour de la Cour, qui n'est tenable pour un homme qui pense que lorsqu'il se livre à un service actif ou continuel ou qu'il se livre à l'intrigue [1]. » S'il a le rare bonheur de parvenir à ses fins, le courtisan saura se montrer attentif aux moindres désirs de son maître ; mieux encore, il les préviendra. Sans pouvoir tenir de propos sincères au monarque, il saura d'instinct lui plaire, le rassurer, le distraire, car l'ennui pèse toujours sur les existences princières. Conserver cet inappréciable honneur, que tant d'autres lui envient, deviendra l'obsession de celui qui l'a obtenu. Alors « la flatterie se déguisera en sagesse et en amour » [2]. Le courtisan admis à l'insigne faveur de l'intimité royale saura se montrer enjoué, trouvera les mots qui amusent sans choquer la bienséance, ne posera jamais de questions au souverain et le laissera toujours choisir les sujets de conversation. Ainsi le roi ne parle-t-il que de sciences, d'art ou de chasse. S'il évoquait des sujets brûlants, chacune de ses paroles recevrait mille interprétations différentes.

Devenir la compagne d'élection de Louis XV requérait d'exceptionnelles qualités pour une femme venue d'un autre monde. La seule passion du souverain n'aurait pas suffi à maintenir sa maîtresse dans une telle situation. Au risque de succomber sous les coups redoublés de ceux qui voulaient son renvoi, la marquise devait s'adapter d'emblée aux mœurs de « ce pays-ci ». La parfaite aisance dont elle avait fait preuve lors de sa présentation et, le lendemain, à la messe de la reine désarma plusieurs de ses détracteurs. Vexées d'avoir à frayer avec une marquise d'aussi basse extraction, les dames ravalaient leur dépit alors que les hommes, sensibles au charme de l'élue, étaient enclins à plus d'indulgence.

---

1. Dufort de Cheverny, *Mémoires*, éd. Guicciardi, t. I, p. 100-101.
2. D'Argenson, *op. cit.*, t. II, p. 321.

Louis XV, qui n'avait guère eu le temps de se reposer depuis son retour de campagne, décida de partir, en petit comité, pour Choisy le 16 septembre. Il n'emmenait avec lui que Mmes de Lauraguais, de Sassenage, de Bellefonds, de Saint-Germain et naturellement Mme de Pompadour. Quelques seigneurs les accompagnaient, les ducs de Richelieu, d'Ayen, de Duras et M. de Meuse. La princesse de Conti avait décliné l'invitation du monarque pour faire ostensiblement sa cour à la reine ! Grâce à ce voyage, le roi esquivait la visite de son beau-père, le roi de Pologne, qu'on attendait à Versailles. N'ayant aucune envie de rencontrer la nouvelle favorite de son gendre, Stanislas s'était momentanément installé à Dampierre, chez le duc et la duchesse de Luynes. Lorsqu'il arriva auprès de sa fille, le souverain et sa suite étaient à Choisy.

Ce séjour, sans doute très attendu par les deux amants, ne prit pas les allures de la lune de miel espérée. Le roi tomba malade, (probablement victime d'un abcès dentaire), et les médecins jugèrent plus prudent de le saigner deux fois. Heureusement, la fièvre ne tarda pas à tomber et on en fut quitte pour la peur. Mais la reine, avertie de l'état de son époux, lui fit demander la permission de se rendre à son chevet. A sa grande surprise, le roi lui proposa de venir à Choisy, où elle « trouverait, lui disait-il, un bon dîner, des vêpres et le salut [1] ». Louis XV reçut affablement son épouse, qu'il fit dîner avec toutes les dames de sa compagnie au milieu desquelles trônait la charmante Pompadour. Le souverain voulut que la reine visitât le château dans lequel il venait de faire procéder à d'importants travaux [2]. L'appartement royal avait été agrandi, la terrasse sur la Seine prolongée, et Gabriel construisait un nouveau corps de logis. Louis XV venait de commander à Parocel une suite de fresques commémorant ses victoires en Flandre pour déco-

1. Luynes, *op. cit.*, t. VII, p. 64.
2. Le duc de Luynes en donne une description assez précise, *op. cit.*, t. VII, p. 65.

rer la galerie. Marie repartit dans la soirée, après avoir longuement accompli ses devoirs religieux.

Stanislas Leszczinski se sentit alors obligé de faire visite à son gendre, lequel n'avait aucune envie de le voir. Ne pouvant cependant lui fermer sa porte, Louis XV le reçut dans sa chambre, où Mme de Pompadour, en costume de chasse, jouait au quadrille avec trois autres personnes. L'accueil fut des plus froid et le roi de Pologne ne resta là qu'une demi-heure. Le dauphin, la dauphine et les filles du roi ne tardèrent pas à venir présenter leurs vœux de rétablissement à leur père. Il fallut donc remettre les joies de l'amour au séjour de Fontainebleau, qui devait suivre celui de Choisy.

Pendant les première semaines de l'automne, Louis XV tenait sa cour à Fontainebleau. Il y arriva le 1er octobre avec Mme de Pompadour qu'il installa dans l'appartement de Mme de Châteauroux. Le soir même, il soupa dans ses cabinets avec elle, Mme de Lauraguais et Mme de Sassenage. La marquise se montrait fort discrète. Toujours à la disposition de son amant, elle sortait peu de chez elle et faisait consciencieusement sa cour la reine, laquelle la regardait avec une relative indulgence. Marie Leszczinska avait acquis une parfaite résignation dans la Providence. Toutes relations intimes étant rompues depuis longtemps avec son époux, elle savait qu'elle devrait tolérer ses maîtresses. Elle pensait qu'une femme sans naissance lui témoignerait plus d'égards que les arrogantes sœurs Nesle, lesquelles avaient pris plaisir à l'écraser de leur superbe. La reine ne se trompait pas. Mme de Pompadour s'ingéniait à lui exprimer les marques du plus profond respect.

Louis XV prit aussitôt de nouvelles habitudes avec sa maîtresse. Une fois levé et habillé, il descendait chez elle et y demeurait jusqu'à l'heure de la messe. Après la cérémonie, il revenait manger un potage et une côtelette avec Jeanne-Antoinette et ne quittait son appartement que vers 5 ou 6 heures pour aller travailler. Lorsqu'il soupait en grand couvert, la marquise, qui avait un excellent cuisinier, donnait des petits soupers où elle conviait quelques proches. Les soirs de représentation théâtrale au château, on voyait le roi et sa favorite, ensemble dans une loge grillée. Louis XV lui marquait plus d'attention qu'à personne. On s'en rendit compte lorsque Jeanne-Antoinette, victime d'un refroidissement, dut s'aliter et être saignée. Ce jour-là, le roi interrompit son souper, abandonnant ses amis au milieu du repas, pour aller lui tenir compagnie. Lorsqu'il revint dans la salle à manger, il demanda à M. de Meuse et à M. de Soubise de se relayer au chevet de la malade afin qu'elle ne s'ennuyât pas. Comprenant que cette liaison risquait de durer beaucoup plus longtemps qu'on ne l'avait cru, les courtisans commençaient à tenir des propos plus amènes sur Mme de Pompadour. « Tout le monde trouve Mme de Pompadour extrêmement polie ; non seulement, elle n'est point méchante et ne dit de mal de personne, mais elle ne souffre même pas que l'on en dise chez elle. Elle est gaie et parle volontiers [1] », écrivait le duc de Luynes. Il n'y avait que Feydeau de Marville pour prétendre qu'elle allait être disgraciée [2].

Son élévation n'avait pas enivré la marquise au point de lui faire oublier ses origines. A la surprise générale, elle parlait volontiers de sa famille, même en présence du roi, et ne reniait pas les siens. Elle faisait visite à M. Poisson qui avait loué une maison en ville, mais auquel elle avait demandé de ne pas paraître au château. Cependant Jeanne-Antoinette, qui s'adaptait à son nouveau rôle, gardait le langage de Paris et se servait d'expressions « extraordinaires dans ce pays-ci ». Luynes craignait que le roi n'en fût importuné ou choqué. Ce grand seigneur avait du mal à imaginer que le souverain, sous le charme de sa maîtresse, pût se délecter de ce piment inoffensif dans une existence aussi réglée que la sienne.

Lorsqu'on fut sur le point de quitter Fontainebleau pour Versailles, on apprit que le souverain avait eu la délicate

1. Luynes, *op. cit.*, t. VII, p. 110.
2. Feydeau de Marville, *op. cit.*, t. II, p. 172.

attention d'inviter son épouse à Choisy, ce qu'il ne faisait jamais en pareille circonstance. Tout le monde savait que Mme de Pompadour avait inspiré ce joli geste. Elle avait récemment confié à la duchesse de Luynes, dame d'honneur de la reine, et son amie intime, que si cette princesse « l'avait traitée mal, elle en aurait été véritablement affligée, mais qu'elle ne s'en serait jamais plainte ; que par conséquent, il n'était pas extraordinaire [...] qu'elle cherchât tous les moyens de lui plaire [1] ». Le dauphin et la dauphine ne faisaient pas preuve de la même aménité que leur mère à l'égard de la favorite. Taciturne, sombre et confit en dévotion, le jeune prince voyait en elle le diable sous les traits d'une femme aimable. Sa revêche épouse accordait quelques sourires contrits à la pécheresse dont elle souhaitait la disgrâce. On racontait que Mme de Pompadour étant tombée dans un bassin à Fontainebleau, la gracieuse dauphine avait murmuré que ce n'était « qu'un poisson qui retournait à son élément [2] ». Les filles du roi pensaient de la même façon. Autour des jeunes princes, ce qu'on appelait le clan des dévots n'avait pas désarmé.

1. Luynes, *op. cit.*, t. VII, p. 126.
2. Feydeau de Marville, *op. cit.*, t. II, p. 173.

6

Débuts dans « ce pays-ci »

Il fallait bien se rendre à l'évidence : jamais Louis XV n'avait paru aussi épris d'une maîtresse, et celle-ci semblait lui apporter beaucoup plus que celles qui l'avaient précédée. Plus subtile et plus fine que les sœurs Nesle, Jeanne-Antoinette avait d'instinct compris la nature de ce prince mélancolique, qu'il fallait perpétuellement rassurer et arracher à l'état dépressif dans lequel il risquait de sombrer. Elle conservait avec lui un naturel que n'aurait pas eu une femme de la Cour. Elle avait fréquenté des milieux dont il ignorait tout, rencontré des écrivains, des savants, des artistes, et connu des expériences assez banales, mais qui pouvaient passer pour extraordinaires aux yeux d'un souverain confiné dans ses palais. Elle apportait une immense bouffée d'air frais à cet homme blasé, qui ne savait pas grand-chose de la vie réelle : tout juste ce qu'une nuée de courtisans obséquieux voulaient bien lui laisser entendre.

Elle entourait son amant d'une chaude tendresse et « avait l'art de badiner » avec lui sur un ton inconnu dans « ce pays-ci ». Personne ne mettait tant de grâce à raconter ces petits événements de la Cour et de la Ville, dont le récit enchantait Louis XV. Elle trouvait le moment favorable pour dire ce qu'il voulait qu'il entendît et le faisait avec une telle habileté qu'elle ne manquait pas son but. Jeanne-Antoinette prévenait le moindre désir du roi et le laissait émerveillé par les surprises qu'elle savait lui ménager. « Elle était, à volonté, superbe, impérieuse, calme, fripone, lutine, sensée, curieuse, attentive [1] », et elle avait, en outre, le don des larmes, qualité rarissime à la Cour, où l'impassibilité était de rigueur. Elle transformait la vie du souverain et savait se comporter aussi bien en maîtresse qu'en épouse, n'hésitant pas, par exemple, à lui faire remarquer, quasi publiquement, que la dentelle de son jabot n'était pas assortie à celle de ses manchettes [2]. Louis XV, qui ne s'ennuyait plus, était bien persuadé qu'il « ne trouverait jamais une personne avec laquelle il pût passer des jours aussi tranquilles et aussi heureux [3] ».

A Versailles, où l'on s'était réinstallé à la fin du mois de novembre, le roi avait conservé les habitudes qu'il avait prises à Fontainebleau. Il passait plusieurs heures dans l'appartement de sa maîtresse, lequel communiquait avec les petits cabinets. Avec ses neuf fenêtres donnant sur le parterre nord et d'où l'on apercevait le bassin de Neptune, le domaine de la favorite était élégant et confortable. On y accédait par une antichambre, où un miroir du temps de Louis XIV, surplombant la cheminée, donnait de la profondeur à la pièce. Sur la gauche s'ouvrait un vaste salon, à large alcôve, qui tenait lieu de salle à manger. La marquise y organisait des soupers fins. A droite de l'entrée, une double porte donnait sur la chambre à coucher, lambrissée de grands panneaux à coquille dans le goût de Verberckt ; l'alcôve, au cintre couronné d'un écusson fleuri, était située entre deux cabinets dissimulant des armoires dans la boiserie. Une cuisine et une salle de bains complétaient cet ensemble. Comble de raffinement, une chaise volante permettait à Jeanne-Antoinette de monter dans son appartement sans se fatiguer. Quoi qu'en ait dit un libelle dans le

1. Soulavie, *Mémoires historiques et anecdotes de la cour de France pendant la faveur de la marquise de Pompadour*, p. 362.
2. Feydeau de Marville, *op. cit.*, t. II, p. 197.
3. Soulavie, *op. cit.*, p. 44.

goût oriental, daté de 1745, cet ascenseur n'avait pas été construit pour elle, mais pour Mme de Châteauroux, qui mourut trop tôt pour s'en servir.

Mme de Pompadour avait encore besoin d'être guidée par Bernis pour éviter les innombrables pièges de « ce pays-ci ». Aussi était-elle convenue avec l'abbé de s'entretenir avec lui une heure ou deux par semaine. Mais ces causeries tête à tête suscitèrent de telles inquiétudes parmi les courtisans qu'elle préféra y mettre fin. Elle reçut son mentor au milieu d'une société choisie, et il lui transmit désormais par écrit « tout ce qui pouvait intéresser la plus grande gloire du roi et le bonheur des honnêtes gens [1] ». On admirera l'élégance de la formule adoptée par le prélat pour évoquer les conseils qu'il donnait à la marquise.

Elle avait hâte d'abandonner son rôle de débutante et rêvait de laisser un nom glorieux dans l'histoire des grandes favorites. Celles du règne de Louis XIV l'éblouissaient. Pour mieux les connaître, elle s'était fait apporter les manuscrits inédits du *Journal* de Dangeau et des *Mémoires* de Saint-Simon. Elle voulait être l'ordonnatrice des plaisirs du roi et de la Cour, comme l'avait été Mme de Montespan. Elle n'avait ni la santé, ni la sensualité de cette illustre devancière, mais elle avait sur elle l'avantage de posséder une imagination créative et une intelligence plus aiguisée. Les mésaventures de cette splendide créature, tombée en disgrâce pour avoir participé à des affaires sordides dans l'espoir de conserver, coûte que coûte, l'amour du souverain, la mirent en garde contre les folies auxquelles peut conduire la jalousie.

Le destin de Mme de Maintenon fascinait encore davantage Mme de Pompadour. Elle voulait percer les secrets d'une femme qui avait vu le jour dans les prisons de Niort et que le plus puissant souverain d'Europe avait fini par épouser ! L'incroyable réussite de cette reine sans couronne

---

1. Bernis, *op. cit.*, t. I, p. 115.

la troublait profondément. Elle l'admirait pour avoir su garder l'amour et la fidélité du roi, en dépit de tout, et d'avoir été la seule de son sexe à exercer une réelle influence sur un monarque absolu, qui l'appelait « Votre Solidité ». Avec une habileté suprême, l'austère dévote s'était réservé une place à part dans l'Histoire. Sans lui ressembler le moins du monde, Mme de Pompadour était raisonnable et savait garder la tête froide.

On comprit dès le retour à Versailles que le rôle de la jolie marquise ne se limiterait pas à satisfaire les désirs du roi. Le 4 décembre 1745, lorsque Louis XV renvoya Philibert Orry, son contrôleur général des Finances, on murmura, non sans raison, que Mme de Pompadour n'était pas étrangère à cette décision. L'amour qu'elle éprouvait pour le monarque ne l'empêchait pas de rester l'amie dévouée des Pâris. Créanciers de l'Etat, fournisseurs aux armées, ceux-ci avaient tout intérêt à la poursuite de la guerre, afin d'imposer des marchés dont ils fixaient eux-mêmes les prix. À plusieurs reprises, ils s'étaient heurtés à Orry, soucieux de ne pas dilapider les deniers du royaume, dont il assurait la gestion depuis 1730. Récemment encore, Orry avait mis le roi en garde contre les dépenses exorbitantes occasionnées par un trop long conflit, dont on ne voyait pas encore l'issue malgré les victoires remportées par les armées françaises. Aussi, depuis le printemps précédent, le ministre songeait-il à donner sa démission [1]. Averti de ses intentions, le roi lui avait demandé de rester en place. Mais, au début de l'automne, les relations s'étaient envenimées entre le ministre et les Pâris. L'orage éclata à propos du prix du pain de munition que Duverney voulait vendre à trente-deux deniers la livre et qu'Orry affirmait pouvoir acheter, par d'autres intermédiaires, à vingt-huit. « La conversation fut portée au plus vif et M. Duverney ajouta qu'il ne travaillerait plus jamais de sa vie avec lui [2]. » Se sen-

1. Feydeau de Marville, *op. cit.*, t. II, p. 72, 73, 137, 150-151.
2. Feydeau de Marville, *op. cit.*, t. II, p. 197, lettre du 4 décembre 1745.

tant forts de l'appui de Mme de Pompadour, les Pâris insistèrent auprès d'elle pour qu'elle obtînt du roi ce qu'ils souhaitaient [1]. Louis XV semble avoir hésité longtemps avant de se séparer d'un serviteur intègre et jamais il ne mit autant de formes avec un ministre pour lui demander sa démission. Au reste, il écouta les suggestions d'Orry pour choisir son successeur. A la grande déception des Pâris, qui souhaitaient M. de Boullongne, lequel leur était tout acquis, Louis XV désigna l'intendant de Hainaut, Machault d'Arnouville.

Pour la première fois, Mme de Pompadour avait usé de son influence pour favoriser ceux qui avaient aidé à son ascension. Le Normant de Tournehem et Abel Poisson allaient être les prochains bénéficiaires des décisions qu'elle inspirait au monarque. Elle voulut leur faire attribuer l'importante charge de directeur des Bâtiments du roi, vacante depuis la démission d'Orry. En effet, par mesure d'économies, ce dernier avait cumulé avec le contrôle général les lourdes fonctions d'une sorte de ministère des Beaux-Arts. Accablé par tant de responsabilités, il avait quelque peu négligé les Bâtiments, pour lesquels il s'était d'ailleurs montré d'une parcimonie extrême. Cet office faisait de son titulaire le gestionnaire des châteaux, parcs et jardins royaux. Il devait, s'il le jugeait bon, proposer la construction de nouveaux édifices et conclure des marchés avec entrepreneurs et artistes. Il lui fallait également assumer la direction des Académies royales de peinture, de sculpture et d'architecture et superviser toutes les missions scientifiques. Le directeur avait le privilège de travailler directement avec le monarque, qui lui faisait part de ses volontés.

Louis XV hésita quelque temps avant de céder au désir de sa maîtresse. Le roi, qui s'intéressait beaucoup à l'architecture et aux bâtiments, ne connaissait pas Tournehem et n'aimait guère les visages nouveaux. Il fallut toute la persuasion de Jeanne-Antoinette pour fléchir sa volonté. Le souve-

---

1. *Cf.* Luynes, *op. cit.*, t. VII, p. 136 ; D'Argenson, *op. cit.*, t. II, p. 361 ; Barbier, *op. cit.*, t. IV, p. 105-106.

rain rencontra secrètement Tournehem, qui sut le convaincre de ses compétences pour cette fonction. Cette nomination inattendue provoqua toutefois un grand émoi à la Cour. Et lorsqu'on apprit que le frère de la marquise, le jeune Abel Poisson, devenu récemment marquis de Vandières, avait obtenu pour lui la survivance [1] de cette charge, personne ne douta plus du crédit de la nouvelle maîtresse.

Mme de Pompadour était aimée et voyait ses vœux exaucés. Cette année aurait été idyllique si sa mère n'était morte le 24 décembre 1745. Les mauvaises langues prétendirent qu'elle avait succombé à une indigestion, alors qu'elle était minée par un cancer depuis plusieurs mois. Ce deuil frappa douloureusement Jeanne-Antoinette qui dut s'aliter. Attendri par son chagrin, le roi lui proposa de remettre le voyage de Marly, pourtant prévu de longue date. Surmontant son désarroi, la marquise lui répondit que sa mère était trop modeste personne pour que la Cour eût à souffrir le moindre dérangement à son sujet. Une dizaine de personnes seulement assistèrent à la discrète inhumation de Mme Poisson dans la crypte de Saint-Eustache [2]. La marquise était restée à Versailles, où le roi ne la quittait pas. Le soir du 31 décembre, il laissa même la reine l'attendre longtemps devant une exhibition d'automates, à laquelle il avait promis d'assister. Il préféra tenir compagnie à la marquise. Le lendemain, Marie Leszczinska eut cependant la surprise de recevoir pour ses étrennes une splendide tabatière en or, gar-

1. Il était appelé à succéder à Tournehem. Cette pratique de la survivance était assez répandue dans les ministères.

2. Cette cruelle épitaphe circulait alors dans Paris :

Ci-gît qui sortant du fumier,
Voulant faire fortune entière,
Vendit son honneur au fermier
Et sa fille au propriétaire.

On trouve ce quatrain chez Marville, t. II, p. 216; chez Barbier, t. IV, p. 115.

nie d'une montre, car depuis des années son mari ne lui avait plus offert le moindre présent. Sa joie eût été bien ternie si elle avait su que ce délicat objet avait été commandé pour feu Mme Poisson !

Le 8 janvier 1746, quinze jours après la mort de sa mère, Mme de Pompadour reparut à la Cour. Pour la distraire de son chagrin, le roi l'emmena quelques jours à Choisy, où il ne pria que quelques intimes. Jamais Louis XV n'avait manifesté pareille délicatesse à l'égard de qui que ce fût. Lorsqu'elle revint à Versailles, Jeanne-Antoinette sortit de la relative réserve dans laquelle elle s'était tenue jusqu'alors. Elle partageait la vie publique comme la vie privée du monarque. A l'occasion du Mardi-Gras, ils partirent ensemble pour Paris, accompagnés de quelques amis. Ils dansèrent toute la nuit au bal de l'Opéra et ne rentrèrent à Versailles qu'à 7 heures du matin. Ils ne se levèrent qu'à 5 heures et demie de l'après-midi ! Bien qu'elle n'aimât pas la chasse, et que Louis XV se livrât à ce passe-temps trois ou quatre fois par semaine, elle l'accompagnait à cheval, chevauchant le plus souvent aux côtés des princesses. Les soirs de chasse, on soupait en petit comité dans les cabinets.

C'est au début de l'année 1746 que Mme de Pompadour prit l'habitude d'inviter le monarque à souper chez elle, avec ceux dont il aimait la compagnie : Mme d'Estrades, la duchesse de Brancas, la comtesse d'Egmont, Mme du Roure [1] ; le duc d'Ayen, le duc de La Vallière [2], le marquis de Gontaut, naguère fort liés à Mme de Châteauroux et qui témoignaient un respectueux intérêt à la favorite ; le prince

1. Marie-Antoinette Victoire de Gontaut, fille du maréchal-duc de Biron, mariée le 16 juillet 1721 à Louis Claude Scipion de Grimoard de Beauvoir, comte du Roure. Dame de la dauphine, elle soupait souvent dans les cabinets.

2. Louis César Le Blanc de La Baume (1708-1780), duc de La Vallière depuis 1739, capitaine des chasses et grand fauconnier de France en 1748. Il avait épousé en 1742 Anne de Crussol. Il s'est rendu célèbre comme bibliophile. Achetées par le comte d'Artois, ses collections font encore partie du fonds de la bibliothèque de l'Arsenal.

de Soubise [1] qui la portait aux nues ; MM. de Croissy [2] et de Coigny [3] se joignaient parfois à ce petit groupe d'amis. Mais la marquise était également obligée de convier des intimes du roi, qui dissimulaient à peine le mépris qu'ils éprouvaient pour elle. C'était le cas du prince de Conti [4] . Furieux que sa mère se fût abaissée à devoir la présenter à la Cour, il ne décolérait pas contre celle qu'il prenait pour une intrigante. Quant au duc de Richelieu, vieux confident des amours royales, il conservait à l'égard de Jeanne-Antoinette tous les préjugés d'un grand seigneur pour une « grisette » parvenue. Elle redoutait ce libertin, peu respectueux des femmes, surtout lorsqu'elles n'étaient pas nées. Pour l'heure, elle se trouvait délivrée de sa présence. Richelieu préparait un débarquement en Angleterre, qui ne devait d'ailleurs jamais avoir lieu. Pour être agréable à sa maîtresse, Louis XV la priait d'inviter son frère, le marquis de Vandières, méchamment surnommé « le marquis d'avant-hier ».

Comme chez elle, la marquise faisait les honneurs des soupers des petits cabinets. Tous les courtisans rêvaient de participer à l'une de ces soirées. Le jeune prince de Croÿ, qui chassait pourtant régulièrement avec le monarque, se désolait de n'y être jamais convié. « Ayant appris qu'on n'y avait guère accès que par la marquise, et étant bien avec MM. Pâris, je les priai, et M. de Tournehem, de lui en par-

1. Charles de Rohan, prince de Soubise (1715-1787), maréchal de camp en 1748, maréchal de France en 1758, avait épousé en troisième noces Anne Victoire, princesse de Hesse-Rheinfels.

2. Jean-Baptiste Colbert de Torcy, marquis de Croissy (1703-1777), lieutenant général en 1744, avait épousé Henriette de Franquetot de Coigny, fille du maréchal.

3. Jean Antoine François de Franquetot, comte de Coigny (1702-1748), fils du maréchal, gouverneur de Choisy en 1739.

4. Louis François de Bourbon, prince de Conti (1717-1776), pair de France, gouverneur et lieutenant général du Hainaut et du Bas-Poitou, généralissime des armées de France et d'Espagne en Italie en 1744. Il avait épousé en 1732 Louise Diane d'Orléans, dite Mlle de Chartres, fille du Régent. Elle était morte en 1736.

ler [1] », raconte-t-il. Les heureux effets de cette conversation ne se firent pas longtemps attendre. Quelques jours plus tard, « le roi le marqua sur la liste, que l'huissier lisait à la porte. L'on entrait à mesure et, par le petit escalier, on montait dans les petits cabinets [...]. Etant monté, l'on attendait le souper dans le petit salon. Le roi ne venait que pour se mettre à table avec les dames. La salle à manger était charmante et le souper fort agréable, sans gêne », bien que les invités fussent dix-huit, « serrés autour de la table », pendant près de deux heures. « On n'était servi que par deux ou trois valets de la garde-robe, qui se retiraient après vous avoir donné ce qu'il fallait que chacun eût devant soi, poursuit notre prince [...]. Le roi était gai, libre, mais toujours avec une grandeur qui ne le laissait pas oublier. Il ne paraissait pas du tout timide, parlant bien et beaucoup, se divertissant et sachant alors se divertir. Il paraissait fort amoureux de Mme de Pompadour, sans se contraindre à cet égard, ayant toute honte secoué, et paraissant avoir pris son parti, soit qu'il s'étourdît ou autrement, ayant pris les sentiments du monde là-dessus, sans s'écarter sur d'autres, c'est-à-dire s'arrangeant, comme bien des gens font, des principes suivant ses goûts ou passions.

« Je remarquai qu'il parla à la marquise. [...] Il m'apparut qu'il lui parlait fort librement en maîtresse qu'il aimait, mais dont il voulait s'amuser. Et elle se conduisait très bien, avait beaucoup de crédit, mais le roi voulait toujours être maître absolu, et avait de la fermeté là-dessus. » Après le souper, Louis XV passait dans le petit salon, se servait lui-même son café, demandait à ses invités de s'asseoir, et l'on commençait à jouer. Mme de Pompadour n'aimait guère le jeu, mais se forçait à faire des parties de comète avec son amant. Le soir où le prince de Croÿ assistait à ce souper, il vit la marquise lutter contre le sommeil qui la gagnait. Le roi s'en aperçut et lui dit gaiement à mi-voix : « Allons! Allons nous cou-

1. Croÿ, *op. cit.*, t. I, p. 71.

cher [1]. » Les dames plongèrent alors dans de grandes révérences devant le souverain, qui leur répondit. Il était une heure du matin. Et les invités de s'en aller à travers le dédale des couloirs et des escaliers des petits appartements pour se retrouver dans la chambre de parade afin d'assister au coucher public du monarque. Cette cérémonie achevée, sans que le moindre épisode du rituel eût été négligé, le roi enfilait sa robe de chambre, repassait dans ses appartements privés et remontait chez Mme de Pompadour qui l'attendait. Il passait ses nuits avec elle et regagnait sa chambre, le matin, pour son lever.

Les courtisans comprirent très vite qu'ils n'avaient pas intérêt à battre froid une maîtresse dont le souverain semblait tant épris, et qui venait de prouver son pouvoir de façon éclatante, en faisant renvoyer un ministre. Les représentants de la plus ancienne noblesse sollicitaient maintenant l'honneur de lui être présentés. « Elle recevait chez elle toute la Cour, en faisait presque les honneurs et tout le monde y allait [2]. » A 11 heures, lors de sa toilette, princes, gentilshommes, écrivains et artistes s'empressaient autour d'elle, l'entretenaient de tout et lui présentaient suppliques et requêtes. « Elle menait tout cela fort bien, sur le grand ton, avec une gaieté, une légèreté et des grâces infinies [3]. » A la surprise générale, ses visiteurs se tenaient debout, alors qu'elle restait assise dans un fauteuil. Elle ne se levait que pour les princes du sang, les cardinaux ou quelques personnalités exceptionnelles. Un jour, le marquis de Souvré s'installa négligemment sur le bras de son fauteuil. Mme de Pompadour ne dit rien, mais se plaignit au roi de ce manquement aux usages qu'elle avait imposés. Louis XV voulut tancer l'insolent, qui s'était permis une telle familiarité. Sans la moindre gêne, celui-ci répondit que, se sentant « diablement las, et ne sachant pas où s'asseoir, il s'était aidé comme

1. Croÿ, *op. cit.*, t. I, p. 71-73.
2. Croÿ, *ibid.*, p. 56.
3. Croÿ, *ibid.*, p. 62.

il avait pu [1] ». L'affaire n'alla pas plus loin, le roi ayant beaucoup ri de cette réponse plutôt cavalière. Néanmoins, Mme de Pompadour veillait à ce que l'on observât avec elle un protocole, dicté par sa seule intuition des devoirs qu'il convenait de rendre à la maîtresse royale. Elle considérait que ces hommages s'adressaient, par son intermédiaire, au monarque. C'était se considérer comme une reine. Et sa cour éclipsait évidemment celle de la véritable souveraine.

Un étrange *modus vivendi* s'établit entre la reine et la favorite. On eût dit que Jeanne-Antoinette recherchait, auprès de Marie, pardon et légitimité. Elle s'inquiétait de sa santé, de ses goûts, lui faisait régulièrement sa cour. Les *jours d'appartement* [2], elle assistait à son dîner et à son jeu. A la fin de la soirée, lorsqu'elle savait que le roi l'attendait, elle se levait avec grâce, lui faisait une grande révérence, et lui demandait la permission de se retirer. « Allez [3] », disait Marie, avec un sourire. La reine ne manifestait pas d' hostilité à la favorite, qu'elle ne considérait pas comme une rivale. Mme de Pompadour la traitait en souveraine et non en épouse humiliée. Au reste, depuis sa liaison avec la marquise, le roi avait changé d'attitude envers elle. Multipliant les attentions à son égard, il n'allait pas tarder à lui donner 40 000 écus pour subvenir aux dettes qu'elle avait contractées, du fait de ses innombrables charités. La pauvre Marie savait qu'elle était redevable de cette générosité inattendue aux bons procédés de la marquise. Tant de sollicitude l'agaçait parfois, mais elle n'en laissait rien paraître. Elle aurait eu trop peur d'indisposer une favorite toute-puissante auprès de ce splendide et redoutable époux, qu'elle n'avait jamais su contenter.

Jeanne-Antoinette souhaitait que la reine la considérât comme l'une des dames de sa maison. Aussi demanda-t-elle

1. Soulavie, *Mémoires historiques et anecdotiques...*, p. 80-81.
2. On appelait *jours d'appartement* les soirées à l'occasion desquelles le roi recevait toute la Cour dans la galerie des Glaces et dans les salons.
3. Croÿ, *op. cit.*, t. I, p. 59.

à la duchesse de Luynes d'assister au coucher de la souveraine, comme le faisaient les princesses et quelques privilégiées, qui jouissaient de cet honneur insigne. Marie lui fit savoir qu'elle accepterait volontiers sa présence. Le soir venu, elle garda Mme de Pompadour auprès d'elle un peu plus longtemps que les autres dames. Très flattée par cette marque de faveur, la marquise s'imagina qu'elle avait obtenu *les entrées de la chambre de la reine*, autrement dit le droit de se trouver tous les soirs à son coucher. Il n'en était rien. On lui fit comprendre que cette réception avait été tout à fait exceptionnelle.

Mme de Pompadour battit prudemment en retraite, mais manifesta de nouveau son zèle lors du carême. Toujours par l'intermédiaire de Mme de Luynes, elle se proposa pour aider la reine lors de la cérémonie de la Cène, le jour du jeudi saint. A cette occasion, la souveraine désignait quinze dames pour lui passer les plats qu'elle servait aux petites filles pauvres, auxquelles elle avait précédemment lavé les pieds. Marie Leszczinska déclina cette offre, en prétextant que les personnes qui l'assistaient pour cette solennité étaient déjà désignées. En réalité, elle eût été offusquée de devoir confier un tel rôle à une femme qui vivait notoirement dans le péché, et qui, de surcroît, passait pour un esprit fort. Mme de Pompadour ne se tint cependant pas pour battue. Elle voulut obtenir la permission de quêter, dans la chapelle royale, à la messe de Pâques. Cette fois encore, la reine refusa d'accéder à une requête qu'elle jugeait offensante pour le service divin. Marie Leszczinska, qui tremblait devant son époux, aurait été prête à lui tenir tête s'il se fût agi de défendre ses convictions religieuses.

La favorite dut se heurter à un nouveau refus lorsqu'elle manifesta le désir de monter dans les carrosses de la reine, où elle n'avait pas été priée. Agacée par cette insistance maladroite, Marie finit pourtant par se laisser fléchir. Dès qu'il y eut une place libre dans ses voitures, elle la fit donner à la marquise, qu'elle invita même à souper avec les dames de sa maison.

Une seule fois, la reine exprima publiquement son ressentiment contre la maîtresse de son mari. Mal lui en prit. Mme de Pompadour avait l'habitude de faire envoyer à la souveraine d'immenses brassées de fleurs. Un jour, on ne sait pourquoi, elle préféra les lui apporter elle-même. Lorsqu'elle arriva chez la reine, les bras chargés de branches odorantes, celle-ci lui demanda, d'un air pincé, de chanter l'air de son choix, puisqu'elle avait une jolie voix. Troublée par cet accueil, Jeanne-Antoinette ne tarda pas à se reprendre et, à la stupeur de l'assistance, entonna avec assurance l'air de la magicienne Armide [1] :

« Enfin, il est en ma puissance,
Ce fatal ennemi, ce superbe vainqueur [...]
A ce jeune héros, tout cède sur la terre.
Qui croirait qu'il fût né seulement pour la guerre ?
Il semble être fait pour l'amour. »

Personne n'osait plus regarder la reine ni la favorite qui chanta son air jusqu'au bout, sans la moindre fausse note. Après s'être inclinée devant la souveraine, elle déposa ses fleurs et quitta le salon. Elle venait de remporter une victoire, pas tant sur la pauvre Marie que sur la Cour, devant laquelle elle avait osé affirmer sa puissance.

Cependant, les enfants du roi n'étaient pas revenus de leurs préventions contre la marquise. Très attachés à leur mère, ils ne comprenaient pas l'indulgence que celle-ci manifestait à l'égard de cette parvenue, qui usurpait sa place. Redoutant que Mme de Pompadour ne leur causât quelque tort auprès du roi, ils affectaient avec elle une amabilité de pure forme. Avec sa piété étroite, le dauphin était le plus acharné de ses ennemis, et sa haine était d'autant plus

---

1. *Renaud et Armide*, tragédie lyrique en cinq actes, paroles de Quinault, musique de Lulli, avait été représentée pour la première fois à l'Opéra, le 15 février 1686. On venait de la redonner à l'occasion des victoires remportées par le maréchal de Saxe.

forte que ses rapports avec son père n'avaient jamais été empreints de confiance. Louis XV le considérait comme un hypocrite, qui voulait lui succéder le plus tôt possible. Et sans qu'ils se fussent jamais parlé cœur à cœur, le roi et son fils éprouvaient une profonde méfiance l'un envers l'autre. La dauphine, toujours maussade, suivait à la lettre les instructions de son époux. Elle refusait d'entretenir la moindre intimité avec le souverain, qui la considérait pourtant avec une paternelle affection. Depuis quelques semaines, il ne cachait pas sa joie : la jeune femme attendait un héritier pour le début de l'été. Mais, malgré toutes les attentions dont elle était l'objet, Marie-Thérèse Raphaëlle restait murée dans son silence hostile.

Les filles de Louis XV faisaient clan avec leur frère et leur belle-sœur. Elles n'étaient que deux à Versailles. L'aînée des princesses, Madame Elisabeth [1], était mariée. Agée de douze ans seulement, elle avait quitté Versailles pour épouser l'infant de Parme, au mois d'août 1739. Depuis lors, elle vivait en Italie où elle n'avait pas trouvé le bonheur. Madame Henriette [2], sa sœur jumelle, était restée à la Cour. Vive, enjouée, elle avait été follement amoureuse de son cousin, le duc de Chartres, qui répondait à sa flamme. Mais le vieux Fleury ayant jugé cette union préjudiciable aux intérêts de la dynastie : Henriette, la fille préférée du roi, avait dû renoncer à ses amours. Elle demeurait inconsolable. Nattier, qui l'a peinte sous les traits de Flore, a laissé le portrait d'une gracieuse jeune fille, couchée sur l'herbe au bord d'un ruisseau. Très différente de la mélancolique Henriette, Adélaïde, dite Madame Troisième [3], se faisait remarquer par son caractère impétueux, presque viril. Sportive, infatigable à la chasse, elle aurait aimé commander des armées. Le marquis d'Argenson pensait qu'on pouvait « s'attendre

1. Louise Elisabeth, duchesse de Parme, dite Madame Première (1727-1759)

2. Anne Henriette, dite Madame Seconde (1727-1752)

3. Marie-Adélaïde, dite Madame Troisième (1732-1800)

à des extrémités violentes » de la part d'une personne aussi décidée, et qui était bien la seule des princesses à n'être pas intimidée par son père. Elle n'avait alors que treize ans. Trois petites princesses étaient encore pensionnaires à l'abbaye de Fontevrault, où elles avaient été conduites peu après leur naissance sans que leurs parents ne leur fissent jamais visite.

A Versailles, la jeune famille royale était menée par Mgr Boyer, évêque de Mirepoix, chef du parti dévot et fort hostile à Mme de Pompadour. Le prélat accusait la favorite d'avoir peu de religion. On savait qu'elle avait reçu chez elle Voltaire, Fontenelle, Cahusac, Montesquieu, Maupertuis, l'abbé de Bernis, peu aimé des jésuites et qui avait fait scandale en s'échappant d'un séminaire de Sulpiciens. « Une telle société, où présidaient les ris, les folies, des raisonnements philosophiques et toujours beaucoup de gaieté, était redoutable à l'esprit jésuitique que Fleury avait introduit à la Cour. Boyer qui voulait le conserver dans celle du roi [...] craignait qu'il ne perdît, par les suggestions de la favorite, ses opinions religieuses, son respect pour le culte et qu'il ne reçût des principes contraires aux intérêts du clergé de France [1]. »

1. Richelieu, *Mémoires*, t. VIII, p. 150.

7

« L'oracle de la Cour »

Le pouvoir que commençait à exercer Mme de Pompadour avait tout lieu d'inquiéter les ministres. Ils craignaient la marquise, tout en la ménageant. Machault, qui venait de succéder à Orry aux finances, cherchait à lui plaire. Le cardinal de Tencin ne manquait pas de la flatter, dans l'espoir qu'elle interviendrait en sa faveur, pour que Louis XV en fît son Premier ministre. Mais, ni Maurepas, secrétaire d'État à la Maison du roi, ni les frères d'Argenson, respectivement secrétaire d'État à la Guerre et secrétaire d'État aux Affaires étrangères, ne pouvaient la souffrir.

Courtisan rompu à toutes les arcanes de la Cour, froid et calculateur, le comte d'Argenson [1] avait acquis la confiance du roi depuis la victoire de Fontenoy. Il était trop habile pour dénigrer Mme de Pompadour, connaissant les liens qui l'attachaient aux Pâris avec lesquels il était toujours obligé de traiter [2]. Mais, de toute évidence, il espérait le renvoi de la favorite. Travailleur infatigable, le marquis son

1. Pierre Marc de Voyer de Paulmy, comte d'Argenson (1696-1764), lieutenant général de police à deux reprises (janvier-juillet 1720 et 1722-1724) ; intendant de Paris (1740-1743) ; secrétaire d'Etat à la Guerre (1743-1757).

2. Les relations du comte d'Argenson et des Pâris étaient complexes. En 1723, d'Argenson aurait évité d'avoir le ministère, redoutant d'être « gouverné » par les deux financiers. En revanche, en 1745, il est satisfait que

frère [1], qui dirigeait les Affaires étrangères depuis 1744, méprisait la vie mondaine. On recherchait peu la compagnie de ce petit homme laid et triste, surnommé « d'Argenson la bête », dont on ignorait le féroce talent d'écrivain. Les passages qu'il consacre à Mme de Pompadour dans ses *Mémoires* [2] comptent parmi les plus cruels témoignages qui aient été écrits contre elle. Il lui reproche la bassesse de ses origines, ses dépenses inconsidérées et surtout l'ascendant qu'elle a exercé sur le monarque.

Cependant, le plus perfide ennemi de la marquise était le comte de Maurepas. Né pour ainsi dire à la Cour, il était devenu secrétaire d'État dès l'âge de quatorze ans (!), après la démission de son père, le comte de Pontchartrain [3]. Son département embrassait la Marine, la Maison du roi et la Ville de Paris. On se souvient, peut-être, de la façon dont le lieutenant de police l'informait sur le compte de Mme de Pompadour... Maurepas était passé maître dans l'art de la satire ; il composait des épigrammes qui faisaient mouche. Sa méchante langue n'avait pas épargné Mme de Châteauroux, laquelle avait bien failli obtenir son renvoi. Sa mort subite lui avait fait éviter de justesse la disgrâce, à laquelle Louis XV s'était résolu. Mais comme il amusait le roi par ses saillies, le monarque l'avait maintenu dans ses fonctions. Sûr de l'impunité, Maurepas ne mit plus aucun frein à ses médisances. La maison de ce ministre « était le rendez-vous de ce qu'il y avait de plus brillant. On rapportait au roi ce qui s'y disait et ce qui ne s'y disait pas ; les per-

---

Pâris-Duverney obtienne le renvoi d'Orry grâce à Mme de Pompadour. (*Cf.* Yves Combeau, *Le Comte d'Argenson*, p. 8 et 136).

1. René Louis de Voyer de Paulmy, marquis d'Argenson (1694-1757), secrétaire d'Etat aux Affaires étrangères (1744-1747).

2. Les *Mémoires* du marquis d'Argenson ont fait l'objet de plusieurs éditions, essentiellement : 1° *Mémoires et Journal inédit du marquis d'Argenson*, éd. Elzévirienne, Paris 1857, 5 vol ; 2° *Journal et Mémoires du marquis d'Argenson...*, Paris, 1857-1869, 9 vol. Cette seconde édition, dite édition Rathery, est plus complète que la précédente.

3. Jérôme Phélypeaux (1674-1747), fils du chancelier de Pontchartrain.

sonnes qui se croyaient les plus accréditées, les amies du roi n'y étaient point ménagées [1] ». Maurepas n'avait jamais supporté les maîtresses du souverain, tant il était jaloux de leur faveur. Il n'allait évidemment pas épargner Mme de Pompadour. Il commença par tourner en dérision sa présentation. « Il faisait des charges sur ses manières ; il avait trouvé l'art de contrefaire son langage bourgeois et il l'accablait enfin de ce ridicule qu'il maniait avec tant de facilité et de grâce [2]. »

Depuis l'installation de la favorite à Versailles, deux partis s'étaient formés : le sien qui se réclamait de l'esprit philosophique, et celui du dauphin. Le premier, qui comptait beaucoup d'opportunistes, soucieux d'obtenir avant tout le plus d'avantages possible, voyait dans Mme de Pompadour une femme capable de faire adopter au roi des idées réformatrices. D'inspiration jésuitique, le second parti regroupait une coalition hétéroclite de dévots et de libres-penseurs (tel Maurepas), qui se posaient déjà en farouches défenseurs de la monarchie absolue et s'insurgeaient contre l'intrusion à la Cour et dans la couche du roi (profanation suprême) d'une femme issue d'un milieu inavouable, susceptible de faire commettre les pires erreurs politiques et religieuses à un souverain esclave de son plaisir.

Avec tact et diplomatie, Mme de Pompadour essayait de conforter sa position. Elle achevait alors de réunir autour d'elle quelques serviteurs dévoués. Avec le titre d'intendant, Collin, procureur au Châtelet, gérait désormais ses affaires. Cet homme à la quarantaine aimable avait naguère été fort utile aux Poisson et contribué au règlement de la séparation de Mme d'Etiolles avec son époux. Il devait s'enrichir au service de la marquise, sans pour autant négliger les intérêts de sa maîtresse. Le chevalier d'Hénin, bien que descendant d'une ancienne famille du royaume, voulut bien lui servir d'écuyer. Nicole du Hausset, veuve d'un hobereau nor-

1. Président Hénault, *Mémoires*, p. 203.
2. Richelieu, *op. cit.*, t. VIII, p. 160.

mand, devint sa première femme de chambre et sa confidente ; les autres femmes attachées à son service lui étaient dévouées. Par tous les moyens, la marquise cherchait à se faire des amis et à se créer des obligés. Elle venait de négocier le mariage de Pâris de Montmartel, devenu veuf, avec Mlle de Béthune [1], de l'illustre famille de Sully. Le monde de la finance s'alliait ainsi à la plus ancienne noblesse. Mme de Pompadour n'allait pas tarder à trouver un nouvel allié en la personne du maréchal de Saxe, qui venait de prendre par surprise Bruxelles aux Autrichiens. « Je ne connais pas M. le maréchal-comte de Saxe ; j'ai grande envie de le voir, et il faut convenir que c'est le seul général que nous ayons [2] », s'était-elle écriée, lorsque le héros de Fontenoy était arrivé à Versailles où le roi l'avait embrassé.

Cette victoire inattendue, survenue en plein hiver, souleva l'enthousiasme des Parisiens. Accueilli triomphalement dans la capitale, le grand soldat fut couronné de lauriers à l'Opéra, où il était bien connu des jeunes personnes en quête d'aventures galantes. La marquise ne tarissait pas d'éloges sur son compte et ne l'appelait que « Mon maréchal ». Sensible au charme féminin, l'aimable reître, né des amours du roi de Pologne Auguste II [3] et de la comtesse de Koenigsmark, fit une cour discrète – en tout bien tout honneur – à la favorite du roi de France, son maître.

Ce nouveau succès encourageait Louis XV à reprendre le commandement des troupes pour la prochaine campagne. Une séparation de plusieurs mois ne souriait guère à Mme de Pompadour, qui « représenta au roi qu'elle était d'une santé trop délicate pour l'accompagner [4] ». Elle souffrait de migraines tenaces et avait parfois des crachements de sang, qui inquiétaient l'entourage du monarque. Sans que

1. De cette union est issu le marquis de Brunoy, célèbre par ses extravagances.

2. Feydeau de Marville, *op. cit.*, t. II, p. 263.

3. Auguste II, Electeur de Saxe, était roi de Pologne.

4. Feydeau de Marville, *op. cit.*, t. II, p. 169.

l'on sût bien diagnostiquer les « maladies de poitrine », on savait que de tels symptômes laissaient présager des affections graves et contagieuses. La vie de représentation perpétuelle que la marquise menait depuis plusieurs mois, l'obligation d'être toujours parée et séduisante avec un amant exigeant, les veilles prolongées et les soupers où l'on buvait beaucoup de vin de champagne et de liqueurs, l'avaient fatiguée. Une période de repos ne pouvait être que salutaire. Mais Jeanne-Antoinette redoutait l'éloignement du roi et les intrigues de ses ennemis. Elle était cependant trop soucieuse de la gloire du monarque pour tenter de le retenir auprès d'elle. Heureusement l'accouchement de la dauphine, prévu pour la fin du mois de juin, laissait présager un retour plus prompt que l'année précédente, Louis XV ayant promis de se trouver auprès de sa bru pour ce grand événement.

Le roi fit une dernière escapade à Choisy avec Jeanne-Antoinette et partit pour l'armée dans la nuit du 1er au 2 mai 1746. Le soir, il avait soupé en grand couvert avec la reine, qui ne parvenait pas à cacher ses larmes. Après ce repas, il avait bavardé avec ses enfants et son épouse qui ne cessait de lui baiser les mains. Ils tenaient tous à lui dire un dernier au revoir lors de son départ. Le roi le leur promit avant de se retirer chez Mme de Pompadour, où il resta jusqu'à une heure du matin. Après quoi, il se changea et monta aussitôt en carrosse. Aux dires de Luynes, les embrassades familiales furent brèves et froides [1].

Il avait été convenu entre les deux amants que Mme de Pompadour s'installerait à Choisy pendant l'absence du souverain, ce qui ne devait pas l'empêcher de venir de temps en temps à Versailles faire sa cour à la reine. Avant de partir en campagne, Louis XV avait offert à sa maîtresse un somptueux cadeau, le château de Crécy, situé à deux lieues et demie de Dreux [2]. Accompagnée de Tournehem et de

1. Luynes, *op. cit.*, t. VII, p. 300.
2. Le château et la terre de Crécy, qui rapportaient 25 000 livres

Montmartel, elle s'empressa de s'y rendre, dès que le souverain fut parti. Elle découvrit un beau bâtiment construit une vingtaine d'années plus tôt, mais assez mal entretenu, dans lequel il était aisé d'aménager, à la suite d'une enfilade de salons, un appartement pour elle et un autre pour le roi. Aucun escalier de belle ampleur ne menait au premier étage, mais plusieurs petits conduisaient à un corridor, sur lequel donnaient d'autres appartements, bien distribués et meublés. Dans les communs, quelques logements, moins élégants mais confortables, pouvaient être attribués à des invités. Devant le château se déployait un parterre de fleurs conduisant à une terrasse surplombant un large vallon où coulait une rivière. Au-delà s'étendaient des forêts giboyeuses. On ne pouvait rêver cadre plus champêtre pour abriter les amours royales. Avant de repartir pour Choisy, la marquise commanda les travaux les plus urgents à l'architecte Lassurance que le roi avait mis à sa disposition [1].

Pendant l'absence du souverain, Jeanne-Antoinette se reposa, recevant seulement ses intimes dans la résidence royale que Louis XV lui avait amoureusement assignée. Elle habitait le premier étage. Ses propres domestiques la servaient. Lorsque le roi revint, elle se portait comme un charme et se sentait capable d'affronter les obligations de sa charge. On attendait alors les couches de la dauphine, qui ne s'annonçaient pas encore. Le roi s'impatientait et semblait regretter la vie des camps. On crut même qu'il allait s'en retourner en Flandre avant la naissance princière. Mais on lui fit respectueusement remarquer qu'il eût été singulier d'être revenu pour cet accouchement sans prendre le temps

annuelles, furent achetés pour 300 000 livres à Louis Verjus de Crécy, qui avait, dit-on, englouti 1 million et demi de livres pour le faire construire. Afin de laisser croire que c'était la marquise qui achetait le domaine, Montmartel avança, encore une fois, les fonds nécessaires, que le roi lui remboursa en créant un nouvel office (*cf.* Luynes, *op. cit.*, t. VII, p. 303). Le château a été détruit pendant la Révolution.

1. Lassurance était contrôleur général des bâtiments de Marly.

d'y assister. Alors qu'on était dans l'expectative, on apprit la mort subite du roi d'Espagne, Philippe V, oncle de Louis XV et père de la dauphine. Allait-on l'annoncer à la jeune femme ? Après mûre réflexion, on décida de lui cacher la fatale nouvelle. On ne prit donc pas le deuil de ce souverain, né prince de France [1].

Enfin, le 18 juillet, la princesse fut prise de douleurs. Après plusieurs heures d'un travail épuisant, elle mit au monde une fille. Seul son époux parut heureux. La vie reprenait son cours normal, lorsque brutalement, le 22, Marie-Thérèse Raphaëlle mourut des suites de ses couches. Bien qu'elle ne fût pas très aimée, sa disparition bouleversa la famille royale. Le roi était repris par ses vieux démons morbides ; la reine et ses filles pleuraient avec le dauphin. Quelques heures après ce décès soudain, Louis XV décida que la Cour irait à Choisy, pendant qu'on procéderait aux apprêts des cérémonies funèbres à Versailles. Le dauphin eut peine à quitter le château. Voyageant dans le carrosse de son père, avec sa mère et ses sœurs, il fut pris d'un saignement de nez, pour la plus grande inquiétude du souverain, qui ne savait pas son fils sujet à ce genre de trouble. On arriva à Choisy à huit heures du soir. « Il y eut d'abord un grand silence, suivi de beaucoup de larmes, ensuite une triste conversation, où l'on entra dans tous les détails les plus affligeants [2]. » Le roi quitta les siens pour attribuer les appartements qu'il destinait à chacun.

Louis XV avait voulu que Mme de Pompadour l'accompagnât. C'était à elle qu'incombait le soin de trouver les mots et les gestes susceptibles d'apaiser ses humeurs sombres. La santé du monarque inspirait d'ailleurs des

---

1. Né duc d'Anjou, Philippe V, second petit-fils de Louis XIV, fut appelé à monter sur le trône d'Espagne au mois de novembre 1700, après la mort de Charles II, qui l'avait désigné comme son sucesseur. L'infante Marie-Thérèse Raphaëlle était issue de son mariage avec Elisabeth Farnese.

2. Luynes, *op. cit.*, t. VII, p. 351-352.

inquiétudes. On craignait « un mouvement de bile [1] » semblable à celui qui avait causé le dramatique accident de Metz, deux ans plus tôt. Heureusement, le roi se remit assez rapidement.

Une accablante tristesse pesait sur Choisy. Tout le monde s'y ennuyait. Le souverain se levait à 11 heures, mais l'on ne pouvait entrer dans sa chambre qu'à midi. Le dauphin assistait à son lever. La reine et les princesses ne descendaient chez lui que lorsqu'il était habillé. La famille royale se rendait alors à la messe. Après l'office divin, Marie remontait chez elle et dînait avec ses filles, tandis que Louis XV travaillait avec ses ministres et s'enfermait chez sa maîtresse. Il ne réapparaissait qu'à 7 heures, pour la promenade. Il faisait parfois quelques pas avec son épouse et ses filles, mais, le plus souvent, Marie allait de son côté. A 9 heures, la famille royale soupait dans l'antichambre de la reine. Une heure et demie plus tard, on servait un souper pour le reste de la Cour, auquel paraissait toujours Mme de Pompadour. Le soir venu, le roi s'entretenait longuement, tête à tête, avec son fils, alors que la reine et les princesses montaient se coucher. Vers minuit, le monarque rejoignait la compagnie dans les salons. Assis à côté de sa maîtresse, il lui parlait tendrement, ce qui ne l'empêchait pas de participer à la conversation générale. Vers une heure, chacun se retirait chez soi.

A Versailles où l'on retourna bientôt, l'atmosphère était encore pire qu'à Choisy. La dépouille de la dauphine, saluée par les grands corps de l'Etat et aspergée d'eau bénite par les princes et les princesses, venait d'être conduite en grande pompe à Saint-Denis. Comme le voulait l'usage, on l'avait inhumée hors la présence de la famille royale. Lorsque le roi et les siens regagnèrent le château, il fallut se résoudre à prendre le deuil, celui du roi d'Espagne et celui de la dauphine, ce qui ne simplifiait pas, loin de là, les fastidieuses questions d'étiquette. Le roi était astreint à porter un habit

1. Luynes, *op. cit.*, t. VII, p. 363.

violet pendant six semaines. La reine et les princesses devaient s'affubler de robes et de mantes noires pour la même période. Et pendant au moins trois semaines, il ne fut plus question de spectacles ou de concerts.

Ces manifestations funèbres déprimaient le roi, qui caressait le projet de repartir pour l'armée. Cette perspective alarmait la marquise. Bien que l'on ait souvent prétendu qu'elle ne se mêlait pas encore de politique, elle correspondait déjà avec les principaux chefs militaires, le prince de Soubise, le maréchal de Luxembourg et surtout le maréchal de Saxe, auquel, on s'en souvient, elle vouait une réelle admiration. Sachant que ce dernier ne souhaitait pas la présence du souverain sur le front, pour des raisons de sécurité qu'on devine aisément, la marquise le pressait de détourner Louis XV de ses projets. Aussi s'ingéniait-elle à le divertir par tous les moyens. Ils firent ensemble de nouvelles escapades à Choisy, et elle le convainquit bientôt de venir à Crécy. Louis XV ne se fit pas longtemps prier et, au cours d'un bref séjour bucolique dans ce chateau qu'il ne connaissait pas encore, il renonça à toute idée de départ pour l'armée. Le maréchal de Saxe lui avait fait savoir qu'aucune action d'envergure n'était alors prévisible. « Vous savez que je vous aime beaucoup, écrivit la marquise au maréchal. Je crois ce que vous me dites comme l'Evangile. Dans cette croyance, j'espère qu'il n'y aura pas de bataille et que notre adorable maître ne perdra pas une occasion d'augmenter sa gloire. Il me semble qu'il fait assez ce que vous voulez. Je mets toute ma confiance en vous, mon cher maréchal. En faisant la guerre comme vous la faites, je me flatte d'une bonne et longue paix [1]. »

Mme de Pompadour commençait à mesurer l'étendue de son crédit. Elle parlait désormais avec une certaine autorité et se livrait à de subtiles manœuvres. Alors qu'elle faisait tout ce qu'elle pouvait pour que le maréchal de Saxe entrât

1. Cité par Vitzhum d'Eckstaedt, in *Maurice comte de Saxe et Marie-Josèphe de Saxe, d'après les Archives de Dresde,* p. 37.

dans ses vues, elle soutenait avec chaleur les ambitions du prince de Conti, son rival. Bien qu'il ne se fût jamais distingué sur les champs de bataille, il rêvait de voir ses mérites reconnus. Sachant que Louis XV éprouvait beaucoup d'affection pour ce lointain cousin, plus doué pour la diplomatie que pour la guerre, elle insista auprès du roi pour qu'il lui accordât une patente de généralissime. Elle croyait s'attirer ainsi les bonnes grâces de Conti qui ne l'aimait guère, et remercier la princesse sa mère de l'avoir présentée à la Cour.

La marquise imaginait fort bien le ressentiment du maréchal de Saxe, qui avait infiniment plus de titres que Conti pour obtenir une telle distinction. Elle tenta de minimiser l'affaire auprès de lui : « Vous savez que le roi a donné au prince de Conti une patente, lui écrivit-elle. Soit dit entre nous, cette patente l'a satisfait et a réparé sa réputation, qu'il croyait perdue. Voilà ce qu'il pense, et moi, je crois que c'est une chose embarrassante pour le roi et qui empêchera qu'on ne se serve de lui autant qu'il le croit. En tout cas, cela ne fait rien pour vous, et l'on vous mettra toujours à l'abri de la patente. Ne dites mot de cela à âme qui vive. Adieu mon cher maréchal, je vous aime autant que je vous admire. C'est beaucoup dire [1]. »

La favorite savait qu'elle ne s'aliénerait pas « son maréchal ». Il avait trop besoin d'elle pour mener à bien une affaire qui lui tenait à cœur : le mariage de la princesse Marie-Josèphe de Saxe, fille de son demi-frère le roi Auguste III de Pologne, avec le dauphin. Le jeune prince devait, en effet, se remarier le plus tôt possible afin d'assurer la postérité de la dynastie. Le lendemain même de la mort de l'infante, Louis XV avait examiné toutes les candidatures éventuelles à son remplacement. Mme de Pompadour, qui avait souffert de l'hostilité de Marie-Thérèse Raphaëlle, rêvait d'une dauphine qui fût son alliée et ne voulait pas rester étrangère à ce choix.

1. *Cf.* Vitzhum d'Eckstaedt, *op.cit.*, p. 53, lettre du 3 octobre 1746.

Les bons partis n'étaient pas légion. Seule une princesse catholique, d'une maison qui ne fût pas en guerre avec la France, pouvait prétendre à ce grand destin. Ferdinand VI, le nouveau roi d'Espagne, avait proposé d'envoyer sa jeune sœur Antonia pour remplacer la défunte. Mais Louis XV avait poliment éludé cette proposition, prétextant qu'en France on ne pouvait épouser la sœur d'une femme dont on avait eu des enfants. En réalité, le successeur de Philippe V n'inspirait aucune confiance au roi de France. Restaient les princesses de Sardaigne et celles de Saxe. Fils de la délicieuse Adélaïde de Savoie, le roi eût souhaité une alliance piémontaise. Toujours soucieuse de lui plaire, sa maîtresse avait encouragé ses penchants et les Pâris avaient envoyé des émissaires à Turin pour prendre des renseignements sur les trois jeunes filles susceptibles d'être mariées [1]. Mais l'attitude louvoyante du roi de Piémont, qui décida de faire cause commune avec l'Autriche malgré un accord signé avec la France, mit rapidement fin aux espoirs du souverain.

La marquise entreprit alors de soutenir les projets de Maurice de Saxe, qui voulait voir une princesse de sa famille monter sur le trône de France. « J'espère que ce que vous désirez réussira », lui disait-elle dans la lettre où elle abordait le délicat sujet de la patente du prince de Conti. Elle plaida avec éloquence la cause de Marie-Josèphe de Saxe auprès du roi. A peine âgée de quinze ans, sans être une beauté, elle jouissait d'une excellente santé et les femmes de la famille royale de Saxe passaient pour être particulièrement fécondes [2]. Mais ni la reine, ni le dauphin n'étaient prêts à l'accepter pour dauphine. Marie Leszczinska conservait une rancune assez légitime contre le roi de Saxe, qui avait détrôné son propre père. Quant au prince Louis Ferdinand,

1. Eléonore Marie Thérèse avait 18 ans, Marie-Louise Gabrielle, 17, et Marie-Félicité, 16. Elles étaient les filles de Charles-Emmanuel Ier de Piémont et de Christine de Hesse-Rheinfels.

2. Marie-Josèphe de Saxe devenue dauphine sera la mère, entre autres enfants, des futurs Louis XVI, Louis XVIII et Charles X.

il avait beau chercher à se distraire, il pleurait toujours l'infante rousse aux yeux bleus, que toute la Cour avait déjà oubliée. La brillante victoire de Rocoux, remportée grâce au maréchal de Saxe, leva les derniers obstacles à ce mariage. C'est par la voix du marquis de Valfons [1], arrivé botté et couvert de poussière à Fontainebleau pour le lever du roi, le 16 octobre 1746, que Louis XV devait apprendre les détails de la bataille. Après en avoir fait le récit au souverain, le jeune homme se rendit chez la reine et enfin chez Mme de Pompadour.

Elle le reçut tête à tête chez elle. Le plus gaiement du monde. « Nous avons le temps de causer, le roi ne viendra que dans une heure [2] », lui déclara-t-elle après l'avoir fait asseoir dans un fauteuil, à côté d'elle. « Ah ça, dites-moi tout, ne me cachez rien », poursuivit-elle en lui montrant une lettre du prince de Soubise et une autre du maréchal de Luxembourg, afin de lui prouver qu'elle était bien informée de ce qui se passait sur le front. Sachant que le maréchal de Saxe protégeait ce jeune homme, elle s'enquit du moindre de ses faits et gestes. « Mon maréchal doit être bien content ! s'exclama-t-elle. Qu'il doit être beau à la tête d'une armée, sur un champ de bataille ! [...] Vous pouvez lui écrire que je partage ses succès et que je l'aime bien [3]. » Le roi étant près d'arriver chez elle, la marquise congédia Valfons, non sans lui avoir promis d'intervenir en sa faveur pour qu'il obtînt une promotion.

Quelques jours plus tard, le 21 octobre, Louis XV décida que son fils épouserait la princesse Marie-Josèphe. « J'ai reçu une lettre du Roi Très Chrétien, écrivit Maurice de Saxe à son frère, le roi de Pologne. Il me mande toutes les contradictions qu'il a essuyées et qui lui ont été suggérées par la reine sa femme, qu'il a fallu vaincre ; *en quoi Mme de*

1. Valfons était capitaine dans le régiment de Piémont et aide-major général de l'armée de Flandre.

2. Valfons, *op. cit.*, p. 19?

3. *Ibid.*, p. 193.

Pompadour nous a beaucoup aidés [1]. [...] Le maître et la favorite étaient pour nous [...]. Enfin je me suis retourné de tant de manières que le roi m'écrit qu'il a pris son parti et qu'après avoir vaincu ses ennemis, il faut bien que tout me cède (c'est une galanterie de sa part) [2]. » Cependant malgré ce succès, Maurice de Saxe restait profondément blessé que le roi eût nommé Conti generalissime à sa place.

Le jour même de son arrivée à Fontainebleau, il soupa chez Mme de Pompadour avec Louis XV. Lorsqu'il en sortit, en pleine nuit, il retrouva Valfons, qui l'attendait. Incapable de se contenir plus longtemps, il donna libre cours à son amertume : « C'est le pays de la fausseté, lui dit-il, et la reconnaissance des services rendus n'y habite pas toujours. J'ai de belles paroles, et M. le prince de Conti est généralissime [...]. Qu'ils ne cherchent pas à m'humilier et à me chicaner, je ne suis pas né leur sujet et je leur ferais suer de l'encre si je suivais le projet que m'inspirent leurs injustices et mon mécontentement [3] », poursuivit-il, incluant dans ses invectives d'Argenson, le ministre de la Guerre, qu'il rendait responsable de l'élévation de Conti. Alors qu'on enviait le traitement que lui avait réservé le souverain, il haussait les épaules : « Le roi me parle, il est vrai, disait-il, mais il ne me parle pas plus qu'à Lansmatte (gentilhomme de la vénerie) [4]. » Alors qu'il ressassait sa douleur, il eut l'heureuse surprise de se voir promu maréchal de France, comme l'avait jadis été le grand Turenne. L'injustice était réparée et le maréchal, parfaitement rasséréné, pouvait faire sa cour, sans réticence, à la marquise de Pompadour, dont la puissance s'affirmait chaque jour davantage.

Le comte Loss, ambassadeur de Saxe, avertit la future dauphine qu'elle devait compter avec la favorite. « Mme de

1. C'est nous qui soulignons.
2. Archives de Dresde, 789, lettre datée du 26 octobre 1746, *in* Stryienski, *La Mère des trois derniers Bourbons*, p. 22.
3. Valfons, *op.cit.*, p. 201-202.
4. Luynes, *op. cit.*, t. VIII, p. 27.

Pompadour joue un grand rôle, lui dit-il, [...] l'amitié dont le roi l'honore, l'intérêt qu'elle a témoigné pour l'alliance du dauphin avec une princesse de Saxe, les insinuations qu'elle a faites au roi pour fixer son choix, tout cela obligera la dauphine à des attentions et à de bons procédés. La marquise a un excellent caractère ; elle s'attachera à plaire à la dauphine, qui fera sa cour au roi, en témoignant de l'amitié à une dame que la reine comble de politesses [1]. »

Jeanne-Antoinette régnait sur le cœur du roi et sur sa cour. Une foule de plus en plus nombreuse se pressait le matin à sa toilette. « Elle avait connaissance de tout [2]. » On lui soumettait quantité de requêtes et « beaucoup d'affaires se faisaient par elle [3] ». Le duc de Gesvres [4] venait alors prendre ses ordres pour les fêtes du mariage princier prévu pour le 9 février. Le prévôt des marchands lui apportait les plans et les dessins du cortège triomphal qui devait parcourir la capitale pendant les fêtes de la Ville. Elle donnait son avis sur tout et réglait même les épineuses questions protocolaires. Rien ne se faisait sans elle. « Le roi avait tant de raison de croire qu'elle était nécessaire au bonheur de ses jours, que son cœur ne sentit plus les plaisirs de l'inconstance [5]. » D'après le marquis d'Argenson, Mme de Pompadour était devenue « l'oracle de la Cour ».

1. Archives de Dresde, 2738, XII f° 188, *in* Stryienski, *Mesdames de France, filles de Louis XV*, p. 72.
2. Croÿ, *op. cit.*, t. I, p. 62.
3. *Ibid.*
4. Premier gentilhomme de la chambre en exercice, il était chargé de l'ordonnance des Menus-Plaisirs, en l'occurrence des fêtes prévues pour le mariage.
5. Soulavie, *op. cit.*, p. 47.

8

Le théâtre des petits cabinets

L'année 1747 s'annonçait sous les meilleurs auspices pour Mme de Pompadour. Le matin du 1er janvier, Louis XV lui offrit des tablettes garnies de diamants, où les armes royales voisinaient avec les tours de Pompadour. Le roi symbolisait ainsi l'étroitesse des liens qui l'unissaient à sa maîtresse. A l'intérieur des tablettes, Jeanne-Antoinette eut l'heureuse surprise de trouver un billet au porteur de 50 000 livres. Elle s'extasia, et la Cour ne murmura même pas. La marquise était maintenant un personnage trop important pour qu'on se permît des propos malveillants. Il fallait que l'on fût en très petit comité pour se laisser aller aux médisances.

Jeanne-Antoinette préparait activement le mariage du dauphin, qu'elle considérait comme une affaire personnelle. On attendait la jeune princesse pour les premiers jours de février. Escortée par le duc de Richelieu, ambassadeur extraordinaire à Dresde, Marie-Josèphe de Saxe avançait à petites étapes, à travers les États allemands. Le roi décida qu'on irait l'accueillir à Choisy. Seuls, princes et princesses, grands officiers de la Couronne accompagnés de leurs épouses, ainsi que les titulaires des plus hautes charges furent priés de se joindre à la famille royale. La favorite faisait partie des invités. C'est alors qu'elle manifesta le désir que Mme de Baschi fût comptée parmi eux. Ce caprice ne manqua pas de surprendre, car cette épouse d'un noble provençal désargenté, qui venait d'être présentée à la Cour, n'était autre que la sœur cadette de Le Normant d'Etiolles [1]. Au lieu de traiter avec mépris cette dame, dont la présence pouvait lui rappeler un époux honni, la marquise voulait, au contraire, la promouvoir à Versailles. Sans doute désirait-elle se créer de nouveaux obligés, faire étalage de sa puissance et prendre une nouvelle revanche sur les Le Normant. Mais elle avait aussi l'intention de complaire à Tournehem, oncle de Mme de Baschi.

Très fière de sa noblesse acquise par mariage, toute honte bue, Mme de Baschi n'avait pas hésité à solliciter la bienveillance d'une belle-sœur qui eût dû lui paraître indigne. Mais elle était prête à toutes les bassesses si Jeanne-Antoinette pouvait faciliter la carrière de son époux, qui brillait jusque-là par son inexistence. Après avoir servi dans sa jeunesse aux mousquetaires du roi, le comte François de Baschi, de vingt ans l'aîné de sa femme, vivait médiocrement sur ses terres. Afin d'échapper à cette morne existence, Mme de Baschi avait décidé de s'installer à Paris. Depuis lors, elle tenait la maison de l'oncle Tournehem et caressait l'espoir de mener enfin une existence exaltante. Mme de Pompadour se révéla comme la bonne fée qu'on attendait. C'est elle qui trouva le subterfuge permettant d'imposer l'ambitieuse parmi les privilégiés de Choisy. Elle dit, en riant, au duc de Gesvres « qu'elle se regardait comme pouvant être admise parmi les grands officiers et que par conséquent Mme de Baschi, sa belle-sœur, pouvait être mise sur la liste [2] ». Amusé par le jeu de sa maîtresse, le roi ajouta de sa main le nom de Mme de Baschi parmi les élues.

Louis XV accordait une parfaite confiance à sa favorite. Il l'autorisa à lancer les invitations pour le bal paré. Alors que

1. Charlotte Victoire Le Normant (1712-1786), fille d'Hervé Guillaume Le Normant et d'Elisabeth de Francine, épouse de François de Baschi. (Cf. *supra*, chap. 3, p. 45.)

2. Luynes, *op. cit.*, t. VIII, p. 105.

le duc de Gesvres, maître des cérémonies, lui faisait part de ses hésitations sur les personnes qu'il fallait convier, le roi lui dit : « Vous avez un peu perdu de vue les dames de Paris ; donnez-moi votre liste ; Mme de Pompadour les connaît et elle fera l'arrangement [1]. » Louis XV et Jeanne-Antoinette examinèrent ensemble cette liste et le souverain fixa son choix d'après les conseils de sa maîtresse.

Peu avant de partir pour Choisy, Mme de Pompadour éprouva une satisfaction certaine en apprenant de son amant le renvoi du marquis d'Argenson, ministre des Affaires étrangères, qui ne l'aimait guère. Elle n'avait aucune part à cette disgrâce, mais elle se réjouissait de savoir que le marquis de Puisieulx, très lié à Pâris de Montmartel, lui succédait. C'était compter un allié de plus.

Louis XV et sa suite s'installèrent à Choisy le 6 février. Le lendemain, le roi et le dauphin allèrent au-devant de Marie-Josèphe de Saxe sur la route de Corbeil. L'arrivée de cette princesse allemande réjouissait bien plus le roi que son fils. Le dauphin pleurait toujours l'infante et considérait ces noces comme une insurmontable épreuve. Il se montra glacial avec sa nouvelle épouse, lui accordant tout juste le baiser sur la joue qu'exigeait le protocole. Et le souverain dut se mettre en frais auprès de cette jeune et fraîche belle-fille pour atténuer la fâcheuse impression qu'elle pouvait ressentir. Sans être belle, Marie-Josèphe n'était pas dépourvue d'une certaine élégance et « ce joli laideron pouvait, paraît-il, faire tourner bien des têtes [2] ». Sa fraîcheur et sa simplicité laissaient augurer un aimable caractère et une bonne santé. Marie-Josèphe impressionna favorablement Mme de Pompadour, à laquelle elle adressa un compliment fort bien tourné. Quel soulagement pour Jeanne-Antoinette, qui n'avait pas oublié la froideur méprisante de l'infante. Elle n'allait pourtant pas tarder à déchanter.

1. *Ibid.*
2. Croÿ, *op. cit.*, t. I, p. 81.

A deux ans de distance, les fêtes du mariage princier se répétèrent pratiquement sans changement. Le 9 février, la cérémonie religieuse fut suivie par les mêmes divertissements. Le soir, au bal paré, Mme de Pompadour se fit remarquer par la grâce qu'elle mit en dansant un menuet, juste après les princesses. Le soir, toute la Cour assista à la cérémonie du coucher des mariés. En chemise, coiffés d'un bonnet de nuit, les nouveaux époux se mirent dans le lit, béni par le grand aumônier de la Cour. Les deux jeunes gens couchés, on ferma les rideaux du baldaquin pour les rouvrir un instant plus tard. Il s'agissait de montrer au monde que l'union princière allait être consommée. On abandonna enfin les mariés à leur intimité après avoir tiré de nouveau les rideaux de la couche nuptiale. Ce soir-là, Marie-Josèphe de Saxe impressionna l'assemblée par son aimable dignité, lorsque son époux enfouit son visage sous les draps pour mieux cacher les sanglots qui l'étouffaient. « Tout le monde sortit avec une espèce de douleur, car cela avait l'air d'un sacrifice [1] », écrivit Maurice de Saxe à son frère, le roi Auguste III.

Les jours suivants, les divertissements se succédèrent, selon l'immuable rituel adopté en de telles circonstances. Mme de Pompadour attirait tous les regards. Le soir du bal costumé, elle suivait des yeux son amant, superbe et méconnaissable sous son masque. Le duc de Croÿ, qui observait Jeanne-Antoinette, reconnut le roi « à l'inquiétude qu'elle laissa échapper » lorsqu'il porta son regard sur la ravissante comtesse de Forcalquier [2]. Mais ce n'était qu'une fausse alerte. Louis XV s'installa aux pieds de sa maîtresse, dont « il paraissait éperdument amoureux [3] ».

1. Lettre de Maurice de Saxe à son frère, le roi Auguste III de Pologne, datée du 12 février 1747, *in* Stryienski, *La Mère des trois derniers Bourbons*, p. 63.

2. Marie-Françoise Renée de Carbonnel de Canisy, veuve du marquis d'Antin, avait épousé en 1742 le comte de Forcalquier, lieutenant général au gouvernement de Provence.

3. Croÿ, *op. cit.*, t. I, p. 78.

Cette liaison étalée au grand jour devenait chaque jour plus intolérable à la jeune famille royale. A la fin du mois de février, le dauphin et ses sœurs fomentèrent une sorte de complot, dans lequel ils attirèrent l'innocente Marie-Josèphe. Le premier acte se joua lors d'une chasse, que les princesses suivaient, comme d'habitude, avec la favorite. Dans la calèche qui les ramenait à Versailles, les filles de Louis XV étaient convenues de ne pas dire un mot à Mme de Pompadour et de ne pas lui répondre si elle leur adressait la parole. « Elle enrageait, elle rugissait [1] », raconte le marquis d'Argenson, trop heureux de se faire l'écho de cette mésaventure. Les jeunes princes n'en restèrent pas là. Mme Henriette endoctrina sa belle-sœur. Elle voulait lui faire partager le dégoût que les enfants du roi éprouvaient pour sa maîtresse. La malheureuse dauphine ne savait plus à quel saint se vouer. Alors que l'ambassadeur de Saxe et le maréchal lui avaient recommandé de traiter Mme de Pompadour avec respect, Mesdames lui demandaient de se liguer contre elle. Dédaignée par un époux qui ne lui manifestait pas la moindre tendresse et qui haïssait la favorite, elle fut bien obligée de prendre le parti de ses belles-sœurs. C'était pour elle le seul moyen de se rapprocher du dauphin.

Soutenus par la reine, le prince et Mesdames élaborèrent un plan qu'ils espéraient naïvement imposer à leur père. Persuadés qu'il y avait, sans doute, « bien des choses qui devaient le rebuter dans sa maîtresse et dans la compagnie qu'elle lui amenait », ils voulaient lui « faire honte d'avoir placé sa tendresse en si bas lieu [2] ». Il fallait donc l'amener à renvoyer Mme de Pompadour et à vivre dans l'intimité de sa famille. Admettant, à regret, que cet homme de trente-sept ans éprouvait du désir pour le beau sexe, ils étaient prêts à tolérer quelques discrètes passades, à condition que ce fût avec des femmes de la Cour.

1. D'Argenson, *op. cit.*, t. III, p. 173.
2. D'Argenson, *op. cit.*, t. III, p. 174.

Les jeunes gens avaient décidé de mener la vie dure à la favorite. Louis Ferdinand se montrait grossier avec elle et d'Argenson prétend que la reine ne décourageait pas l'attitude de son fils. Ni Louis XV, ni Mme de Pompadour n'étaient dupes de ce petit manège. Trop habile pour se plaindre, Jeanne-Antoinette amena pourtant son amant à clarifier une situation qui devenait insupportable, et dont la correspondance de l'ambassadeur de Saxe se fait clairement l'écho. Redoutant l'ombrageux caractère du dauphin, Louis XV ne lui dit rien. Il préféra parler à sa fille Henriette, à laquelle « il lava la tête [1] », la priant de ne plus exercer d'influence néfaste sur Marie-Josèphe. Le roi insista pour que Mme de Pompadour reçût la dauphine. La marquise devait la convaincre de s'adresser directement au souverain lorsqu'elle désirerait quelque chose. Quelque temps plus tard, Louis XV reçut personnellement le jeune ménage et demanda à sa bru d'avoir une nouvelle explication confidentielle avec sa maîtresse [2]. Humiliation suprême, Marie-Josèphe dut reconnaître que certaines personnes (qu'elle ne pouvait nommer) cherchaient à la desservir auprès d'elle. Ainsi, les projets des enfants de France se trouvaient-ils réduits à néant. Mme Henriette pleurait; la dauphine se morfondait; le dauphin restait sombre et Adélaïde ruminait de chimériques projets de vengeance contre celle qu'ils appelaient désormais « Maman-putain ».

La marquise triomphait. Le roi l'aimait toujours. Il allait même jusqu'à « badiner » en public avec elle [3]. « Assez fort », prétendait d'ailleurs le prince de Croÿ, un peu choqué par ces privautés ostensibles. Cependant Mme de Pompadour ne s'endormait pas sur ses lauriers. Elle savait qu'il lui faudrait toujours inventer de nouveaux divertisse-

1. Lettre de Maurice de Saxe à Auguste III, le 6 mars 1747, in *La Mère des trois derniers Bourbons*, p. 81.

2. Archives de Dresde, 2738, vol. XII, *in* Stryienski, *La Mère des trois derniers Bourbons*, p. 82.

3. Croÿ, *op. cit.*, t. I, p. 81.

ments pour tenir en éveil la passion du monarque et demeurer le perpétuel objet de ses désirs, en surpassant ses rivales. Elle eut alors l'idée de se produire sur scène, devant lui, comme elle l'avait fait jadis sur le théâtre d'Etiolles et sur celui de Chantemerle chez Mme de Villemur. Formée par les meilleurs maîtres, elle avait de réels talents d'actrice, de chanteuse et de danseuse. Apparaître aux yeux de son amant sous les travestis les plus flatteurs, mettre en valeur son corps et sa voix, ne manquerait pas d'entretenir la flamme de cet homme si facilement blasé. Au reste, Mme de Pompadour savait qu'elle prendrait un extrême plaisir à renouer avec des jeux qui faisaient fureur dans la bonne société et auxquels elle s'était adonnée avec fougue quelques années plus tôt.

Depuis qu'elle était à Versailles, la marquise allait rarement à Paris et ne pouvait plus suivre l'actualité théâtrale comme naguère. Elle devait se contenter des spectacles donnés tous les mercredis dans la salle de la cour des Princes par les Comédiens-Français, les Comédiens-Italiens et les artistes lyriques de l'Académie royale de musique. Mais ces acteurs jouaient avec plus de retenue devant ce public que devant celui de la Ville. Et si les représentations étaient nombreuses et brillantes, il n'y avait plus de créations à Versailles, comme du temps de Louis XIV. On n'y donnait que des spectacles assez conventionnels. La marquise avait la nostalgie de la chaude ambiance des salles parisiennes et des interminables discussions suscitées par les pièces nouvelles. Dès son installation à Versailles, elle voulut inspirer au roi le goût du théâtre [1]. On disait même qu'elle avait proposé à Louis XV de monter, à Choisy, des comédies où auraient joué les membres de la famille royale et des courtisans [2].

1. Feydeau de Marville, *op. cit.*, t. II, p. 190. Lettre du 10 novembre 1745.

2. *Ibid.*

Jusqu'à l'arrivée de Mme de Pompadour à la Cour, le souverain avait accordé assez peu d'intérêt aux spectacles. Il acquiesçait aux propositions des gentilshommes ordinaires de la chambre, chargés de les organiser [1]. Mais les goûts de sa maîtresse avaient bientôt prévalu sur les leurs. Sous son influence, le répertoire avait déjà évolué. On ne jouait pas davantage de tragédies, genre passé de mode, mais on avait souvent remplacé les comédies de Molière par celles d'auteurs contemporains ayant alors la faveur du public, Dancourt, Regnard, Dufresny, Destouches... Curieusement, Marivaux ne fut joué que cinq fois [2] ! En revanche, on représentait volontiers les œuvres de Voltaire. L'intérêt que lui portait la marquise avait contribué à affermir sa situation d'historiographe du roi et de dramaturge favori. Pourtant, les deux grands divertissements qu'il avait récemment créés pour la Cour s'étaient soldés par de semi-échecs. *La Princesse de Navarre* avait été fraîchement accueillie, lors du premier mariage du dauphin. Quant au *Temple de la Gloire*, commandé par Mme de Pompadour après Fontenoy, et qui avait été joué le 27 novembre 1745, il n'avait pas eu l'heur de plaire au souverain. Voltaire semblait avoir voulu donner une leçon de despotisme éclairé à Louis XV, allégorie de Trajan. Malgré les torrents de louanges dont le poète couvrait son héros, le roi avait été plutôt agacé par cette audace, qui ne l'amusait guère. Et il avait gardé un silence glacial lorsque le poète s'était risqué à lui murmurer trop familièrement, au sortir de sa loge : « Trajan est-il content [3] ? »

Voilà qui n'était pas fait pour convertir le monarque aux plaisirs du théâtre. Mme de Pompadour battit momentané-

1. Philippe Beaussant en a recensé 626 pour la période allant de 1740 à 1750, ce qui représente plus d'un spectacle par semaine. (*Cf. Les Plaisirs de Versailles*, p. 180.)

2. On ne donna que *La Surprise de l'Amour* et *Le Legs*. (*Cf.* Ph. Beaussant *Les Plaisirs de Versailles*, p. 181.)

3. Luynes, *op. cit.*, t. VII, p. 132.

ment en retraite et ne parla plus de jouer la comédie. Pendant le carême de 1746, son amant lui permit de donner, chez elle, des concerts spirituels, où elle chanta des morceaux de musique religieuse. Elle prouvait ainsi à Louis XV et à la Cour que ses talents artistiques pouvaient contribuer au recueillement de circonstance. Séduit une fois de plus par les incomparables grâces de sa maîtresse, le roi finit par céder à ses prières. Il l'autorisa à monter des spectacles devant un public restreint qu'il se réservait le droit de choisir avec elle.

Dans le plus grand secret, la marquise organisa sa troupe. Elle en donna la direction au duc de La Vallière. Grand seigneur, protecteur de Voltaire et des philosophes, ami de Pâris-Montmartel et familier du roi, ce fin lettré, bibliophile éclairé, passionné de théâtre, fréquentait assidûment les coulisses de la capitale. Sa retentissante liaison avec Mlle Le Maure, chanteuse à l'Opéra, et son intimité avec les époux Favart firent beaucoup jaser, mais ce libertinage affiché ne choquait ni le roi, ni sa maîtresse. Moncrif, membre de l'Académie française, lecteur de la reine et protégé de La Vallière, fut nommé sous-directeur de l'aimable compagnie, qui comprenait plusieurs sociétaires. Au premier rang des femmes figurait tout naturellement la favorite. Elle était suivie par la duchesse douairière de Brancas, tout juste âgée de trente-huit ans, par la ravissante Mme Trusson, femme de chambre de la dauphine, par Mmes de Pons, de Sassenage et de Livry ainsi que par une jeune personne pleine de charme, Mme de Marchais [1], fille du fermier général Laborde. Elle était alors mariée au fils de Binet de Marchais, valet de chambre du dauphin, dont le rôle n'avait pas été négligeable au début de la liaison du roi avec Mme de Pompadour. Parmi les hommes figuraient

1. Marmontel et Mme Campan ne tarissent pas d'éloges sur cette jeune femme, qui devenue veuve, épousa le comte d'Angivillers. Elle vivait encore au début de l'Empire.

Louis-Philippe, duc de Chartres, futur duc d'Orléans [1], le duc de Nivernais et le duc de Duras, qui avaient naguère donné la réplique à Mme de Pompadour chez Mme de Villemur, le comte de Maillebois, le marquis de Courtenvaux, le duc de Coigny, le marquis d'Entraigues, M. de La Salle et quelques autres.

Le plus sérieusement du monde, Jeanne-Antoinette rédigea les statuts de son théâtre que le roi approuva. Ils s'inspiraient quelque peu de ceux de la Comédie-Française. Aucun débutant n'était admis dans la troupe. Pour y entrer, il fallait avoir fait ses preuves sur une autre scène. L'emploi attribué à chaque comédien était définitif, et il était impossible à qui que ce fût de renoncer à interpréter un rôle, sous prétexte qu'il ne lui convenait pas. Les actrices jouissaient de privilèges considérables. C'étaient elles qui imposaient les ouvrages que l'on représenterait ; elles décidaient du nombre des répétitions, en fixaient les horaires ainsi que le taux des amendes pour les comédiens retardataires. Enfin, elles choisissaient la date de la représentation publique.

La marquise n'avait pas l'intention de ne mettre en scène que des comédies ; elle envisagea d'emblée de monter des divertissements musicaux, des ballets et même des opéras. On composa donc un orchestre, mêlant amateurs et professionnels. Parmi ces derniers, figuraient, entre autres, Mondonville, maître de musique de la chapelle du roi, et le célèbre Jélyotte, qui n'était pas appelé à chanter, mais à jouer du violoncelle ! Les choristes étaient pratiquement tous des professionnels, ainsi que les membres du corps de ballet. Mais les danseurs étoile se recrutèrent parmi les proches de la marquise : le marquis de Courtenvaux s'imposait comme le plus talentueux ; assez doués, le comte de Langeron, M. de Beuvron et le comte de Melfort

1. Petit-fils du Régent, Louis-Philippe duc de Chartres (1725-1785) était fils de Louis duc d'Orléans (1703-1752) et de Marie-Jeanne de Bade. Epoux de Henriette de Bourbon-Conti, il est le père de Louis-Philippe Joseph, duc d'Orléans, plus connu dans l'Histoire sous le nom de Philippe Egalité.

tenaient respectivement les rôles de premier et de second sujet. Les ateliers de Menus-Plaisirs [1], qui réalisèrent décors et costumes, fournirent également les innombrables accessoires [2] dont on a conservé la liste. Enfin, l'abbé de La Garde, bibliothécaire de la marquise, faisait office de secrétaire et de souffleur.

Les répétitions commencèrent à Choisy au mois de décembre 1746 et le premier spectacle eut lieu, à Versailles, le 16 janvier suivant, dans la galerie donnant sur l'escalier des Ambassadeurs. Pendant les entr'actes, les acteurs se retiraient et se changeaient dans le cabinet des Médailles. Pour l'inauguration de son théâtre, la marquise avait voulu monter *Tartuffe*, où il semble (on n'en est pas tout à fait sûr) qu'elle ait interprété le rôle de Dorine devant une assistance très restreinte. Les billets d'entrée, délicatement dessinés par Cochin, furent distribués avec parcimonie. Le roi, qui avait désigné personnellement les quatorze invités, trônait sur une simple chaise. Seuls les amis de la marquise, Mmes d'Estrades et du Roure, l'abbé de Bernis, Vandières, Tournehem, et quelques rares élus purent applaudir l'artiste vedette. Car, privilège exceptionnel, Louis XV avait permis qu'on battît des mains en sa présence, ce qui ne se faisait

---

1. L'administration de l'Argenterie, Menus-Plaisirs et Affaires de la Chambre du roi était, de tous les services de sa maison, celui qui touchait de plus près la personne du souverain. Elle veillait au renouvellement de sa garde-robe, ainsi que de celle de la reine et des enfants royaux ; elle s'occupait des voitures de la Cour, des voyages dans les châteaux royaux, de l'entretien des magasins, des divertissements, dont les spectacles faisaient évidemment partie. Les Menus-Plaisirs organisaient également les deuils de cour, les mariages royaux et les réjouissances publiques extraordinaires.

2. D'après le duc de Luynes (t. VIII, p. 87), ce seraient les Bâtiments, dépendant alors de Tournehem, qui se seraient substitués aux Menus-Plaisirs en cette circonstance. Pierre de Nolhac (*Louis XV et Mme de Pompadour*) a suivi Luynes, mais Emile Campardon (*Mme de Pompadour et la cour de Louis XV*), Adolphe Jullien (*Histoire du théâtre de Mme de Pompadour*) et plus récemment Philippe Beaussant (*op. cit.*) considèrent que ce sont les Menus-Plaisirs qui ont subvenu aux besoins de ce petit théâtre.

jamais. Ce *numerus clausus* fit grincer bien des dents. Le prince de Conti, que le roi aimait bien, s'était vu refuser un billet d'entrée, de même que le maréchal de Noailles, le comte de Noailles son fils, et quelques autres grands seigneurs. En principe, le dauphin lui-même n'était au courant de rien.

Le lundi suivant, la marquise et sa troupe jouèrent deux aimables comédies, *Le Préjugé à la mode* de La Chaussée et *L'Esprit de contradiction* de Dufresny. Après la représentation, on soupa chez le roi, lequel donna un petit bal où il se lança dans des contredanses. La marquise dansa un menuet avec M. Clermont d'Amboise. Cette nouvelle institution de caractère privé, que présidait la favorite, intriguait la Cour. La reine était irritée que son lecteur en fût membre sans avoir demandé son autorisation. Le dauphin et ses sœurs se considéraient comme bafoués, une fois de plus, par leur père et sa favorite. Quant aux courtisans, ils restaient dans l'expectative, espérant qu'un jour les portes de ce nouveau cénacle leur seraient miraculeusement ouvertes. S'exprimant par ouï-dire, le duc de Luynes notait prudemment, dans son *Journal*, que Mme de Pompadour « jouait à merveille [1] ».

Les fêtes du mariage du dauphin interrompirent ces spectacles qui ne reprirent que le 27 février, en présence des jeunes mariés. On donna ce soir-là *Les Trois Cousines* , comédie de Dancourt, où Mme de Pompadour se surpassa dans le rôle de Colette. Mais Jeanne-Antoinette ne s'en tint pas là. Avec le duc d'Ayen, elle chanta dans *Les Amours déguisées*, ballet-opéra de Bourgeois, qui n'obtint qu'un médiocre succès, en dépit de sa jolie voix et des performances chorégraphiques de MM. de Courtenvaux et de Luxembourg. Le 13 mars, on redonna *Les Trois Cousines*, qui furent cette fois suivies d'une véritable création, celle d'*Erigone*, opéra en un acte. Louis XV en fut si charmé qu'il voulut qu'on le rejouât pour la reine. Il insista auprès de son

1. Luynes, *op. cit.*, t. VIII, p. 91.

épouse pour qu'elle acceptât d'honorer de sa présence le théâtre des petits cabinets. Marie ne pouvait refuser. Le samedi 18 mars, accompagnée par le dauphin et les princesses (à l'exception de la dauphine qui se prétendit indisposée), elle s'installa sur une chaise à côté de son époux et assista au triomphe de Jeanne-Antoinette, excellente dans *Le Préjugé à la mode*, dont le sujet était scabreux, étant donné les circonstances : la pièce mettait en scène un mari amoureux craignant de faire paraître ses sentiments, l'amour conjugal étant alors considéré comme le comble du ridicule ! La reine applaudit la maîtresse du roi. Parfaite comédienne à sa manière, elle feignit d'être satisfaite. D'après les informations qu'il avait recueillies, le duc de Luynes écrivit que « Mme de Pompadour chanta tout au mieux. Elle n'a pas un grand corps de voix, disait-il, mais un son fort agréable, de l'étendue même dans la voix ; elle sait bien la musique et chanta avec beaucoup de goût [1] ».

1. Luynes, *op. cit.*, t. VIII, p. 147.

Philippe Beaussant, dans *Les Plaisirs de Versailles* (p. 171-172), se livre à une analyse de ces quelques réflexions. Il considère, en effet, que les termes employés par le duc de Luynes, et qui nous paraissent aujourd'hui assez imprécis, ne l'étaient pas au XVIIIe siècle : « " Elle n'a pas un grand corps de voix " s'entend assez bien. [...] Cela ne s'entend pas seulement du registre mais de la qualité du timbre ; si " elle manque de corps ", cela ne veut pas dire seulement qu'elle est " légère ", ni même qu'elle manque de volume, cela signifie que son timbre privilégie les harmoniques aigus au détriment des graves. [...] " Avoir du goût " aujourd'hui ne signifie plus grand-chose. [...] Au XVIIIe siècle et s'agissant de musique, c'est au contraire quelque chose de très précis. " Le goût du chant ", c'est l'art suprême, en ce temps, de ménager l'expression, de placer avec justesse les ornements, en un mot, c'est le style. »

9

Les plaisirs et les jours

Le Préjugé à la mode avait clos la saison théâtrale. Avec le retour du printemps, comme les années précédentes, Louis XV s'apprêtait à partir pour l'armée. La guerre s'éternisait, mais le roi espérait bien que cette campagne serait décisive après l'invasion de la Hollande que préparait le maréchal de Saxe. En attendant son départ prévu pour le début du mois de mai, le monarque s'offrit plusieurs voyages d'agrément avec sa maîtresse. Ils allèrent trois fois à Choisy et, pour la plus grande joie de Mme de Pompadour, ils passèrent quelques jours à Crécy, en petit comité. Lorsque Louis XV habitait chez sa favorite, le château adoptait le statut de résidence royale et les courtisans qui l'accompagnaient portaient un habit vert qui ne différait de celui de Choisy que par « un simple bordé et des boutonnières d'or [1] ».

Mme de Pompadour redoutait les longues absences du roi, mais c'était pour elle l'occasion inespérée de se reposer, ce dont elle avait grand besoin. En dépit de sa jeunesse, elle restait fragile. Fréquemment sujette à des rhumes qui dégénéraient en bronchites avec crachements de sang, à des migraines tenaces alors qu'elle devait garder le sourire, elle s'épuisait au service de cet homme qu'elle adorait et qui

1. Il y avait un habit affecté à chaque résidence royale ou princière.

l'aimait égoïstement, sans se douter un seul instant des trésors d'énergie qu'elle déployait pour rester toujours à la hauteur de sa mission. Le roi ne la quittait pas et ne faisait rien sans solliciter son avis. Dans la Cour la plus sophistiquée d'Europe, ils formaient un couple très uni. Et quoique l'on sache peu de chose de cette intimité quasi conjugale, il semble permis de dire qu'il s'agissait là d'amours où la tendresse avait eu assez tôt plus de part que les sens. Quelques épisodes de la vie secrète des deux amants nous sont connus par les confidences de Mme du Hausset, femme de chambre de la marquise, qui resta d'une discrétion exemplaire au service de sa maîtresse [1].

Après son coucher, Louis XV avait l'habitude de rejoindre chez elle Jeanne-Antoinette, qui l'attendait dans son lit. Une nuit, elle entra comme une folle dans la chambre de Nicole du Hausset. « Venez, le roi se meurt ! », criait-elle. Et les deux femmes, en chemise, de se précipiter au chevet du monarque haletant. La domestique recouvra vite son sang-froid, jeta de l'eau au visage du roi et lui fit prendre quelques gouttes d'Hoffmann. Revenu à lui, Louis XV pria Mme du Hausset d'appeler Quesnay [2], le médecin de la marquise, qui logeait près d'elle : « Dites-lui, murmura-t-il, que c'est votre maîtresse qui se trouve mal, et dites à ses gens de ne pas parler. » Sans plus attendre, Mme du Hausset exécuta ses ordres. Quelle ne fut pas la surprise du bon docteur de découvrir le monarque dans cet état. Il lui tâta le pouls : « La crise est finie, murmura-t-il ;

1. Femme de chambre et confidente de la marquise, Mme du Hausset a donné le manuscrit de ses souvenirs au marquis de Marigny. Son texte, probablement remis au net par Quentin Crawfurd au début du XIXe siècle, connut plusieurs éditions dont certaines ont été expurgées.

2. Médecin et chirurgien au service du duc de Villeroy, François Quesnay était passé à celui de Mme de Pompadour. Installé à Versailles dans un petit appartement situé au-dessous du sien, il suivait sa maîtresse dans tous ses déplacements et devint médecin consultant de Louis XV. Se passionnant pour l'économie, Quesnay recevait chez lui bon nombre de philosophes et réunissait un véritable cénacle qui est à l'origine de l'Ecole physiocratique.

mais si le roi avait soixante ans, cela aurait pu être sérieux. » Après avoir aspergé le malade d'eau de senteur, il lui donna des « gouttes du général de La Motte », dont l'effet se révéla salutaire. Pendant ce temps Mme du Hausset avait ordonné à une fille de garde-robe de préparer du thé, dont le roi but trois grandes tasses. Il se leva peu après, enfila sa robe de chambre et regagna son appartement, appuyé au bras du docteur Quesnay. « Quel spectacle de nous voir tous les trois à moitié nus ! raconte Nicole du Hausset. Madame passa le plus tôt possible une robe, ainsi que moi, et le roi se changea dans ses rideaux, fermés très décemment. Il causa sur sa courte maladie, et témoigna beaucoup de sensibilité pour les soins qu'on lui avait rendus. Plus d'une heure après, j'éprouvais encore la plus grande terreur, en songeant que le roi pouvait mourir au milieu de nous. » Le lendemain, il fit passer un petit billet à Jeanne-Antoinette : « Ma chère amie doit avoir eu grand-peur, lui disait-il, mais qu'elle se tranquillise, je me porte bien et le docteur vous le certifiera [1]. » Après cette aventure dont personne ne parla, Quesnay reçut une pension de mille écus, Mme du Hausset un billet à ordre de quatre mille francs. Et Louis XV offrit à la marquise une pendule et une tabatière ornée de son portrait.

Le départ de Louis XV rompit, une fois encore, les douces habitudes du monarque et de sa maîtresse. Celle-ci repartit aussitôt pour Crécy. Sous la haute direction de Lassurance, la demeure se transformait. La marquise surveillait les travaux d'agrandissement et d'embellissement. On la voyait souvent, la plume à la main, en train d'annoter les plans de son architecte et les croquis de ses décorateurs. L'aménagement intérieur lui importait plus que tout. Elle voulait faire de sa maison un havre de paix et de raffinement. Verberckt et Rousseau venaient de réaliser de nouvelles boiseries pour la grande « salle d'assemblée » et

1. Mme du Hausset, *Mémoires sur la cour de Louis XV*, p. 50-52.

Jeanne-Antoinette passait d'innombrables commandes de meubles et d'objets précieux au marchand mercier Lazare Duvaux [1]. Elle était alors très préoccupée par l'aménagement définitif de sa bibliothèque et du cabinet octogonal qu'elle avait créé. Elle confia bientôt à Boucher le soin de peindre huit toiles évoquant les Arts et les Sciences, dont les allégories étaient représentées par des enfants. Sa propre fille Alexandrine figurait dans le groupe évoquant la sculpture.

La Cour offrait alors peu d'attraits. Beaucoup de gentilshommes avaient suivi leur maître et la mort de la reine Catherine Opalinska, mère de Marie Leszczinska, imposait de nouveau un deuil contraignant. Jusqu'au mois de septembre l'appartement du souverain devait être drapé en violet, celui de la reine et de ses enfants, en noir. Toutes distractions étaient bannies. Les jeunes princes se plaisaient à parler de mort et de catafalque et se livraient à des passe-temps macabres. Le dauphin demandait à sa femme et à ses sœurs de jouer aux cartes, à la lueur de bougies jaunes sous un dais noir, dont ils tiraient les rideaux. Ils chantaient une leçon de ténèbres dans la chambre de la dauphine, là où avait été exposé le corps de l'infante Marie-Thérèse Raphaëlle, l'année précédente. Il leur arriva même de contrefaire des gisants et de s'exclamer : « Nous sommes morts [2]. » « L'enfance l'emporte sur la réflexion [3] », notait le duc de Luynes.

L'éloignement du roi permettait à la marquise d'échapper aux pesanteurs de la Cour. Elle pouvait savourer une relative solitude, dont les moindres détails lui rappelaient la réalité de son pouvoir, lequel tenait à l'amour du monarque. Mieux informée que la reine, elle restait au courant de tout, en particulier des affaires militaires, dont le maréchal de

1. Lazare Duvaux a laissé un livre-journal qui demeure un document de premier ordre pour l'histoire des arts sous le règne de Louis XV. Il a été édité en 1873.

2. D'Argenson, éd. Rathery, t. V, p. 81.

3. Luynes, *op. cit.*, t. VIII, p. 368.

Belle-Isle lui adressait, chaque jour, un rapport détaillé. En attendant le retour de son amant, elle fit régulièrement sa cour à Marie Leszczinska, passa quelques bons moments avec ses familiers et s'occupa de sa fille, la petite Alexandrine.

Elle obtint à ce moment pour son père des lettres de noblesse... en récompense des services qu'il avait rendus dans la fourniture des vivres. L'acte stipulait que cet anoblissement venait réparer le déshonneur injustement encouru par le sieur Poisson, alors qu'il s'était employé au service de l'Etat avec beaucoup de « zèle » et de « désintéressement »! *Un écu de gueules, à deux poissons en forme de barbeaux d'or adossés,* telles furent désormais les armes des Poisson, composées par M. d'Hozier, généalogiste du roi. L'infamie de sa condamnation était bel et bien effacée et Mme de Pompadour ne passait plus pour la fille d'un vil roturier. Mais cette comédie n'abusait personne.

La marquise fit davantage encore pour ce père qui ne lui manifesta jamais beaucoup d'affection. Elle paya ses dettes, qui s'élevaient à 400 000 livres et lui fit donner des terres. Par un tour de passe-passe, qui abasourdit la Cour, le roi offrit personnellement la terre de Marigny à l'ancien condamné. Louis XV voulut bien prétendre que Poisson était son créancier, pour une somme de 200 000 livres, en raison de « fournitures et avances par lui faites », moyennant quoi la terre de Marigny, en Brie, lui était accordée [1]... La marquise n'oubliait pas son frère. Le jeune Abel Poisson, marquis de Vandières et futur marquis de Marigny, s'était vu attribuer la capitainerie de Grenelle par le roi, qui versa les 100 000 livres du brevet de retenue dont était frappée ladite capitainerie. Vandières ne tarda pas à la revendre 180 000 livres au prince de Soubise [2]. La marquise fondait de grands espoirs sur ce frère, beau garçon, intelligent, doué pour les arts et que, par chance, le roi aimait bien. Au grand dam de

1. Luynes, *op. cit.*, t. XI, p. 86.
2. *Ibid.*, t.VIII, p. 139 et t. IX, p. 437.

la Cour, il l'invitait souvent à souper dans les petits cabinets et ne dédaignait pas sa conversation. Mme de Pompadour souhaitait qu'il réalisât les grands desseins qu'elle formait pour lui : une brillante carrière et un mariage prestigieux. Elle lui fit vainement miroiter les plus belles alliances. Il aurait pu épouser la fille du maréchal de Lowendal, celle du duc de La Vallière ou de la princesse de Chimay. Mais il s'obstina à rester célibataire, tant que vécut sa sœur. Il devait épouser après sa mort Marie-Constance Filleul, que l'on disait bâtarde de Louis XV et avec laquelle il fut très malheureux en ménage.

A la fin du mois de septembre 1747, accompagnée de Mmes de Brancas, d'Estrades, de Livry et du Roure, Mme de Pompadour alla rejoindre le roi à Compiègne, dernière étape avant Fontainebleau. Leurs retrouvailles furent ardentes. Le roi revenait auréolé de la gloire de la victoire de Lawfeld et de la prise de Berg-op-Zoom [1]. On était en droit d'espérer désormais une paix avantageuse pour la France.

Lors du séjour de Fontainebleau, qui suivit ce retour chargé d'heureux présages, les courtisans les plus moroses (à l'exception du marquis d'Argenson) purent constater que la passion du monarque pour sa maîtresse ne s'était pas refroidie. On s'en rendit compte à l'occasion d'une chasse mémorable, dont l'hallali eut lieu sous les fenêtres de la marquise : le cerf traqué était venu se jeter dans la grande pièce d'eau de la cour des Fontaines, sur laquelle donnait son appartement. Mêlés aux habitants de la ville accourus au château, les courtisans attendaient la mise à mort; le dauphin et la dauphine regardaient la scène d'une terrasse située juste au-dessus des croisées de Mme de Pompadour. Tandis que l'animal se débattait dans l'eau, Louis XV parut à cheval. Quoique grand chasseur devant l'Eternel, il préféra différer l'acte final, afin de parler à Jeanne-Antoinette. Et

1. Réputée imprenable, la ville de Berg-op-Zoom se rendit le 16 septembre.

l'hallali qui suivit prit toutes les apparences d'un hommage public rendu à la grâce de la favorite.

Jamais la marquise n'avait été aussi jolie, et le léger embonpoint qu'elle avait pris pendant l'été lui seyait à merveille. « Elle faisait beaucoup de petites agaceries au roi et employait l'art de la plus fine galanterie pour le retenir [1]. » Le prince de Croÿ, qui eut l'honneur de souper dans les petits cabinets, trouva le monarque « de plus en plus charmant, doux, poli, gai, aimable, parlant beaucoup, très bien, toujours juste et avec esprit [2]. » Il attribuait à Mme de Pompadour les heureux changements qu'il constatait dans son comportement. Elle « avait, dit-il, le talent de son état. [...] Elle se mêlait de beaucoup de choses sans en avoir l'air ni en paraître occupée. Au contraire, elle affectait, soit naturellement, ou par politique, d'être plus occupée de ses petites comédies, ou d'autres bagatelles, que du reste [3] ». Mais on savait qu'aucune grâce n'était attribuée sans son intervention. Aussi attirait-elle dans son sillage « la cour d'un Premier ministre [4] ».

A Fontainebleau, la marquise préparait la saison théâtrale, qui commença à Versailles le 20 décembre 1747. On jouait toujours dans la petite galerie, qui venait d'être réaménagée. L'espace réservé aux spectateurs fut agrandi et l'orchestre prit place désormais entre la scène et le public, ce qui nuisait aux artistes, dont la voix était un peu faible. Enfin des loges construites derrière la scène permettaient aux comédiens de se changer plus commodément. Mme de Pompadour ne faisait pas partie de la distribution du *Mariage fait et rompu*, de Dufresny [5], qui inaugurait les nouveaux spectacles. Elle s'éclipsa après la représentation, dont elle avait été specta-

1. Croÿ, *op. cit.*, t. I, p. 93.
2. *Ibid.*, p. 91.
3. *Ibid.*, p. 93.
4. *Ibid.*, p. 92.
5. La pièce avait été jouée pour la première fois par les Comédiens-Français en 1721.

trice, et apparut dans une pastorale, véritable apothéose de la soirée. Composé en l'honneur du roi par Moncrif, sur une musique de Rebel et Francœur, ce divertissement était un hymne à la favorite dont le poète chantait les louanges :

Dans les jeux que pour vous on prend soin de former,
Vos talents enchanteurs vous font mille conquêtes;
Ce fut pour couronner votre art de tout charmer
Que l'Amour inventa nos fêtes [1].

Faisant preuve d'un enthousiasme assez inhabituel, le roi complimenta auteurs et comédiens. S'en retournant chez lui, il ne cessait de répéter : « Voilà un charmant spectacle [2]. » Il n'en fallut pas davantage pour ranimer l'humeur combative du parti dévot, que quelques vers de Voltaire allaient achever de déchaîner.

La marquise avait voulu que sa troupe donnât, le 30 décembre, *L'Enfant prodigue*, du grand écrivain [3]. Rien de moins subversif que cette comédie larmoyante qui inspirera à Greuze l'un de ses tableaux les plus célèbres. Voltaire avait voulu réaliser « un mélange de sérieux et de plaisanterie, de comique et de touchant [4] ». Jeanne-Antoinette interpréta le rôle de Lise, la fiancée abandonnée; le duc de Chartres, celui de son père et le duc de Nivernais, celui du fils prodigue. Mme de Pompadour, qui protégeait toujours Voltaire en dépit des réticences du roi, avait obtenu de son royal amant que les auteurs des pièces que l'on donnerait dans les petits cabinets fussent conviés aux représentations. Cette faveur, qui comblait d'aise sa protectrice, excita pourtant l'ironie du grand homme : « M'élevant par degrés au

---

1. Vers cités par Adolphe Jullien, *in Histoire du théâtre de Mme de Pompadour*, p. 18.
2. Cité par Laujon, *in Avertissement d'Eglé*.
3. La pièce avait été jouée pour la première fois à la Comédie-Française, le 10 octobre 1736.
4. *Cf.* Préface de *L'Enfant prodigue*.

comble des honneurs, j'ai été admis au théâtre des petits cabinets entre Moncrif et d'Arboulin. Mais mon cher Cideville, écrivait-il à son ami, tout l'éclat dont brille Moncrif ne m'a point séduit [1]. » Il composa cependant quelques vers galants à l'intention de la marquise :

Ainsi donc vous réunissez
Tous les arts, tous les goûts, tous les talents de plaire ;
Pompadour, vous embellissez
La Cour, le Parnasse et Cythère.
Charme de tous les cœurs, trésor d'un seul mortel,
Qu'un sort si beau soit éternel !
Que vos jours précieux soient marqués par des fêtes !
Que la paix de nos champs revienne avec Louis !
Soyez tous deux sans ennemis,
Et tous deux gardez vos conquêtes [2].

Flattée de se voir immortalisée à l'égal d'une déesse, comme l'unique et glorieuse compagne du monarque, la favorite ne fit rien pour tenir secret ce petit poème. La Cour et la Ville ne tardèrent pas à le connaître. L'indignation fut à son comble dans l'entourage de la reine et des princes. Comme à son habitude, Marie Leszczinska se réfugia dans la prière, le dauphin maudit cette « Maman-putain » qu'il haïssait, et « Mesdames regardèrent comme attentatoire à l'honneur de leur père cette parité de gloire [3] ». A Paris, alliés aux ennemis de la marquise, au premier rang desquels se trouvait Maurepas, ceux de Voltaire répondirent vertement à l'impudent par la voix d'un rimailleur répondant au nom de Roy :

1. Voltaire, *Correspondance*, éd. de la Pléiade, t. II, p. 1195-1196, lettre de Voltaire à Cideville du 2 janvier 1748.
2. Barbier, *Journal*, t. IV, p. 280.
3. Pierre Laujon, *Œuvres choisies*, Paris, 1811, t. I, p. 87-88.

Dis-moi, stoïque téméraire,
Pourquoi tes vers audacieux
Osent dévoiler à nos yeux
Ce qui devrait être un mystère?
Les amours des rois et des dieux
Ne sont pas faits pour le vulgaire :
Lorsqu'on veut dans leur sanctuaire
Porter des regards curieux,
Respecter leur goût et se taire
Est ce qu'on peut faire de mieux[1].

Ce petit scandale prit une telle ampleur que Voltaire, furieux, jugea plus prudent de partir pour Cirey, en Lorraine, avec Mme du Châtelet.

Cette affaire, que le duc de Luynes passe sous silence, troubla peu Mme de Pompadour. Ce n'était là qu'un nouvel épisode de la petite guerre menée contre elle par les dévots. Pendant le séjour de Marly, elle parut fort « en beauté », et le roi avait l'air « plus amoureux que jamais [2] ». De retour à Versailles, la troupe dont elle était la magicienne donna ses spectacles avec une régularité digne de professionnels. On rejoua *Tartuffe*. Dans *Les Dehors trompeurs*, comédie de Boissy, Jeanne-Antoinette campait le rôle de Lucile, une innocente déniaisée. « Vous êtes ingénue ? » lui demandait son séducteur. « Oh beaucoup ! » répondait-elle en rougissant... Ce même soir la marquise chantait le rôle titre d'*Eglé*, pastorale écrite par Laujon sur une musique de Lagarde.

La représentation du *Méchant* de Gresset constitua le grand événement de la saison. La pièce, créée le 15 avril 1747 à la Comédie-Française, remportait à Paris un succès considérable. C'était une gageure pour des amateurs que de se lancer dans cette entreprise. Mais Mme de Pompadour avait promis au poète de monter son œuvre sur son

1. Barbier, *op. cit.*, t. IV, p. 280-281.
2. Croÿ, t. I, p. 105-106.

théâtre. Elle tint parole et, pendant deux mois, la troupe répéta fiévreusement. « Plus je revois cette pièce, plus j'y trouve des études faites d'après nature, écrit le sarcastique d'Argenson. Cléon ou le Méchant est composé du caractère de trois personnages que j'y ai bien connus : M. de Maurepas pour les tirades et les jugements précipités, tant des hommes que des ouvrages d'esprit, le duc d'Ayen pour la médisance et mon frère pour le fond de l'âme, les plaisirs et les allures [1]. » La marquise et ses amis obtinrent un succès, semble-t-il, très mérité. « Je crains que les peintures spirituelles des vices du temps n'aient plus réjoui que converti à la vertu [2] », notait d'Argenson, toujours aussi grinçant. Le duc de Nivernais interpréta le rôle du sage Valère avec un tel naturel que la marquise obtint du roi que le comédien Roseli du Théâtre-Français vînt voir M. de Nivernais pour s'inspirer de son jeu. (On ignore si l'acteur apprécia un tel geste.)

La troupe reprit quelques anciennes pièces et créa deux opéras, *Almasis* [3] et *Les Amours de Ragonde* [4]. On improvisa complètement le second. C'est en soupant un samedi que Mme de Pompadour décida qu'on le jouerait le mardi afin de célébrer la fin du Carnaval. Le soir même, elle écrivit au duc de La Vallière, qui reçut son courrier à 4 heures du matin. Dès le dimanche on se mit au travail : il fallait apprendre les textes, préparer les costumes et les décors. Tant d'agitation amusait le roi, lequel put admirer sa maîtresse dans un rôle de travesti, le jour du Mardi-Gras ! Elle campait le jeune berger, Colin, aimé par une plantureuse fermière interprétée par M. de Sourches qu'on voyait pour la première fois sur les planches des petits cabinets. « Mme de Pompadour était habillée en homme, mais

1. D'Argenson, *op. cit.,* t. V, p. 132.
2. D'Argenson, *op. cit.,* t. V, p. 182.
3. Ce petit opéra en un acte d'après le livret de Moncrif et la musique de Royer devait être joué le 28 août 1750 à l'Opéra sans le moindre succès.
4. Livret de Néricault-Destouches sur une musique de Mouret.

comme les dames le sont quand elles montent à cheval ; c'était un habillement très décent [1] », précise le duc de Luynes.

Le 4 mars, un événement tragique empêcha la reprise de *L'Enfant prodigue.* Alors que les comédiens, habillés, perruqués et poudrés attendaient le lever du rideau, le roi décommanda le spectacle. On venait d'apprendre la mort du comte de Coigny [2], pour lequel Louis XV éprouvait beaucoup d'affection. Bouleversé par cette nouvelle, le souverain s'était aussitôt enfermé dans ses appartements. « Le malheur du pauvre Coigny nous a mis au désespoir, écrivit la marquise. Le roi en a été à me faire peur [...]. Heureusement la raison a pris le dessus [3]. » On crut tout d'abord que Coigny avait succombé à un accident entre Versailles et Paris, non loin d'Auteuil, en raison d'une violente tempête de neige, mais on apprit bientôt la vérité : la veille de ce matin fatal, ayant perdu beaucoup d'argent au jeu du roi contre le prince de Dombes, il s'exclama : « Il faut être bâtard pour avoir tant de bonheur [4]. » Le petit-fils de Louis XIV et de Mme de Montespan lui demanda réparation et les deux hommes se donnèrent rendez-vous « au point du jour » le long de la Seine, entre le village d'Auteuil et la ferme de Billancourt. C'est à la lueur des flambeaux qu'ils se battirent et Coigny eut la gorge tranchée d'un coup d'épée. On connut bientôt les détails du duel, qui fit le sujet de toutes les conversations. Le lieu du combat devint un lieu de pèlerinage, bientôt baptisé le *Point-du-Jour.* « Quand personne n'aurait aimé Coigny, son accident aurait touché tout le

1. Luynes, *op. cit.*, t. IX, p. 461.
2. Antoine François, comte de Coigny (1702-1748), était le fils du premier maréchal de ce nom.
3. Lettre citée en note par Rathery, in *Mémoires et Journal du marquis d'Argenson,* t.V, p. 217.
4. Le prince de Dombes était fils du duc du Maine, fils légitimé de Louis XIV et de Mme de Montespan.

monde, et vous savez que quand j'aime une fois, j'aime bien [1] », devait écrire Louis XV à Richelieu, six semaines plus tard.

La semaine suivante, la marquise redonna *Almasis* et *Ismène*. A l'orchestre le prince de Dombes avait retrouvé son pupitre où il exécutait tranquillement sa partie de basson... On joua plus tard *Zénéide* et *Erigone* et la saison s'acheva le 30 mars par *Cléopâtre*, acte extrait des *Fêtes grecques et romaines* [2], opéra à grand spectacle pour lequel les Menus-Plaisirs s'étaient surpassés : le bateau de la reine d'Égypte était, paraît-il, beaucoup mieux que celui de l'Opéra [3] et, parmi les accessoires, il y avait d'impressionnants serpents à ressorts chargés de mettre fin aux jours de l'héroïne. Lors de la répétition générale, le 29 mars, Mme de Pompadour invita des amis parisiens parmi lesquels se trouvait Mme du Châtelet. Après la dernière représentation, la marquise distribua, de la part du roi, des cadeaux aux interprètes et aux auteurs.

Malgré un gros rhume, qui l'empêcha de chanter pendant plusieurs jours, Jeanne-Antoinette organisa les loisirs qu'on pouvait décemment s'accorder pendant la semaine sainte. Comme l'année précédente, elle donna des concerts spirituels dans son appartement. On y entendit le *Miserere* de Lalande et des motets de Mondonville. Solistes et choristes étaient ceux qui s'étaient illustrés dans les petits cabinets. La marquise, Mme de Brancas, Mme Trusson, Mme de Marchais, le fils du duc d'Ayen, M. de La Salle remportèrent tous les suffrages. Artiste favori des Parisiens, Jélyotte participait à presque tous les concerts. La semaine sainte inspira cependant quelque inquiétude à la favorite. Le roi, qui avait reçu les sacrements pour la dernière fois lors du scandale de Metz en

1. Lettre de Louis XV au maréchal de Richelieu, datée du 16 avril 1748. Bibliothèque Victor Cousin, Fonds Richelieu, mss. 2. Inéd.

2. De Fuzelier et Colin de Blamont.

3. Luynes, *op. cit.*, t. X, p. 2.

1744, semblait saisi de remords en cette période de l'année. Il écoutait, recueilli, les sermons des prédicateurs fustigeant l'adultère et la luxure. S'il entrait sur la voie du repentir, il lui eût fallu renoncer à ses amours... Il n'en fut rien. Jeanne-Antoinette respira.

10

« Une odalisque bien dressée »

Malgré les succès des armées françaises, la guerre se traînait encore aux Pays-Bas et en Hollande. A la Cour comme à la Ville, d'aucuns accusaient Maurice de Saxe de se conduire en reître et de faire durer les opérations à plaisir. De toutes parts, on souhaitait une paix rapide, que les récentes victoires du maréchal rendaient possible. Si l'on en croit d'Argenson, la marquise, toujours guidée par les Pâris, désirait la poursuite du conflit, qui ne présentait pas à ses yeux le même intérêt que pour ses amis. « Pendant l'hiver, elle s'épuisait en amusements [1] » pour un souverain qu'il fallait toujours arracher à l'ennui. Il prétendait qu'elle avait besoin de « ce temps de la campagne pour aiguillonner le goût du roi pour elle ». Au contraire, Choiseul affirme dans ses *Mémoires* que la marquise redoutait les séparations [2] ! Quoi qu'il en fût, Louis XV avait décidé de mettre fin à la guerre.

Des pourparlers s'engagèrent à Aix-la-Chapelle, à la fin du mois de mars, entre plénipotentiaires français, anglais et autrichiens. La conquête des Pays-Bas et l'invasion de la Hollande mettaient la France en état de négocier avantageusement. La prise de Berg-op-Zoom et celle de Maastricht, qui capitula le 7 mai 1748, renforçaient encore la position

1. D'Argenson, *op. cit.*, t. V, p. 185.
2. Choiseul, *Mémoires*, p. 369.

de Louis XV. Les diplomates se mirent facilement d'accord sur les articles préliminaires proposés par les Français et qui devaient servir de base aux tractations. A la surprise générale, Louis XV « voulut faire la paix, non en marchand, mais en roi », ce qui signifiait le retour au *statu quo ante.* Il restituait les Pays-Bas à Marie-Thérèse, Maastricht aux Hollandais, Nice et la Savoie au roi de Sardaigne. Frédéric II gardait la Silésie et Marie-Thérèse, dont on reconnaissait les droits souverains par la confirmation de la Pragmatique Sanction, devait céder à Don Philippe, gendre de Louis XV [1], Parme, Modène, Plaisance et Guastalla. Anglais et Français se rendaient les conquêtes faites dans leurs colonies respectives et Louis XV reconnaissait la légitimité des Hanovre sur le trône britannique. Il s'engageait d'autre part à chasser le prétendant Stuart dont il avait encouragé les ambitions. Le 5 juin, le comte de Saint-Séverin, principal représentant du roi au congrès d'Aix-la-Chapelle, vint en secret à Versailles pour recevoir ses instructions définitives. On attendait avec impatience la fin de cette guerre « qu'il aurait été difficile de soutenir plus longtemps [2] » puisque la France n'avait pas une marine capable de rivaliser avec celle de l'Angleterre. Et on espérait bien la suppression des impôts exceptionnels levés pour financer ce conflit.

Le roi semblait satisfait de la tournure prise par les négociations et la marquise affichait le même air de contentement que son amant. Afin de varier leurs plaisirs, ils eurent l'idée (sans doute inspirée par Jeanne-Antoinette [3]) de faire visite aux Luynes dans leur château de Dampierre. En allant chasser à Rambouillet, Louis XV passait près de cette demeure, où la reine et ses enfants se rendaient assez fré-

1. L'infant Don Philippe, fils de Philippe V et d'Elisabeth Farnèse, avait épousé Louise Elisabeth, dite Madame Infante, sœur jumelle de Madame Henriette.

2. Barbier, *op.cit.*, t. IV, p. 310.

3. La duchesse de Luynes était l'amie intime de la reine.

quemment. Le roi se contentait de traverser le parc. Il était entré, une fois, dans l'avant-cour, sans pousser plus avant. Le duc l'avait pourtant prié de l'honorer de sa présence. Au mois de juin 1748, le souverain « voulut bien se souvenir de ce qu'il lui avait fait espérer [1] » : il souhaitait passer la soirée et la nuit du mardi de Pentecôte à Dampierre. Le monarque voyageait avec Mme de Pompadour, qu'il traitait publiquement comme sa compagne d'élection. Mme d'Estrades, MM. d'Ayen, de Bouillon, de Fleury, de Soubise et de Luxembourg les accompagnaient. Escortaient le roi et ses amis deux détachements de douze gardes du corps, quatre de leurs officiers, deux chefs de brigade et deux exempts, un écuyer cavalcadour, un écuyer de quartier, un chirurgien de quartier, un premier valet de chambre, deux garçons de la chambre, un porte-manteau, quatre pages, quatre valets de pied, cinq cochers, cinq postillons, cinq garçons d'attelage, des officiers de cuisine et d'office. Sans compter les montures des gardes du corps, soixante chevaux réservés à l'usage du roi et à sa suite logèrent dans les écuries.

Arrivé à six heures et demie du soir, après avoir visité le château de fond en comble, Louis XV se promena à pied avec Jeanne-Antoinette le long de la pièce d'eau ainsi que dans le petit bois. Ils revinrent à la demeure en passant par le parterre à l'anglaise. Vers 9 heures, lorsque le roi se mit à table, il prit la marquise à sa droite et la duchesse à sa gauche. Le duc le servit pendant une demi-heure, après quoi le souverain lui ordonna de prendre place non loin de lui. « Il fut de fort bonne humeur pendant le souper et parut le trouver bon [2]. » A 11 heures et quart, Louis XV se leva et prit le café, qu'il avait lui-même préparé. Il admira l'illumination du parc avant de passer au jeu. Le souverain et sa maîtresse firent des parties de comète jusqu'à 2 heures. Le lendemain matin, ils ne parurent qu'après 11 heures

1. Luynes, *op. cit.*, t. IX, p. 44.
2. Luynes, *op. cit.*, t. IX, p. 43.

pour entendre la messe, célébrée dans la chapelle du château par le curé de Dampierre. « Il est impossible de paraître plus à son aise, plus gai et plus constant qu'il a paru l'être [1] », nota le duc de Luynes après le départ de son maître.

Madame de Pompadour avait toutes les raisons d'être parfaitement satisfaite. D'Argenson la comparait alors à « une odalisque bien dressée qui conduisait habilement la surintendance des plaisirs de Sa Majesté [2] ». Le roi ne se contentait pas de la traiter en maîtresse officielle à la Cour, puisqu'il s'affichait désormais avec elle dans les demeures de ses sujets les plus illustres et continuait de la combler de fastueux présents. Au début de l'hiver, il lui avait offert une maison à Montretout [3], que le même d'Argenson qualifiait de « guinguette » et qui donnait lieu, prétendait-il, à des allusions ridicules en raison de son nom évocateur [4]. Cette résidence s'étant révélée trop exiguë, le monarque acheta [5] bientôt, à l'intention de la marquise, le château de La Celle-Saint-Cloud, où elle avait l'intention de s'installer lorsqu'il ne serait pas à Versailles. La Celle n'était qu'une maison de campagne pour aller souper et passer quelques jours pendant la belle saison. Il fut donc convenu entre les deux amants qu'une fois la paix rétablie, Louis XV ferait construire une nouvelle demeure du côté de Meudon. Le souverain, qui venait d'acquérir l'hôtel de Pontchartrain pour loger les ambassadeurs extraordinaires, attribua à sa maîtresse un vaste appartement au premier étage, afin qu'elle pût s'y reposer lorsqu'elle venait à Paris.

Le roi rejoignait souvent Jeanne-Antoinette à La Celle. Un soir de juillet, il organisa pour elle une fête, en présence de MM. de Soubise, de Luxembourg et de La Vallière : au moment du dessert, une dizaine de jeunes gens, habillés en

1. *Ibid.* p. 44.
2. D'Argenson, *op.cit.*, t. V, p. 242.
3. Montretout est situé près de Saint-Cloud.
4. D'Argenson, *op. cit.*, t. III, édit. Elzévirienne, p. 189.
5. Le roi acheta Saint-Cloud à Bachelier pour 260 000 livres.

bergers et en bergères, surprirent les convives dans la salle à manger, offrirent des fleurs à la marquise, avant d'exécuter un divertissement dansé et chanté. Après quoi, le roi entraîna sa favorite jusqu'à la fenêtre, d'où ils assistèrent à un feu d'artifice. Louis XV ne rentra pas à Versailles et passa la nuit auprès de son « odalisque ». Après le traditionnel voyage de Compiègne, dont Mme de Pompadour fut la véritable reine, le roi s'arrêta quelques jours à Crécy, avant de revenir à La Celle où sa maîtresse lui fit la surprise d'une fête impromptue, le 1er septembre.

A la fin du repas, alors qu'on était encore à table, plusieurs musiciens costumés firent irruption dans la salle à manger, en jouant un petit air. La marquise se leva et chanta les louanges du souverain. « Venez, venez, suivez-moi tous », fredonna-t-elle à la fin du dernier couplet. Louis XV se leva aussitôt. Précédé par les musiciens, suivi par les invités, il descendit jusqu'à un bosquet transformé en théâtre, où attendaient le duc d'Ayen représentant le dieu Pan, Mme de Marchais, Flore, et Mme Trusson, la Victoire. Ils exécutèrent un ballet. On entraîna bientôt l'aimable compagnie jusqu'au canal illuminé où M. de La Salle, vêtu en berger, récita un compliment au monarque. Comme chacun des invités, Louis XV revêtit un domino et un masque à l'entrée d'une salle de bal aménagée dans un petit bois. Il y resta jusqu'à trois heures et demie. Sans danser. Il avait l'air maussade et personne ne connaissait la raison de cette bouderie.

Les ennemis de la marquise se reprirent à espérer sa disgrâce. L'attention que le roi portait à la princesse de Robecq devint le sujet de toutes les conversations. N'avait-il pas disparu pendant un quart d'heure avec cette dame, lors d'une promenade à Bagatelle et demandé à la reine qu'elle fût nommée dame du palais, dès que l'occasion s'en présenterait ? A Choisy, il fit preuve d'une dureté inhabituelle à l'égard de la marquise qui, indisposée, n'était pas descendue dans la salle d'assemblée. Agacé, il ordonna à La Martinière, son chirurgien, d'aller voir ce dont elle souffrait. L'homme de l'art ayant affirmé qu'elle était réellement malade, le monarque demanda si elle avait de la fièvre. Et comme La Martinière répondait que non, Louis XV exigea que Jeanne-Antoinette descendît. Et certains courtisans de prétendre que le roi se rendait compte enfin de « la honte de ses fers ». Ils formaient des vœux pour qu'il « cessât cette vie à pot et à rôt avec une maîtresse qui lui faisait tant de tort [1] ». Ils étaient persuadés que le duc de Richelieu, son ennemi intime, dont on attendait le retour, allait consacrer la disgrâce de cette femme « née parmi les bateleurs » et qui « avait mis le grappin sur les affaires, sur le choix des ministres et des places principales [2] ».

Le séjour de Fontainebleau fut assez morne, mais le 29 novembre, à la revue des hulans dans la plaine des Sablons, Mme de Pompadour parut dans tout l'éclat de sa beauté. La Cour se pressait, le matin, à sa toilette et la saison théâtrale s'annonçait encore plus brillante que les précédentes, dans une nouvelle salle aménagée, cette fois, dans la cage de l'escalier des Ambassadeurs. Elle pouvait contenir cinquante à soixante personnes : il fallait vingt-quatre heures pour l'aménager et quatorze pour tout remettre en place. Musiciens et spectateurs étaient là, fort à leur aise, et l'acoustique bien meilleure que dans la petite galerie. Cependant, le premier spectacle, un opéra de Rameau sur un livret de Moncrif et de Gentil-Bernard, intitulé *Les Surprises de l'Amour,* suivi de ballets, se révéla un fiasco, bien que Mme de Pompadour fût parfaite dans le rôle de Vénus. Au beau milieu de la représentation, le roi bâilla et dit assez fort à l'un de ses voisins : « J'aimerais mieux la comédie. » L'opéra *Tancrède*, donné le 10 décembre devant le souverain, le dauphin et la dauphine eût été un succès si Maurepas n'avait pas remis une lettre à Louis XV pendant le spectacle pour l'informer que le prétendant Stuart venait

1. D'Argenson, *op. cit.*, t. V, p. 253.
2. *Ibid.*, p. 274.

d'être arrêté, *manu militari*, à Paris [1]. La soirée en fut gâchée. Enfin, on rit de bon cœur à une parade de Moncrif, assez grossière, intitulée *L'Opérateur chinois*, dont le marquis de Courtenvaux avait composé la musique.

On ne se privait pas de critiquer le goût de Mme de Pompadour pour les spectacles et les dépenses qu'ils occasionnaient. Elle le savait. « Qu'est-ce que c'est que l'on dit, que le nouveau théâtre que le roi vient de faire construire sur le grand escalier lui coûte 2 millions ? déclara-t-elle, un matin à sa toilette. Je veux bien que l'on sache qu'il ne coûte que 20 000 écus. Je voudrais bien savoir si le roi ne peut pas mettre cette somme à son plaisir, et il en est ainsi des maisons qu'il bâtit pour moi [2]. » Une fois encore Jeanne-Antoinette avait trompé les espérances de ses détracteurs. D'Argenson lui-même devait reconnaître que le roi était « plus affolé que jamais de sa sultane favorite. Elle a si bien chanté, si bien joué aux derniers ballets de Versailles, que S.M. lui en a donné des louanges publiques, et, la caressant devant tout le monde, lui a dit qu'elle était la plus charmante femme qu'il y eût en France [3]. »

Depuis son élévation au rang de maîtresse déclarée, Jeanne-Antoinette se faisait un devoir de protéger les gens de lettres. Mais comment exercer un mécénat littéraire avec un roi qui s'intéressait peu aux livres et se méfiait des écrivains ? Au reste, il y avait déjà plusieurs décennies que ceux-ci n'étaient plus consacrés à la Cour mais à la Ville. C'était dans les salons de la capitale que se faisaient et se défaisaient les modes et les réputations. « Tout le monde

---

1. Louis XV, ayant reconnu la légitimité des Hanovre sur le trône d'Angleterre, s'était engagé à éloigner de France Charles-Edouard, le prétendant Stuart, qui s'était engagé dans la guerre contre les Anglais aux côtés des Français. Il était très populaire à Paris où il menait joyeuse vie. Son arrestation à la porte de l'Opéra, le 10 décembre 1748, contribua gravement à accroître l'impopularité du roi.
2. D'Argenson, *op. cit.*, t. V, p. 291.
3. *Ibid.*, p. 308.

étant rentré dans Paris, écrivait Grimm, et tous les juges étant rassemblés, les auteurs se hâtaient de comparaître et de faire juger leurs ouvrages [1]. » La Cour paraissait trop hostile aux idées nouvelles pour qu'on pût rechercher ses suffrages. Il était donc impossible à Mme de Pompadour d'imposer des philosophes à un monde qui se contentait, pour toute lumière, des reflets de son propre éclat. Elle-même ne pouvait recevoir chez elle qui elle voulait. Il lui fallait descendre chez Quesnay pour rencontrer les plus brillants esprits du temps. Le bon docteur les recevait modestement chez lui. Louis XV n'était pourtant pas insensible à certaines formes du progrès, mais aux auteurs, jugés à priori subversifs et dangereux, il préférait les hommes de science.

En dépit des préventions du roi, la marquise soutenait Voltaire, ce qui lui valait la faveur du public éclairé. N'était-elle pas parvenue à convaincre Louis XV de permettre l'élection à l'Académie française de cet écrivain, dans lequel le roi ne voyait qu'un philosophe impie et un flatteur ambitieux ? Cependant, depuis qu'il avait écrit ces vers qui avaient fait scandale, la marquise ne pouvait plus le défendre avec la même chaleur. Elle en fut réduite à encourager Gresset, l'auteur du *Méchant*, Duclos et l'abbé Le Blanc, critique ordinaire des salons dans le *Mercure*. Des auteurs parfaitement inoffensifs.

Les ennemis de Voltaire se firent alors un devoir de faire savoir à la favorite que Crébillon, son vieux maître, vivait dans la misère, au fin fond du quartier du Marais. Le nom de Crébillon était alors « le mot de ralliement des ennemis de Voltaire [2] ». Il passait, à leurs yeux, pour « le Sophocle du siècle », bien que ses tragédies ne fussent plus guère jouées. « On parla devant Mme de Pompadour de ce grand homme abandonné qu'on laissait vieillir sans secours, parce qu'il était sans intrigue. C'était la prendre par son endroit sensible. “ Que dites-vous ? s'écria-t-elle ; Crébillon est

1. Grimm, *Correspondance*, t. II, p. 348.
2. Marmontel, *Mémoires*, éd. Renwick, t. I, p. 122.

pauvre et délaissé. " [1] » Elle obtint aussitôt pour lui une pension de cent louis. Crébillon s'empressa d'aller remercier sa bienfaitrice. Comme elle était souffrante, elle le reçut au lit. Alors qu'il lui baisait la main avec effusion, on annonça le souverain. « " Ah ! Madame, s'écria le poète, le roi nous a surpris ; je suis perdu. " Cette saillie d'un vieillard de quatre-vingts ans plut au roi. Le succès de Crébillon fut décidé [2] . » On porta son œuvre aux nues, on loua son désintéressement et on parlait de *Catilina*, la tragédie qu'il venait d'achever, comme de « la merveille du siècle [3] ». Mme de Pompadour voulut l'entendre. On lui en fit la lecture, en présence du roi, et il fut décidé que cette œuvre serait jouée au Théâtre-Français avec des décors et des costumes encore plus somptueux que ceux de la *Sémiramis* de Voltaire, qui obtenait alors un succès assez mitigé.

Voltaire était revenu à Paris pour assister aux représentations de sa pièce, qui avait d'ailleurs été jouée en avant-première devant le roi et la Cour à Fontainebleau. Lorsqu'il apprit que Mme de Pompadour s'intéressait à Crébillon, il la voua aux gémonies. Comment osait-elle prêter attention à l'auteur le plus démodé du royaume ? Comment pouvait-elle l'oublier, lui, qui avait écrit le glorieux poème de *Fontenoy*, l'*Epître sur la victoire de Lawfeld* et plus récemment le *Panégyrique de Louis XV*, où il faisait un éloge sans réserve de la paix d'Aix-la-Chapelle ? Aveuglé par la rancune, il ne voulait pas se rendre compte que la publication récente de *Zadig* avait encore aggravé son cas auprès du roi. La cour de Moabdar qu'il y décrivait, était bien celle de Versailles avec toutes ses mesquineries et ses turpitudes. Il y fustigeait durement les dévots, ce qui n'avait pas manqué d'alerter le parti de la reine, à commencer par Boyer, évêque de Mirepoix, caricaturé sous le nom de Yébor. De quoi se mêlait-il donc ? Mme de

1. *Ibid.*
2. *Ibid.*, p. 123.
3. *Ibid.*

Pompadour ne pouvait plus faire l'apologie d'un protégé aussi dangereux.

Le jour où la maîtresse royale alla applaudir *Catilina*, Voltaire se mit en colère. Louis XV, qui avait soupé, ce soir-là, en compagnie de quelques amis, parmi lesquels se trouvait le prince de Croÿ, attendait avec impatience la marquise. « Eh bien ! Avons-nous gagné notre procès ? Avons-nous réussi ? » lui demanda-t-il avec empressement dès qu'il la vit. La présence de la favorite et le parti de Crébillon avaient contribué à déchaîner l'enthousiasme de la salle. Mais bientôt l'ardeur des spectateurs se refroidit et *Catilina*, malgré les louanges de Montesquieu et d'Helvétius, ne tint pas plus d'une dizaine de représentations. Très amer, Voltaire conçut un violent ressentiment contre la marquise, qui n'avait pourtant pas un seul instant songé à lui nuire. Il s'indigna contre elle, et osa dire au marquis d'Argenson : « Les personnes qui vous ont ôté le ministère protègent *Catilina*[1]. » Il composa bientôt une épître sur *La Vie à Paris et à Versailles*, où il laissait libre cours à son ressentiment contre la Cour. Il s'empressa de l'envoyer à Frédéric II, lequel le pressait depuis un certain temps de venir à Berlin.

L'été suivant, Voltaire, n'ayant toujours pas digéré le succès de *Catilina*, décida d'écrire à son tour une tragédie sur le même sujet. Ce fut *Rome sauvée* qui devait, espérait-il, « venger la France de l'infamie de *Catilina*[2] ». Il prévint aussitôt la favorite, tout en prenant la peine de lui adresser des traductions en plusieurs langues du *Panégyrique de Louis XV*.

« J'ai reçu et présenté avec plaisir au roi les traductions que vous m'avez envoyées, Monsieur, lui répondit-elle. S. M. les a mises dans sa bibliothèque avec des marques de

1. Lettre du 18 mars 1749, Voltaire, in *Correspondance*, éd. de la Pléiade, t. III, p. 37.
2. Lettre du 12 août 1749, adressée à Louise Denis, Voltaire, in *Correspondance*, éd. de la Pléiade, t. III, p. 76.

bonté pour l'auteur. [...] Je vois que vous vous affligez des propos et des noirceurs que l'on vous a faits. N'y devriez-vous pas être accoutumé et songer que c'est le sort de tous les grands hommes d'être calomniés pendant leur vie et admirés après leur mort ? Rappelez-vous ce qui est arrivé aux Corneille, Racine, etc., et vous verrez que vous n'êtes pas plus maltraité qu'eux. Je suis bien éloignée de penser que vous ayez rien fait contre Crébillon. C'est ainsi de vous, un talent que j'aime et que je respecte. J'ai pris votre parti contre ceux qui vous accusaient, ayant trop bonne opinion de vous pour vous croire capable de ces infamies ; vous avez raison de dire que l'on m'en fait d'indignes [1] ; j'oppose à toutes ces horreurs le plus parfait mépris et suis fort tranquille. [...] Je trouve ma récompense dans mon cœur qui est et sera toujours pur. Adieu, portez-vous bien. Ne songez pas à aller trouver le roi de Prusse, quelque grand roi qu'il soit et quelque sublime soit son esprit. On ne doit pas avoir envie de quitter notre maître quand on connaît ses admirables qualités. En mon particulier, je ne vous le pardonnerai jamais [2]. »

La lettre de la marquise ne mit pas beaucoup de baume sur le cœur de Voltaire, lequel devait d'ailleurs ressentir douloureusement la mort de Mme du Châtelet, peu de temps après. L'année suivante, lorsqu'il apprit que Louis XV avait accordé « les entrées de la chambre » à Moncrif, il enragea. « Et moi, je ne les ai pas, malgré mes travaux », fulminait-il. Il souffrait que le roi ne lui témoignât jamais la moindre marque d'attention. Alors, dans un mouvement d'humeur, il décida de partir pour la Prusse et de se démettre de sa charge de gentilhomme ordinaire. A Compiègne où il sollicita une audience de Sa Majesté, Louis XV ne fit rien pour le retenir. Il lui dit simplement

1. Allusion aux « Poissonnades », *cf. infra.*, chap. 11.

2. Lettre datée écrite vers le 5 septembre 1749, citée par R. Pomeau, *op. cit.*, t. I, p. 605.

qu'il « pouvait partir quand il voudrait [1] ». Mme de Pompadour le chargea froidement de présenter ses respects au roi de Prusse. Elle ne pouvait rien faire de plus pour son auteur de prédilection, après que le roi lui eut parlé comme il l'avait fait. Voltaire ne devait jamais revenir à Versailles. En réalité, tout cela était prévisible. Voltaire n'était pas fait pour la Cour et Mme de Pompadour n'avait pas les moyens de soutenir un génie – fût-il courtisan – au royaume des conventions [2].

---

1. *Cf.* R. Pomeau, *op. cit.*, t. I, p. 626. Voltaire franchit la frontière le 30 juin 1750. Il faut toutefois noter que Louis XV lui conserva son titre de gentilhomme ordinaire ainsi que les honneurs y afférents. D'autre part il lui permit de revendre sa charge d'historiographe, ce qu'il fit. L'opération lui rapporta 60 000 livres et ce fut Duclos qui lui succéda.

2. Voltaire ne pardonna jamais à Jeanne-Antoinette ce qu'il considérait comme une trahison. A la mort de son ancienne protectrice, quinze ans plus tard, il ne pourra s'empêcher d'écrire : « Quoique Mme de Pompadour eût protégé la détestable pièce de *Catilina*, je l'aimais cependant, tant j'ai l'âme bonne ; elle m'avait même rendu quelques petits services... » (Voltaire, *Correspondance*, éd. de la Pléiade, lettre du 23 avril 1764, adressée au comte d'Argental, t. VII, p. 669.)

11

Les « Poissonnades »

A la fin du mois de décembre 1748, le retour de Richelieu plongea la Cour dans la plus vive excitation. Le grand ordonnateur des amours royales allait-il convaincre le roi de renoncer à cette dégradante liaison bourgeoise? La conjoncture semblait très favorable aux détracteurs de Jeanne-Antoinette : la paix d'Aix-la-Chapelle, dont on connaissait enfin les clauses, mécontentait pratiquement tout le monde et on ne manquait pas d'attribuer les errances de la politique française à une favorite qui éloignait le souverain de ses devoirs. Plusieurs chansons la visaient cruellement. L'une d'elles la traitait de « bâtarde de catin ». On n'épargnait pas non plus son frère, « petit-maître, ébloui par un vain éclat [1] ». Ce n'était qu'un début. On s'en prit bientôt au roi lui-même, « ce monarque chéri de l'univers entier, [...] esclave d'un conseil devenu trop altier », responsable d'une paix « honteuse qui le déshonorait [2] ». Ressassant sa vieille haine contre Mme de Pompadour, d'Argenson notait qu'on « l'attaquait par le mauvais succès des affaires du royaume, et au-dedans et au-dehors, surtout du dedans, les Pâris

1. *Recueil Clairambault-Maurepas, chansonnier historique du* XVIII*e* *siècle*, t. VII, p. 119 et suiv., « La Cour et les courtisans ».

2. *Ibid.*, p. 127, « La paix d'Aix-la-Chapelle ».

gouvernant la maison en vrais intendants d'un seigneur ruiné [1] ».

Depuis son avènement, Mme de Pompadour passait pour la créature de Duverney et de Montmartel. Les deux frères avaient financé la guerre et l'ascendant qu'ils exerçaient sur la marquise et sur Puisieulx, secrétaire d'Etat aux Affaires étrangères, leur avait permis de faire durer les opérations peut-être plus longtemps qu'il n'eût fallu. Les Pâris insinuaient leurs idées au ministre, qui les transmettait à la favorite et au monarque [2]. « Le roi a passé de la verge du cardinal (Fleury) à celle des Pâris », s'exclamait d'Argenson [3]. « Dans les Pâris consiste aujourd'hui tout le crédit des finances : le roi a grande considération pour la finance. Que deviendrait, en effet, la machine de l'Etat sans la machine illusoire de ce crédit tel qu'il est aujourd'hui ? » fulminait-il quelques semaines plus tard [4]. A ses yeux, la faveur de Mme de Pompadour ne tenait qu'à l'argent des deux financiers. « Le grand point, affirmait-il, serait de présenter au roi des moyens d'avoir de l'argent qui lui permissent de se passer de ses dangereux auxiliaires [5]. » Quoique fort respectueux de la monarchie, le ministre disgracié n'épargnait pas Louis XV, dont il brossait un portrait affligeant : « Il s'est fait un jargon de sentiments, disait-il, un jargon de raisonnements politiques qu'il compose sur les différents propos qu'il a entendus aux uns et aux autres, sans y participer aucunement par le bon sens et par le sentiment, et même sans y entendre. On le compare aux religieuses qui parlent latin, qui prient Dieu en latin, sans en entendre un seul mot. [...] De là vient qu'il fait des choses contradictoires. [...] Il jargonne avec l'un de la façon qu'il veut,

1. D'Argenson, *op. cit.*, t. V, p. 338.
2. *Ibid.*, p. 414.
3. *Ibid.*, p. 94.
4. *Ibid.*, p. 119.
5. *Ibid.*, p. 329.

avec l'autre d'une façon opposée, le tout selon le thème qu'il s'est fait [1]. »

Récemment promu maréchal de France, Richelieu revint à Versailles auréolé d'une gloire acquise en Italie. Le jour de son arrivée, le roi s'entretint tête à tête avec lui jusqu'à 2 heures du matin. Dès le lendemain une foule de courtisans se pressait au lever du maréchal, qui prit aussitôt « le plus grand ton, se fit craindre de la Cour et respecter du maître ». Dévoré d'ambition, il se croyait digne d'exercer auprès de Louis XV les mêmes fonctions que son grand-oncle, le cardinal, auprès de Louis XIII. Il commença par critiquer ouvertement la politique de Puisieulx et la diplomatie de Saint-Séverin, négociateur de la paix d'Aix-la-Chapelle, qui venait d'entrer au Conseil, soutenu par Mme de Pompadour. En même temps, il essayait de gagner les faveurs des autres ministres. Surmontant l'aversion qu'il éprouvait à son égard, Maurepas lui promit le soutien de la reine et des jeunes princes s'il parvenait à dégager le roi de la tutelle de la favorite et de celle des Pâris.

Mais Richelieu manquait d'envergure pour réaliser de grands desseins. Il avait avant tout l'intention « de crosser la petite Pompadour et de la traiter comme une fille de l'Opéra [2] ». Il entreprit d'emblée contre elle une véritable guerre des nerfs. Sa charge de gentilhomme ordinaire de la Chambre du roi lui donnant la haute main sur l'organisation des Menus-Plaisirs, il crut trouver là le moyen de brimer Jeanne-Antoinette. Le fameux théâtre des petits cabinets relevait de sa charge et il n'entendait pas faire preuve du même laxisme que le duc d'Aumont, son prédécesseur, lequel avait laissé le duc de La Vallière exécuter les volontés de la marquise. Dès le début du mois de janvier, tout en affectant la plus exquise politesse à l'égard de Mme de Pompadour, Richelieu interdit au personnel des Menus d'obéir à tout autre ordre que les siens. Il s'ensuivit une grave altercation

1. *Ibid.*, p. 211-212.
2. *Ibid.*, p. 350.

entre les deux gentilshommes, au cours de laquelle le maréchal se montra presque injurieux à l'égard du conseiller artistique de la marquise.

Apparemment indifférent à ces querelles, Louis XV manifestait beaucoup d'amitié à son vieux confident et prenait plaisir à s'entretenir avec lui, ce qui ne manquait pas d'alarmer Jeanne-Antoinette. Elle redoutait que ce maître en libertinage ne mît dans les bras du roi quelque créature de rêve susceptible de l'évincer.

Le 10 janvier 1749, la curiosité des courtisans était à son comble. Le maréchal allait-il assister à la reprise des spectacles des petits cabinets, interrompus par les solennités du Nouvel An ? A la surprise générale, il s'y rendit. Courtisan respectueux des usages (même si ceux-ci n'étaient pas conformes à l'étiquette), il s'assit derrière le roi... à côté du duc de La Vallière. Ce soir-là, comme lors de toutes les représentations qui suivirent, Mme de Pompadour se surpassa. Elle redonna deux actes des *Eléments*, opéra de Roy et Destouches où elle tenait le rôle de Pomone et chanta un acte de *Philémon et Baucis*. Le 16 janvier, elle fit rejouer *La Mère coquette* et *L'Opérateur chinois* en présence de la reine. Mais jamais on ne vit plus brillante représentation que celle du 23 janvier où, après l'opéra *Phaéton* de Quinault et Lulli, on assista à celui d'*Acis et Galatée* de Campistron et Lulli, dans lequel Jeanne-Antoinette interprétait Galatée. Une gouache de Cochin a immortalisé la scène. La taille bien prise dans un corset rose d'où part une jupe de taffetas blanc à larges paniers brodés de roseaux et de coquillages, Galatée-Pompadour se laisse courtiser par Acis-Rohan, resplendissant dans un costume à l'antique, tandis qu'un cyclope tente de faire tomber un rocher sur cet amant transi. Au premier rang du balcon, à la gauche de la reine « en papillon noir », Louis XV, tout de gris vêtu, semble perdu dans la contemplation de sa favorite, vedette incontestée de cet opéra.

La marquise se défendait avec les armes dont elle disposait et l'emportait sur la cabale ourdie contre elle. Le roi faisait fi des critiques et de la sourde hostilité de sa cour. Il ne pouvait se passer de cette maîtresse, qui lui convenait mieux que toute autre, même s'il éprouvait de sérieuses tentations avec certaines jolies femmes. Au plus fort de la querelle entre Richelieu et La Vallière, Louis XV s'était installé deux jours à La Celle, chez Mme de Pompadour. Elle l'avait alors supplié de ne pas inviter son ennemi intime : « Vous ne connaissez pas M. de Richelieu, lui avait-il répondu en riant ; si vous le chassez par la porte, il rentrera par la cheminée [1]. » Et les deux amants de s'esclaffer car l'affaire de la cheminée, dont le maréchal était le héros, faisait les gorges chaudes de tous les salons. Afin de rencontrer sa maîtresse en déjouant les soupçons d'un mari jaloux, Richelieu avait fait aménager une plaque pivotante dans une cheminée de son appartement, contigu à la chambre de sa dulcinée, qui habitait l'hôtel voisin. Ainsi pouvait-il entrer discrètement chez elle. L'époux trompé, le fastueux fermier général La Poplinière, finit par découvrir le stratagème. Il s'emporta et chassa sa femme de chez lui. Il y avait longtemps qu'on n'avait pas assisté à un scandale aussi retentissant. La mésaventure du maréchal excita la verve de Mme de Pompadour. Elle ne se priva pas de moquer son ennemi auprès de son amant, lequel prenait l'habitude, à cette époque, de passer la nuit à La Celle et de repartir travailler à Versailles le lendemain matin.

Le sarcastique d'Argenson dut reconnaître, la mort dans l'âme, que « tout genou fléchissait devant la marquise et ses créatures ». (La Vallière continuait en effet d'exercer les fonctions qu'elle lui avait dévolues.) L'affaire de la cheminée avait couvert de ridicule un homme qui se croyait appelé à gouverner la France et qui n'était pas même parvenu à reprendre en mains le théâtre des petits cabinets. Ainsi avait-il perdu tout crédit à Versailles. Mais comme il semblait vouloir encore s'acharner contre Mme de Pompadour, le roi lui demanda négligemment, en revenant de la chasse, combien de fois il

1. D'Argenson, *op. cit.*, t. V, p. 355.

était allé à la Bastille. « Trois fois », répondit-il [1]. Le gentilhomme comprit fort bien l'allusion. Mme de Pompadour semblait au faîte de sa puissance. « Malheur à l'Etat gouverné ainsi par une coquette [2] ! » s'exclamait d'Argenson.

La marquise s'imposait à la Cour au moment même où l'opinion publique se déchaînait contre elle et contre le roi. Ils en furent tous deux très affectés. Libelles injurieux, satires et chansons fleurissaient de toutes parts. Le 12 février, lors de la proclamation officielle de la paix, le peuple bouda les réjouissances prévues dans la capitale. Les quelques allégements d'impôt promis par le ministère ne causèrent pas la moindre allégresse. Bien au contraire. Les Parisiens ne daignèrent pas répondre au cri de *Vive le Roi* lancé par le héraut d'armes venu annoncer la fin des hostilités et on entendit même des huées au passage du cortège officiel. Pour comble de malchance, le soir du feu d'artifice, près de cent personnes trouvèrent la mort sur les quais. On attribua la responsabilité de ce malheur à l'impéritie du gouvernement royal. « Qu'annonce une telle paix, célébrée avec de telles horreurs [3] ? », murmurait-on. En cet hiver rigoureux, le coût de la vie avait beaucoup augmenté. On savait, de plus ou moins bonne source, les finances du royaume en difficulté. On n'hésitait pas à accuser les manieurs d'argent qui entouraient le roi et sa favorite pour laquelle on dépensait des sommes exorbitantes. Quant aux sacrifices consentis pendant la guerre, ils n'étaient pas payés de retour. On taxait le monarque de légèreté d'avoir bradé aussi facilement ses conquêtes après tant d'éclatantes victoires. Pourquoi la France n'avait-elle rien obtenu d'autre que les duchés de Parme, Plaisance et Guastalla, en Italie pour l'infant Don Philippe, époux de Madame Elisabeth, fille de Louis XV ? Aux Halles les harengères s'invectivaient en disant : « Tu es bête comme la paix. » Un lourd sentiment d'amertume pesait

1. *Ibid.*, p. 362.
2. *Ibid.*, p. 361.
3. *Ibid.*, p. 391.

sur la capitale et on se répétait à satiété certains vers qui firent frémir d'horreur le roi et sa maîtresse :

Lâche dissipateur des biens de tes sujets,
Toi qui comptes les jours par les maux que tu fais,
Esclave d'un ministre et d'une femme avare,
Louis, apprends le sort que le ciel te prépare.
Si tu fus quelque temps l'objet de notre amour,
Tes vices n'étaient pas encore dans tout leur jour.
Tu verras chaque instant ralentir notre zèle
Et souffler dans nos cœurs une flamme rebelle [...]
Parmi ces histrions qui règnent avec toi
Qui pourra désormais reconnaître son roi?
Tes trésors sont ouverts à leurs folles dépenses
Ils pillent tes sujets, épuisent tes finances,
Moins pour renouveler tes ennuyeux plaisirs,
Que pour mieux assouvir leurs infâmes désirs.
Ton Etat aux abois, Louis, est ton ouvrage;
Mais crains de voir bientôt sur toi fondre l'orage [...]
Tu ne trouveras plus des âmes assez viles
Pour célébrer tes prétendus exploits
Et c'est pour t'aborrher qu'il reste des Français[1].

Malgré les prodiges de Jeanne-Antoinette pour le distraire, le roi retomba dans sa mélancolie maladive. Elle ne le laissait jamais seul, le secouait, l'agitait pour le détourner de ses sombres pensées, essayait de le rassurer et de l'étourdir par une gaieté qu'elle savait parfaitement feindre. Elle invitait de plus en plus de monde aux soupers des cabinets et multipliait les escapades dans les petits châteaux. « Nous sommes toujours en chemin : Choisy, La Muette et certain ermitage près la grille du Dragon, à Versailles, où je passe la moitié de ma vie. Il a huit toises de long sur cinq de large, et rien au-dessus,

1. *Recueil Clairambault-Maurepas, chansonnier historique du* XVIIIe *siècle*, « Imprécations contre le roi », t. VII, p. 144-145.

jugez de sa beauté ; mais j'y suis seule ou avec le roi et peu de monde, ainsi j'y suis heureuse », écrivait-elle à son amie, Mme de Lutzelbourg [1], comme pour se persuader de la réalité d'un bonheur pourtant bien menacé. Elle savait que Maurepas et d'Argenson insinuaient à Louis XV l'idée de la sacrifier pour calmer une opinion de plus en plus hostile. Le *Bien-Aimé* allait-il devenir un objet de mépris pour son peuple à cause d'une « femme obscure [2] » à laquelle il abandonnait le pouvoir ? Une estampe circulait alors sous le manteau : elle montrait le roi enchaîné à sa maîtresse et à Puisieulx, se faisant fouetter par les monarques étrangers.

Au début du mois de mars plusieurs couplets injurieux, chantés sur l'air des *Trembleurs*, mirent le comble à l'indignation de la favorite :

Les grands seigneurs s'avilissent,
Les financiers s'enrichissent,
Tous les Poissons s'agrandissent :
C'est le règne des vauriens.
On épuise la finance
En bâtiments et en dépense ;
L'Etat tombe en décadence,
Le roi ne met ordre à rien, rien, rien.

Une petite bourgeoise
Elevée à la grivoise,
Mesurant tout à la toise
Fait de la Cour un taudis.
Le roi, malgré son scrupule,
Pour elle follement brûle ;
Cette flamme ridicule
Excite dans tout Paris, ris, ris, ris

---

1. *Correspondance* de Mme de Pompadour, éd. Poulet-Malassis, lettre à Mme de Lutzelbourg du 27 février 1749.

2. *Recueil Clairambault-Maurepas, chansonnier historique du* XVIIIe *siècle*, « L'Etat de la France », t. VII, p. 142.

Cette catin subalterne
Insolemment le gouverne
Et c'est elle qui décerne
Les honneurs à prix d'argent.
Devant l'idole tout plie, le courtisan s'humilie ;
Il subit cette infamie,
Et n'est que plus indigent, gent, gent, gent.

L'auteur fustigeait ensuite la beauté fanée de la favorite, sa « peau jaune et truitée », ses dents « tachetées », son haleine empestée, sa « voix chevrotante » et sa vulgarité de « commère ».

Elle veut qu'on prône
Ses petits talents
Et se croit au trône
Ferme pour longtemps ;
Mais le pied lui glisse,
Le roi sort d'erreur,
Et ce sacrifice lui rend notre cœur.

Furieuse et humiliée, la marquise fit un immense effort sur elle-même pour garder un visage serein devant la meute des courtisans qui voulaient sa perte. De toute évidence, l'auteur de ces « poissonnades [1] » appartenait au petit monde fermé de Versailles. « On voit bien que ces couplets sont faits par des gens de la Cour, à leur négligence et à leur malignité ; la main de l'artiste n'y est pas, et d'ailleurs, il faut que ce soient gens qui vivent à la Cour, pour savoir quelques particularités qui s'y trouvent », notait le dramaturge Collé, expert en la matière. On se doutait que l'attaque venait des trois ministres ennemis de la favorite et on chuchotait surtout le nom de Maurepas, qui avait toujours cultivé l'art de l'épigramme insolente pour la plus grande joie de ses amis. Mme de

1. L'expression vient du marquis d'Argenson, *op. cit.*, t. V, p. 406.

Pompadour était persuadée de sa culpabilité. Elle se souvint qu'il avait naguère poursuivi de ses sarcasmes la duchesse de Châteauroux, dont il souhaitait la disgrâce. Certains prétendirent même qu'il l'avait empoisonnée. Bouleversée par la violence qui se déchaînait contre elle et contre le roi, Jeanne-Antoinette tremblait qu'une main criminelle ne voulût attenter à ses jours. Elle faisait goûter tous les mets qu'on lui apportait, et exigeait qu'un chirurgien dormît à côté de sa chambre, ce qui agaçait son amant.

Toujours dépressif, ce dernier ne pouvait lui apporter le moindre réconfort. C'était elle qui devait le soutenir et le distraire. Un abominable pamphlet qui faisait l'apologie du régicide, *Réveillez-vous, mânes de Ravaillac*, aggrava encore la neurasthénie du souverain. Il était désormais persuadé qu'il allait périr assassiné comme Henri IV. On était alors en plein carême et comme chaque année, à cette époque, les remords l'accablaient. Avait-il encouru la colère divine ? N'était-il pas voué à une mort violente pour expier ses péchés ? Il s'entretint longuement avec le père Pérusseau, sans pourtant se confesser. Malgré la crainte de l'Enfer, qu'on lui avait inculquée dès son plus jeune âge, il n'avait cependant aucune intention de renoncer à la vie qu'il menait depuis des années.

Louis XV avait évidemment donné des ordres pour retrouver les auteurs des libelles et la police avait procédé à des arrestations dans les milieux de la littérature du ruisseau. La plupart des pamphlétaires connus étaient sous les verrous, mais pas les véritables coupables. « Je connais Paris autant qu'on puisse le connaître, mais je ne connais point Versailles », déclara sèchement le lieutenant de police Berryer à quelques courtisans qui lui demandaient hypocritement s'il allait enfin mettre la main sur ces abominables libellistes.

La marquise exigeait des châtiments exemplaires et s'était juré de perdre Maurepas, qui l'empêchait de vivre. Epuisée par cette lutte de tous les instants, elle fit une fausse couche à la fin du mois de mars. (C'était, paraît-il, la troisième depuis qu'elle était la maîtresse de Louis XV [1].) Dès qu'elle fut remise, elle se rendit chez le ministre honni, accompagnée de Mme d'Estrades. « On ne dira pas que j'envoie chercher les ministres, je viens les chercher », lui dit-elle avec hauteur avant d'ajouter : « Quand saurez-vous donc les auteurs des chansons ?

– Quand je le saurai, Madame, je le dirai au roi.

– Vous faites, Monsieur, peu de cas des maîtresses du roi.

– Je les ai toujours respectées, de quelque espèce qu'elles soient [2] », répondit fielleusement Maurepas. La fureur de la marquise était à son comble. Elle s'empressa de raconter au roi cette fâcheuse entrevue dont le ministre eut la fatuité de se vanter. Chez la maréchale de Villars, il déclara que la visite de la favorite « lui porterait malheur ». « Je me souviens, railla-t-il, que Mme de Mailly vint aussi me voir deux jours avant que d'être renvoyée pour Mme de Châteauroux ; l'on sait que je l'ai empoisonnée ; je leur porte malheur à toutes [3]. »

Mais le roi ne se décidait toujours pas à renvoyer cet homme qui le servait depuis vingt ans, et qui avait l'art de le distraire. C'est alors que Richelieu vint au secours de la « grisette » qu'il méprisait. Détestant Maurepas, qu'il accusait de l'avoir toujours écarté du ministère, il remit à la marquise un rapport accablant sur sa gestion à la Marine. (Maurepas cumulait en effet ce département avec celui de la maison du roi, en quelque sorte l'équivalent de ce qui deviendra l'Intérieur.) Mme de Pompadour se fit une joie de le communiquer à Louis XV, ce qui n'empêcha pas le souverain d'inviter Maurepas à un souper intime avec Mme d'Estrades et Mme de Pompadour. Chacun joua parfaitement son rôle et tout se passa le mieux du monde. Au cours du repas, Jeanne-Antoinette rompit un bouquet de jacinthes blanches dont les pétales se répandirent autour d'elle. Incident sans impor-

1. Luynes, *op. cit.*, t. X, p. 110.
2. D'Argenson, *op. cit.*, t. V, p. 462.
3. *Ibid.*, p. 470.

tance. Mais quelques jours plus tard, courait un quatrain outrageant, faisant allusion à une disgrâce intime dont souffrait la favorite :

Par vos façons nobles et franches,
Iris, vous enchantez nos cœurs ;
Sur nos pas vous semez des fleurs,
Mais ce sont des fleurs blanches [1].

Cette fois, le coupable était confondu. Seul Maurepas pouvait avoir composé ces vers humiliants. La marquise obtint ce qu'elle voulait de son amant le soir du 25 avril, alors qu'elle était seule avec lui dans son château de La Celle. En pleine nuit, le roi fit avertir le comte d'Argenson de porter une lettre à Maurepas, lui signifiant son renvoi : il devait sur l'heure partir pour Bourges et ne plus reparaître à la Cour. On lui interdisait de résider dans son château de Pontchartrain, trop proche de Versailles. Son exil devait durer jusqu'en 1774. A ce moment, le jeune Louis XVI l'appela pour en faire son mentor. Il devint alors Premier ministre, sans en avoir jamais le titre [2].

Ce renvoi fit l'effet d'une bombe. Personne ne s'y attendait, le principal intéressé moins que tout autre. La veille, au lever du roi, il avait étourdi le souverain par ses bons mots. Sa faveur semblait intacte. Avant de le quitter, Louis XV lui avait recommandé de prendre bien du plaisir à la réception de mariage de Mlle de Maupeou, à laquelle il était invité. Dès qu'il eut reçu sa lettre de cachet, Maurepas alla secrètement dire adieu à la reine et au dauphin, que cet exil atterra. Marie Leszczinska pleura. Ulcérés, le dauphin et son épouse ne se privèrent pas de tenir les propos les plus désobligeants à l'égard de la marquise. Le roi se crut obligé de dire à son fils que de lourdes charges pesaient contre l'ancien ministre.

---

1. D'Argenson, *op. cit.*, t. V, p. 456.
2. C'est en consultant une liste de personnalités de confiance laissée par son père, le dauphin, fils de Louis XV, que Louis XVI se décida.

« Dans quelques années, je vous montrerai mes raisons et mes preuves, lui dit-il : il est bien heureux que je n'aie fait que l'exiler ; il y avait de quoi aller bien plus loin ; il ne le doit qu'à ma clémence [1] . » Ces mystérieux propos restèrent sans suite. Le couple princier y attacha si peu d'importance qu'il ne changea pas d'attitude envers cette « maman-putain » qu'il continuait d'abhorrer. Exaspéré par tant d'insolence, Louis XV tint quelque temps ses enfants dans une semi-disgrâce, refusant de leur faire la moindre visite.

Le renvoi de Maurepas fut considéré comme l'œuvre de la favorite dont le roi semblait toujours aussi épris. Il passait d'ailleurs le plus clair de son temps avec elle, la consultant pratiquement sur tout. Il nomma Rouillé, l'un de ses protégés, à la Marine, le comte de Saint-Florentin à la Maison du roi et Paris échut au comte d'Argenson. Si ce dernier n'était pas, et de loin, un ami de la marquise, il se sentit obligé de soutenir plus activement le lieutenant de police (dévoué à Mme de Pompadour) que ne l'avait fait Maurepas. C'est ainsi qu'on arrêta M. de Pont-de-Veyle, l'auteur supposé des « Poissonnades » ainsi que M. de Bazencourt, maître d'hôtel du roi et séide de Maurepas, un certain Caylus et quelques autres, soupçonnés d'avoir été aux ordres de l'ancien ministre.

Ces arrestations ne mirent pourtant pas fin aux libelles. Bientôt parut un nouveau poème outrageant dirigé contre Mme de Pompadour, dont voici quelques vers :

Fille d'une sangsue et sangsue elle-même,
Poisson, d'une arrogance extrême,
Etale en ce château sans crainte et sans effroi
La substance du peuple et la honte du roi.

Ailleurs, on dénonçait la vulgarité que la favorite faisait régner à la Cour :

1. D'Argenson, *op. cit.*, t. V, p. 462.

Autrefois, de Versailles
Nous venait le bon goût.
Aujourd'hui, la canaille
Règne et tient le haut bout.
Si la Cour se ravale
De quoi s'étonne-t-on ?
N'est-ce pas de la halle
Que nous vient le poisson ?

De son exil, Maurepas stipendiait-il quelques rimailleurs ? Après une rapide enquête, on arrêta un certain chevalier de Rességuier, convaincu d'être l'auteur de ces insultes. Embastillé, il fut condamné à vingt ans de détention ! Peu après, la marquise reçut un paquet qui lui parut suspect. Elle le fit ouvrir par Quesnay. Le bon docteur y découvrit des substances qui ne présentaient aucun danger. On ne tarda pas à connaître le fin mot de l'histoire. Il s'agissait d'un attentat simulé, monté par Latude, un naïf garçon chirurgien qui espérait faire fortune en le dénonçant. Il lui en coûta quarante ans de prison ! La favorite était devenue impitoyable contre ses ennemis. Au duc de Nivernais, beau-frère de Maurepas, qui tentait d'intercéder en sa faveur, en prétextant la mauvaise santé de Mme de Maurepas, elle répondit sèchement : « Je sens quelle est votre situation par rapport à vos parents ; je vous plains et je suis bien fâchée de ne pouvoir vous rendre service à cette occasion comme je l'ai fait dans d'autres [1]. » Elle redoutait encore de mourir assassinée, aussi acheta-t-elle un caveau de sépulture aux Capucines de la place Vendôme. Elle y fit transférer les restes de sa mère et lui éleva un mausolée. Lorsque le roi lui demanda la raison de cette acquisition, elle lui répondit que c'était pour sa mère et

1. Lettre de Mme de Pompadour au duc de Nivernais, citée par Lucien Perey *in Un petit-neveu de Mazarin, Louis Mancini-Mazarini, duc de Nivernais*, p. 170.

« qu'elle s'y ferait enterrer toute vivante, si jamais il la quittait [1] ».

Si la Cour était obligée de s'incliner momentanément devant le triomphe de la marquise, dont le pouvoir s'affirmait pleinement, l'opinion ne se calma pas pour autant. Dans un climat de crise financière, on dénonçait les sommes folles engagées pour lui édifier des demeures somptueuses, vouées à ses plaisirs. Les travaux d'embellissement se poursuivaient à Crécy. On lui construisait, depuis 1748, le château de Bellevue. Le 10 mars de la même année, Louis XV lui avait accordé l'usufruit d'un terrain situé le long du parc de Versailles [2], près de la grille du Dragon, où Lassurance avait fait édifier ce pavillon auquel elle fait allusion dans sa lettre à Mme de Lutzelbourg. A Fontainebleau, conçu par Lassurance, un autre ermitage était sorti de terre, afin que la favorite pût échapper aux pesanteurs de la Cour et recevoir tranquillement le roi dans le climat d'intimité qu'elle savait si bien créer.

Comme d'habitude, l'été venu, on partit pour Compiègne. Ce ne fut que chasses, soupers, veillées, bals et divertissements impromptus. Cette année-là, on avait aménagé une tente près du vivier Coras, proche des étangs de la forêt. Le roi, Mme de Pompadour et quelques intimes y prenaient des collations. Pour varier les plaisirs, ils se donnaient parfois rendez-vous dans un kiosque chinois, cadeau du Grand Turc, qu'on avait installé entre la route d'Humières et celle des Nymphes. Redoutant toujours que l'ennui ne fût la proie de son amant, Jeanne-Antoinette avait prévu plusieurs séjours dans les petits châteaux. Elle « tenait le roi dans une telle volubilité de mouvement qu'à peine S.M. avait-elle un moment de réflexion [3] ». La belle saison s'acheva en apothéose pour la marquise. Louis XV décida de l'emmener au Havre. On disait méchamment qu'elle voulait voir la mer et

1. D'Argenson, *op. cit.*, t. V, p. 467.
2. A.N. O[1] 1192-127.
3. D'Argenson, *op. cit.*, t. VI, p. 20.

y manger du poisson frais. En réalité, le roi tenait à effectuer une tournée de propagande en province et manifester l'intérêt qu'il portait à sa marine de guerre et sa marine de commerce, lesquelles avaient grand besoin d'être développées et modernisées après les combats livrés, contre la redoutable flotte britannique, pendant la dernière guerre.

Encore une fois, Mme de Pompadour passait pour la compagne d'élection du souverain, qui ne songea pas à inviter la reine pour ce déplacement officiel. Il ne désigna qu'une vingtaine de personnes pour le suivre, parmi lesquelles la duchesse de Brancas, la marquise de Livry et l'inévitable comtesse d'Estrades. Le marquis de Vandières faisait aussi partie du voyage.

Le roi ayant annoncé à l'archevêque de Rouen qu'il passerait le voir chez lui à Gaillon, le prélat ne répondit pas et se contenta de plonger dans une grande révérence. « M'entendez-vous ? J'irai chez vous », répéta le roi. Nouvelle révérence. Après avoir fait quelques pas, Louis XV se retourna et dit bien fort : « Non, Monsieur, je me ravise, je n'irai pas chez vous [1]. » Grand aumônier de la reine, Mgr de Tavannes tenait à manifester au souverain le caractère scandaleux de cette équipée avec sa maîtresse. Il ne voulait, en aucun cas, l'assumer en tant que représentant de l'Eglise devant les populations normandes.

Louis XV décida que l'on partirait de Crécy le 17 septembre. Mme de Pompadour et ses amies prirent place dans le carrosse le plus proche du monarque et on fit bientôt halte au château d'Anet où la vieille duchesse du Maine [2] les reçut magnifiquement. Qui eût reconnu la redoutable intrigante

1. *Ibid.*, p. 43.

2. Anne-Louise de Bourbon-Condé (1676-1753) avait épousé le duc du Maine, bâtard de Louis XIV et de Mme de Montespan. Pendant la Régence, elle tenait une véritable cour à Sceaux où se retrouvait l'élite intellectuelle de son temps. Elle avait, en outre, inspiré la fameuse conspiration de Cellamare qui avait pour but de mettre Philippe V sur le trône de France. Cette affaire lui valut quelques mois de détention.

de la Régence dans cette minuscule douairière au visage parcheminé ? Infatigable, Louis XV, qui avait chassé tout l'après-midi dans la forêt de Dreux, repartit d'Anet pour souper au château de Navarre [1] chez le duc de Bouillon, où l'on passa la nuit et la journée du lendemain, avant de se remettre en route pour Rouen dans la soirée. Les voitures royales cheminèrent toute la nuit, sur une route éclairée par des feux allumés à chaque lieue.

A huit heures du matin, le cortège arriva dans la ville pavoisée où une foule enthousiaste fit une ovation au souverain. Epuisées par cette étape nocturne, les dames, à commencer par la marquise, durent tout naturellement sourire et faire bonne figure pendant les manœuvres qu'elles admirèrent depuis l'un des ponts. On repartit bientôt pour Le Havre au milieu d'un peuple en délire. Les voitures avançaient lentement. Les fidèles sujets du roi voulaient lui baiser les mains, les femmes lui tendaient leurs enfants et il fallut l'intervention du service d'ordre pour empêcher les plus hardis de s'agripper aux portières du carrosse. Enfin, à 6 heures du soir, au son du canon tonnant depuis la citadelle, Louis XV et sa suite firent leur entrée au Havre, où les attendaient le duc de Saint-Aignan, gouverneur de la ville, le duc de Penthièvre, gouverneur de Bretagne et grand-amiral de France, le comte d'Argenson, ministre de la Guerre, ainsi que Rouillé, successeur de Maurepas à la Marine. Après avoir traversé la cité illuminée en son honneur, fait une courte promenade à pied et soupé assez rapidement, le roi et ses proches s'installèrent dans les appartements préparés à leur intention à l'hôtel de ville. A bout de forces, les dames ne trouvèrent pas en ces lieux le confort auquel elles étaient habituées.

Le lendemain matin, la marquise apparut cependant fraîche et reposée. Après la visite du chantier naval, elle plaça la première cheville d'un bateau baptisé *Le Gracieux* en son

1. Construit par Jules Hardouin-Mansart, le château appartenait au duc de Bouillon, grand chambellan du roi. Le salon où fut servi le souper ressemblait à celui de Marly.

honneur. Ce geste symbolique officialisait sa présence aux côtés du souverain. L'après-midi, par un temps exceptionnellement beau, toujours avec le roi, elle assista depuis la plage à des manœuvres, à un simulacre de combat naval et au lancer de trois bâtiments. Après quoi, il fallut encore visiter la corderie, la manufacture de tabac et la citadelle. Depuis le coteau d'Ingouville, le roi et sa suite contemplèrent la vue générale du port. Le dimanche 21 septembre, on repartit du Havre, à 8 heures du matin, pour arriver à Versailles, le surlendemain, après une étape au château de Bizy, chez le maréchal de Belle-Isle.

Mme de Pompadour était épuisée mais ravie. On l'avait traitée comme une reine et elle revenait de ce voyage persuadée que Louis XV restait le *Bien-Aimé* de ses sujets. « Vous ne pouvez vous figurer, écrivit-elle au duc de Nivernais, à quel point l'adoration pour le roi et même pour tout ce qui était avec lui a été poussée [...]. Les Normands n'ont suivi que leur cœur [1]. » C'est sans doute en souvenir de cet heureux voyage qu'elle acheta une maquette de vaisseau à pont, percé de dix-huit pièces de canon, chez le marchand Lazare Duvaux [2].

---

1. Lettre de Mme de Pompadour citée par L. Perey, *op. cit.*, p. 162-163.

2. Une *Relation de l'arrivée du roi au Havre de Grâce, le 19 septembre 1749, et des fêtes qui se sont données à cette occasion* fut imprimée en 1753. Les six estampes, gravées par Jean-Philippe Lebas (1707-1783), sont l'œuvre de Jean-Baptiste Descamps (1714-1791). Mme de Pompadour en possédait un exemplaire en maroquin rouge dans sa bibliothèque. (*Cf.* l'article de Danielle Gallet, *in Madame de Pompadour et la floraison des arts,* Musée David M. Stewart Museum, Montréal, 1988.)

12

« La vie que je mène est terrible »

A vingt-huit ans, en dépit des apparences, la marquise était une femme meurtrie et désabusée : « J'ai vu tant de choses depuis quatre ans et demi que je suis ici, que j'en sais plus qu'une femme de quarante ans [1] », soupirait-elle. On la redoutait, on la ménageait, mais on se croyait offensé de lui devoir grâces, pensions, promotions ainsi que toutes les sinécures qu'elle seule pouvait obtenir. Rien ne se faisait sans elle. Inaccessible, le roi s'en remettait à sa maîtresse pour la plupart des nominations dans l'armée, la diplomatie ou l'administration. « La considération que l'on peut avoir pour moi ne m'étonne pas. [...] Tout le monde peut avoir besoin de mes services. [...] La tête ne m'en tourne pas [2] », confiait-elle à son frère. Elle avait parfaitement compris que seul l'intérêt obligeait la plupart des courtisans à ramper devant elle. Elle avait pénétré les arcanes de cette Cour qu'elle « détestait [3] » désormais et perdu ce ton bourgeois dont on s'était tellement moqué. Elle parlait avec hauteur aux plus grands seigneurs et ne se laissait aller aux demi-confidences qu'à de rares intimes. Elle savait qu'il fallait

1. Lettre de la marquise à son frère, datée du 28 décembre 1749, *in Correspondance de Mme de Pompadour, op. cit.*, p. 30.
2. Lettre à son frère du 19 mai 1750, *Ibid.*, p. 47.
3. C'est le terme qu'elle emploie dans une lettre au duc de Nivernais, écrite peu après le retour du Havre, citée par L. Perey, *op. cit.*, p. 162.

jouer une comédie perpétuelle, cacher ce qu'elle pensait : « Il est singulier que cette vertu (la franchise) soit punie dans ce pays-ci. Je l'ai éprouvé et me suis bien promis de ne dire, de ma vie, de vérité à personne [1] . » « J'ai bien vu et bien réfléchi depuis que je suis ici ; j'y ai du moins gagné la connaissance des humains [...]. Ils sont les mêmes à Paris, dans une ville de province qu'ils sont à la Cour. La différence des objets rend les choses plus ou moins intéressantes et fait paraître les vices dans plus grand jour [2]. »

Si le roi lui laissait quelque répit, elle aspirait à la solitude dans ces fameux ermitages qui lui tenaient lieu de retraite. « Seule, je m'étourdis sur le genre humain et me dissipe par la culture [3], qui est une des choses que j'aime le mieux [4]. » Il lui arrivait parfois d'éprouver la nostalgie d'un bonheur bourgeois auprès de l'être aimé, au sein d'une famille unie, sous-estimant un peu légèrement la soif de plaisirs et l'ambition qui la dévoraient depuis toujours. Sans avoir rompu les liens avec son milieu d'origine, elle n'en faisait cependant plus partie. Les Pâris (les lettres de Duverney en témoignent) lui parlaient avec la plus extrême déférence et traitaient avec elle de puissance à puissance. Leurs rapports se bornaient désormais au respect de leurs secrets engagements mutuels. Mme de Pompadour n'avait pas davantage d'intimité avec Tournehem. Elle ne s'entretenait plus avec lui que des projets architecturaux qui lui tenaient à cœur.

Elle maintenait des relations suivies, mais quelque peu distantes, avec M. Poisson, n'hésitant pas à le rappeler à la réalité lorsque celui-ci, gonflé d'importance, exigeait plus que son dû. Elle l'avait fait combler d'honneurs, mais savait

1. *Ibid.*, p. 163.

2. Lettre de la marquise à son frère, datée du 25 mars 1750, in *Correspondance de Mme de Pompadour, op. cit.*, p. 41.

3. Il s'agit, bien sûr, de la culture des fleurs et des plantes rares dont s'occupait la marquise.

4. Lettre au duc de Nivernais, écrite peu après le retour du Havre, citée par L. Perey, *op. cit.*, p. 162.

mettre des bornes à ses appétits. Parfaite incarnation du financier parvenu, de surcroît père de la favorite en titre, il se pavanait dans son domaine de Marigny, érigé en marquisat, où il menait grand train. Jeanne-Antoinette ne se laissait pas abuser par les égards avec lesquels on traitait l'ancien commis des Pâris. A un courtisan qui lui suggérait de remarier son père, elle répondit assez sèchement : « Quand la race des Poisson viendrait à s'éteindre, le mal ne serait pas bien grand [1]. » Le bonhomme Poisson raffolait de sa petite-fille, Alexandrine, que la marquise prenait parfois avec elle à Versailles ou dans les autres résidence royales. Quoi qu'en aient dit certains de ses biographes, soucieux d'exalter ses sentiments maternels, Mme de Pompadour n'avait guère de temps à consacrer à l'enfant. Elle l'aimait sans doute, mais rêvait surtout pour elle d'un très brillant mariage, qu'elle eût considéré comme une consécration personnelle. En attendant de trouver un époux assez titré pour Alexandrine, elle la mit au couvent de l'Assomption [2] où l'on élevait les petites filles des meilleures familles de France. Alexandrine demeurait son seul lien avec Charles Le Normant, qui s'était d'ailleurs fort bien consolé de sa situation d'époux royalement trompé. Jeanne-Antoinette ne voulait surtout pas qu'on lui rappelât son souvenir.

En dehors de sa fille, seul comptait pour elle son frère, le marquis de Vandières, appelé à la succession de Tournehem. C'est la raison pour laquelle elle voulut qu'il partît faire ce qu'on appelait « le grand tour », autrement dit un long voyage en Italie, patrie de tous les arts, afin de se préparer à la charge qu'il devait occuper. Elle veilla personnellement à ce qu'il fût accompagné des meilleurs guides susceptibles de lui former le goût : l'architecte Soufflot, le dessinateur Cochin et l'abbé Le Blanc, candidat malheureux à l'Académie française, malgré l'appui qu'elle lui avait

1. Kaunitz-Rittberg (comte de, puis prince de), *Mémoires sur la cour de France, 1752,* p. 452.

2. Alexandrine y entra au mois de juin 1750.

apporté. Mme de Pompadour ne se sépara pas sans tristesse de ce frère, qui restait pour elle le compagnon de son enfance et de sa prime jeunesse. Elle éprouvait pour lui une affection sincère, presque maternelle, et s'amusait de ses reparties mordantes. Louis XV témoignait le même intérêt à ce jeune homme subtil et l'invitait dans les petits cabinets. Poisson s'en étonnait : « Que ma fille soupe avec le roi, disait-il, cela ne m'étonne pas, puisqu'il couche avec elle, mais pour Nicolas Vandières, je n'en reviens pas [1]. » En réalité, Vandières souffrait de devoir son élévation à sa sœur. Aussi n'était-il guère disposé à suivre tous ses conseils. Le départ de son « frérot », comme elle l'appelait, causa néanmoins un chagrin assez vif à la marquise. « Vous avez bien fait, lui écrit-elle, de ne pas me dire adieu ; car, malgré l'utilité de ce voyage pour vous et le désir que j'en avais depuis longtemps pour votre bien, j'aurais eu de la peine à vous quitter [2]. » Elle se sentit alors très seule. Ce n'était pas l'amitié des femmes de son entourage qui pouvait la soutenir, la plupart d'entre elles caressant l'espoir de la supplanter auprès du monarque.

Depuis son installation à Versailles, Mme de Pompadour ne vivait que pour son amant. « Excepté le bonheur d'être avec le roi, et qui assurément me console de tout, tout le reste n'est qu'un tissu de méchancetés, de platitudes, enfin de toutes les misères dont les pauvres humains sont capables. Belle matière à réflexions, surtout pour quelqu'un né aussi réfléchissante [*sic*] que je le suis [3]. » Elle éprouvait chaque jour la fragilité de sa faveur. Certes, Louis XV avait besoin d'elle : elle savait l'écouter, le rassurer, l'amuser, l'entraîner dans un tourbillon de plaisirs qu'elle semblait pouvoir renouveler à l'infini. Mais elle n'avait pas le droit de

1. Kaunitz, *op. cit.*, p. 453.
2. Lettre de la marquise à son frère, datée du 28 décembre 1749, in *Correspondance de Mme de Pompadour, op. cit.*, p. 29.
3. Lettre de la marquise à son frère, datée du 13 juin 1750, in *Correspondance de Mme de Pompadour, op. cit.*, p. 41.

se tromper, pas le droit de se reposer un instant. Le moindre relâchement auprès de cette Majesté, qui attendait tout d'elle, sans pouvoir lui offrir autre chose que sa tristesse maladive et des présents considérables, pouvait être fatal. Si le capricieux monarque s'était lassé de sa présence, il l'eût répudiée sans le moindre état d'âme. Louis XV oubliait avec une telle facilité ceux qu'il ne voyait plus ! Aussi Jeanne-Antoinette cherchait-elle tous les moyens susceptibles de l'enchaîner. Il lui fallait inventer de nouveaux sujets de ravissement, sans manquer de faire sa cour à la reine et à la jeune famille royale. « La vie que je mène est terrible, disait-elle à Mme de Lutzelbourg. A peine ai-je une minute à moi : répétitions et représentations et deux fois la semaine voyages continuels tant au petit château qu'à La Muette, etc. Devoirs considérables et indispensables : reine, dauphin, dauphine, [...] trois filles, deux infantes [1], jugez s'il est possible de respirer ; plaignez-moi [2]. »

La reine traitait toujours Jeanne-Antoinette avec affabilité, mais ses enfants restaient ligués contre elle. Leur clan s'était d'ailleurs renforcé. Le dauphin avait naturellement triomphé des scrupules de son épouse qui calquait sa conduite sur la sienne et le maréchal de Saxe n'était plus là pour essayer d'établir un *modus vivendi* entre les deux femmes. Il menait alors une existence fastueuse au château de Chambord que le souverain lui avait concédé pour le reste de ses jours, en récompense de ses hauts faits d'armes [3]. Les filles de Louis XV continuaient de faire chorus avec leur frère et elles avaient rallié leurs sœurs cadettes à la croisade qu'elles menaient contre « Maman-putain ». Madame Victoire, tout juste âgée de quinze ans, avait rejoint

1. Madame Elisabeth, dite Madame Infante, et sa fille Isabelle étaient alors à Versailles.

2. Lettre de la marquise à Mme de Lutzelbourg, datée de 1749, *Correspondance de Mme de Pompadour, op. cit.*, p. 103. Le petit château dont il est question est celui de La Celle.

3. Il devait y mourir le 30 novembre 1750.

ses aînées au mois de mars 1748. Les plus jeunes, Madame Sophie et Madame Louise, presque des enfants, s'installèrent au château le 18 octobre 1749. Enfin, pendant plus de six mois, la Cour avait reçu la jumelle de Madame Henriette, Madame Elisabeth (Madame Infante), venue faire visite à son père, avec sa fille Isabelle, au moment de la signature du traité d'Aix-la-Chapelle, afin de veiller aux intérêts de son époux. Ces deux princesses firent les délices du roi, qui prit beaucoup de plaisir à la compagnie d'Elisabeth, avec laquelle il s'entretenait si longuement que Mme de Pompadour en prit ombrage. Après le départ de la princesse de Parme, Louis XV manifesta un intérêt nouveau pour sa famille, ce qui aviva les inquiétudes de sa maîtresse. Si le roi prenait goût à la société de ses enfants, ceux-ci risquaient bien d'arriver à leurs fins : convaincre leur père de renoncer à sa maîtresse et de revenir à une vie chrétienne. Une telle perspective angoissait d'autant plus Mme de Pompadour qu'elle savait son amant très préoccupé par l'au-delà et capable de sombrer dans la dévotion pour expier la légèreté de sa vie privée.

Allait-elle le conduire sur la voie du salut ou continuer d'assumer le rôle qui était le sien depuis plus de quatre ans ? La marquise n'avait pas de plan préconçu. Elle obéissait à l'intime stratégie que lui inspiraient les circonstances. Très impressionnée par l'exemple de Mme de Maintenon, elle ne se sentait pourtant pas encore capable de se faire dévote pour l'amour du roi. Il lui fallait donc rester la magicienne qui enchantait sa vie quotidienne. Mais son amant avait déjà beaucoup exigé d'elle. Avec sa santé chancelante, ses migraines, ses crachements de sang, Jeanne-Antoinette était épuisée. Elle n'était pas toujours la maîtresse voluptueuse que Louis XV attendait. Une nuit, prétextant une chaleur excessive, il avait préféré dormir sur son canapé. Il se plaignait parfois de la froideur de sa favorite. Elle se mit alors à manger des potages au céleri, des truffes, à boire du chocolat ambré et se procura des liqueurs aphrodisiaques plus dangereuses qu'efficaces. Affolée par ce régime, Mme du Hausset, sa femme de chambre, jugea prudent d'en parler à la duchesse de Brancas. Plus âgée que Mme de Pompadour, Mme de Brancas l'aimait sincèrement et ne s'était jamais posée en rivale.

Elle vint la voir et la sermonna. La marquise fondit en larmes : « Je suis troublée par la crainte de perdre le cœur du roi en cessant de lui être agréable, lui avoua-t-elle. Les hommes mettent, comme vous le savez, beaucoup de prix à certaines choses ; et j'ai le malheur d'être d'un tempérament très froid. J'ai imaginé de prendre un régime un peu échauffant pour réparer ce défaut ; et depuis deux jours cet élixir me fait assez de bien, ou du moins j'ai cru m'en apercevoir [1]. » Mme de Brancas prit la fiole, l'ouvrit, la respira, fit la grimace et la jeta aussitôt dans la cheminée. « Je n'aime pas à être traitée comme une enfant [2] », gémit la marquise qui se remit à pleurer en poursuivant ses confidences. Elle avait peur que le roi, « dégoûté d'elle, n'en prît une autre ».

– Vous ne l'éviterez pas en suivant votre régime, répondit la duchesse ; et ce régime vous tuera. Rendez au roi votre société précieuse de plus en plus par votre douceur ; ne le repoussez pas dans d'autres moments, et laissez faire le temps : les chaînes de l'habitude vous l'attacheront pour toujours [3]. » Mme de Brancas promit de garder le secret de Mme de Pompadour et les deux amies se séparèrent en s'embrassant.

Peu de temps après, la marquise parut apaisée : « Le maître est plus content de moi, confia-t-elle à Mme du Hausset ; et c'est depuis que j'ai parlé à Quesnay, sans tout lui dire. Il m'a dit que pour avoir ce que je désire, il fallait avoir soin de se bien porter et tâcher de bien digérer, et de faire de l'exercice pour y parvenir. Je crois que le docteur a raison, et je me sens tout autre. J'adore le roi ; je voudrais lui

1. Mme du Hausset, *Mémoires*, p. 59.
2. *Ibid.*
3. *Ibid.*

être agréable. Mais hélas! Quelquefois, il me trouve une macreuse. Je sacrifierais ma vie pour lui plaire [1]. » Cette frigidité qui obsédait la marquise était due, sans doute, à la leucchorée dont elle souffrait de façon chronique et qui devait rendre douloureux pour elle tout rapport sexuel. Ce n'était pas vraiment un secret à Versailles, puisque Maurepas s'en était fait cruellement l'écho dans le quatrain des « fleurs blanches », révélant ainsi à tous ceux qui auraient pu l'ignorer le mal dont souffrait la favorite.

Le rôle de Mme de Pompadour devenait de plus en plus difficile à assumer. Elle savait que son corps risquait de la trahir auprès de l'homme dont elle voulait entretenir la passion. Que sa beauté restât intacte et qu'elle exerçât toujours le même séduction sur ceux qu'elle rencontrait ne suffisait pas à la rassurer. Elle connaissait trop bien ses insurmontables faiblesses intimes. Toutes les jolies femmes lui inspiraient désormais une sainte terreur, et elle se mit à user de tous les stratagèmes possibles pour les éloigner du roi. Jusqu'alors Louis XV n'avait eu que des passades sans conséquence, comme la très brève liaison qu'il venait d'achever avec la ravissante comtesse de Forcalquier. Mais qu'adviendrait-il si ce prince blasé se laissait dominer par une maîtresse douée d'un tempérament capable de lui redonner une nouvelle jeunesse? Mme de Pompadour ne pouvait imaginer d'être renvoyée comme l'avait été la pauvre Mme de Mailly. Il est vrai que celle-ci n'avait jamais exercé la moindre influence sur son amant et n'avait pas même été capable de le distraire. Comme le lui avait suggéré Mme de Brancas, il lui fallait, plus que jamais, se rendre indispensable au monarque. Mais la maîtresse pouvait-elle devenir l'amie et conserver le cœur de l'amant, en renonçant à tout commerce charnel avec lui? Cela relevait de la gageure.

Sans abandonner encore son rôle d'amante, Mme de Pompadour voulut gagner des marques de faveur officielles

1. Mme du Hausset, *op. cit.*, p. 59-60.

encore plus éclatantes que par le passé, comme pour conforter sa position. A l'automne de 1749, elle obtint du roi un nouvel appartement à Versailles, celui du duc et de la duchesse de Penthièvre, où avait habité Madame Infante pendant son séjour en France. Il était situé au rez-de-chaussée du château, au-dessous du grand appartement du roi, avec lequel il communiquait par un escalier en colimaçon que Louis XV avait pris l'habitude d'emprunter pour venir bavarder avec la duchesse de Parme.

Mme de Pompadour l'emportait de haute lutte sur les filles du roi qui voulaient s'y installer. « Que la marquise, disait Mme Henriette, soit logée en haut ou en bas, le roi mon père n'y ira pas moins ; il faut autant qu'il monte pour redescendre, que de descendre pour remonter ; au lieu de quoi, moi dame de France, je ne puis loger en haut dans les cabinets [1]. » Les Penthièvre et la comtesse de Toulouse étaient également furieux : le jeune ménage avait été relégué dans un logement reculé et il ne restait plus que deux petits cabinets à la comtesse de Toulouse pour recevoir Louis XV, lorsqu'il venait bavarder avec elle. « On a divisé, transigé, morcelé, et chacun est mécontent », notait le duc de Luynes. Seule Mme de Pompadour était satisfaite et prétendait que les Penthièvre et la comtesse de Toulouse l'étaient autant qu'elle [2] ! En attendant de prendre possession de son nouveau domaine, le service des Bâtiments devait procéder à bien des aménagements pour « l'accommoder à la moderne [3] ».

Beaucoup plus spacieux que le nid de ses amours (promis au duc et à la duchesse d'Ayen), le nouveau logement de la favorite, donnant à la fois sur le parterre nord et sur la terrasse, avait été jadis celui de Mme de Montespan, avant de devenir celui des princes du sang. Il devait comprendre deux

1. D'Argenson, *op. cit.*, t. VI, p. 126.

2. *Cf.* La lettre de Mme de Pompadour à Mme de Lutzelbourg, datée du 22 janvier 1750, *in Correspondance de Mme de Pompadour, op. cit.*, p. 104.

3. D'Argenson, *op. cit.*, t. VI, p. 113.

antichambres, un grand cabinet à pans coupés, éclairé par trois fenêtres, une chambre, un salon et un petit cabinet ; sur la cour intérieure et le passage de la cour des Cerfs, il y aurait encore une méridienne, une salle de bains, une garde-robe et un arrière-cabinet. Un entresol était réservé au docteur Quesnay et à Mme du Hausset.

La Cour s'interrogeait sur les causes de ce changement. « Mme de Pompadour connaît le roi, disait le duc de Luynes ; elle sait qu'il a de la religion et que les réflexions qu'il fait, les sermons qu'il entend, peuvent lui donner des remords et des inquiétudes ; qu'il l'aime à la vérité de bonne foi, mais que tout cède à des réflexions sérieuses, d'autant qu'il y a plus d'habitude que de tempérament et que s'il lui arrivait de trouver dans sa famille une compagnie qui s'occupât avec douceur et gaieté de ce qui pourrait l'amuser, peut-être que, n'ayant pas une passion violente à vaincre, il ferait céder son goût présent à son devoir [1]. »

Comme pour contredire ce que le duc de Luynes écrivait dans le secret de son cabinet, Mme de Pompadour manifesta un entrain extraordinaire auprès du roi. Elle reprit les spectacles des petits cabinets avec une ardeur sans égale. Elle donna *Issé*, pastorale en cinq actes [2], *Le Philosophe marié*, comédie de Destouches, *Le Médecin de village*, ballet-pantomime de Dehesse, *Les Fêtes de Thétis*, opéra en deux actes [3] où elle tenait le rôle de l'Aurore. Elle redonna *Erigone* et créa un opéra-ballet, *La Journée galante* de Laujon et Lagarde. Cette saison-là, Mme de Pompadour aborda un genre nouveau, la tragédie, en interprétant *Alzire*, de Voltaire, qui avait remporté un grand succès au Théâtre-Français en 1736. L'auteur, invité à la représentation, complimenta naturellement les comédiens, mais il eut le

1. Luynes, *op. cit.*, t. X, p. 173.

2. Jouée pour la première fois à l'Opéra en 1698 sur une musique de Destouches avec des paroles de La Mothe.

3. Sur une musique de Colin de Blamont et de Bury avec les paroles de Roy.

désagrément d'entendre le roi critiquer à haute voix sa dernière pièce, *Oreste*. Ce fut, on le sait, l'une des dernières apparitions du poète à la Cour [1]. Il composa néanmoins quelques vers galants à l'intention de la marquise, pour la féliciter de son interprétation :

Cette Américaine parfaite
Trop de larmes a fait couler
Ne pourrai-je me consoler
Et voir Vénus à sa toilette?

Mme de Pompadour se multipliait en allées et venues. Durant l'année 1750, Louis XV ne dormit que cinquante-deux nuits à Versailles. Et pas plus de soixante-trois l'année suivante. Hormis les favoris, personne ne pouvait plus l'approcher. La marquise était ravie : « Vous ne doutez pas du plaisir extrême que j'ai de ces voyages, écrivait-elle à son père, mon seul regret est qu'ils soient si courts, je voudrais y passer ma vie [2]. » Le prince de Croÿ a laissé une relation de ces petits séjours privés. « On vivait avec beaucoup de liberté, écrit-il lors d'un voyage à La Muette. Il y avait un grand dîner, mais le souper était le plus considérable, étant le repas du roi. Il se promenait s'il faisait beau, ou jouait dans le salon après dîner. Ensuite, il travaillait ou tenait conseil. A huit heures et demie, tout le monde se rassemblait au salon; il venait y jouer; à neuf heures on soupait à une très grande table à dix. C'était M. le Premier [3], gouverneur de La Muette, qui servait le roi. [...] Nous étions ce jour-là à table, à prendre du roi par sa gauche : le roi, Mme la marquise de Pompadour, prince de Soubise, duc de

1. La marquise donna *Alzire* le 28 février 1750, et Voltaire quitta la France le 30 juin suivant. (*Cf. supra*, chap. 10.)

2. Lettre de Mme de Pompadour à son père, datée de 1750, *in Correspondance de Mme de Pompadour, op. cit.*, p. 10.

3. Le marquis de Beringhen, premier écuyer du roi et gouverneur du château de La Muette.

Luxembourg, marquis d'Armentières, marquis de Voyer, comte d'Estrées, prince de Turenne, comte de Maillebois, marquis de Sourches, marquis de Choiseul, comte de Croissy, Mme du Roure, duc de Boufflers, marquis de Bauffremont, duc de Broglie, prince de Croÿ, marquis de Pignatelli, duc de Chevreuse, duc de Chaulnes, duc de La Vallière, marquis de Gontaut, duc de Richelieu, Mme la duchesse de Brancas, duc d'Ayen et Mme d'Estrades ; à une petite table étaient MM. de Laval et de Beuvron. Ce voyage était très gai. La marquise fut très enjouée ; elle n'aimait aucun jeu et jouait surtout pour polissonner et être assise, que par goût [*sic*]. Elle vit beaucoup avec ses complaisants, MM. de Meuse, de Gontaut, etc. Le roi faisait deux parties après souper, car il aimait les gros jeux et les jouait tous très bien et très vite, et il se couchait vers les deux heures. C'est ainsi qu'était la vie de tous les petits châteaux [1]. » On aura remarqué le faible nombre de femmes par rapport à celui des hommes... D'après le prince de Croÿ, le roi semblait toujours aussi épris de Mme de Pompadour. Assez désappointé, cependant, notre chroniqueur remarquait que la conversation consistait la plupart du temps « à donner des ridicules et à médire de son prochain [2] ». « La marquise se tuait pour relever la conversation [3]. »

Pendant ces déplacements, Louis XV continuait de tenir Conseil mais, d'après d'Argenson, il accordait peu d'importance aux affaires du royaume. Il « s'adonnait à une dissipation continuelle [4] », consacrant trop peu de temps à ses ministres. « A force d'abréger les affaires, on les y étrangle communément. Incapable d'application, partageant ses moments entre la chasse et les plaisirs, il (le roi) n'a aucune idée de ce qui s'appelle gouverner », affirmait le comte de

1. Croÿ, *op. cit.*, p. 152-153.
2. *Ibid.*, p. 149.
3. Kaunitz, *op. cit.*, p. 846.
4. D'Argenson, *op. cit.*, t. VI, p. 87.

Kaunitz, ambassadeur d'Autriche [1]. Puisieulx se plaignait de ne pas avoir eu de travail suivi avec Sa Majesté depuis plusieurs mois. Et pourtant la politique extérieure restait préoccupante, les finances étaient en crise, et Paris grondait.

Au mois de mai 1750, des émeutes avaient éclaté dans la capitale, à la suite d'enlèvements d'enfants. Les bruits les plus insensés se répandirent. On alla jusqu'à prétendre qu'un prince « ladre », c'est-à-dire lépreux, avait besoin de se baigner dans le sang d'adolescents pour combattre son mal ! Les Parisiens étaient-ils la proie d'une psychose collective ou leur terreur était-elle justifiée ? L'avocat Barbier ne se donne évidemment pas la peine de réfuter les propos les plus invraisemblables, mais consacre plusieurs pages de son *Journal* [2] à ce fait divers, qui faillit prendre les proportions d'une affaire d'Etat, car des enfants avaient réellement disparu. Il accuse les sbires du lieutenant de police, ordinairement chargés d'arrêter les vagabonds, d'avoir fait preuve d'un zèle intempestif, justifié par une prime exceptionnelle pour chaque arrestation. On recrutait alors de jeunes Français des deux sexes afin de peupler la Louisiane et on avait besoin de main-d'œuvre pour une manufacture de vers à soie dans le Mississippi. En usant de divers stratagèmes, les archers, en habits bourgeois, avaient ramassé indistinctement enfants abandonnés, fils d'artisans et de commerçants. Leurs excès furent tels qu'il y eut plusieurs soulèvements, dans le faubourg Saint-Antoine, place de la Croix-Rouge, faubourg Saint-Germain, à la porte Saint-Denis, et dans le quartier Saint-Roch où habitait le lieutenant de police Berryer dont l'hôtel fut assiégé par une foule menaçante. Craignant pour sa vie, il s'enfuit par une porte de service et se réfugia au couvent voisin des Jacobins. Il fallut envoyer plusieurs brigades de guet à cheval et à pied pour protéger sa demeure. On ne parvint à disperser l'émeute qu'à la fin de la journée. Le calme revenu, on procéda à plusieurs arresta-

1. Kaunitz, *op. cit.*, p. 446.
2. Barbier, *op. cit.*, t. IV, p. 422-438.

tions et on poursuivit d'hypothétiques coupables, sans chercher à comprendre la signification profonde d'une sédition telle que Paris n'en avait pas connue depuis 1720. Les observateurs les plus sages critiquaient Berryer de ne pas avoir donné des ordres stricts à ses exempts dès les premiers enlèvements et pris les mesures qui s'imposaient pour rassurer la population. Mais il y avait plus grave. Pendant ces émeutes, dont la spontanéité ne faisait aucun doute, on avait violemment attaqué la personne du roi par des injures aussi méprisantes que celles proférées jadis par les ligueurs contre Henri III. Ce n'étaient évidemment pas les mignons du roi qui étaient alors visés, mais la maîtresse avec laquelle il vivait dans un luxe insensé, alors que le peuple était pressuré d'impôts. On parlait d'aller brûler Versailles et le château de Bellevue. Des troupes durent garder le pont de Sèvres.

En ces journées troublées, sous-estimant le danger, la marquise faillit être victime de la vindicte populaire. Alors qu'elle allait à Paris visiter l'appartement que l'on préparait pour sa fille au couvent de l'Assomption, elle rencontra le marquis de Gontaut venu tout exprès à sa rencontre. Il la pria de rebrousser chemin au plus vite car le peuple commençait déjà à s'amasser sur le rempart de la maison où elle était attendue.

Ces événements frappèrent désagréablement le roi et sa maîtresse. Cependant, ils ne semblaient en retenir que l'aspect monstrueusement anecdotique. « A propos de folie, disait la marquise à son frère, vous aurez su celle des Parisiens. Je ne crois pas qu'il y ait rien d'aussi bête que de croire qu'on veut saigner leurs enfants pour baigner un prince ladre. J'avoue à ma honte que je les croyais moins imbéciles [1]. » Louis XV résolut d'éviter de passer par sa capitale. « Eh quoi! dit-il, je me montrerais à ce vilain

1. Lettre de Mme de Pompadour à son frère, datée du 13 juin 1750, in *Correspondance de Mme de Pompadour, op. cit.*, p. 55.

peuple qui dit que je suis un Hérode [1] ! » Le roi partit donc pour Compiègne la nuit du 6 juin sans passer par la capitale, comme pour brimer le peuple révolté [2] ! « Le roi ni aucune personne de sa famille n'a passé par Paris, pour punir les habitants de leurs sottises [3] », écrivait la marquise à son frère. Louis XV fit route par un chemin dans la plaine Saint-Denis à travers les champs dont les blés commençaient à mûrir [4]. Ce voyage avait plutôt un air de fuite assez désolant, mais comme disait d'Argenson : « On est heureux de se trouver hors d'une ville révoltée [5]. »

1. D'Argenson, *op. cit.*, t. VI, p. 219.
2. *Ibid.*, t. VI, p. 213.
3. Lettre de Mme de Pompadour à son frère, datée du 15 juin 1750, in *Correspondance de Mme de Pompadour, op. cit.*, p. 58.
4. Louis XV fit aménager ultérieurement une route pour aller de Versailles à Saint-Denis sans passer par Paris. Elle débouchait à la porte Maillot. On l'appellera *la route de la Révolte.*
5. D'Argenson, *op. cit.*, t. VI, p. 206.

13

L'ombre de Mme de Maintenon

Pendant tout l'été de 1750, Mme de Pompadour harcela Tournehem pour que son appartement de Versailles et son château de Bellevue fussent achevés après le voyage de Fontainebleau. Les exigences de la marquise étaient d'autant plus difficiles à satisfaire qu'on faisait appel aux mêmes artisans et aux mêmes artistes pour les deux chantiers. Tout aussi passionné que sa maîtresse pour l'architecture, Louis XV ne mettait aucun frein à sa fureur de bâtir et de reconstruire. La correspondance du directeur général des Bâtiments avec l'architecte Lécuyer, son maître d'œuvre, pour l'appartement de Versailles, témoigne de l'ardeur déployée pour réaliser les vœux de la favorite. Il avait fallu abattre des cloisons, en élever de nouvelles, créer une salle de bains, des cuisines, refaire plâtres et corniches, livrer des boiseries, les ajuster, les sculpter, les peindre, les vernir, en prenant garde que les produits employés ne laissent pas d'odeur... Des ouvriers avaient dû travailler des nuits entières. Les décorateurs des maisons royales, Verberckt et Rousseau, n'avaient pas un instant de répit. Accablés de travail, ils étaient cependant obligés de réclamer leur dû et payés avec beaucoup de retard.

Alors qu'on s'activait à Versailles, on mettait la dernière main à Bellevue. C'est ainsi que la marquise avait baptisé cet immense terrain situé sur la colline de Meudon, surplombant la Seine et d'où l'on dominait Paris. Avant d'entreprendre la construction de la demeure, dont les plans, inspirés par Mme de Pompadour, avaient été approuvés par Gabriel [1], on avait procédé à de considérables ouvrages de terrassement, en raison du sol glissant et sablonneux. Les travaux, commencés après la signature de la paix d'Aix-la-Chapelle, avaient été rondement menés. Plus de 800 ouvriers y avaient participé et le bruit courait qu'on y avait englouti 7 000 000 de livres alors que la dépense (certes considérable) s'élevait à 2 600 000 livres. Louis XV offrait ce petit château à sa maîtresse, en échange de six maisons qu'elle possédait à Compiègne, et dont il lui laissait d'ailleurs la jouissance. Bellevue ravissait sa propriétaire : « C'est un endroit délicieux pour la vue, disait-elle. La maison, quoique pas bien grande, est commode et charmante, sans nulle espèce de magnificence [2]. »

On y accédait par le haut du coteau. Il fallait traverser des jardins avant d'entrer dans une vaste cour d'honneur, au fond de laquelle s'élevait un édifice d'un étage surmonté de combles, comprenant un pavillon central flanqué de deux ailes légèrement en retrait. A l'opposé, sur la façade est, dominant d'autres jardins qui descendaient jusqu'au fleuve, s'étendait une longue terrasse d'où l'on pouvait admirer la capitale, à la fois proche et lointaine.

La sobriété de l'extérieur contrastait avec la magnificence et le raffinement de l'intérieur. Le goût personnel de la marquise y était encore plus sensible qu'à Crécy. Elle avait veillé aux moindres détails. Les statues de la Musique [3] et de la Poésie [4] accueillaient le visiteur dans le vaste hall d'entrée sur lequel ouvraient une antichambre qui pouvait tenir lieu

---

1. C'est Lassurance qui en fut le maître d'œuvre, et qui reçut du roi, à cette occasion, la décoration de l'ordre du Saint-Esprit.

2. Lettre de Mme de Pompadour à Mme de Lutzelbourg, datée du 3 janvier 1751, *in Correspondance de Mme de Pompadour*, *op. cit.*, p. 106.

3. Statue de Falconet aujourd'hui au musée du Louvre.

4. Œuvre de Lambert Sigisbert Adam.

de salle à manger, et les pièces dites de compagnie. Mme de Pompadour s'était réservé l'appartement du rez-de-chaussée et avait installé celui du roi à l'étage. Un escalier intérieur reliait les chambres des deux amants, situées l'une au-dessus de l'autre. La marquise avait voulu donner à la sienne un caractère exotique, avec une commode de laque à pagodes et un tableau de Carle Van Loo, la représentant travestie en sultane, à demi étendue sur des coussins, une servante noire lui apportant une tasse de café. Peut-être avait-elle disposé sur les tables volantes, en bois de rose, les deux magots de terre des Indes, la paire de coqs de porcelaine de Chine, les singes du Japon, et les éventails de Nankin, achetés au marchand Lazare Duvaux au mois de mai 1750. Mais où avait-elle accroché la lanterne de gaze des Indes ? Dans la salle de bains, Boucher avait peint *La Toilette de Vénus*[1] et *Vénus consolant l'Amour*[2]. A côté de la baignoire, on remarquait un bidet recouvert d'une marqueterie de fleurs en bois de rose.

L'escalier monumental évoquait une villa palladienne avec ses scènes mythologiques peintes par Brunetti. Il menait à une galerie dont la marquise avait conçu le dessin d'ensemble : des guirlandes encadrant une suite de panneaux de Boucher. Les dessus de porte de la salle à manger avaient été confiés à Oudry, ceux de la salle de musique à Pierre, et le salon d'assemblée à Carle Van Loo, qui avait également exécuté ceux de l'appartement du roi. Comme tout château, celui de Bellevue avait sa chapelle. Boucher y peignit un retable, *L'Adoration des Bergers*[3]. Et bien entendu, Mme de Pompadour avait fait aménager un théâtre, extraordinaire par son décor chinois et par sa conception, puisque son volume pouvait être augmenté ou réduit comme on le souhaitait[4]. La salle tapissée de satin

1. Aujourd'hui au Metropolitan Museum of Art de New York.
2. Aujourd'hui à la National Gallery of Art de Washington.
3. Aujourd'hui au musée de Lyon.
4. *Cf.* Danielle Gallet, *Mme de Pompadour et la floraison des arts*, p. 94-95.

bleu était rehaussée par des ramages d'argent massif. Elle pouvait contenir jusqu'à cent cinquante personnes.

Dans les jardins, conçus par Garnier d'Isle, on donna la place d'honneur à une statue de Louis XV, chef-d'œuvre de Pigalle, qui sera détruite par la Révolution. Le même Pigalle exécuta aussi un groupe réunissant *L'Amour et l'Amitié*. Peu après, il sculptera la statue de *L'Amitié* sous les traits de la marquise, drapée dans une robe flottante, la main sur le cœur. Un Apollon de Guillaume de Coustou animait le bosquet des Arts.

Mme de Pompadour considérait Bellevue comme son œuvre personnelle. On disait déjà que le roi y passerait plusieurs jours par semaine avec elle et les amis de son choix, sans être importuné par sa famille. Cependant, le 25 novembre, l'inauguration du château tourna à la catastrophe, au grand désespoir de Jeanne-Antoinette, qui avait mis son point d'honneur à ce que tout fût parfait. À la dernière minute, elle décommanda l'illumination et le feu d'artifice. On venait de la prévenir qu'elle risquait de se voir, une fois encore, cruellement chansonnée par les Parisiens, qui ne lui pardonnaient pas son luxe et ses dépenses. Ce soir-là, il faisait froid et humide. Les cheminées, qui n'avaient pas encore fonctionné, se mirent à fumer dans toutes les pièces. Il fallut renoncer au souper, que la favorite fit servir à Brimborion, un petit pavillon édifié du temps de la Régence, et qui avait été heureusement intégré au domaine de Bellevue. Le roi, qui resta pourtant coucher à Bellevue, faisait grise mine. Les invités manquaient d'entrain et trouvaient que l'uniforme de velours pourpre à broderie d'or, choisi par la nouvelle châtelaine, n'était guère seyant.

L'ennui manifesté par Louis XV de façon aussi ostensible bouleversa la marquise, qui fut prise d'une affreuse migraine. Refusant pourtant de se laisser abattre, elle réinvita le roi chez elle et les nouveaux séjours se passèrent comme elle pouvait le souhaiter. Au grand soulagement de sa maîtresse, le souverain prit l'habitude de venir dans cette nouvelle demeure, où il se sentit bientôt à son aise. Faire partie des voyages de Bellevue devint le comble de la faveur. La marquise tenait son rôle de maîtresse de maison avec autant de tact que de gaieté. Et c'est chez elle qu'elle donna désormais ses représentations théâtrales, Louis XV ayant supprimé celles des petits cabinets par mesure d'économie. « Le roi veut diminuer sa dépense dans toutes les parties, disait-elle à Mme de Lutzelbourg ; quoique celle-là soit peu considérable, le public croyant qu'elle l'est, j'ai voulu en ménager l'opinion et montrer l'exemple [1]. » Les privilégiés habituellement conviés à ses spectacles vinrent désormais les applaudir chez Mme de Pompadour. Le 27 janvier 1751, elle inaugura la nouvelle salle par une comédie composée à son intention par La Chaussée, *L'Homme de fortune*, et un ballet allégorique, *L'Amour architecte*, où se révélait la perfection de la machinerie scénique : au milieu des roulements de tonnerre, on voyait surgir d'une montagne le château de Bellevue illuminé, où s'affairaient en dansant une armée de jardiniers et de jardinières. Cependant la marquise n'obtint pas le succès escompté. On s'ennuya au ballet. Quant à la pièce de La Chaussée, jugée médiocre, elle ne fut pas soutenue par les acteurs, qui eurent plusieurs trous de mémoire. La troupe se rattrapa le 20 février avec *La Mère coquette* de Quinault et *Les Trois Cousines* de Dancourt. Le roi s'amusa : la marquise était soulagée.

La marquise prit possession de son appartement princier à Versailles au moment où ses rapports avec Louis XV prenaient une voie nouvelle, l'amitié se substituant doucement à l'amour. Elle eût été bien placée pour évoquer « la gloire, ce deuil éclatant du bonheur ». Mais cette ravissante coquette, chez laquelle le cœur et la raison se livraient d'impitoyables combats, était parvenue à exercer un tel empire sur le monarque que, depuis longtemps déjà, il ne

1. Lettre de Mme de Pompadour à Mme de Lutzelbourg, datée du 3 janvier 1751, *in Correspondance de Mme de Pompadour*, *op. cit.*, p. 106.

pouvait plus se passer de sa présence. En ne partageant plus son lit, elle devenait plus que jamais sa compagne, sa partenaire, sa conseillère. Son influence n'allait pas cesser de s'affirmer. Après l'avoir enjôlé, elle l'avait littéralement engeôlé. Depuis un an, elle préparait ce changement, qui lui parut inéluctable. Si humiliant qu'il fût pour son orgueil de femme, elle avait, du moins, la satisfaction de conserver toutes les prérogatives d'une maîtresse honoraire, qui détenait l'autorité d'une reine.

Le matin, elle recevait toujours à sa toilette les personnages les plus importants de l'Etat, les ambassadeurs, les princes et quantité de courtisans. « Elle tranche, elle décide, elle regarde les ministres comme les siens [1] », fulminait d'Argenson. « Les ministres la préviennent de tout ce qu'ils ont à dire au roi. C'est lui-même qui l'exige [2] », affirmait, de son côté, le comte de Kaunitz. Elle s'entretenait avec les représentants des puissances étrangères et leur faisait part des intentions du souverain. On n'hésitait pas à comparer son pouvoir à celui d'un Premier ministre. « Elle a une qualité qui la rend très propre aux grandes affaires, c'est d'être d'un secret impénétrable. Voilà par où elle a captivé la confiance du roi au point qu'il a un vrai besoin de lui révéler, le moment même, ce qu'on lui a dit de plus important [3] », ajoutait l'ambassadeur de l'impératrice. Au mois de mars 1751, le marquis de Puisieulx travaillait avec le roi en présence de la marquise. Aux dires du baron Le Chambrier, ambassadeur de Prusse, Mme de Pompadour en fut « charmée, vraisemblablement pour se faire valoir dans l'esprit du roi de France, en lui développant des talents dont il ne l'avait pas crue capable jusqu'à présent. La voilà donc à portée de prendre connaissance des plus grandes affaires [4] ». Et

1. D'Argenson, *op. cit.*, t. VI, p. 342.
2. Kaunitz, *op. cit.*, p. 448.
3. *Ibid..*, p. 448.
4. Rapport du baron Le Chambrier à Frédéric II, daté du 15 mars 1751 *in* Flammermont, *Correspondance des agents diplomatiques...*, p. 21.

le même diplomate d'ajouter que la favorite, jusque-là assez peu intéressée par les affaires politiques, avait peut-être estimé « qu'il fallait qu'elle se rendît nécessaire au roi de France par ses intérêts les plus importants, *pour suppléer au besoin qu'il n'avait plus si fortement de sa personne pour son aisance* [*sic*] [1] et qu'en s'attachant à elle de cette manière il lui serait plus difficile de la renvoyer [2] ».

Avec le style qui lui était propre, Mme de Pompadour semblait suivre l'exemple de Mme de Maintenon, dont le destin l'avait beaucoup impressionnée. L'épouse morganatique de Louis XIV ayant fondé Saint-Cyr pour les jeunes filles pauvres de la noblesse, la maîtresse de Louis XV voulut s'immortaliser en créant une Ecole royale militaire, où cinq cents jeunes gentilshommes, âgés de huit à onze ans, dont les pères servaient encore ou étaient tombés sur les champs de bataille, recevraient gratuitement logement, nourriture et instruction militaire. Cette idée, répondant aux nouvelles conceptions d'un enseignement spécialisé et efficace, avait été soufflée à la marquise par Pâris-Duverney, qui connaissait bien les besoins de l'armée. Elle l'adopta avec un enthousiasme à la hauteur de ses ambitions. Ils complotèrent ensemble, avant d'en parler au roi, lequel ne fut pas difficile à convaincre. Dans le plus grand secret, tout au long de l'année 1750, Louis XV et sa favorite se concertèrent avec Duverney, Montmartel, Tournehem et Gabriel. « Le roi a très grande envie d'effectuer ce projet, écrivait Mme de Pompadour à Duverney le 4 avril 1750. Il veut auparavant savoir ce qu'il faut de fonds pour cette maison, afin qu'elle ne puisse jamais être défaite. S.M. ne veut pas de fonds extraordinaires pour le bâtiment [3]. » Le 18 septembre, elle revint assez émue d'une visite à Saint-Cyr. « Je ne peux vous dire combien j'ai été attendrie de cet établissement ainsi que tout ce qui était [*sic*]. Ils sont tous venus me

1. C'est nous qui soulignons.
2. *Ibid.*
3. A.N. K 149 n° 17, lettre publiée par Poulet-Malassis, *op. cit.*, p. 122.

dire qu'ils voudraient en faire un pareil pour les hommes, cela m'a donné envie de rire, car ils croiront, quand notre affaire sera conclue, que c'est eux qui m'ont donné l'idée [1]. » Duverney insistait auprès de la marquise pour qu'elle pressât le roi de promulguer l'édit de fondation. Il voyait là le moyen de redonner une certaine popularité au souverain, qui en avait alors grand besoin.

Le projet prenait corps et son élaboration créait de nouveaux liens entre Louis XV et Mme de Pompadour. « J'ai été dans l'enchantement de voir le roi entrer dans le détail, dit-elle à Duverney. Tantôt je brûle de voir la chose publique, parce qu'après il ne sera plus possible de la rompre. Je compte sur votre éloquence pour séduire M. de Machault (contrôleur général des Finances), quoique je le croie trop attaché au roi pour s'opposer à sa gloire. Enfin, mon cher Duverney, je compte sur votre vigilance pour que l'univers en soit bientôt instruit [2]. » Elle soutenait cette réalisation, fruit de ce travail commun avec le souverain pour contribuer à sa gloire, en espérant bien bénéficier personnellement de ses retombées. Mais à son grand désappointement, au mois de janvier 1751, l'édit de fondation, portant création d'une « Ecole royale militaire », ne mentionna pas son nom. Elle ne se désintéressa cependant jamais de cette œuvre, dont elle avait été l'inspiratrice.

Les travaux, financés par un nouvel impôt sur les cartes à jouer, commencèrent au mois de mai suivant, sur un vaste terrain situé près de la Seine, dans la plaine de Grenelle, à proximité des Invalides. Lorsqu'en 1755 le chantier menaça de fermer, faute de moyens, la marquise proposa de payer les ouvriers de ses deniers : « Je ne laisserai pas périr au port un établissement qui doit immortaliser le roi, rendre heureuse sa noblesse et faire connaître à la postérité mon attachement pour l'Etat et pour la personne de S.M. [3] » Les

1. A.N. K. 149 n° 17, lettre publiée par Poulet-Malassis, *op. cit.*, p. 124.
2. *Ibid.*, p. 129.
3. *Ibid.*, p. 130.

premiers pensionnaires s'installèrent en 1756, et le bâtiment, dont Gabriel fut obligé de remanier les plans, ne fut véritablement achevé qu'en 1773. La marquise était morte depuis neuf ans.

Au début de 1751, alors que s'affirmait son pouvoir, Mme de Pompadour éprouvait cependant de mortelles alarmes. Elle avait à combattre les intrigues habituelles des courtisans, les femmes qui voulaient la supplanter dans la faveur royale, et maintenant la volonté divine s'exprimant par la voix du pape. Le souverain pontife, Benoît XIV, célébrait, cette année-là, son jubilé : une indulgence plénière était promise à tous ceux qui se soumettraient à un certain nombre d'exercices de piété. C'était l'occasion pour les grands pécheurs de faire acte de repentance. Par leur double adultère, Louis XV et Mme de Pompadour passaient pour tels aux yeux de l'Eglise.

La marquise était alors peu préoccupée par la religion, bien qu'elle allât à la messe tous les matins. S'abstenir d'assister au service divin eût paru scandaleux à une cour qui ne brillait pourtant pas par l'austérité de ses mœurs. Mme de Pompadour sauvait les apparences et se conformait à l'usage sans éprouver le moindre remords de la vie qu'elle menait. Ce n'était pas le cas du roi, resté profondément croyant et attaché aux saints préceptes inculqués par Fleury dans son enfance. Depuis les fameuses scènes de Metz, en 1744, Louis XV s'était tenu éloigné des sacrements. Il préférait ne pas confesser des fautes dont il ne voulait ni ne pouvait se repentir. Un simulacre de contrition lui semblait pire que le péché. Il restait néanmoins bourrelé de remords. Au début de leur liaison, il avait voulu, un soir, lire un sermon de Massillon à Jeanne-Antoinette. Elle avait refusé en riant et, à sa grande surprise, il était redescendu chez lui, la laissant en larmes. Elle avait compris qu'il ne fallait pas faire preuve de trop d'indifférence religieuse avec un tel amant. La plupart des contemporains pensaient qu'un jour ou l'autre il se ferait dévot. Le roi et sa maîtresse allaient-ils

« faire leur jubilé » ? Cette question brûlait toutes les lèvres et les bruits les plus contradictoires circulaient à ce sujet.

La politique compliqua cette affaire, qui aurait dû être strictement religieuse. En effet, depuis près de deux ans, le clergé s'opposait au pouvoir royal pour des questions d'ordre fiscal. Au mois de mai 1749, Machault d'Arnouville avait fait promulguer par le roi un édit établissant un nouvel impôt, le « vingtième ». Il devait toucher sans distinction les trois ordres et tous les revenus, qu'ils fussent fonciers, mobiliers, commerciaux ou provenant des charges de judicature. Louis XV s'était vu dans l'obligation de tenir un lit de justice pour forcer son parlement à enregistrer cette mesure, qui menaçait bien des privilèges. Lors de son assemblée quinquennale, en mai 1750, le clergé, qui avait coutume de voter ce qu'on appelait « le don gratuit », rappela au roi que ses contributions étaient toujours volontaires. Or cette année-là, sans lui imposer le vingtième, le souverain l'avait taxé d'un impôt supplémentaire. Ce fut un tollé. L'assemblée adressa des remontrances au monarque, qui procéda à sa dissolution. Deux partis se formèrent aussitôt à la Cour : celui de Machault, soutenu par Mme de Pompadour, les financiers, les maréchaux de Noailles et de Richelieu, et celui des dévots, mené par Mgr de Beaumont, archevêque de Paris, le comte d'Argenson, ministre de la Guerre, Boyer, détenteur de la feuille des bénéfices, et le cardinal de Tencin, ministre d'Etat. La famille royale était évidemment tout acquise aux dévots et Louis XV essayait vainement de maintenir l'équilibre entre les deux clans.

En 1751, à l'occasion du jubilé, les passions s'exaspérèrent. Le clergé n'était pas enclin au moindre accommodement à l'égard du roi et les dévots espéraient lancer l'ultime offensive contre la grande pécheresse jugée responsable de l'inconduite du monarque. La reine et ses enfants furent pris d'un accès de piété ostentatoire qui, d'après d'Argenson, s'apparentait à de la « bigoterie ». Ils s'infligeaient pénitences et macérations et faisaient dire des messes pour la

« conversion » du roi. Ils s'adonnaient même à d'étranges pratiques, telles que des méditations devant des têtes de mort parées de rubans. Marie Leszczinska prétendait posséder celle de Ninon de Lenclos, surnommée *la Belle Mignonne.*

Bien qu'elle redoutât l'influence des confesseurs sur le souverain, la marquise, « plus maîtresse que jamais », se conduisait « avec une hardiesse et une témérité [1] » qui surprenaient ses ennemis. Elle trembla pourtant, en apprenant que le Saint-Père avait adressé un bref à l'archevêque de Paris, lui ordonnant de mettre fin au scandale des amours royales. Louis XV rencontra le prélat, mais aucune indiscrétion ne filtra de cet entretien. On murmurait que le roi, enfin touché par la grâce, allait envoyer sa maîtresse et « faire son jubilé » au couvent de l'Assomption.

Ce sont les faiblesses de son amant qui, pour une fois, durent rassurer la marquise : Louis XV recevait, fort discrètement, chez lui quelques jeunes beautés vénales, choisies par les soins de Lebel, son valet de chambre. Il aurait, à cette occasion, « retrouvé ses forces viriles grâce à ses nouveaux ragoûts [2] », ce qui n'était sûrement pas le prélude au jubilé. Pourtant, au début du carême, le roi sembla pris d'une grande ferveur. Assidu à tous les services religieux, il décommanda certaines chasses pour entendre les sermons du révérend père Griffet, venu prêcher devant la Cour. Sans la moindre gêne, le jésuite attaqua ses prédications sur le thème de la femme adultère. Louis XV l'écouta sans broncher. La marquise en éprouva un tel bouleversement qu'elle fut saisie d'un accès de fièvre, la « fièvre du jubilé », disait-on perfidement. Et les dévots se réjouirent de voir que le roi allait moins souvent chez la favorite, le matin à sa toilette, et qu'il passait plus temps en famille. Enfin, il ne découcha pas une seule fois pendant ce temps de pénitence. Il se contentait d'aller quelquefois souper à La Muette ou à Bellevue

1. D'Argenson, *op. cit.*, t. VI, p. 355.
2. *Ibid.*, p. 365.

mais revenait dormir à Versailles. Il ne faudrait cependant pas croire qu'il ne voyait plus Mme de Pompadour. Il s'entretenait chaque jour avec elle, travaillait en sa compagnie et elle continuait d'animer les petits soupers, s'efforçant toujours de manifester les qualités qui séduisaient le roi.

Le 1er avril 1751, la mort de Mme de Mailly, sa première maîtresse, plongea Louis XV dans une grande affliction. La malheureuse comtesse avait passé les dernières années de sa vie à expier ce qu'il était pourtant difficile d'appeler une orageuse jeunesse. Elle portait un cilice, s'obligeait à des pratiques austères et avait payé toutes ses dettes, se retrouvant ainsi dans un état proche de la pauvreté. Elle mourut pratiquement en odeur de sainteté, demandant à être inhumée parmi les pauvres, avec une simple croix de bois. On ne pouvait s'empêcher de comparer l'humilité de cette ancienne favorite, qui n'avait jamais rien demandé au roi, avec la superbe de la marquise. Cependant, Jeanne-Antoinette parvint à consoler le souverain et à l'empêcher de sombrer dans un profond accès de mélancolie. « Mme de Pompadour est le premier médecin du roi et y veille, mais mauvais médecin de la bourse [1]. »

Elle était indispensable au monarque, qui voulait la garder auprès de lui. Puisqu'il avait renoncé à tout lien charnel avec elle, il était persuadé qu'il pouvait désormais recevoir les sacrements et faire son jubilé. Mais le père Griffet et le père Pérusseau, qu'il consulta à ce sujet, se déclarèrent irréductibles. Ils exigeaient l'éloignement de la marquise, afin de réparer le scandale. Le roi ne s'en tint pas là. Il fit faire des consultations en Sorbonne et même à Rome. Quelques années plus tard, Mme de Pompadour écrira au Saint-Père que Louis XV avait assuré à ses confesseurs et aux docteurs de l'Eglise qu'elle « était nécessaire au bonheur de sa vie, au bien de ses affaires et qu'elle était la seule qui osât

1. D'Argenson, *op. cit.*, t. VI, p. 387.

lui dire la vérité [1] ». Le souverain reçut la même réponse de toutes les autorités religieuses [2] : seul le renvoi de la favorite lui obtiendrait le pardon de l'Eglise. Alors, en dépit de toutes les pressions qui s'exerçaient sur lui, Louis XV renonça à ses Pâques et au jubilé.

Mme de Pompadour fut soulagée, mais elle redoutait désormais d'avoir à jouer les dévotes pour conserver l'amitié du roi. « Ce n'est point hasarder une conjecture que d'assurer que le plan de la marquise est formé sur celui de Mme de Maintenon. Si la reine venait à manquer, on la verrait bientôt dévote et le roi ne croirait pas acheter bien cher le repos de sa conscience, en suivant en tout point l'exemple de son bisaïeul [3] », affirmait Kaunitz. Mais pour l'heure, il lui fallait continuer de distraire son bien-aimé. Elle y réussit en organisant encore quantité de petits voyages. Le 13 septembre, la naissance d'un duc de Bourgogne sembla pleinement le rasséréner. La dauphine, qui avait fait plusieurs fausses couches, donnait enfin un héritier au royaume de France. Mme de Pompadour partagea le bonheur de Louis XV et de la famille royale. « Vous pouvez juger de ma joie, grand-femme [4], par mon attachement pour le roi. J'en ai été si saisie que je me suis évanouie dans l'antichambre de Mme la duchesse. Heureusement, on m'a poussée derrière un rideau et je n'ai eu de témoins que Mme de Villars et Mme d'Estrades. Mme la dauphine se porte à ravir. M. le duc de Bourgogne aussi. Je l'ai vu hier : il a les yeux de son

---

1. *Instructions rédigées au nom de Mme de Pompadour et relatives à la négociation entamée en cour de Rome pour vaincre l'opposition des confesseurs qui refusent de laisser approcher Louis XV des sacrements tant qu'il gardera près de lui Mme de Pompadour, in* Choiseul, *Mémoires*, p. 376-379.

2. *Cf.* Bernis, *Mémoires et Lettres*, t. II, p. 70.

3. Kaunitz, *op. cit.*, p. 454.

4. La marquise de Pompadour avait l'habitude de donner des sobriquets à ses correspondants. Mme de Lutzelbourg était grand-femme ; le duc de Nivernais, petit-époux ; Pâris-Duverney, nigaud ; Vandières, frérot, etc.

grand-père, ce n'est pas maladroit à lui [1]. » Quelques jours plus tard, elle entraînait le roi à Crécy, avant le séjour de Fontainebleau.

On se congratulait à la Cour. A Bellevue, la marquise offrit au roi un feu d'artifice en l'honneur de la naissance de l'enfant princier. Mais lors des fêtes données dans la capitale à cette occasion, le public se montra très froid à l'égard du souverain. Peu de cris de joie à la sortie de Notre-Dame après le *Te Deum.* Et lorsque Louis XV parut sur le perron de l'Hôtel de Ville pour se montrer au peuple, il n'y eut pas la moindre acclamation. Cette hostilité affecta beaucoup Mme de Pompadour. Elle voulut se rendre dans la capitale, mais on l'en dissuada : elle y était détestée. On la rendait responsable de la misère publique. Et lorsque le dauphin et la dauphine allèrent, à leur tour, à Notre-Dame, pour la cérémonie des relevailles, le peuple qui se pressait sur leur passage réclamait du pain et lançait des imprécations contre la favorite : « Qu'on renvoie cette putain qui gouverne le royaume et qui le fait périr ; si nous la tenions, il n'en resterait bientôt rien pour en faire des reliques [2]. »

1. Lettre de Mme de Pompadour à Mme de Lutzelbourg, datée du 29 septembre 1751, *in Correspondance de Mme de Pompadour, op. cit.*, p. 108-109.
2. D'Argenson, *op. cit.*, t. VII, p. 29.

14

1752, l'année de tous les dangers

Les fêtes données à Versailles pour la naissance du duc de Bourgogne, à la fin du mois de décembre 1751, laissèrent une impression de tristesse. Dès le soir, une bise glaciale éteignit les illuminations et les carrosses arrivèrent au château dans une semi-pénombre. A l'intérieur, il faisait froid et, si la galerie était brillamment éclairée, les lumières, tombant des lustres placés trop haut, accusaient cruellement les traits des visages. On remarqua que les femmes étaient bien moins nombreuses que les hommes. Redoutant toujours que le roi ne distinguât quelque jolie personne, la marquise avait revu les listes d'invités et éliminé les éventuelles rivales. Quant aux bourgeoises de Paris, habituellement présentes à ce genre de festivités, elles n'avaient pas été conviées. Le roi manifestait ainsi son humeur contre une capitale hostile, et sa favorite n'avait sûrement pas combattu de telles dispositions ! Ce soir-là, Louis XV avait l'air sombre, le dauphin et la dauphine ne disaient mot, et Mesdames s'ennuyaient. Seule la reine affichait l'air de contentement attendu en de telles circonstances. Obéissant aux exigences du souverain, les courtisans portaient de somptueux habits neufs et regrettaient d'avoir été contraints à pareille dépense pour une réception aussi morne. Belle et parée, la marquise ne déployait pas ses grâces habituelles. Le roi lui avait tourné le dos en l'apercevant. Elle prit pourtant place à sa table, lorsqu'il joua au lansquenet.

Louis XV n'avait pas lieu de se réjouir. Depuis la déconcertante paix d'Aix-la-Chapelle, son peuple l'avait rejeté. La hantise de la disette, due à une série de mauvaises récoltes, avait sensiblement accru le mécontentement. Comme il le disait lui-même, le *Bien-Aimé* était devenu le *Bien-Haï.* Les pamphlets évoquaient les mânes de Jacques Clément ou de Ravaillac pour mettre fin à son règne de « tyran ». Face au déferlement de haine qui continuait de s'abattre sur lui, ce prince habitué à l'adulation, voire à l'adoration, était atterré et se sentait impuissant à endiguer cette vague de fange. Le renvoi de Mme de Pompadour, qui cristallisait sur elle les vieilles rancœurs contre les financiers et les traitants, aurait pu passer pour un geste d'apaisement, mais le roi n'avait pas plus l'intention de céder aux menaces populaires qu'à la volonté des prêtres. Pas un instant, il ne chercha le moyen de recouvrer sa popularité perdue. Il y avait en lui trop d'orgueil et il était trop imbu des principes de la monarchie absolue que les philosophes commençaient à remettre en cause. Il préféra se replier sur lui-même, rester inaccessible et prendre ses distances avec les Français, qu'il jugeait ingrats. Il lui fallait pourtant résoudre dans l'urgence des problèmes graves : rétablir l'équilibre des finances ; assurer les subsistances d'une population exaspérée, trouver des solutions aux affaires religieuses, qui se chargeaient d'implications politiques, avec la reprise du jansénisme ; soumettre un parlement frondeur, désireux de s'arroger une partie du pouvoir, et surveiller de près une littérature menaçant dans ses fondements l'autorité souveraine.

A Versailles, régnait une atmosphère délétère. Un pseudo-attentat contre le duc de Bourgogne mit le comble à l'exaspération du souverain. Alors qu'il assistait au « remué [1] » de son petit-fils, Mme Sauvé, une femme de chambre, décou-

1. Changement de langes.

vrit dans le berceau princier un mystérieux paquet, qu'elle remit aussitôt à la duchesse de Tallard, gouvernante des Enfants de France. N'osant l'ouvrir, cette dernière le confia au comte de Saint-Florentin. Le ministre y trouva de la poudre et des mèches enveloppées dans un papier contenant un message insolent pour Louis XV et sa favorite. A la fin de la journée, « l'air fort troublé », Mme de Tallard alla trois fois chez le roi et Mme de Pompadour, qui ne lui faisait jamais visite, resta une heure chez elle. « On se doutait qu'il se passait quelque grand événement [1]. » Le lendemain, hormis ses domestiques, personne n'entra chez le duc de Bourgogne. L'affaire finit par s'ébruiter. Qui pouvait avoir fait preuve d'une aussi criminelle audace? Les langues se délièrent. Quelques jours plus tard, on embastilla Mme Sauvé. Minimisant l'incident, Mme de Pompadour laissa croire que cette dame avait été assez « folle » pour avoir, elle-même, déposé le paquet dans le lit de l'enfant, et feint de lui avoir sauvé la vie en donnant l'alarme. Elle aurait agi ainsi dans l'espoir de faire sa fortune et celle de sa famille [2]. Cependant personne ne crut longtemps à la culpabilité de l'accusée [3]. On était persuadé qu'elle avait vu le (ou la) coupable et qu'elle se taisait, craignant quelques représailles. Tout cela laissait supposer que la main « régicide » était celle d'un personnage de haut rang [4]. La marquis d'Argenson soupçonnait la duchesse de Tallard. D'après lui, elle aurait monté cette comédie pour « offenser le roi sur sa maîtresse [5] », dans l'espoir de la faire renvoyer. On ne sut jamais la vérité.

1. Lettre du comte de Sade, datée du 15 octobre 1751, *in Bibliothèque Sade, Papiers de famille*, éd. Maurice Lever, t. I, p. 532-533.

2. *Correspondance de Mme de Pompadour*, Lettre à Mme de Lutzelbourg, datée du 5 décembre 1751, *op. cit.*, p. 110.

3. *Cf.* D'Argenson, t. VII; Barbier, *op. cit.*, t. V, p. 114-115; Luynes, *op. cit.*, t. XI, p. 264 et suiv.

4. Mme Sauvé resta à la Bastille jusqu'en 1757. Libérée, on lui interdit d'habiter Paris et la région parisienne.

5. D'Argenson, *op. cit.*, t. VII, p. 38.

Innocente ou coupable, Mme de Tallard appartenait au clan des dévots, qui comptait depuis peu Mme d'Estrades, l'amie intime de la favorite. Jalouse de Mme de Pompadour, dont elle partageait l'intimité depuis sa présentation à la Cour, elle avait essayé de séduire le roi. Elle se vantait même de lui avoir cédé, une nuit, dans une gondole sur le grand canal, alors que la marquise, souffrante, se reposait dans ses appartements. Cette aventure (si elle avait eu lieu) était restée sans conséquence. En revanche, la liaison que Mme d'Estrades entretenait avec le comte d'Argenson avait de quoi inquiéter Jeanne-Antoinette. Elle savait que ses moindres faits et gestes étaient rapportés au ministre de la Guerre, qui voulait sa perte et jouissait d'une certaine influence auprès du souverain. Lorsque Mme d'Estrades tomba gravement malade, on n'hésita pas à murmurer que la marquise avait voulu l'empoisonner. Fort heureusement cette dame recouvra rapidement la santé.

Mme de Pompadour restait sur le qui-vive, aux côtés d'un prince capricieux, en proie à un état dépressif chronique. Le 2 février 1752, il ne s'inquiéta pourtant pas outre mesure en apprenant que Madame Henriette avait une forte fièvre. Après une promenade en traîneau, elle avait craché le sang, mais fait jurer à Madame Adélaïde de n'en rien dire à personne. Le lendemain, la fièvre persista et s'accompagna d'une toux inquiétante. Par deux fois, on saigna la princesse, qui fut prise d'étouffements. Le roi et la reine vinrent la voir plusieurs fois. Son état empira. Louis XV, qui avait renoncé à partir pour Bellevue, ne quittait plus sa fille. Le 7 février, sentant sa dernière heure approcher, Madame Henriette se confessa et communia. Le roi décommanda le grand couvert et reprit espoir en constatant que la malade semblait apaisée. Il la laissa assise sur son lit, un éventail à la main. Mais le lendemain matin, on éveilla le monarque à 7 heures : Madame avait perdu connaissance. Sa fin était imminente. On conseilla respectueusement au souverain de rester chez lui, afin de s'épargner un trop douloureux spectacle. Entouré de sa femme et de ses enfants, tous en larmes, il attendit la fatale nouvelle dans sa chambre, tandis que les courtisans piétinaient dans l'Œil-de-Bœuf.

Lorsque Madame Henriette expira, la dauphine décida que la Cour irait à Trianon, le roi étant trop abattu pour prendre la moindre initiative. On ne restait jamais à Versailles après la mort de l'un des membres de la famille royale. En arrivant dans le petit château, le monarque s'enferma chez lui avec ses enfants, et la reine s'installa plus loin, à Trianon-sous-Bois [1]. La marquise était alors au comble de l'inquiétude : le roi ne l'avait pas priée de le suivre. Elle n'hésita pas longtemps et partit le rejoindre. Il la fit entrer chez lui le plus naturellement du monde et lui donna l'appartement de la reine. Ce coup d'audace avait réussi.

Pendant plusieurs jours, Louis XV se morfondit dans une tristesse dont rien ne semblait pouvoir le tirer. Il ne travaillait plus, perdait l'appétit, maigrissait. Il « avait l'air d'un homme bourrelé de chagrin » et savait que la populace murmurait : « Voilà ce que c'est que d'offenser Dieu et de rendre son peuple misérable! Dieu lui retire sa fille bien-aimée [2]. » Les dévots s'imaginaient que leurs vœux allaient être enfin exaucés. Bouleversé par la mort de la princesse, le roi allait sans doute faire pénitence et se rapprocher de ses enfants. On le vit souvent avec Madame Adélaïde, à laquelle il semblait s'attacher. On l'appelait désormais « Madame », puisqu'elle était maintenant sa fille aînée [3]. Lorsqu'il lui promit de l'installer dans un appartement contigu à celui de la marquise, où il pourrait descendre par un escalier intérieur, on pensa que la famille royale l'emportait enfin sur la favorite. C'était mal connaître Jeanne-Antoinette. Elle poursuivait ses tendres relations avec le roi, et tentait d'apaiser

1. L'aile la plus récente du Grand Trianon, mise aujourd'hui à la disposition du président de la République.

2. D'Argenson, *op. cit.*, t. VII, p. 117.

3. On ne comptait pas Madame Infante, considérée comme princesse étrangère depuis son mariage avec l'infant de Parme.

son chagrin. Pour conserver son cœur, elle était prête à tout. Même à se faire dévote avec lui, si les circonstances l'exigeaient. Qu'il se rapprochât de ses enfants ne l'inquiétait plus, si la famille royale daignait lui témoigner une certaine considération. Désireuse de rester maîtresse de la situation, c'est elle qui avait suggéré au monarque de donner cet appartement à Madame [1]. Elle espérait bien retirer tout le bénéfice de cet arrangement. Elle montrait ainsi au roi qu'elle n'éprouvait aucun ressentiment contre les siens et pensait peut-être gagner les bonnes grâces de la princesse, qui l'appelait toujours « Maman-putain ».

Après le carême prêché par le père Dumas, qui « tonna d'une manière effrontée contre les amours du roi » dans un sermon évoquant la liaison de David avec Bethsabée, la vie du monarque et de la marquise reprit son cours habituel, ponctué par les petits voyages et les distractions qu'ils impliquaient. Le roi ne quittait pas sa favorite. De tout l'hiver, on ne le vit à Versailles que le dimanche [2]. Le 2 août, alors qu'il se reposait à Compiègne, une lettre de la dauphine lui apprit que le dauphin était saisi d'une violente fièvre, à Versailles. À six heures du matin, Louis XV partit à bride abattue rejoindre son fils.

Le prince avait été saisi d'un malaise après avoir englouti quantité de pâtisseries et fait une promenade en plein soleil, le long de la pièce d'eau des Suisses. On avait cru à une indigestion, Louis-Ferdinand étant coutumier de ce genre d'incident. Mais les médecins n'avaient pas tardé à diagnostiquer la variole, maladie qui semait alors la terreur. Les meilleurs spécialistes, les docteurs Ponce et Dumoulin, accourus au chevet du prince, décidèrent de le saigner. Par crainte de la contagion, on interdit au souverain de s'approcher de son fils. On raconta au dauphin que son père, s'étant foulé le genou, n'avait pu venir jusqu'à lui. En revanche, bravant tous les interdits, la reine alla le voir et la

1. D'Argenson, *op. cit.*, t. VII, p. 118.
2. *Cf.* duc de Croÿ, *op. cit.*, t. I, p. 173.

dauphine ne le quittait pas. Cette princesse, qui n'avait pourtant jamais contracté la terrible maladie, ne cessait d'embrasser son époux et s'était improvisée infirmière. Elle le persuada qu'il avait la rougeole et on fit imprimer à son intention un numéro de la *Gazette de France* faisant état de ce mal prétendu.

Pendant trois jours, on redouta une issue fatale. A demi conscient, le prince délirait, chantait, voulait se confesser alors qu'il venait de recevoir l'absolution. Une angoisse mortelle étreignait le roi et la famille royale. On ne pouvait s'empêcher de s'interroger sur l'avenir de la dynastie. Si le dauphin venait à mourir, il ne restait plus que le petit duc de Bourgogne pour assurer la survie de la lignée et il n'avait pas encore un an ! Le roi pouvait certes avoir encore des enfants, mais la reine était trop âgée pour lui en donner. Les princes d'Orléans feraient sûrement valoir leurs prétentions à la succession et l'on imaginait bien que les descendants de Philippe V d'Espagne, qui n'avaient jamais admis les renonciations d'Utrecht, en feraient autant, ce qui laissait présager une longue suite de conflits. Les médecins risquèrent alors le tout pour le tout. Malgré la fièvre qui brûlait le patient, ils procédèrent à de nouvelles saignées, lui donnèrent de l'émétique, des lavements et la petite vérole « sortit ». Le 8 août, symptôme rassurant, la suppuration commença. On reprit espoir. Le 14 août, le dauphin était sauvé.

La veille, avec une hypocrisie de bon aloi, Mme de Pompadour fit part au duc de Croÿ des inquiétudes qu'elle avait éprouvées pour le dauphin. Elle n'aimait guère le prince qui la détestait. Mais s'il était mort, elle aurait sûrement été répudiée. Frappé par un tel malheur après le décès de sa fille Henriette, Louis XV aurait cru voir dans ces deuils successifs l'expression de la colère divine. Sans doute se serait-il décidé à expier les désordres de sa vie privée. Pendant quelque temps, il aurait essayé de se conduire comme un père de famille rangé et Mme de Pompadour en aurait fait les frais.

Pour l'heure, rien n'avait changé dans sa situation. « Je trouvai que la marquise se soutenait fort bien de toute façon, assure le duc de Croÿ. Cependant, je crois que l'habitude était ce qui attachait le plus le roi. On cherchait à l'amuser et à le dissiper continuellement [1]. » Le rétablissement du dauphin fut justement l'occasion d'un certain nombre de fêtes, chez le prince de Soubise, chez le duc de La Vallière, chez le duc d'Ayen et chez le duc d'Orléans. La marquise se trouvait toujours à côté du roi. A Bellevue, elle donna une grande réception qui s'acheva par un feu d'artifice.

Elle jouissait toujours de la même faveur. Cependant, malgré sa méfiance aiguisée, elle ne se doutait pas que Mme d'Estrades et le ministre de la Guerre avaient ourdi contre elle un plan qui risquait de la mettre en péril. « On s'attend à une grande crise et à de grands changements à Fontainebleau, [...] on est persuadé que la marquise sera renvoyée [2] », écrivait d'Argenson, le 21 septembre 1752. On savait le roi sensible aux jolies femmes et prêt à succomber à leurs charmes. Depuis plus d'un an, il avait remarqué la jeune comtesse de Choiseul-Beaupré, une beauté peu farouche. Dufort de Cheverny la comparait à la petite Fontanges, jadis aimée de Louis XIV, mais le comte de Choiseul-Stainville (le futur ministre) lui trouvait plutôt « l'air d'une fille entretenue qui a beaucoup d'usage du monde ».

Nièce de la comtesse d'Estrades et lointaine alliée de la marquise, elle devait à cette dernière l'union flatteuse qu'elle avait contractée avec un rejeton disgracié de l'illustre maison de Choiseul [3]. Le mariage fut célébré à Bellevue, le 25 avril 1751, et le jeune ménage s'installa chez Mme d'Estrades, qui devint, à cette époque, la maîtresse du ministre de la Guerre.

1. Duc de Croÿ, *op. cit.*, p. 185-186.

2. D'Argenson, *op. cit.*, t. VII, p. 305-306.

3. Charlotte Rosalie de Romanet était fille de Pierre-Jean de Romanet, président au Grand Conseil et de Marie-Charlotte d'Estrades. Elle était la nièce de Mme d'Estrades, elle-même cousine par alliance de Mme de Pompadour.

Grâce à la marquise, le comte et la comtesse de Choiseul-Beaupré entrèrent dans la société intime du souverain. Militaire sans génie et sans fortune, le comte de Choiseul-Beaupré obtint la charge enviée de menin du dauphin, et son épouse, celle de dame surnuméraire des princesses. De telles distinctions firent beaucoup jaser. On voyait là, encore une fois, l'intervention de la favorite contre laquelle personne ne pouvait songer à s'opposer. Cependant Louis XV n'avait pas dû se faire trop prier : il éprouvait un vif penchant pour Mme de Choiseul. D'Argenson ricanait, en pensant que la marquise « en serait peut-être la dupe, quelque savante qu'elle fût dans l'art de gouverner le monarque [1] ».

Les Choiseul-Beaupré étaient désormais de toutes les parties fines, de tous les voyages, de tous les soupers. Le comte, que chacun s'accordait à traiter de « bête », se vit promu inspecteur de l'infanterie. Les courtisans comprirent alors la manœuvre de la comtesse d'Estrades. Elle « fait le m...age pour chasser la marquise de Pompadour, qui la voudrait chasser elle-même de son poste, et quelques-uns de nos ministres sont de part à ceci pour délivrer l'Etat de cette sangsue ambitieuse [2] », prophétisait d'Argenson.

Devenue le point de mire de Versailles, Mme de Choiseul-Beaupré jouait les prix de vertu. Elle répétait qu'elle ne tromperait jamais son mari, que les jeunes gens de la Cour ne l'intéressaient pas. Mais cette fausse ingénue prétendait, en minaudant, qu'elle ne saurait pas résister au roi. Refrain connu. Certains prétendaient qu'elle avait déjà cédé au monarque. Afin de déjouer les soupçons, elle fit quelques agaceries au dauphin, qui ne resta pas insensible à ses avances. Ce dévot ne se gênait pas pour cocufier la plus sage des épouses.

Cette liaison (ou ses prémices) inquiétait la marquise. Mais la confiance que lui témoignait le roi, la place d'honneur qu'il lui attribuait à côté de lui, ses attentions la rasséré-

1. D'Argenson, *op. cit.*, t. VI, p. 409.
2. *Ibid.*, p. 33.

▲ On a peine à imaginer que Mme Poisson fut l'une des plus jolies femmes de Paris. Pastel par Mme Labille Guillard *(Tallandier)*.

▲ Le Normant de Tournehem, sans doute le vrai père de Mme de Pompadour. Portrait par Tocqué *(Bulloz)*.

▲ Le château d'Étiolles, où Mme de Pompadour connut ses premiers succès *(Carnavalet / Bulloz)*.

▲ Le roi, au moment de sa rencontre avec Mme de Pompadour. « Sa tête était belle à ravir. On se sentait forcé de l'aimer dans l'instant.» *(Casanova.)*
Portrait de Louis XV par Nattier. (Musée de l'Hermitage à Saint-Pétersbourg.)

▲ La jeune maîtresse dans sa robe de taffetas couleur de lune au milieu d'objets choisis à dessein pour évoquer son rôle de protectrice des arts et des lettres. Mme de Pompadour par Boucher *(G. Dagli Orti).*

▲ Le Jeu du roi dans la galerie des Glaces. Gravure en couleurs. *(G. Dagli Orti).*

▲ Le Bal paré donné à l'occasion du mariage du Dauphin. Estampe par Cochin *(G. Dagli Orti).*

▲ On prétend que c'est au bal des Ifs que Louis XV « jeta le mouchoir » à sa future maîtresse. Mais la liaison avait commencé depuis plusieurs semaines. Par Cochin *(Bulloz).*

▲ Dans le théâtre des petits cabinets, la marquise interprète Galatée devant le roi et la reine dans *Acis et Galatée,* opéra de Campistron et Lully. Estampe par Cochin *(Coll. Viollet).*

▲ Alexandrine Le Normant d'Étiolles, enfant unique de Mme de Pompadour, qui devait mourir à l'âge de dix ans en 1754. Portrait par Drouais *(Bulloz)*.

▲ Le marquis de Marigny, frère de Mme de Pompadour. Portrait par de Troy *(Tallandier)*.

▲ Le cardinal de Bernis, conseiller et ami de la marquise *(Bulloz)*.

▲ Le duc de Choiseul, par Van Loo *(G. Dagli Orti)*.

▲ Le château de Bellevue que Mme de Pompadour considérait comme son œuvre (vue du côté des jardins) *(RMN).*

▲ L'hôtel d'Évreux et ses jardins à Paris, actuel palais de l'Élysée *(RMN).*

▲ A Versailles, comme dans les châteaux de la marquise, un escalier secret reliait l'appartement du roi et celui de Mme de Pompadour. « C'est votre escalier qu'il aime », disait la duchesse de Mirepoix. *(Plon/Perrin).*

naient dans les moments de doute. La petite Choiseul-Beaupré n'était qu'une passade, qu'il fallait tolérer. Faisant allusion à l'engouement du roi pour ce tendron, qui n'avait pas vingt ans, le comte de Kaunitz, sagace observateur de la cour de France, assurait, au début de 1752, qu'une « nouvelle passion aurait de quoi causer des frayeurs à la marquise, mais que les sentiments que le roi lui donnait, étant fondés plutôt sur l'amitié et la confiance, n'en devenaient que plus solides [1] ».

La mort de Madame Henriette, la période d'accablement qui l'avait suivie, la maladie du dauphin semblaient avoir assagi le monarque. Mais comme il ne s'adonnait pas à la dévotion, tout laissait à penser qu'il allait ressentir le besoin de plaisirs nouveaux. Mme d'Estrades vit le moment propice pour arriver à ses fins. Elle chapitra sérieusement la petite Choiseul : à Fontainebleau, la jeune femme devait obtenir du monarque qu'elle fût « maîtresse déclarée » et exiger le renvoi de Mme de Pompadour. D'Argenson et Mme d'Estrades montèrent alors un scénario, dont Mme de Choiseul exécuta parfaitement le premier acte. Grâce à Richelieu, qui joua le rôle d'entremetteur, une correspondance s'engagea entre la belle et le souverain. Un rendez-vous fut pris. Le sort de Mme de Choiseul, celui de Mme d'Estrades, du comte d'Argenson et... naturellement de Mme de Pompadour, dépendaient du talent de la nouvelle élue. Aussi le ministre et sa complice attendaient-ils, au comble de l'anxiété, le retour de leur protégée. Le docteur Quesnay et Dubois, le secrétaire du ministre, assistèrent à la scène.

« Après une assez longue attente, arrive Mme de Choiseul, échevelée et dans le désordre qui était la marque de son triomphe. Mme d'Estrades court au-devant d'elle, les bras ouverts, et lui demande si c'en est fait.

1. Kaunitz, *op. cit.*, p. 454.

– Oui, c'en est fait, répondit-elle, je suis aimée ; il est heureux, elle va être renvoyée ; il m'en a donné sa parole. »

A ces mots ce fut un grand éclat de joie dans le cabinet. Quesnay, lui seul, ne fut point ému. « Docteur, lui dit M. d'Argenson, rien ne change pour vous, et nous espérons bien que vous nous resterez.

– Moi, monsieur le Comte, répondit froidement Quesnay en se levant, j'ai été attaché à Mme de Pompadour dans sa prospérité, je le serai dans sa disgrâce.

« Il s'en alla sur-le-champ [...] mais on ne prit de lui aucune méfiance.

– Je le connais, dit Mme d'Estrades ; il n'est pas homme à nous trahir [1]. »

Bien que le roi ne lui eût rien dit, la marquise ne tarda pas à apprendre le malheur qui la menaçait. Tout en larmes, elle avoua son infortune au marquis de Gontaut, l'un des premiers confidents de ses amours avec Louis XV. Rien ne pouvait désoler davantage ce gentilhomme qui était, par malchance, à l'origine du drame. L'année précédente, il avait plaidé si chaleureusement la cause de Choiseul-Beaupré auprès de Mme de Pompadour qu'elle s'était mis en tête de le marier. Et elle avait elle-même choisi celle qui exigeait maintenant son renvoi ! Gontaut laissa sa malheureuse amie en proie au désespoir. Se reprochant d'être la cause involontaire de sa ruine, il cherchait le moyen de la sauver lorsqu'il conta l'histoire à son beau-frère, Choiseul-Stainville.

Cynique, spirituel, d'une intelligence redoutable, coqueluche de toutes les femmes, malgré une laideur que faisait oublier son esprit, le futur ministre eut un sourire entendu. Il était déjà au courant de toute l'affaire par les ragots des salons et par le mari trompé, venu lui faire part de sa fureur. Choiseul-Stainville n'avait que mépris pour ce balourd, fan-

1. Marmontel, *Mémoires*, p. 173. Marmontel, qui était protégé par Mme de Pompadour, tenait ce récit de Dubois, secrétaire du comte d'Argenson.

faron, prétendant mettre le feu au château de Fontainebleau, mais assez veule pour se prêter à toutes les complaisances, à condition d'y trouver son intérêt. Contrairement à ce qu'il prétend dans ses *Mémoires*, Choiseul ne pensa pas sauver l'honneur de sa maison en conseillant à son cousin d'emmener loin de la Cour la comtesse qui commençait une grossesse. Il savait la petite Choiseul-Beaupré incapable de supplanter longtemps la marquise auprès du roi. Il fallait donc éloigner au plus vite ce jeune ménage sans avenir, et soutenir le pouvoir d'une femme qui gouvernait le monarque depuis sept ans. Choiseul connaissait peu Mme de Pompadour et leurs relations étaient plutôt froides. La favorite se méfiait de la causticité de ce grand seigneur, et ce dernier, vexé d'être dédaigné, n'éprouvait pour elle ni admiration, ni sympathie. Il comprit cependant qu'il fallait l'aider pour tirer tous les bénéfices d'une démarche qui ne lui coûtait rien. Et la marquise ne passait pas pour une ingrate...

Choiseul assura Gontaut qu'il avait le moyen d'apaiser les craintes de son amie. Et comme son beau-frère l'en pressait, ils se rendirent tous deux chez la favorite, qui pleurait encore. « Touché de ses larmes, je ne pus y résister davantage, raconte Choiseul, et je lui confiai que je savais que Mme de Choiseul devait partir de Fontainebleau dans deux jours et ne reviendrait à la Cour qu'après ses couches [1]. » Il fit plus encore. Au prix de quelques ruses, il obtint de Mme de Choiseul-Beaupré, elle-même, les lettres qu'elle avait reçues du roi et les donna à la marquise. On ignore tout de la scène que Mme de Pompadour fit au roi. Mais elle en sortit victorieuse et plus puissante que jamais. Louis XV la fit duchesse. Sa rivale était définitivement évincée [2].

1. Duc de Choiseul, *Mémoires*, p. 83.

2. Mme de Choiseul-Beaupré mourut le 2 juin 1753 après avoir donné naissance à une fille.

15

Splendeurs et misères de Mme la Duchesse

Le 17 octobre 1752, présentée par la princesse de Conti, Mme de Pompadour prend son tabouret de duchesse dans le cabinet du roi [1]. Cette nouvelle présentation ne cause pas grande émotion dans « ce pays-ci ». Rien de comparable avec celle de la ravissante Mme d'Etiolles, sept ans plus tôt. Aujourd'hui, le roi officialise les prérogatives d'une « amie nécessaire [2] », rompue depuis longtemps à tous les usages auliques. Ni Louis XV, ni Jeanne-Antoinette n'en ressentent beaucoup de joie. Cette distinction n'est qu'un « cadeau de raccommodement [3] », dans une liaison où la passion s'est éteinte. L'amour platonique, qui eût sans doute convenu à Mme de Pompadour, n'est pas réellement partagé. Le souverain est trop sensuel, trop capricieux, trop avide de sensations neuves et pas assez sentimental pour que cet état lui convienne. Mais le rêve de la petite Poisson, « morceau de roi », ne peut pas se briser. Il se poursuivra sous de nouvelles apparences qu'il lui appartient de trouver. Maîtresse elle restera, même si elle ne règne plus sur les sens de l'homme qu'elle aime. Elle veut le garder sous sa domination, faite de tendresse, de sincérité, de gaieté, mais reposant sur un fond

1. Brevet du roi du 12 octobre 1752. A.N. O^1, 96, fol. 313.
2. Dufort de Cheverny, *op. cit.*, t. I, p. 272.
3. Croÿ, *op. cit.*, t. I, p. 190.

d'autorité implacable. Le roi plie devant elle, comme il le ferait avec une mère trop aimante. Seule cette soumission un peu craintive peut expliquer la disgrâce de la comtesse de Choiseul-Beaupré, à laquelle Louis XV avait pourtant promis le renvoi de la marquise.

A trente et un ans, Mme de Pompadour joue un rôle inédit à la cour de France. Reine de la main gauche, elle continue de tenir celui de la souveraine légitime, tout en étant exclue, comme celle-ci, des plaisirs du lit royal. Elle ne concède à son amant de cœur que des liaisons passagères et vénales. Sans doute l'encourage-t-elle ainsi sur la voie du libertinage, tout en le privant des jouissances du chasseur : des rabatteurs se chargeront du recrutement des donzelles, simples petites compagnes de couche. Elle sait que le roi se comporte rarement en conquérant. Narcissique, tristement épris de lui-même, il est persuadé que toutes les femmes lui céderont sans qu'il ait à combattre. Bachelier et Lebel, ses valets de chambre, écumeront Paris pour lui trouver de jeunes beautés susceptibles de ranimer ses sens alanguis. Le roi n'a pas les insatiables besoins sexuels que la légende lui a longtemps prêté. Ce mélancolique, dont le désir s'émousse très vite, a perpétuellement besoin d'être étonné, excité, enivré. Poursuivant désespérément le plaisir, il est susceptible de fiascos. On connaissait l'aventure arrivée à la séduisante épouse d'un fermier général, qui s'était offerte à lui. Après l'avoir lutinée pendant un quart d'heure « avec des manières si libres et si cavalières qu'elle en resta confondue », il lui murmura : « Madame, il faut m'excuser. Je ne suis plus jeune. Je suis sûr que votre personne mérite tous les soins d'un galant homme ; mais vous voyez quelque chose de vrai : c'est que le roi n'est pas plus un homme qu'un autre, avec la meilleure volonté et le plus grand désir. Il est trois heures ; si vous attendez jusqu'au jour, vous pourrez rencontrer quelque indiscret. Les plus courtes folies sont les meilleures ; je n'oublierai jamais vos bontés. Rhabillez-vous et je vais moi-même vous conduire à la porte de glace de la galerie[1]. » De tels déboires n'avaient aucune importance avec de très jeunes personnes. Moins elles avaient d'expérience, plus elles rassuraient le roi sur ses talents virils. Et avec des vierges, il n'avait rien à redouter pour sa santé. Mme de Pompadour était persuadée que ces filles, incapables de la détrôner, ne présenteraient aucun danger pour elle.

Le roi prit ainsi l'habitude de ces rencontres érotiques dans la chambre de Lebel appelée le *trébuchet*, parce qu'on y prenait de petits oiseaux. A la fin du mois de mars 1753, il y découvrit un chef-d'œuvre de la nature, qu'il avait désiré voir après l'avoir admiré sur une miniature : des yeux de feu, un minois rose où se lisait encore l'innocence, et des formes épanouies exposées sans la moindre gêne. La petite Murphy (ou O'Murphy), surnommée Morphise, était vierge et n'avait pas encore quatorze ans. Sa mère, revendeuse à la toilette, négociait le pucelage de ses filles dès qu'elles étaient nubiles. L'aînée vivait en ménage avec un sieur Melon, joueur professionnel, la deuxième fabriquait des perles de pacotille et les deux autres appartenaient à l'Opéra, sérail de toutes les voluptés. La dernière, celle qu'on offrait à Louis XV, venait de faire sa première communion. Elle travaillait chez une couturière maquerelle, et posait nue pour les peintres[2]. Lorsqu'il fit sa connaissance, Louis XV lui demanda si elle l'avait déjà vu. « Sur les écus de 6 francs », répondit-elle en riant. Le roi fit donner 10 000 livres à sa mère et se rendit maître de la jouvencelle, qu'il installa bientôt dans une maison bourgeoise de Versailles avec une gou-

1. Dufort de Cheverny, *op. cit.*, t. I, p. 274.

2. Casanova l'aurait fait peindre nue et couchée sur le ventre, par un artiste allemand, qui serait selon les experts le suédois Gustave Lundberg. D'Argenson affirme qu'elle posait pour Boucher (*op. cit.*, t. VII, p. 436). Mais toujours d'après les mêmes experts, ce ne serait pas elle qui serait représentée sur le célèbre tableau de Boucher intitulé *L'Odalisque*. (*Cf.* Casanova, *Histoire de ma vie*, éd. F. Lacassin, t. I, vol. 3, p. 622, n. 1).

vernante. L'avocat Barbier et le marquis d'Argenson [1] évoquent l'existence de cette confortable et discrète demeure, située dans le quartier dit du Parc-aux-Cerfs [2], où le monarque s'enfermait pendant des heures. Seuls ses valets de chambre savaient où le trouver. La marquise était parfaitement au courant de ces escapades. On la soupçonnait même d'être la complice de Lebel et de Bachelier. Elle était persuadée qu'épuisé par Morphise le roi ne regarderait plus les femmes de la Cour et rechercherait toujours auprès d'elle les douceurs de l'amitié pour calmer les tourments de son âme inquiète. Cependant la passion toute charnelle que Louis XV éprouvait pour Morphise laissa croire qu'il négligeait sa grande amie. Le nonce du pape, lui-même, se fit l'écho des scènes de jalousie que la marquise lui aurait faites. D'Argenson n'était pas le dernier à prétendre que l'heure de sa disgrâce allait sonner. Méprisant ces éternels ragots de cour, le prince de Croÿ notait prudemment : « Peut-être tout cela était-il bien peu certain, le vrai de pareille aventure n'étant pas aisé à savoir [3]. »

Allant voir la marquise à sa toilette, il la trouva « plus en crédit que jamais et toujours fort jolie [4] ». Elle s'exprimait avec la même grâce autoritaire et employait souvent le *nous* de majesté. « Voilà bien des mardis où le roi ne pourra vous voir, Messieurs, car je ne crois pas que vous veniez nous chercher à Crécy [5] », avait-elle dit récemment aux ambassadeurs. Elle intimait l'ordre aux ministres de ne pas parler trop longtemps d'affaires sérieuses au monarque : les nouvelles fâcheuses (et Dieu sait s'il y en avait !) accablaient trop

1. D'Argenson, *op. cit.*, t. VII, p. 439. Barbier *op. cit.*, t. V, p. 372.

2. Cette maison discrète occupait les numéros 2 et 4 de la rue Saint-Médéric à Versailles. Elle fut louée par l'huissier Vallet pour le compte du roi, le 25 novembre 1755, mais il est probable que cette maison ou quelque autre du quartier avait déjà servi aux plaisirs de Louis XV.

3. Croÿ, *op. cit.*, t. I, p. 200.

4. *Ibid.*, p. 189.

5. D'Argenson, *op. cit.*, t. VII, p. 282.

Sa Majesté, dont l'humeur bilieuse s'en ressentait. Le souverain, qui « abhorrait le travail » et se défiait de ses ministres, avait alors fort mauvaise mine. Il venait déposer aux pieds de sa favorite le poids de ses soucis. Elle l'écoutait sans l'interrompre et ne paraissait jamais lasse de l'entendre répéter les mêmes discours [1]. Pendant qu'il était à la chasse, où elle ne l'accompagnait plus depuis longtemps, elle s'instruisait en politique. Elle avait lu attentivement le manuscrit du marquis de Torcy [2] et dissertait volontiers sur les conséquences de la paix d'Utrecht. Probablement endoctrinée par Machault, qui voulait réformer le système fiscal, elle parlait au roi des malheurs de ses peuples.

Mme de Pompadour avait ajouté le manteau ducal à ses armes et la calotte de velours à son carrosse. Petite-fille d'un obscur tisserand bourguignon, fille d'un financier douteux, son ascension paraissait incroyable, mais sa puissance s'était affirmée avec une telle force, que personne ne s'en étonnait plus. Parvenue au suprême degré d'une société complexe et très hiérarchisée, Jeanne-Antoinette voulait un brillant mariage pour sa fille Alexandrine. L'enfant représentait un étrange parti. Par sa naissance, elle appartenait au monde de la finance mais, élevée par la favorite du roi, elle pouvait prétendre à une alliance flatteuse. Les ambitions de la marquise-duchesse n'avaient pas de bornes, tant elle avait encore besoin d'être reconnue et considérée. Ses origines lui collaient à la peau, en dépit de la gloire qui l'auréolait. Le mariage de sa fille qu'elle considérait comme une apothéose personnelle devait définitivement l'intégrer à la noblesse. A la Cour, les unions se concluaient souvent entre les familles, les futurs époux ayant tout juste atteint l'âge de raison. On se préoccupait peu des qualités personnelles des conjoints. On alliait deux maisons et deux fortunes. Rien d'autre ne comptait.

---

1. Du Hausset, *op. cit.*, p. 61.
2. Ce manuscrit ne sera publié qu'en 1756.

Romanesque à ses heures, Jeanne-Antoinette pensa unir sa fille au marquis du Luc [1], fils de Louis XV et de Mme de Vintimille, laquelle était morte peu après l'avoir mis au monde [2]. L'enfant avait été reconnu et élevé par l'époux trompé, mais sa ressemblance avec le roi était si frappante qu'on l'avait surnommé le demi-Louis. Un jour, Mme de Pompadour le fit venir à Bellevue avec son gouverneur et feignit de les rencontrer par hasard dans le jardin. Elle demanda son nom et admira sa beauté. Comme dans une comédie bien réglée, Alexandrine arriva au même instant et la marquise conduisit les deux enfants dans une figuerie où elle attendait le roi. Louis XV voulut connaître le nom de l'enfant, et parut embarrassé en l'entendant. « Ce serait un beau couple », dit la favorite. « Le roi s'amusa avec la demoiselle, sans avoir l'air de faire attention au garçon qui, mangeant des figues et de la brioche, eut des attitudes et des gestes si semblables à ceux du roi que Madame en resta dans une surprise extrême, raconte sa femme de chambre.

– Ah ! dit-elle, Sire, voyez...

– Hé quoi ? dit-il.

– Rien, dit Madame, si ce n'est qu'on croit voir son père.

– Je ne savais pas, dit en souriant le roi, que vous connaissiez le comte du Luc si particulièrement.

– Vous devriez l'embrasser car il est fort joli.

– Je commencerai donc par la demoiselle, dit le roi, et il les embrassa très froidement et avec un air contraint. » Ce détachement avait frappé Mme du Hausset. « Il est comme cela, soupira Mme de Pompadour. Mais n'est-ce pas que ces deux enfants ont l'air faits l'un pour l'autre ? Si c'était

1. Charles-Emmanuel de Vintimille, marquis du Luc, né en 1742, porta successivement les noms de M. de Savigny, de comte de Marseille, de marquis du Luc. Il fut capitaine au régiment de Bourbon-Cavalerie, colonel au Royal-Corse, maréchal de camp aux armées du roi. Il épousa en 1764 Marie-Madeleine de Castellane-Esparron, émigra à la Révolution et devint à Turin le représentant des princes. Il mourut en 1814.

2. *Cf. supra*, chap. 1, p. 10 et 14.

Louis XIV, il ferait du jeune enfant un duc du Maine : je n'en demande pas tant. Une charge et un brevet de duc pour son fils c'est bien peu ; et c'est à cause que c'est son fils [*sic*] que je le préfère à tous les petits ducs de la Cour. Mes petits-enfants participeraient en ressemblance au grand-père et à la grand-mère ; et ce mélange, que j'ai l'espoir de voir, ferait mon bonheur un jour [1]. »

La marquise renonça bien vite à cette chimère, à laquelle le roi n'eût sans doute pas consenti. Il lui fallait donc choisir l'un de ces « petits ducs » de la Cour. A la surprise générale, elle jeta son dévolu sur le duc de Fronsac, fils du maréchal de Richelieu. Une telle maladresse étonne chez une femme aussi subtile. Voulait-elle éprouver les limites de sa puissance ? Défier un gentilhomme qui l'avait toujours méprisée ? On ne sait. Son audace ne provoqua cependant pas les moqueries que l'on pouvait en attendre, car elle avait fait faire la demande par Louis XV lui-même [2]. Richelieu répondit avec une remarquable présence d'esprit : la mère de son fils appartenant à la maison de Lorraine [3], il se voyait dans l'obligation de demander l'autorisation de l'Empereur pour le marier. Mme de Pompadour n'insista pas. Mais comme elle ne pouvait courir à un nouvel échec, elle évita toute précipitation et se rapprocha de la duchesse de Chaulnes [4]. Après quelques mois de pourparlers discrets, le mariage d'Alexandrine avec le jeune duc de Picquigny [5] fut décidé, au mois d'août 1752. Alexandrine avait huit ans, le duc

1. Mme du Hausset, *op. cit.*, p. 66-67.

2. D'Argenson, *op. cit.*, t. VII, p. 3.

3. Sophie de Lorraine de Guise, qui était morte en 1740 et dont il avait eu Louis Antoine, duc de Fronsac, puis duc de Richelieu (1736-1791).

4. Anne-Josèphe Bonnier de La Mosson, qui avait épousé le duc de Chaulnes, lieutenant général depuis 1748. En 1752, il obtint la charge de gouverneur et lieutenant-général des provinces de Picardie et d'Artois.

5. Marie-Joseph Louis d'Albert d'Ailly, né en 1741, vidame d'Amiens, puis duc de Picquigny et enfin duc de Chaulnes après la mort de son père, épousera en 1758, Marie-Paule Angélique d'Albert, fille du duc de Chevreuse.

en avait onze. On pensait les unir deux ans plus tard. Immédiatement après la cérémonie, la jeune épouse devait retourner au couvent et son mari parfaire son éducation sous la férule de son gouverneur, en attendant qu'ils fussent tous deux en âge de vivre maritalement.

Le bonheur de sa fille importait peu à la marquise. « Je trouve qu'elle enlaidit beaucoup, disait-elle ; pourvu qu'elle ne soit pas choquante, je serai satisfaite, car je suis très éloignée de lui désirer une figure transcendante. Cela ne vous sert qu'à vous faire des ennemies de tout le sexe féminin [1]. » Seul comptait le rang qu'elle lui permettait d'obtenir à la Cour, et les innombrables avantages qui en découleraient. Cette alliance et sa propre élévation au titre de duchesse affermissaient, dans « ce pays-ci », la situation de Mme de Pompadour, qui jusqu'alors dépendait toujours du caprice royal.

Mme de Pompadour restait bien ce qu'elle voulait être auprès du monarque, même si Morphise occupait une bonne partie de son temps. Elle s'informait de tout ce qui concernait la France. Elle se voyait déjà Premier ministre, sans en avoir le titre. Au reste, la plupart des contemporains lui attribuaient une considérable influence politique. On s'en rendit compte lors de l'exil du parlement de Paris, au mois de mai 1753.

Parlement de Paris et parlements de province s'étaient toujours fait gloire de lutter contre l'autorité royale et Louis XIV avait brisé leurs prétentions, en réduisant pratiquement leur rôle à néant. Cependant, depuis que le Régent avait eu besoin d'eux pour casser le testament du feu roi, ils avaient réaffirmé leur puissance. Cours de justice chargées également d'enregistrer les édits royaux, ils voulaient s'ériger en représentants de la nation. Les Parlementaires, qui achetaient leur charge et qui se trouvaient en quelque sorte cooptés par l'ensemble des magistrats avant de

1. *Correspondance de Mme de Pompadour, op. cit.*, p. 17. Lettre de la marquise à M. Poisson datée du 7 décembre 1752.

siéger parmi eux, constituaient un groupe social homogène. Leur force et leur cohésion s'étaient accrues par les liens familiaux les unissant pratiquement tous, depuis des générations. Dans ce corps soucieux de conserver les privilèges acquis, l'esprit critique s'était considérablement développé. Les magistrats faisaient le procès de la monarchie administrative et dénonçaient – le plus souvent à travers la politique financière – le principe même de l'absolutisme royal. On l'avait vu récemment avec l'affaire du vingtième conçu par Machault. Le roi avait dû tenir un lit de justice et imposer l'enregistrement forcé de cet impôt. Pour l'heure, la crise janséniste exaspérait les tensions entre le roi et ses parlements.

La querelle entre jansénistes et molinistes [1], que l'on avait pu croire apaisée, s'était ranimée sous la pression d'un certain nombre de prélats, désireux d'appliquer rigoureusement les principes de la bulle *Unigenitus* [2]. A cette fin, plusieurs évêques, à commencer par Mgr de Beaumont, archevêque de Paris, interdirent aux ecclésiastiques d'administrer les sacrements à ceux qui ne présenteraient pas un billet de confession signé d'un prêtre *constitutionnaire*, c'est-à-dire adhérant aux principes de la bulle. Plusieurs refus de sacrements firent grand bruit dans Paris, et les victimes portèrent l'affaire devant le parlement, dont les membres étaient souvent favorables aux jansénistes. De remontrances en remontrances, le parlement finit par obtenir le 17 avril 1752 la reconnaissance royale du principe d'intervention des juges dans les affaires religieuses. Les magistrats voulurent aussitôt profiter de cette incontestable victoire politique. Dès le lendemain, ils promulguèrent un arrêt défendant aux

1. Partisans des conceptions de Luis Molina sur la grâce et le libre arbitre, généralement adoptées par les Jésuites.

2. Fulminée par le pape Clément XI le 8 septembre 1713, elle condamnait le jansénisme. Elle suscita de très vives polémiques et divisa l'Eglise de France. La déclaration royale du 24 mars 1730 l'imposa comme loi du royaume.

prêtres de refuser les sacrements, sous prétexte que le demandeur ne présenterait pas le billet de confession exigé. Il s'ensuivit de tels désordres que le Conseil du roi cassa l'arrêt, le 21 novembre suivant. Furieux de se voir dépossédé de ses droits, le parlement présenta de grandes remontrances au roi pour dénoncer la mainmise de l'Eglise sur la monarchie [1].

L'affaire se politisait dangereusement. A la Cour, la famille royale, fidèle à ses confesseurs jésuites, prit parti pour le clergé moliniste. Jusque-là, Louis XV avait essayé d'apaiser aussi bien les excès des molinistes que ceux des jansénistes, soutenus par le parlement. Mais cette fois, le parlement allait trop loin. Le roi laissa éclater son mécontentement chez sa favorite, en présence de Mme du Hausset. « Un jour, le maître entra tout échauffé, raconte-t-elle.

– Qu'avez-vous ? lui dit Madame.

– Ces grandes robes [2] et le clergé sont toujours aux couteaux tirés ; ils me désolent par leurs querelles. Mais je déteste bien plus les grandes robes. Mon clergé, au fond, m'est attaché et fidèle ; les autres voudraient me mettre en tutelle.

– La fermeté, lui dit Madame, peut seule les réduire. – Robert de Saint-Vincent [3] est un boutefeu que je voudrais pouvoir exiler ; mais ce sera un train terrible. D'un autre côté l'archevêque [4] est une tête de fer qui cherche querelle. Heureusement qu'il y en a quelques-uns dans le parlement sur qui je peux compter, et qui font semblant d'être bien méchants, mais qui savent se radoucir à propos. Il m'en coûte pour cela quelques abbayes, quelques pensions

1. Catherine Maire, *De la cause de Dieu à la cause de la Nation, Le jansénisme au XVIIIe siècle*, p. 442-443.

2. Les parlementaires.

3. Pierre-Augustin Robert de Saint-Vincent (1725-1799), conseiller à la Chambre des Enquêtes, célèbre par son jansénisme agressif.

4. Mgr de Beaumont.

secrètes. Il y a un certain V... qui me sert assez, tout en paraissant un enragé.

– J'en sais des nouvelles, Sire, dit Madame. Il m'a écrit hier, prétendant avoir avec moi une parenté et il m'a demandé un rendez-vous.

– Eh bien ! dit le maître, voyez-le et laissez-le venir ; ce sera un prétexte pour lui accorder quelque chose s'il se conduit bien [1]. » Sur ces entrefaites entra M. de Gontaut. « Le roi se promenait agité ; puis tout d'un coup il dit :

– Le Régent a eu bien tort de leur rendre le droit de faire des remontrances ; ils finiront par perdre l'Etat.

– Ah ! Sire, dit M. de Gontaut, il est bien fort pour que de petits robins puissent l'ébranler.

– Vous ne savez pas ce qu'ils font et ce qu'ils pensent, reprit le roi : c'est une assemblée de républicains. En voilà, au reste, assez : les choses, comme elles sont, dureront autant que moi. Causez-en un peu, Madame, dimanche avec M. Berryer [2]. »

Louis XV s'exprimait en toute liberté devant Mme de Pompadour, qui n'approuvait pas l'intransigeance de Mgr de Beaumont, mais ne soutenait pas davantage les prétentions parlementaires, qui menaçaient le pouvoir royal. Elle prit position contre les magistrats, encourageant le monarque à la fermeté. Bientôt Louis XV décida de sévir et condamna les parlementaires à l'exil. « Faites comme vous voudrez, mais je veux être obéi [3] », dit-il à ses ministres à la fin d'un Conseil.

Il soupait à Bellevue chez sa favorite, lorsqu'on lui apprit que ces Messieurs avaient été conduits *manu militari* dans diverses villes du royaume [4]. Se penchant vers la marquise,

1. Mme du Hausset, *op. cit.*, p. 60.
2. *Ibid.*, p. 61.
3. D'Argenson, *op. cit.*, t. VIII, p. 20.
4. Quatre d'entre eux étaient prisonniers d'Etat. La plupart des conseillers des Enquêtes et des Requêtes furent exilés à Bourges et les magistrats de la Grand-Chambre à Pontoise.

il lui murmura la nouvelle qu'elle applaudit aussitôt. Ce soir-là, le roi fut d'une humeur charmante, soupa gaiement, allant jusqu'à siffler et chanter, signe chez lui d'une particulière allégresse. Peu lui importait que le peuple eut crié *Vive le parlement.* Il avait fait acte d'autorité.

Loin d'être menacée, la situation de la favorite restait prépondérante à la Cour. Sa fermeté auprès du roi à l'égard des magistrats lui valut une certaine reconnaissance de la part de la famille royale, qui commençait à la traiter avec plus d'égards. Le duc de Croÿ fut agréablement surpris de découvrir, lors d'un séjour à La Muette, que la reine, le dauphin, la dauphine et les princesses participaient à toutes les réjouissances organisées par la marquise. Le roi paraissait très détendu, mais « ne parlait qu'à ceux qui l'amusaient [1] ». Jeanne-Antoinette, victime d'une de ses horribles migraines, s'étant retirée chez elle, on vit bientôt les enfants du monarque venir, chacun leur tour, lui demander de ses nouvelles. « Il était très agréable de faire sa cour dans ces sortes de parties, où l'on était dans une aisance infinie [2] », ajoute le mémorialiste. Au cours de ces voyages Louis XV, toujours près de la marquise, parlait moins de chasse, n'évoquait jamais la vie politique et se livrait à un véritable jeu d'enfer. Mme de Pompadour continuait de régner. Non seulement « les grandes affaires, mais même le détail passaient entre ses mains. Je vis, dit encore le duc de Croÿ, [...] la façon aisée dont elle passait sur le corps des premières duchesses, en leur faisant politesse au grand couvert pour s'y asseoir, la reine et tous les enfants de France y étant ; mais ils la ménageaient tous et elle en agissait bien [3] ».

1. Croÿ, *op. cit.*, t. I, p. 192.
2. *Ibid.*
3. *Ibid.*, p. 202.

16

Un mécénat féminin

Toute-puissante à Versailles, Mme de Pompadour avait la nostalgie de Paris. Elle voulait pouvoir s'y promener incognito, faire ses achats dans les magasins de luxe comme toute grande dame de son temps, et aller voir Alexandrine au couvent de l'Assomption. L'appartement que le roi mettait à sa disposition à l'hôtel des Ambassadeurs ne lui suffisait plus. Elle souhaitait posséder sa propre demeure dans la capitale. Les héritiers d'Henri Louis de La Tour d'Auvergne cherchaient alors à vendre un hôtel, magnifiquement situé dans le faubourg Saint-Honoré. Le 24 décembre 1753, la favorite l'acheta pour 730 000 livres. Construit en 1718 pour le comte d'Evreux par l'architecte Molet, cet hôtel (aujourd'hui palais de l'Elysée) comprenait un étage surmonté de combles mansardés. Il donnait au nord sur une cour flanquée de deux avant-corps, formant pavillons aux extrémités, et au sud sur un vaste jardin se prolongeant jusqu'aux Champs-Elysées. Seul le rez-de-chaussée, composé de deux appartements (un grand et un petit), était habitable. On ne montait à l'étage que par des escaliers de dégagement.

La marquise entreprit aussitôt d'importants travaux qu'elle confia à Lassurance. A l'intérieur, le grand appartement fut complètement transformé avec les boiseries de Verberckt, les cheminées de Trouard, les peintures de

Boucher et de Van Loo et l'immense tapisserie des Gobelins ornant le grand salon. Dans le petit appartement, on aménagea une antichambre, une salle à manger, un cabinet de toilette et plusieurs garde-robes [1]. Il ne restait plus qu'à les meubler. Lassurance n'apporta pas de grands changements à l'extérieur de l'édifice. Il se contenta de construire une balustrade, à la hauteur des combles, afin de donner une envolée vers le ciel à ce bâtiment d'apparence un peu austère. La marquise exigeant une perspective plus dégagée sur les jardins, on fit abattre les arbres des Champs-Elysées, entre son hôtel et le Cours-la-Reine, à la fureur des Parisiens, qui avaient l'habitude de prendre le frais sous les ombrages. On ne parla plus que du « palais de la reine des courtisanes ».

Depuis qu'elle était à la Cour, la favorite n'avait cessé d'encourager la création sous toutes ses formes. Maîtresse en titre, passant quantité de commandes pour ses multiples résidences et parfois même pour les demeures royales, elle régnait sur les artistes et artisans du royaume. Elle ne refusait jamais de rencontrer ceux qu'on lui présentait comme de jeunes espoirs. Aussi lui faisait-on l'hommage de bijoux, de montres, de pierres gravées, de pièces d'orfèvrerie, de sculptures.... Elle pouvait admirer des objets de facture et d'inspiration très différentes, tout en ayant la sagesse de ne pas imposer son goût à leurs créateurs. Elle les laissait toujours libres d'exprimer leur talent comme ils l'entendaient, stimulant ainsi leur génie. Elle avait le souci du détail et l'exigence de la perfection, ce qui contribua à porter à son apogée l'artisanat parisien et l'art de Versailles. Comme le roi, elle achetait au marchand Lazare Duvaux, qui tenait boutique *Au Chagrin de Turquie*, rue Saint-Honoré. Il faisait commerce avec l'Extrême-Orient, traitait avec les meilleurs ébénistes, orfèvres, bronziers... On trouvait chez lui les objets les plus précieux et parfois les plus inattendus. Il four-

1. Luynes, *op. cit.*, t. XIII, p. 442.

nissait non seulement Louis XV, la marquise, les princes, les fermiers généraux, mais aussi les souverains étrangers. Le livre-journal qu'il a laissé donne un aperçu évocateur du goût de ses contemporains.

Mme de Pompadour aimait les meubles, les tissus, les bronzes, les tableaux, les sculptures, les porcelaines pour le plaisir sensuel et immédiat qu'ils lui procuraient. Elle n'hésitait pas à créer des ensembles où se mêlaient des objets d'époque et de civilisations différentes. Son engouement pour les laques et les porcelaines de Chine en témoigne. Très jeune, elle avait fréquenté l'élite artistique de la France chez Le Normant de Tournehem et son goût s'était encore affiné. Boucher, qui l'avait initiée à la peinture, a beaucoup contribué à développer chez elle un sens inné de ce que nous appelons aujourd'hui la décoration.

Maîtresse d'un monarque qui recherchait les douceurs de l'intimité, elle était parvenue à créer dans toutes ses demeures une atmosphère de luxe raffiné, témoignage d'un art de vivre princier, bien éloigné de l'art royal tel qu'on l'entendait au siècle précédent. On a dit parfois, avec une pointe de mépris, qu'elle avait contribué à la naissance d'un *art Pompadour*, au maniérisme excessif. En réalité, la marquise comprit fort bien qu'elle vivait à une période de mutation artistique. Elle aimait les formes contournées du style rocaille, avec ses courbes et contre-courbes, ses coquilles et sa profusion de fleurs, qu'on retrouve sur les boiseries, les encadrements de tapisserie, les marqueteries, les bronzes et les porcelaines. Ses ébénistes favoris, Pierre de Migeon et Oeben, comptent parmi les plus prestigieux représentants de cette école. (C'est Oeben qui exécuta le célèbre bureau à cylindre de Louis XV, considéré encore aujourd'hui comme l'un des chefs-d'œuvre du mobilier français). Boucher, avec sa grâce érotique, très injustement fustigé par Diderot, dans ses « Salons » exprime, lui aussi, ce style de vie aristocratique de la première moitié du siècle. Cependant la prédilection de la marquise pour le style rocaille ne l'empêcha pas de soutenir avec fougue Soufflot, Gabriel, Cochin, adversaires déclarés de cette esthétique. Elle protégea Vien, précurseur de David et approuvait les théories archéologiques du comte de Caylus. Elle convaincra Louis XV d'accepter les plans de Soufflot pour la construction de l'église Sainte-Geneviève (actuel Panthéon). L'architecte prétendait « allier la légèreté de la construction des édifices gothiques avec la pureté et la magnificence de l'architecture grecque [1] ».

L'amour qu'elle portait à Louis XV, la gloire dont elle rêvait pour lui, incitèrent Mme de Pompadour à songer au renouvellement de l'art royal, jugé trop solennel et quelque peu désuet depuis la mort de Louis XIV. On refusait les conceptions artistiques grandioses imposées jadis par le Roi-Soleil, et qui ne correspondaient plus aux préoccupations du temps. Il fallait trouver des moyens d'expression nouveaux, si l'on voulait exalter la grandeur souveraine. Un débat s'était d'ailleurs ouvert sur le rôle de l'art dans la société : il convenait de le mettre au service de la nation. La fondation de l'Ecole militaire, inspirée et voulue par la marquise, répondait à ce vœu [2]. Nul n'a mieux exprimé cette volonté de la bourgeoisie des Lumières que Pâris-Duverney dans une lettre à Gabriel : « Il s'agit moins d'élever un édifice à la gloire du roi, que d'en former un qui soit utile à l'Etat et conforme aux vues que l'on propose pour l'éducation de cinq cents jeunes gens pour lesquels on la destine. Entre le beau et l'utile, il n'y a point à balancer lorsqu'on ne peut pas réunir les deux. »

A la direction des Bâtiments, l'œuvre de Le Normant de Tournehem alla dans le même sens. Soucieux de faire connaître aux Français ce qu'on n'appelait pas encore le patrimoine national, il demanda à Bernard Lépicié de dresser un catalogue détaillé des tableaux du roi. Le 14 septembre 1750, s'ouvrit au palais du Luxembourg une exposition permanente et gratuite des collections royales,

1. In *Louis XV, Un moment de perfection de l'art français*, p. 40.
2. *Cf. supra*, chap. 13, p. 184-186.

dont maintes toiles, oubliées dans les réserves, furent sauvées de justesse. Tournehem réforma l'Académie royale de peinture et de sculpture, qui sombrait dans la torpeur, et surveilla attentivement l'enseignement qui y était dispensé, insistant sur la nécessité pour les élèves de connaître parfaitement le dessin, la perspective et l'anatomie. Afin de donner une impulsion à la créativité, il constitua un jury de spécialistes dont il se réserva la présidence. Chaque année, il désignait les œuvres susceptibles de figurer dans un salon, où elles étaient soumises à la critique du public et des spécialistes. Tournehem tenait absolument à restaurer l'école française de peinture comme héritière de l'Antiquité et des maîtres italiens. Avec le roi et la marquise, il songeait à l'embellissement de Paris. Lorsque les marchands des Six Corps [1] décidèrent d'ériger un monument à la gloire du monarque, après la paix d'Aix-la-Chapelle, le directeur des Bâtiments organisa un concours pour l'aménagement de la future place Louis XV (place de la Concorde). Plus de cent architectes y participèrent. Le roi adopta finalement les plans de Gabriel. Tournehem étant mort en 1751, ce fut son successeur, Vandières, devenu marquis de Marigny, qui présida à sa réalisation.

Depuis longtemps, la marquise déplorait que la France, n'ayant pas de manufacture de porcelaine, se fournît à celle de Meissen, qui inondait l'Europe de ses fameux objets de Saxe. Sur les conseils de Machault, elle encouragea celle de Vincennes, où l'on recherchait des procédés capables de rivaliser avec ceux des Allemands. On y produisait surtout des fleurs modelées. On parvint, peu après, à réaliser des pièces d'ornement représentant des scènes mythologiques ou pastorales, qui remportèrent un certain succès commercial. La marquise encouragea Lazare Duvaux à y faire

1. Il s'agissait des marchands des corporations considérées comme les plus prestigieuses depuis le XVe siècle : merciers, drapiers, bonnetiers, épiciers, orfèvres, pelletiers ; ils étaient les interprètes de la bourgeoisie commerçante et occupaient une place non négligeable dans l'administration de la Ville.

d'importantes commandes. Sur les instances de sa favorite, Louis XV accepta de transférer cet atelier expérimental à Sèvres, près de Bellevue. On engagea dès lors un certain nombre de peintres-décorateurs spécialisés dans les paysages, les oiseaux, les fleurs ou les scènes de genre. Ils contribuèrent à faire évoluer le style des porcelaines, mais la participation de Boucher, et plus tard celle de Falconet, qui fournirent des modèles à ces artistes, donna une qualité exceptionnelle aux nouvelles créations. En même temps, on travaillait les couleurs. En 1749, on avait obtenu un bleu, prenant, à la manière chinoise, un aspect nuageux, puis un turquoise, appelé « bleu céleste ». En 1753, on mit au point le « jaune jonquille ». Le vert pomme et le rose, dit « rose Pompadour », apparaîtront en 1756 et 1757. Mme de Pompadour acheta le premier service de table créé à Sèvres, à fond blanc, décoré de bouquets de fleurs. Des vases et des plateaux ne tardèrent pas à apparaître. Le 11 février 1754, à l'issue d'un petit souper, Louis XV déballa devant ses invités un service bleu, blanc et or. « C'était, raconte le duc de Croÿ, un des premiers chefs-d'œuvre de cette nouvelle manufacture de porcelaines qui prétendait surpasser et faire tomber celle de Saxe [...]. La pâte et le blanc me parurent très beaux et approchant du Japon [1]. »

A la fin de chaque année, le roi prit l'habitude d'exposer dans ses appartements les plus belles pièces exécutées à Sèvres, que les courtisans s'empressaient d'acheter. Devenue manufacture royale en 1759, l'entreprise s'affirma bientôt comme la première d'Europe. Lorsque le souverain voulait honorer un monarque étranger, il lui envoyait une œuvre de Sèvres, objet de propagande royale. C'est ainsi que l'impératrice Marie-Thérèse reçut un service à rubans verts, resté célèbre et l'Électeur Palatin, un service à mosaïque. La porcelaine de Sèvres passait pour la plus raffinée d'Europe et les commandes affluaient de toutes parts.

1. Croÿ, *op. cit.*, t. I, p. 230-231.

Consciente du mécénat qu'elle exerçait directement ou par l'intermédiaire du directeur des Bâtiments, Mme de Pompadour ne refusa jamais de poser pour les plus grands artistes de son temps. En 1748, Nattier, qui raffolait des allégories mythologiques, fit son portrait sous les traits de Diane. Sans doute le trouva-t-elle trop académique. C'est Boucher, dont la vocation n'était pas celle d'un portraitiste, qui la peignit telle qu'elle souhaitait être vue. Il a multiplié l'image de « l'Idole », dans tous les costumes, dans toutes les attitudes. C'est, en 1750, la jeune maîtresse au buste gracile sanglé dans une robe de taffetas « à l'espagnole », couleur de lune, qui effleure d'une main les touches d'un clavecin, au pied duquel s'étale un savant pêle-mêle de livres, de manuscrits, de cartes, écrasé par une mappemonde ; objets choisis à dessein, pour évoquer le rôle de protectrice des arts, des sciences et des lettres qu'elle entendait jouer [1]. Etrangement c'est au temps où sa beauté commence à se faner, où elle n'est plus que l'amie du roi, que Boucher exécute les toiles qui rendent tout l'éclat de sa séduction. La plus célèbre, celle de 1756, exposée au salon de 1757, la représente dans le même décor qu'en 1750, mais le clavecin a disparu. Cette fois, la marquise est à demi allongée sur un sofa, à côté d'une écritoire chargée de papiers. Vêtue d'une somptueuse robe de soie verte, constellée de nœuds et de fleurs mauves, elle tient négligemment un livre, comme si l'on venait de l'interrompre dans sa lecture. Le regard, perdu dans une rêverie, n'est pas celui d'une coquette mais d'une femme sensible, livrée à la réflexion [2]. Deux ans plus tard, Boucher la représente assise à sa toilette, la gorge découverte, un déshabillé de mousseline blanche fermé par un nœud incarnat jeté sur les épaules, le poignet ceint d'un bracelet fermé par

1. *Portrait de la marquise de Pompadour*, huile sur papier, collé sur toile, (H. 0, 60m. ; L. 0, 45m.), Paris, musée du Louvre.

2. *Portrait de Mme de Pompadour*, 1756, huile sur toile, (H.2, 01m ; L. 1,57m), Pinacothèque de Munich.

un camée à l'effigie du roi [1]. L'académisme de ce portrait surprend chez le peintre favori de la marquise. Elle préférait sûrement celui où elle est assise au milieu de ses livres, à l'ombre d'un bosquet, habillée d'une simple robe montante, agrémentée seulement de quelques nœuds de satin. Elle offrit le plus bel exemplaire de ce tableau à son cher abbé de Bernis, dont les œuvres figurent avec celles de Voltaire parmi les ouvrages qui l'entourent [2]. Mme de Pompadour apparaît sous des traits bien différents, en 1759, dans les jardins de Bellevue sous la statue de *L'Amour et l'Amitié* de Pigalle, en compagnie de son carlin favori, minuscule petit roquet, stupide devant cette femme d'une élégance sublime dans sa robe de taffetas vieux rose garnie de dentelles et de perles [3].

Elle a volontiers prêté ses traits à *L'Amitié* de Pigalle, à *La Musique* de Falconet, à *L'Abondance* d'Adam, à la *Diane* de Tessart, à la *Pomone* de Lemoyne, mais il a presque fallu supplier le capricieux Quentin de La Tour d'exécuter son portrait. La marquise estimait que, mieux qu'un autre, il donnerait d'elle l'image d'une femme mécène, en toute simplicité. Les négociations menées par Vandières traînèrent pendant des mois. L'artiste, probablement très fatigué, renâclait à peindre la favorite. Lorsque ses conditions (au demeurant exorbitantes) furent acceptées, il prit ses aises avec son illustre modèle, lui demandant de pouvoir travailler en sa présence, en tenue confortable, c'est-à-dire débraillée.

Le pastel, qui voulait se hausser à la hauteur d'un grand portrait historique, fut exposé au salon de 1755, sans remporter le succès qu'on en attendait. Le reflet du verre ne le mettait pas en valeur et le public préféra s'attendrir sur une

1. *Mme de Pompadour à sa toilette*, 1758, Cambridge Mass., Fogg Art Museum.

2. *Mme de Pompadour lisant dans un sous-bois*, 1758, Londres, Victoria and Albert Museum.

3. *La marquise de Pompadour devant le groupe de Pigalle, L'Amour et l'Amitié, dans les jardins de Bellevue*, 1759, Londres, Wallace Collection.

représentation posthume de Madame Henriette. On pouvait cependant admirer une grande dame, très élégante dans son habit de cour à ramages bleu et or, apparemment surprise pendant qu'elle consulte une partition, avant d'avoir mis la dernière main à sa toilette : elle ne porte encore aucun bijou. Le regard est vif, plein de gaieté, les lèvres frémissantes, prêtes à parler, mais pas de frivolités. Ce sont les livres posés sur sa table qui occupent sa pensée : *L'Histoire naturelle* de Buffon, *L'Esprit des Lois* de Montesquieu, *La Henriade* de Voltaire, le *Pastor Fido* [1], un tome de *l'Encyclopédie*, dont les planches illustrant *l'Art du menuisier* tombent négligemment sur un grand portefeuille frappé aux armes de Pompadour. A côté de ces ouvrages prestigieux, un livre plus modeste, intitulé *Pierres gravées.* Ce sont les œuvres personnelles de Mme de Pompadour. A ses heures perdues, la marquise s'adonnait à la gravure. Elle possédait à Versailles un tour pour graver les pierres fines ainsi qu'une presse d'imprimerie en taille douce. Sous la direction de Guay [2], elle maniait agréablement le burin, choisissant de préférence des sujets exaltant la gloire de son amant ainsi que des scènes mythologiques. Elle a laissé 63 estampes, dont les originaux se trouvent à la Bibliothèque de l'Arsenal. Il lui prit aussi la fantaisie d'imprimer quelques pages de la *Rodogune* de Corneille.

Jeanne-Antoinette avait alors renoncé au théâtre. Elle était trop occupée et trop fatiguée pour apprendre de nouveaux rôles. Les spectacles de Bellevue n'avaient d'ailleurs pas remporté le même succès que ceux de Versailles. Il fallait trouver d'autres plaisirs. La dernière saison théâtrale, celle de 1753, s'était cependant achevée en beauté avec *Le Devin de*

1. Cette pastorale (1589) de Guarini, qui rivalisait avec *L'Aminta* du Tasse, restait l'un des modèles de la poésie baroque et continuait d'être appréciée au XVIIIe siècle.

2. Jacques Guay (1705-1787) avait été l'élève de Boucher avant de se consacrer à la gravure. Il était graveur du cabinet du roi où il avait succédé à Barrier.

village d'un auteur peu connu à la Cour, Jean-Jacques Rousseau. Il avait composé les paroles et la musique de ce petit opéra qu'on avait joué, tout d'abord, à Fontainebleau [1]. La marquise avait été tellement séduite, qu'elle avait voulu le remonter à Bellevue, bien que Rousseau eût refusé de se rendre à l'invitation du roi, qui voulait lui accorder une pension. L'idée d'être joué par la favorite et ses amis n'impressionna guère favorablement l'heureux auteur : « Comme tout cela sera exécuté par des seigneurs et des dames de la Cour, je m'attends à être chanté faux et estropié, ainsi je n'irai point, écrivit-il à Mme de Warens. D'ailleurs, n'ayant point voulu être présenté au roi, je ne veux rien faire de ce qui aurait l'air d'en rechercher de nouveau l'occasion [2]. » Cependant, après la représentation de Bellevue, Louis XV, qui avait beaucoup aimé son œuvre, lui envoya cent louis et Mme de Pompadour lui en fit remettre cinquante, ce qui lui valut un compliment fort alambiqué de ce misanthrope institutionnel.

Quelques mois plus tard, le roi et sa favorite se fussent abstenus de faire monter le divertissement de Rousseau. Ce dernier se distinguait alors par sa férocité dans ce qu'on appelait la querelle des Bouffons, véhémente polémique engagée entre les partisans de l'opéra français et ceux de l'opéra italien. Les uns, fidèles à la tradition de Lulli, portaient aux nues l'œuvre de Rameau, que les autres considéraient comme l'expression d'un art compassé et démodé, symbolisant un régime absolutiste. Ils recherchaient le pathétique et la sensibilité. La présence d'une troupe d'opéra-comique italien, « Les Bouffons », qui donnait la *Serva padrona* de Pergolese, divisait alors Paris en deux camps : « le coin du roi » regroupait les traditionalistes du côté de la loge du souverain ; « le coin de la reine » rassemblait, sous celle de son épouse, les esprits novateurs, à la tête desquels se trouvaient Diderot, d'Alembert, d'Holbach,

1. Le 18 et le 24 octobre 1752.
2. Jean-Jacques Rousseau, *Correspondance complète*, t. II, p. 212.

Grimm et Rousseau. Ce dernier, dans sa *Lettre sur la Musique*, publiée en novembre 1753, ravalait la musique française plus bas que terre, et attaquait Rameau avec une véhémence proche de l'injure. Ce fut un tollé. Rameau, qui passait à juste titre pour le plus grand compositeur de son temps, trouva des défenseurs. Mais comme ils appartenaient tous au parti anti-philosophique, les philosophes se virent contraints de soutenir Rousseau. Et cette querelle technique, qui aurait dû rester une affaire de spécialistes, se politisa aussitôt, alimentant les griefs des traditionalistes contre l'esprit philosophique et leur grand œuvre, l'*Encyclopédie.*

Si Mme de Pompadour était restée Mme d'Etiolles, elle aurait sans nul doute épousé pleinement la cause des philosophes, pris parti pour l'opéra italien et défendu ardemment l'*Encyclopédie.* Mais sa situation auprès Louis XV la mettait dans une situation fausse par rapport à ses goûts réels. Connaissant l'aversion du roi pour la « secte philosophique », elle se vit obligée de défendre l'école française, et commanda un opéra à Mondonville, qui dut composer en toute hâte *Titon et l'Aurore.*

Défendre l'*Encyclopédie*, dont elle avait encouragé la publication, était infiniment plus périlleux que de prendre parti dans la querelle des Bouffons. On s'en souvient, la marquise rencontrait, chez le docteur Quesnay, Diderot et d'Alembert, qui n'avaient pas droit de cité à Versailles. Leur projet d'un ouvrage rassemblant la somme de toutes les connaissances humaines l'avait d'emblée séduite et les deux premiers tomes étaient sortis des presses en 1752. Mais lorsque Mgr Boyer avertit le roi des tendances suspectes de l'œuvre, qui tendait à « détruire l'autorité royale, à établir l'esprit d'indépendance et de révolte, et sous des termes obscurs et équivoques, à élever les fondements de l'erreur, de la corruption des mœurs, de la religion et de l'incrédulité », Louis XV en interdit la publication. Malesherbes, alors directeur de la librairie, sauva l'entreprise, en conservant précieusement chez lui tous les manuscrits inédits, condamnés à être saisis et brûlés. Il est fort possible que Mme de Pompadour ait été mise dans la confidence. Diderot implora son aide. Elle lui répondit avec une fermeté qui ne laissait aucun doute sur sa loyauté à l'égard de la politique royale, sans pourtant faire mystère du mépris que lui inspiraient les dévots. « Je ne puis rien dans l'affaire du *Dictionnaire encyclopédique*, lui écrivit-elle. On dit qu'il y a dans ce livre des maximes contraires à la religion et à l'autorité des rois. Si cela est, il faut brûler le livre ; si cela n'est pas, il faut brûler les calomniateurs. Mais malheureusement ce sont les ecclésiastiques qui vous accusent, et ils ne veulent pas avoir tort. Je ne sais que penser sur le tout, mais je sais quel parti prendre : c'est de ne m'en mêler en aucune manière. Les prêtres sont trop dangereux.

« Cependant, tout le monde me dit du bien de vous. On estime votre mérite ; on honore votre vertu. Sur ces témoignages qui vous sont si glorieux, je vous crois presque innocent et je me ferais un plaisir de vous obliger en toute chose. La proscription de l' *Encyclopédie* est un point résolu sur la déposition des dévots, qui ne sont pas toujours justes et vrais. Si le livre n'est pas tel qu'ils le disent, je ne puis que vous plaindre et détester l'hypocrisie et le faux zèle, en attendant que vous m'offriez une occasion de vous être utile [1]. » Elle encouragea secrètement Diderot [2] et d'Alembert à poursuivre leur travail, leur conseillant cependant de se montrer prudents sur le chapitre de la religion et du pouvoir royal. Il lui fut clairement répondu que les écrivains ne pou-

1. Diderot, *Œuvres complètes*, éd. Lewinter, t. II, p. 895, d'après une copie mss. B.N. Mss. Fs. Na.fr. 13781.

2. Diderot ne débordera pas de reconnaissance à l'égard de Mme de Pompadour. « Qu'est-il resté de cette femme, qui nous a épuisés d'hommes et d'argent, laissés sans honneur et sans énergie, et qui a bouleversé le système de l'Europe ? Le traité de Versailles, qui durera ce qu'il pourra ; l'*Amour* de Bouchardon qu'on admirera à jamais ; quelques pierres gravées par Guay, qui étonneront les antiquaires à venir ; un bon petit tableau de Van Loo qu'on regardera quelquefois, et une pincée de cendres [...] », in Diderot, *Œuvres complètes*, éd. Lewinter, t. VI, p. 29, « Salon de 1765 ».

vaient admettre l'autocensure [1]. En petit comité, Mme de Pompadour ne se gênait pas pour vanter les mérites de l'*Encyclopédie* à Louis XV, en insistant sur le côté pratique de l'ouvrage. De guerre lasse, le roi finit par céder et la publication se poursuivit, ce qui n'empêcha pas le souverain de conserver toujours la même suspicion à l'égard des encyclopédistes. Lorsque Marmontel recommanda d'Alembert à la marquise pour qu'il obtînt une pension, elle lui répondit : « C'est une tête chaude [...]. Il s'est passionné pour la musique italienne et s'est mis du parti des bouffons [2]. » Marmontel rappela timidement que d'Alembert était, avant tout, l'auteur de la préface de l'*Encyclopédie.* D'Alembert ne reçut jamais de pension. La favorite savait que Louis XV eût été inflexible sur ce chapitre.

La marquise tenta discrètement de faire rentrer en grâce son vieil ami Voltaire, après avoir reçu Mme Denis, venue plaider la cause de son oncle. Mais le long séjour du philosophe auprès de Frédéric II n'était pas fait pour amadouer le souverain, déjà fort prévenu contre son ancien historiographe. Richelieu, lui aussi, essaya vainement d'amadouer Louis XV. La marquise continuait cependant de suivre la carrière du grand homme et la présence de *La Henriade* parmi les ouvrages figurant sur le pastel de La Tour montre qu'il demeurait l'un de ses auteurs de prédilection. Montesquieu eut davantage de chance. Il faut dire que ses vœux étaient beaucoup plus modestes. Il vint solliciter la marquise pour la destruction d'un ouvrage encore sous presse, qui était une réfutation de l'*Esprit des Lois,* signé du fermier général Dupin. Grande admiratrice de l'œuvre du président de Montesquieu, Mme de Pompadour lui promit d'intervenir et le petit livre de Dupin ne vit pas le jour.

Son cher abbé de Bernis ayant été nommé ambassadeur à Venise, grâce à sa protection, la marquise ne recevait plus régulièrement chez elle que deux hommes de lettres, Pinot

1. D'Argenson, *op. cit.,* t. VII, p. 224.
2. Marmontel, *op. cit.,* p. 151.

Duclos et Marmontel. Auteur de *Contes moraux*, mais surtout de *Mémoires* très savoureux, ce dernier passait un peu pour son conseiller littéraire. Elle encourageait ses travaux et lui avait fait obtenir une sinécure dans à la direction des Bâtiments où le marquis de Marigny régnait en maître. Lorsque Marmontel vint la remercier, elle lui dit, non sans une certaine hauteur : « Les gens de lettres ont dans la tête un système d'égalité qui les fait manquer quelquefois aux convenances. J'espère, Marmontel, qu'à l'égard de mon frère vous ne les oublierez jamais [1]. » Marmontel comprit très vite qu'il fallait ménager chez ce jeune homme « un amour-propre inquiet, ombrageux, susceptible à l'excès. [...] La méfiance de craindre qu'on ne l'estimât pas assez, et qu'on ne dît de lui, malignement et par envie, ce qu'il y avait à dire sur sa naissance et sur sa fortune, cette inquiétude était au point que si, en sa présence, on se disait quelques mots à l'oreille, il en était effarouché [2] ».

L'amour que la marquise éprouvait pour les œuvres littéraires allait de pair avec son goût pour la bibliophilie. Elle lisait beaucoup et retenait l'essentiel de ses lectures, ce qui lui permettait de parler avec aisance, sans pédantisme, en toutes circonstances. A Etiolles, elle avait déjà constitué une bibliothèque qu'elle ne cessa jamais d'enrichir, achetant régulièrement aux libraires. Il lui arriva d'acquérir une bibliothèque entière, comme celle de Godart de Beauchamps, qui comprenait essentiellement des œuvres dramatiques. A la fin de sa vie, elle avait rassemblé plus de quatre mille ouvrages, qui furent dispersés aux enchères [3]. L'essentiel du fonds était constitué par les belles-lettres et l'histoire, avec des éditions des XVIIe et XVIIIe siècles. On y trouvait une majorité de romans et d'œuvres dramatiques dont l'édition monumentale de Pierre Corneille, illustrée par Gravelot. Elle avait d'ailleurs soutenu l'entreprise, pro-

1. Marmontel, *op. cit.*, p. 129.
2. *Ibid.*
3. *Cf. infra*, chap. 25.

posée par Voltaire afin de doter la descendante du poète [1]. Toujours raffinée, la marquise avait fait exécuter par Padeloup, Dubuisson, Douceur, Bisiaux et Derôme des reliures en maroquin rouge, bleu, vert et citron. Un certain nombre étaient mosaïquées, mais la plupart restaient très sobres.

1. La publication était limitée à 2 500 exemplaires. Louis XV en souscrivit deux cents et Mme de Pompadour, cinquante.

17

La tentation de la politique

Bien qu'elles fussent discrètes, les « amours » de Louis XV affligeaient et humiliaient la marquise. Morphise était près d'accoucher. Cette fille de savetier allait mettre au monde l'enfant du roi, que Jeanne-Antoinette avait rêvé de porter et de donner à son amant. On murmurait à Versailles que le souverain allait reconnaître ce petit bâtard, et « déclarer » sa mère comme maîtresse. Mme de Pompadour tremblait, sans manquer la moindre occasion d'affirmer sa puissance. Personne ne contestait l'empire qu'elle exerçait sur le souverain, mais sa jalousie, (car il s'agissait bien de cela), risquait de lui faire commettre des maladresses. Lorsqu'elle évoquait avec le monarque les affaires du royaume, en particulier celles du parlement, elle n'hésitait pas à faire preuve d'une certaine acrimonie, en lui affirmant que ses sujets le mépriseraient s'il ne manifestait pas plus de fermeté avec les magistrats. Elle essayait toujours d'exalter chez lui le sens de la grandeur souveraine, qu'il possédait à un degré très élevé, mais qu'une indolence naturelle paralysait trop souvent. Le roi restait impopulaire. Sur le piédestal de la statue que Bouchardon devait ériger plus tard place Louis-XV, on put lire : « Cet habitant des bois s'est retiré ici, hors de la ville, comme il est hors du cœur de ses sujets [1]. »

1. D'Argenson, *op. cit.*, t. VIII, p. 280.

Le père Laugier, qui prêcha le carême de 1754 à la Cour, ne ménagea guère le souverain, qui « devant tout faire, ne faisait rien ». Il fustigea les ministres qui, « faisant tout, abusaient de leur pouvoir »; plaignit « un peuple que l'on forçait à la désobéissance, en lui demandant ce qu'il n'avait plus, puisqu'il avait tout donné »; s'indigna que l'argent pût « couler à grands flots pour des bâtiments et pour des choses inutiles [1] ». Personne ne dit mot et Louis XV ne fit aucun commentaire sur ce sermon. Cependant, la marquise n'était visée que pour ses seules dépenses, et non pour la vie dissolue qu'elle imposait au monarque. De Morphise, il n'était pas question.

La belle créature accoucha au mois de mai. On prétendit que Mme de Pompadour s'était offerte pour élever l'enfant. « A l'exemple de l'illustre Maintenon [2] », persiflait d'Argenson. Il n'en fut rien. Le roi ne reconnut pas le fruit de ses amours et Morphise ne tarda pas à disparaître de sa vie. On prétendit que la maréchale d'Estrées, entrée en relations, on ne sait comment, avec cette petite maîtresse, lui aurait suggéré de demander au roi le renvoi de sa vieille marquise. Naïvement, Morphise se serait exécutée et Louis XV l'aurait congédiée, en la mariant avec un jeune gentilhomme sans le sou, qui rêvait d'un avenir brillant, Jacques de Beaufranchet, capitaine aide-major au régiment de Beauvaisis. Il épousa Morphise, pourvue d'une jolie dot, mais fut tué, en 1757, à la bataille de Rosbach [3].

Le peu d'attention prêté par Louis XV à son bâtard apaisa Mme de Pompadour. Celle-ci coulait des jours paisibles à Bellevue, lorsqu'on vint la prévenir, le 15 juin 1754, que sa fille, Alexandrine, venait de mourir subitement, au couvent de l'Assomption. Prise de convulsions et

1. D'Argenson, *op. cit.*, t. VIII, p. 266.
2. *Ibid.*, p. 297.
3. Morphise se remaria deux ans plus tard avec un Le Normant, receveur des tailles de Riom et cousin éloigné de Le Normant d'Etiolles.

de terribles douleurs abdominales, elle avait expiré après quatre heures de souffrances, sans que les médecins eussent pu la sauver [1]. Prévenu en toute hâte, son père avait assisté à ses derniers moments. La nouvelle terrassa la marquise. Elle perdit connaissance et il fallut la saigner. Pendant deux jours, on la crut perdue. Accouru auprès d'elle, le roi dormit à Bellevue et passa des heures à tenter d'apaiser un chagrin dont la violence dépassait ce qu'on pouvait attendre d'une femme habituée à surmonter ses émotions. La reine lui envoya un page pour lui faire part de ses condoléances. Alors que l'ex-future duchesse de Picquigny reposait déjà dans le chœur de la chapelle des dames de l'Assomption, sa mère restait encore prostrée [2]. La mort de M. Poisson, survenue dix jours plus tard, ne fit qu'aggraver son état. Cependant une force indomptable soutenait Mme de Pompadour. Elle décida de vivre pour le roi, puisque tel était son choix depuis qu'elle était auprès de lui.

Surmontant sa détresse, elle reprit ses habitudes à la Cour. Le décès d'Alexandrine étant survenu quelques jours avant le mariage de trois jeunes parentes, dont elle avait été l'instigatrice et qu'elle avait décidé de célébrer à Bellevue ; on crut que les noces ne se feraient pas. La marquise se contenta de retarder la cérémonie. Ses deux nièces, Mlles de Baschi, épousèrent M. de Lugeac et M. d'Avaray ; et Mlle de Chaumont-Quitry, une cousine éloignée, s'unit à M. d'Amblimont. C'étaient trois petites filles, dont l'aînée avait tout juste treize ans. Trop boule-

1. Le rapport d'autopsie laisse à penser qu'Alexandrine avait été victime d'une péritonite aiguë. Mais, comme pour toute mort violente et inexpliquée, on parla d'empoisonnement.

2. Le 19 octobre 1754, la dépouille d'Alexandrine fut exhumée du chœur des dames de l'Assomption pour être transportée jusqu'à la sépulture familiale, située dans une chapelle de l'église des Capucines que le duc de La Tremoille avait cédée à Mme de Pompadour. Mme Poisson, mère de la marquise, y reposait déjà.

versée pour les conduire elle-même à la paroisse de Versailles où l'on célébra la cérémonie religieuse, elle accueillit les jeunes ménages et leurs familles pour un festin, à Bellevue. Le soir même du grand jour, les nouvelles épouses regagnèrent leur couvent, comme l'eût fait la malheureuse Alexandrine s'il elle avait vécu encore un an.

Dès les premiers jours du mois de juillet, Mme de Pompadour soupait de nouveau dans les cabinets avec le monarque et leurs familiers. Et, comme chaque année, à la même époque, elle partit pour Compiègne. Le prince de Croÿ se rendit à sa toilette, où elle avait l'habitude de recevoir ambassadeurs et courtisans. « J'y vis pour la première fois la marquise depuis la perte de sa fille, coup affreux dont je la croyais écrasée, dit-il. Mais comme trop de douleur aurait fait trop de tort à sa figure et peut-être à sa place, je ne la trouvai ni changée ni abattue, et par un de ces miracles de cour qui sont fréquents de cette sorte, je ne la trouvai ni plus mal, ni affectant l'air plus sérieux. Cependant, elle avait été rudement frappée, et elle était vraisemblablement aussi malheureuse intérieurement qu'elle paraissait heureuse extérieurement [1]. » Le soir, il la vit badiner gaiement avec le roi. Cependant sa douleur demeurait extrêmement vive : « Tout bonheur est mort pour moi avec ma fille », disait-elle.

Pendant les mois qui suivirent, la marquise vécut comme les automates dont raffolaient les collectionneurs. Souvent malade, elle s'isolait dans sa chambre, songeait à fuir la Cour et retrouvait soudain les forces nécessaires pour paraître, comme dans un rêve, gracieuse et détendue, en présence du roi et des courtisans. Comme à son habitude, elle organisa tous les divertissements de Fontainebleau. Mais l'épuisement la guettait. « Mes nerfs ont été en bien mauvais ordre depuis dix jours. Je me sens mieux dans ce

1. Croÿ, *op. cit.*, t. I, p. 282.

moment [...]. La tête a trop d'empire sur le corps et y produit des effets trop funestes [1] », écrivait-elle à Richelieu le 12 décembre suivant.

Seul l'amour qu'elle éprouvait pour Louis XV, le souci de sa gloire la maintenaient en vie. Aussi continuait-elle de suivre avec attention les affaires du royaume, dont l'état inspirait bien des inquiétudes. La fronde parlementaire liée aux querelles religieuses restait une préoccupation majeure. Le 20 août 1754, après de longues négociations menées par le prince de Conti, le roi avait fini par rappeler les parlementaires exilés. Leur rentrée se fit, le 4 septembre, sous les acclamations populaires. Ce même jour, les magistrats enregistrèrent une déclaration royale assez sibylline. Elle imposait « silence » aux deux partis « sur les matières qui avaient fait l'objet des dernières divisions », c'est-à-dire les billets de confession, et enjoignait au parlement « de procéder contre les contrevenants, conformément aux ordonnances ». Ces Messieurs ne cachèrent pas leur satisfaction, car ils pouvaient interpréter cette « loi du silence » dans un sens favorable à leurs prétentions gallicanes. L'occasion ne tarda pas à se présenter. Le curé de Saint-Etienne-du-Mont ayant refusé d'administrer une ancienne « convulsionnaire », ils dénoncèrent l'affaire au roi, qui en référa aussitôt à Mgr de Beaumont, lequel soutint ses prêtres. Après avoir entendu successivement le prélat et M. de Maupeou, président du parlement de Paris, Louis XV trancha en faveur de ce dernier. Afin d'éviter que le parlement n'engageât des poursuites contre l'archevêque, le roi lui adressa une lettre de cachet, l'obligeant à s'exiler dans sa maison de Conflans.

Le parlement exultait et ce fut du délire lorsque Maupeou publia la lettre du roi. « J'ai marqué mon mécontentement à l'archevêque de Paris, disait Louis XV, en le punissant de manière à faire connaître la ferme résolution où je suis de

1. Lettre de Mme de Pompadour au duc de Richelieu, Bibliothèque Victor Cousin, Fonds Richelieu, 24, fol. 130. Inédit.

maintenir la paix dans mon royaume [1]. » Les Parisiens jubilaient : le roi avait osé « punir » l'archevêque. « On admire, écrit l'avocat Barbier, la fermeté du roi et on l'élève autant qu'on l'avait rabaissé depuis deux ans [2]. »

On prétendit que la lettre du roi avait été écrite chez la favorite, qui l'aurait inspirée : Mme de Pompadour, amie des philosophes, n'aurait pas manqué de se venger des prêtres, qui lui étaient hostiles. Cependant tout laisse à penser qu'elle adopta une attitude très prudente. Depuis qu'elle ne couchait plus avec Louis XV, elle souhaitait, sinon gagner l'appui des dévots, du moins étouffer leur ressentiment à son égard. Elle estimait nécessaire de désarmer ses vieux ennemis, pour mieux conserver sa place à côté du monarque et jouir du pouvoir politique, qui la fascinait chaque jour davantage. Dans l'espoir de régler cet inextricable conflit entre le parlement et le clergé, elle avait fait nommer ambassadeur à Rome le comte de Choiseul-Stainville, celui-là même qui l'avait sauvée de la disgrâce lors de l'affaire Choiseul-Beaupré.

Une correspondance régulière s'était établie entre eux [3]. « Je voudrais que vous puissiez vous ménager les moyens de parler seul au pape », lui dit-elle lors de l'exil de Mgr de Beaumont. « Occupez-vous sans cesse des grandes affaires dont vous êtes chargé et auxquelles je veux absolument que vous réussissiez », écrivit-elle quelques jours plus tard. La mission de Choiseul auprès du pape était hérissée de difficultés, malgré les idées de tolérance que professait Sa Sainteté Benoît XIV. La plupart des évêques de France s'étant solidarisés avec Mgr de Beaumont et ayant fait appel au Saint-Père, on pouvait craindre que celui-ci ne s'immisçât dans les affaires intérieures du royaume, ce que Louis XV voulait éviter à tout prix. Choiseul avait reçu des instruc

1. Texte cité par Barbier, *op. cit.*, t. VI, p. 82.
2. *Ibid.*, p. 84.
3. « Lettres de madame de Pompadour à Choiseul », éditées par le général de Piépape, *Revue de l'Histoire de Versailles*, 19e année, 1917, p. 13, 17.

tions très strictes à ce sujet : tout en assurant le souverain pontife des sentiments respectueux du roi Très Chrétien, il devait lui faire comprendre qu'il réglerait seul et sans aucun arbitrage le conflit qui l'opposait à une partie de son clergé. Mais l'exil prononcé contre l'archevêque de Paris, bientôt suivi de celui de plusieurs autres prélats, aggrava brutalement la crise.

Pendant cette période cruciale, la marquise encourage Choiseul dans ses négociations, le tient au courant des événements de la Cour, mais l'essentiel de ses lettres concerne les rapports du clergé et du parlement. De cette correspondance, se dégage l'impression qu'elle admire l'ambassadeur et tient à lui réserver une place de premier plan dans un avenir proche. En attendant, il doit faire ses preuves et elle le lui rappelle sans cesse. Elle a compris d'emblée qu'elle se trouvait en présence d'un homme d'une intelligence politique très supérieure à celle des ministres en place. De toute évidence, il lui apparaît comme le futur grand homme, dont elle veut faire la carrière et sur lequel elle rêve de s'appuyer.

A l'égard des affaires religieuses, la marquise reste très modérée, condamnant autant les excès des dévots que les ardeurs belliqueuses du parlement. Elle recherche une voie moyenne susceptible de rétablir la paix intérieure, tout en ménageant l'autorité du souverain pontife. « Le fanatisme est ici à l'excès. Je ne fais pas de réflexion sur la conduite que l'on tient ; je gémis et je me tais », écrit-elle à Choiseul, le 21 avril. Le parlement venait alors de rouvrir le conflit que l'on pouvait croire terminé, depuis que le roi avait décidé, en accord avec une assemblée de vingt-six évêques, que les billets de confession ne seraient plus exigés de ceux qui demanderaient les sacrements. Mais le parlement, se croyant maître de la discipline ecclésiastique, avait adopté, le 18 mars, un arrêt stipulant que la fameuse bulle *Unigenitus* n'avait ni « le caractère », ni « les effets d'une règle de foi ». Le roi avait aussitôt cassé cet arrêt et proclamé de nouveau que la bulle était « loi de l'Eglise et de l'Etat ». Mme de

Pompadour s'inquiète évidemment des réactions du pape et compte sur l'habileté de Choiseul pour faire admettre au souverain pontife la nécessité de temporiser et de laisser le roi agir seul dans cette affaire : « Ma dernière lettre vous aura appris combien la conduite que l'on tient m'a affligée, lui dit-elle le 28 avril. Il faut attendre du temps et du fond de religion dont on est rempli le remède aux maux présents. Vous pourrez cependant affirmer que le roi aime et aimera toujours l'Eglise et qu'il la soutiendra envers et contre tous. [...] Redoublez de courage et d'attachement pour le Saint-Père ; tâchez de conserver son crédit, augmentez-le s'il est possible, et soyez sûr que la cour de Rome n'y perdra pas [1]. » Elle réitère ses encouragements à l'ambassadeur une dizaine de jours plus tard : « Quelque tourment que le roi et ceux qui y sont attachés se donnent pour accommoder les affaires, les monstres y viennent toujours à la traverse. [...] Les honnêtes gens se désespèrent. Je voudrais bien que vous puissiez rendre quelque important service au roi. Mon amitié pour lui ne m'a pas laissée dans l'inaction à son sujet. Je suis de votre avis sur le parlement et le clergé : le terme ne peut se fixer. Il dépend du temps et le bandeau tombera de dessus les yeux [2]. » Et lorsqu'elle apprend que Benoît XIV approuve l'attitude Louis XV, elle exulte : « J'aime le Saint-Père à la folie. Je voudrais que mes prières fussent bonnes : j'en dirais tous les jours à son intention. [...] On paraît satisfait de vos services. [...] J'ai pris toutes les précautions pour être instruite du bien de l'Etat [3]. »

1. Rouillé, le ministre des Affaires étrangères, écrivait alors à Choiseul : « Vous pouvez assurer le pape que le roi est extrêment mécontent de ces nouvelles entreprises de son parlement et que S.M. prendra incessamment les mesures nécessaires pour calmer les inquiétudes qu'on pourrait concevoir dans le pays où vous êtes à l'occasion de ce qui vient de se passer. » (A.A.E. Corresp. pol. Rome t. DCCCXVII, fol 301, cité par Maurice Boutry, in *Choiseul à Rome*, p. 44.)

2. « Lettres de Mme de Pompadour à Choiseul », éd. Piépape, p. 18, 19.

3. *Ibid.*, lettre du 12 mai.

Mais l'assemblée du clergé, réunie à Paris au mois de mai 1755 sous la présidence du cardinal de La Rochefoucauld, s'étant aussitôt divisée en deux camps, les prélats sollicitèrent l'intervention papale. A Versailles, on redoutait encore que le pape, soucieux de mettre fin au conflit, ne prît quelque décision autoritaire, susceptible de mettre le feu aux poudres dans le royaume. Sur les ordres du roi, Choiseul dut encore négocier afin que Benoît XIV ne devînt pas l'arbitre d'un conflit franco-français, reposant sur des questions d'ordre religieux mais dont les enjeux étaient essentiellement politiques.

Au cours de cette nouvelle crise, la marquise prend résolument le parti des ecclésiastiques modérés – vers lequel incline le pape – contre celui des magistrats : « Le parlement se démène d'importance. Le roi se fera ferme. Il faudra bien que ces petits républicains cèdent à l'autorité fondée sur la justice. [...] Les frondeurs du traité, les parlementaires, rien n'ébranlera mon courage. Soyez donc tranquille et aimez-moi toujours. Vous savez bien, petite excellence, que je le mérite [1]. » Mme de Pompadour rêve de mettre fin à cette querelle qui s'éternise d'autant plus dangereusement qu'une menace de guerre pèse sur le royaume. Elle souhaite que le pape publie une encyclique abrogeant l'*Unigenitus* : « Quelles que soient les difficultés que vous trouverez, je ne doute pas du succès. Vous mettrez en usage l'esprit de persuasion que vous avez acquis, l'amitié du Saint-Père, la finesse et le liant de votre caractère et plus encore votre attachement pour le roi, pour son repos et pour le bien de l'Etat. [...] Il est cependant très vrai que vous contribuez beaucoup à ma tranquillité. Je ne puis y aspirer tant que le roi sera tourmenté et le royaume en combustion. Jugez quelle sera l'obligation que je vous aurai. Je n'en sentirai pas le poids, Monsieur. L'amitié que j'ai pour vous le rendra plus léger [2]. »

1. *Ibid.*, lettre du 28 juin, p. 21.
2. *Ibid.*, lettre du 1er décembre, p. 22.

Choiseul, qui négociait avec finesse, fut reçu dans l'ordre du Saint-Esprit, le 1er janvier 1756, grâce à la marquise. Mais ce n'est qu'au mois d'octobre suivant qu'il obtint du Saint-Père une encyclique qui allait dans le sens souhaité par Louis XV. Elle maintenait la constitution *Unigenitus*, mais les billets de confession ne devaient plus être exigés, ce qui ne suffit pas à désarmer le parlement, dont la lutte ne tarda pas à reprendre [1].

Jamais Mme de Pompadour n'avait été mêlée d'aussi près à la politique de la France. Pour éviter d'importuner Louis XV dans leurs entretiens privés, elle préférait lui écrire de longues lettres, dont la franchise étonna beaucoup l'abbé de Bernis, à qui elle en montra les copies lorsqu'il revint en France au printemps de 1755, après trois ans passés à Venise en qualité d'ambassadeur. Elle ouvrit son cœur à l'abbé qui avait guidé ses premiers pas dans « ce pays-ci », dont elle était maintenant fort dégoûtée, et qu'elle songeait parfois à quitter. C'est, du moins, ce qu'elle lui confia lors de leurs premiers entretiens, où elle évoqua les intrigues de Mme d'Estrades, qui avait voulu l'évincer en élevant Mme de Choiseul-Beaupré au rang de maîtresse déclarée. Elle fit lire également à l'abbé le double de la correspondance qu'elle avait adressée à Louis XV pour lui demander la permission de se retirer de la Cour. Bernis « ne vit pas là la ferme résolution de quitter le monde [2] ». En revanche, il trouva ses lettres politiques « admirables ». Il n'aurait pas cru la marquise capable de « dire la vérité au roi avec tant d'énergie et même d'éloquence [3] ». Aussi l'exhorta-t-il à poursuivre son travail de conseillère secrète. Ayant constaté qu'elle était parfaitement au courant de toutes les affaires, il déplora devant elle « le désordre des finances, l'insubordination universelle et de la perte de l'autorité du roi [4] ».

1. *Cf. infra*, chap. 19.
2. Bernis, *op. cit.*, t. I, p. 208.
3. *Ibid.*
4. *Ibid.*, p. 209.

Leur intimité de naguère permit à Bernis de donner quelques judicieux avis à son amie. Puisqu'elle n'était plus, au sens propre du terme, la maîtresse du roi, elle devait cesser de lui faire des scènes de jalousie. Il lui fallait s'efforcer de « rendre sa société aimable » au souverain, pour qu'il l'écoutât sereinement. L'abbé lui suggérait, en outre, de se rapprocher du comte d'Argenson, afin d'apaiser les différends existant entre lui et Machault, qu'il estimait préjudiciables au gouvernement. Mme de Pompadour commença par se cabrer, mais il ne tarda pas à la convaincre, lui promettant de négocier cette réconciliation, qu'il ne parvint d'ailleurs pas à mener à bien à cause de l'obstination du ministre.

Enfin, Bernis essaya d'apaiser l'hostilité de la marquise à l'égard du prince de Conti. Ses entretiens confidentiels avec Louis XV l'irritaient au plus haut point. Le roi ne lui parlait pas de cette diplomatie secrète, qu'il menait avec une équipe distincte des services officiels. Le prince de Conti en constituait l'un des rouages essentiels [1]. A l'instar des femmes de Barbe-Bleue, Mme de Pompadour brûlait de savoir ce qui se disait entre le roi et son lointain cousin. Elle avait ainsi conçu une jalousie féroce à l'égard de ce gentilhomme hautain, qu'elle voulait éloigner du roi. Bernis la mit en garde, lui suggérant de dire tout simplement à Louis XV : « Si vous voulez le charger de vos affaires, faites-le entrer dans votre conseil ; si vous n'avez pas assez de confiance en lui pour lui donner cette place, remettez à vos ministres la conduite des affaires dont ce prince a usurpé le département [2]. » La marquise écouta les conseils de Bernis et s'en trouva fort bien.

1. C'est cette politique, menée par Louis XV pour mettre le prince de Conti sur le trône de Pologne, que l'on a pris l'habitude d'appeler « le secret du roi ». Le projet ne put aboutir, mais le comte de Broglie, principal agent de Louis XV, parvint, non sans mal, à établir des relations confiantes entre le roi et la tsarine Elisabeth. (*Cf.* Michel Antoine, *Louis XV*, p. 729-731 ; et surtout, le duc de Broglie, *Le secret du roi, Correspondance secrète de Louis XV avec ses agents diplomatiques. (1752-1774).*

2. Bernis, *op. cit.*, t. I, p. 208.

Alors que Mme de Pompadour suivait de près l'évolution des affaires du clergé, la situation internationale était devenue préoccupante, car la paix d'Aix-la-Chapelle n'avait jamais été autre chose qu'une trêve. Les sujets de conflits entre les grandes puissances demeuraient entiers. La rivalité anglo-française s'était exacerbée dans les colonies; sur le continent, l'Autriche voulait prendre sa revanche sur la Prusse, laquelle n'avait d'autre but que la domination de l'Allemagne Au moindre incident, une guerre pouvait de nouveau éclater, ayant pour théâtre aussi bien l'Europe que les territoires situés outre-mer.

Louis XV, dont la marine était très inférieure à celle de l'Angleterre, n'avait pas l'intention de provoquer cette vieille ennemie, qui souhaitait chasser les Français d'Amérique du Nord, des Antilles et des Indes. A l'affrontement qu'il redoutait, le roi préférait la négociation. Quant à Mme de Pompadour, elle avait été longtemps persuadée qu'il n'y avait plus rien à craindre de l'Angleterre. Ayant accueilli avec grâce son ambassadeur, elle entretenait, par son intermédiaire, des relations très cordiales avec le duc de Newcastle [1], sans se douter des véritables intentions du cabinet de Saint James, que l'ambassadeur de France lui-même avait été incapable de déceler. Sans doute parce que le prétexte du conflit se situait très loin, au Canada, où les frontières entre possessions françaises et anglaises n'étaient pas clairement délimitées. Depuis le Québec, les Français avaient pénétré vers les Grands Lacs et pris possession de la Louisiane, dominant ainsi des territoires immenses, mais sous-peuplés. Beaucoup plus nombreux que les Français, les Anglais, qui possédaient treize colonies s'étendant sur le littoral, les accusaient de bloquer leur expansion vers l'ouest. Les colons britanniques exigeaient de leur métropole la destruction de la puissance française. Pour l'heure, le principal point stratégique était le cours de l'Ohio, qui constituait le plus court

1. Secrétaire d'Etat, le duc de Newcastle avait succédé à Walpole et était devenu le principal conseiller de George II.

chemin entre la Louisiane et le Canada. Les incidents s'étant multipliés sur les rives du Saint-Laurent, autour de Québec et de Montréal, les Anglais avaient envoyé, au mois d'octobre 1754, une escadre sous le commandement de l'amiral Boscawen, chargé de capturer et de détruire les vaisseaux français transportant des troupes ou des munitions. A Versailles, on demeurait dans l'expectative. Au mois de juin 1755, à l'improviste, sans déclaration de guerre, les Anglais attaquèrent les Français. On n'en savait encore rien en France, lorsque la Cour partit pour Compiègne au début du mois de juillet 1755.

18

Négociations secrètes

A Compiègne, l'été s'annonçait plein de charme. Le roi chassait comme à son habitude, et Mme de Pompadour eut le plaisir de découvrir le nouvel ermitage que Louis XV lui avait fait construire dans le parc, du côté de la rivière : il ressemblait à s'y méprendre à celui de Fontainebleau. Elle l'inaugura lors d'un souper avec le souverain et leurs familiers. On y fut d'une humeur délicieuse. Les journées s'écoulaient paisiblement : on jouait à la paume, on se promenait, on faisait salon en petit comité et l'on admirait les travaux de la terrasse, qui devaient être achevés l'année prochaine. La présence du tout jeune prince de Lamballe, venu prêter serment pour sa charge de grand veneur, émut beaucoup les dames. Il n'avait que huit ans et venait de perdre sa mère, la pieuse duchesse de Penthièvre. Le soir, les spectacles organisés pour distraire la Cour se succédaient agréablement. Il régnait une ambiance de liberté qu'on ne connaissait pas à Versailles, même si le roi continuait de travailler avec ses ministres et de recevoir les ambassadeurs.

Soudain, le 18 juillet 1755, l'atmosphère changea. Il se chuchotait des nouvelles alarmantes, dont on n'avait pas encore confirmation : la flotte anglaise avait, disait-on, attaqué la flotte française. A l'inquiétude succéda la consternation, lorsqu'on apprit, le lendemain, que deux de nos vaisseaux, *le Lys* et *l'Alcide*, avaient été capturés avec les huit cents hommes de troupe qu'ils transportaient. Le surlendemain, « la colère prévalut et l'on voulait tout tuer [1] », mais le roi avait l'air triste et les ministres observaient la gravité exigée par les circonstances. Le marquis d'Argenson jeta quelques notes rageuses, qui traduisent assez bien l'humeur belliqueuse de la Cour : « Voilà ces arrogants, ambitieux et usurpateurs Anglais qui, semblables aux Algériens, déclarent la guerre et attaquent, sans droit, sur des prétentions usurpatrices. Notre guerre est juste, la leur est semblable à celle d'Alger, ou du loup à l'agneau [2]. » Sans qu'on en sût davantage, un conflit armé paraissait inévitable. Conseils et comités se succédaient, et on se demandait anxieusement comment allaient réagir les puissances européennes, puisque l'Autriche était en principe l'alliée de l'Angleterre, et la Prusse celle de la France.

Le roi redoutait d'affronter ses ennemis sur mer et sur terre, alors que le royaume n'y était pas préparé. Le cabinet était divisé. Machault souhaitait négocier, au moins pour gagner du temps, tandis que d'Argenson et Rouillé, qui détenait depuis peu le portefeuille des Affaires étrangères, préconisaient l'invasion des Pays-Bas, à la fois pour intimider les Anglais et mettre en échec l'Autriche, ennemie séculaire de la France. Le représentant du roi de Prusse, le baron de Knyphausen, pressait les Français d'intervenir et leur promettait l'aide de Frédéric II.

Tout en prenant des mesures d'urgence, Louis XV restait dans une prudente expectative. Il rappela le duc de Mirepoix, son ambassadeur à Londres, donna quinze jours aux Anglais pour quitter le royaume et reçut longuement le maréchal de Belle-Isle. Il avait donné l'ordre d'augmenter les effectifs de la cavalerie, de l'infanterie et de la marine et on armait des vaisseaux de guerre. Officiers généraux, gentilshommes désireux de prendre du service, traitants et plénipotentiaires accouraient à Compiègne. On apprit bientôt

1. Duc de Croÿ, *op. cit.*, t. I, p. 305.
2. D'Argenson, *op. cit.*, t. IX, p. 47.

que d'importants travaux étaient entrepris à Dunkerque pour accueillir davantage de bâtiments. Au même moment, on suggérait au roi de faire des économies auxquelles il se résolut sans broncher. Il voulait bien réduire ses frais de voyages, de réceptions, vendre une partie de ses chevaux, mettre un frein à son goût pour les constructions nouvelles, mais il ne voulut rien entendre lorsqu'on lui insinua l'idée de renvoyer la marquise, considérée comme la sangsue de l'État. Jeanne-Antoinette crut donner le bon exemple en renonçant aux voyages à Crécy qu'elle regretta beaucoup. Elle pensait agir ainsi « avec la hauteur convenant à une bonne Française ».

Alors qu'on était suspendu aux nouvelles, Louis XV décida de passer quelques jours à La Muette, où il emmena tout naturellement sa favorite et quelques intimes, parmi lesquels se trouvait Mme d'Estrades. Le 7 août, cette dernière, ayant sollicité la permission d'aller à Paris, demanda à la marquise à quelle heure elle devait rentrer pour le souper. « A l'heure ordinaire, comtesse », lui répondit gracieusement Mme de Pompadour. Quelques instants plus tard, un courrier arrêta son carrosse et lui remit une lettre de cachet, de la part de M. de Saint-Florentin, ministre de la Maison du roi. Il lui était signifié de remettre sa charge de dame d'atours de Mesdames et de ne plus reparaître à la Cour. Cette disgrâce inattendue, trois ans après l'affaire Choiseul-Beaupré, fit grand bruit. A cette nouvelle, le comte d'Argenson s'évanouit, tant il redoutait de subir le même sort que sa maîtresse. Il en fut quitte pour la peur.

La vengeance de Mme de Pompadour fondait sur cette femme qui l'avait trahie, au moment où celle-ci s'y attendait le moins. Mais personne ne soupçonna la véritable cause de cette rigueur. On invoqua l'incompatibilité d'humeur, d'ailleurs réelle, entre Mme Adélaïde et Mme d'Estrades. On s'imaginait que Mme de Pompadour s'était servi de cette inimitié pour faire renvoyer son intrigante cousine. En réalité des motifs d'un intérêt supérieur guidaient la favorite. Elle s'apprêtait à jouer un rôle diplomatique secret. Aussi fallait-il écarter d'elle tous les indiscrets, à commencer par Mme d'Estrades, qui l'espionnait pour le compte du ministre de la Guerre. Sa disgrâce s'avérait nécessaire.

Mme de Pompadour n'avait jamais appartenu à ce qu'on appelait « le clan prussien », qui voyait en Frédéric II le modèle du prince des Lumières et refusait de le considérer comme un despote. On admirait son génie, son gouvernement et même ses conquêtes. Pour la plupart des esprits éclairés, il fallait conserver l'alliance de ce « Salomon du Nord ». Poursuivre la politique dictée jadis par le cardinal de Richelieu, consistant à abaisser la maison de Habsbourg en s'appuyant sur les princes protestants d'Allemagne, passait alors pour une maxime d'Etat. Cependant, depuis un siècle, l'échiquier international avait changé. Les Bourbons étaient solidement établis à Madrid, et l'Empire d'Autriche, miné par ses problèmes internes, directement menacé par la Prusse, ne représentait plus un danger pour la France. Sous-estimant sa faiblesse, l'impératrice Marie-Thérèse tenait à reconquérir la Silésie perdue à Aix-la-Chapelle et s'imaginait pouvoir infliger une cuisante défaite à Frédéric II, lequel rêvait de substituer la domination prussienne à la domination autrichienne sur l'ensemble de l'Allemagne. Dans la lutte inexpiable qui s'annonçait entre les deux Etats, Marie-Thérèse avait besoin d'un puissant allié. Elle savait qu'elle ne devait pas compter sur l'Angleterre, qui avait tout à perdre et rien à gagner dans une guerre continentale. Seule la France pouvait lui prêter main forte. Mais réussir un tel « renversement » d'alliances supposait des services secrets admirablement informés et des diplomates d'une redoutable habileté. Marie-Thérèse possédait ces atouts et préméditait depuis longtemps ce coup de théâtre diplomatique, avec son chancelier [1], le comte de Kaunitz, qui avait été son ambassadeur auprès de Louis XV, de 1750 à 1753.

1. Le chancelier exerçait le rôle de ministre des Affaires étrangères.

Seigneur fastueux, mondain, très cultivé, ce dernier avait été fort bien reçu à Versailles. Louis XV « lui avait parlé avec beaucoup de bonté et un air de connaissance et de familiarité qui avait étonné tout le monde [1] ». Il avait fait sa cour à Mme de Pompadour et noté qu'elle « y avait été sensible ». S'étant rendu compte assez vite que « la façon de penser de la maîtresse du roi était une affaire très sérieuse dans ce pays-ci [2] », il redoubla d'attentions envers elle et « fit des politesses » à tous ses amis. Il tenait à convaincre la favorite des dispositions pacifiques de l'impératrice, qui souhaitait, disait-il, le maintien de la paix en Europe. Flattée par l'intérêt que lui portait Kaunitz, la marquise buvait ses paroles. « Si Mme de Pompadour se mêlait des affaires étrangères, j'ai lieu de croire qu'elle ne nous rendrait pas de mauvais offices [3] », écrivait-il dès 1751. C'est d'ailleurs à cette époque que Mme de Pompadour participa au travail du roi avec le marquis de Puisieulx. Encouragé par l'affabilité avec laquelle le traitait la favorite, Kaunitz lui fit part du désir qu'avait Marie-Thérèse de s'allier à la France [4]. Mme de Pompadour resta dans une prudente réserve, mais lorsque l'ambassadeur repartit pour Vienne, en 1752, elle l'assura que « le roi, non seulement aimait S.M. l'impératrice, mais [...] qu'il avait toujours eu pour elle beaucoup d'amitié et la plus haute estime [5] ». La marquise ne se serait jamais permis de tenir de tels propos, si Louis XV n'avait pas voulu qu'ils fussent répétés à Marie-Thérèse. Il avait d'ailleurs permis à Jeanne-Antoinette de faire savoir à Kaunitz le peu de

1. *Correspondance secrète entre le comte A.W. Kaunitz-Rietberg et le baron Ignaz de Koch, 1750-1752*, publiée par Hans Schlitter, lettre du 7 novembre 1750, p. 22.

2. *Ibid.*, lettre du 12 février 1752, p. 167.

3. *Ibid.*, lettre du 22 août 1751, p. 113-114.

4. Bernis, *op. cit.*, t. I, p. 227.

5. *Correspondance secrète entre le comte A.W. Kaunitz-Rietberg et le baron Ignaz de Koch, 1750-1752*, publiée par Hans Schlitter, lettre du 23 juin 1752, p. 239.

confiance que lui inspirait Frédéric II [1]. L'alliance avec le roi de Prusse commençait à lui peser, ce prince ayant commis à son égard un certain nombre d'indélicatesses ; il se permettait de critiquer son gouvernement, commentait cruellement sa vie privée et surnommait la favorite « Sa Majesté Cotillon ».

Dès l'annonce officielle de l'attaque anglaise contre les navires français, Marie-Thérèse et Kaunitz jugèrent opportun d'engager des négociations avec Louis XV. Mais connaissant l'hostilité de la France à l'égard de l'Autriche, ils voulaient entrer secrètement en relations avec le roi et se demandaient qui serait leur meilleur intermédiaire : le prince de Conti ou Mme de Pompadour ? Kaunitz rédigea une lettre à l'intention de chacun d'eux, et laissa le comte de Stahremberg, ambassadeur de S.M.I. à Versailles, choisir l'interlocuteur qui lui paraissait le plus apte à remplir cette mission.

C'est à Mme de Pompadour que Stahremberg [2] remit la lettre de Kaunitz. « Madame, j'ai désiré souvent me rappeler à votre souvenir, lui disait-il ; il s'en présente une occasion qui, par les sentiments que je vous connais, ne saurait vous être désagréable. [...] M. le comte de Stahremberg a des choses de la dernière importance à proposer au roi et elles sont d'espèce à ne pouvoir être traitées que par le canal de quelqu'un que S.M.T.C. honore de son entière confiance et qu'elle assignerait au comte de Stahremberg. Nos propositions, je pense, ne vous donneront pas lieu de regretter la peine que vous aurez prise de demander au roi quelqu'un pour traiter avec nous, et je me flatterai, au contraire, que vous pourrez me savoir quelque gré de vous avoir donné par là une nouvelle marque de l'attachement et du respect avec

1. Bernis, *op. cit.*, t. I, p. 227.

2. George Adam, comte de Starhemberg (1724-1807). Après avoir été ministre plénipotentiaire auprès de Louis XV de 1753 à 1756, il sera accrédité comme ambassadeur en septembre 1756. Il restera à Versailles jusqu'en 1766.

lesquels j'ai l'honneur d'être, etc. [1]. » La marquise fit diligence et transmit au roi un billet assez laconique de Marie-Thérèse : « Je promets, foi d'impératrice et de reine, disait-elle, que de tout ce qui sera proposé de ma part au roi très chrétien par le comte de Stahremberg, il ne sera jamais rien divulgué et que le plus profond secret sera gardé à cet égard et pour toujours, soit que la négociation réussisse ou ne réussisse point; bien entendu que le R.T.C. donne une déclaration et promesse pareille à celle-ci. Fait à Vienne, le 21 août 1755 [2]. » Marie-Thérèse ne fut pas choquée, comme le craignait un peu Stahremberg, qu'il eût préféré Mme de Pompadour au prince de Conti. « Elle possède la plus grande confiance du roi, lui répondit-elle, il aurait pu être très dommageable de la laisser de côté [3]. »

La Cour ignora tout de cette démarche. Aucun soupçon n'effleura les ministres. D'un commun accord, Louis XV et Mme de Pompadour désignèrent l'abbé de Bernis pour entendre les propositions de l'impératrice. La confiance, la fidélité et la discrétion de l'ecclésiastique n'avaient jamais été mises en défaut. Et comme il était sur le point de partir pour Madrid, où Louis XV venait de le nommer ambassadeur, personne ne pouvait l'imaginer investi d'une autre mission. Lorsque la marquise lui fit part du rôle qui lui incombait, Bernis tomba des nues et ne cacha pas les inquiétudes que lui inspirait la diplomatie autrichienne. Doutant de la sincérité de Marie-Thérèse, il mit en garde Mme de Pompadour contre un piège. Peut-être cette souveraine feignait-elle de négocier pour gagner du temps et se lier avec d'autres puissances pour mieux isoler la France. Mais si elle était de bonne foi, elle entraînerait inévitablement le roi dans une guerre contre la Prusse. Or Louis XV,

1. Cité par Nolhac, p. 131, in, *Madame de Pompadour et la politique*, p. 131, d'après *Politische Correspondenz Friederich's des Grossen* (t. XI à XXIV) et Alfred d'Arneth *Geschichte Maria Theresia's.*

2. Cité par Nolhac, *op. cit.*, p. 132.

3. Arneth, *op. cit.*, t. V, p 550, n. 482.

qui allait sûrement devoir affronter l'Angleterre, n'avait plus de grands généraux et les finances du royaume ne permettaient pas de soutenir un long conflit, qui risquait d'être très impopulaire.

Alors que l'abbé achevait son discours, le roi entra chez la marquise. Bernis développa les mêmes arguments devant lui. Le souverain eut l'air contrarié. « Eh bien, répliqua-t-il avec un peu d'émotion, il faut donc faire un beau compliment à M. de Stahremberg, et lui dire qu'on ne veut rien écouter.

– Ce n'est pas là mon sentiment, Sire, répondit l'abbé. Votre Majesté a tout à gagner à s'instruire des intentions de la cour de Vienne, mais il faut prendre garde à la réponse qui lui sera faite [1]. » Louis XV parut soulagé et décida que Bernis rencontrerait l'ambassadeur, en présence de Mme de Pompadour, à Bellevue, dans le pavillon de Babiole. Lorsque l'abbé suggéra au monarque de mettre, au moins, le ministre des Affaires étrangères dans la confidence, il se vit opposer un refus catégorique. Le roi exigeait le secret le plus absolu. Resté seul avec Mme de Pompadour, son vieil ami « la félicita pour la confiance flatteuse que lui marquait la cour de Vienne [2] » et la rassura quant à son avenir auprès de son ancien amant. Elle était désormais trop intimement liée à sa politique pour qu'il songeât à se séparer d'elle.

La première entrevue eut lieu, dans le plus grand secret, au début du mois de septembre. Stahremberg et Bernis arrivèrent discrètement, chacun de son côté. La marquise et l'abbé s'étaient mutuellement promis de rester impassibles pendant que l'ambassadeur énoncerait les propositions de l'impératrice. Bien leur en prit, car le diplomate lut son mémoire tout en cherchant à deviner les impressions de ses interlocuteurs. Sous les apparences de la franchise, le rapport autrichien était d'une redoutable habileté. Marie-Thérèse supposait Louis XV las de son alliance avec

1. Bernis, *op. cit.*, t. I, p. 225.
2. *Ibid.*, p. 227.

Frédéric II, et irrité que ce prince fût en train de négocier avec le cabinet de Saint James. Mme de Pompadour et Bernis, qui ignoraient tout de ces tractations, conservèrent leur sang-froid, laissant ainsi penser à l'ambassadeur que cette information était peut-être connue du cabinet français. Partant de cette hypothèse, l'impératrice proposait un traité d'alliance entre l'Autriche et la France et se disait prête à abandonner une partie des Pays-Bas à Don Philippe, gendre de Louis XV, à condition qu'elle pût entrer en possession des duchés italiens qu'elle avait perdus. Elle ajoutait qu'elle ne s'opposerait pas à l'élévation au trône de Pologne du prince de Conti, que souhaitait Louis XV.

Assez perplexe, Bernis mit le roi en garde contre un rapprochement précipité avec l'Autriche. Il fallait tout d'abord vérifier les allégations de la cour de Vienne à propos du rapprochement anglo-prussien, que rien ne permettait de supposer jusque-là. En attendant, il suggérait à Louis XV de faire savoir à Marie-Thérèse qu'il était prêt à s'unir avec elle pour défendre la paix européenne. En aucun cas, cette déclaration ne risquait de nuire aux intérêts français. Le roi répondit à l'impératrice que, « fidèle aux lois de l'honneur », il lui était impossible de mettre en doute la bonne foi de ses alliés et de « les croire capables d'infidélité ou de trahison ». Déçue par cette manœuvre dilatoire, la souveraine souhaita que le roi proposât, lui-même, un plan d'action commune.

Alors que le souverain envoyait le duc de Nivernais en ambassade extraordinaire auprès de Frédéric II pour connaître ses intentions, il fit demander à Marie-Thérèse si elle voulait bien renoncer à son alliance avec l'Angleterre. Louis XV rêvait de former une coalition continentale isolant sa principale ennemie. Pendant plusieurs semaines, les pourparlers se poursuivirent dans le plus grand secret. Mais Bernis, se sentant très seul face à Stahremberg, qui bénéficiait de l'appui du cabinet de Vienne, finit par obtenir de son maître d'être secondé par quelques ministres. Seuls Rouillé, Séchelles, contrôleur des Finances, et Saint-

Florentin furent mis dans la confidence. Vexés que Bernis leur eût été préféré, ils éprouvèrent d'emblée une sourde jalousie à son égard, et ne facilitèrent pas sa tâche.

Sans participer aux entretiens, la marquise était au courant de toutes les négociations. Bien que la Cour restât dans l'ignorance de ce qui se disait chez la favorite, on parlait beaucoup de l'abbé de Bernis comme successeur de Rouillé aux affaires étrangères. « La marquise aura produit ce choix, disait d'Argenson. Elle a tout l'air du Premier ministre de la France et le roi le veut ainsi, même pour l'apparence extérieure. Certes il vaut mieux voir au gouvernail une belle nymphe debout qu'un vilain singe accroupi comme était le feu cardinal de Fleury; mais ces belles dames sont de l'humeur des chattes blanches qui, plaisant d'abord par quelques signes, bientôt vous mordent et vous égratignent par des caprices soudains [1]. »

Mme de Pompadour suivait la mission diplomatique de son ami le duc de Nivernais. Frédéric II le reçut avec des transports d'amitié, le laissa dans l'illusion la plus complète aussi longtemps qu'il put, mais finit par lui dire la vérité à la fin du mois de janvier 1756. Il s'était bel et bien allié à l'Angleterre par le traité de Westminster, conclu quinze jours plus tôt. Le roi de Prusse feignit de persuader Nivernais que rien n'était pour autant changé entre la France et la Prusse. Pendant ce temps, il essayait d'amadouer la favorite par l'entremise de son ambassadeur, pour savoir si un rapprochement s'esquissait entre l'Autriche et la France. « Tâchez de la flatter pour voir si peut-être elle se lâchera [*sic*] et dira par emportement ce que les ministres cachent par sagesse [2] », lui écrivait-il. Mais la marquise restait de marbre. Elle alla même jusqu'à déclarer publiquement que ce traité était « avantageux » pour le royaume. Frédéric revint à la charge. L'un de ses frères, le prince Auguste-Guillaume, poussa l'hypocrisie jusqu'à réclamer une copie

1. D'Argenson, *op. cit.*, t. IX, p. 136.
2. Arneth, *op. cit.*, t. IV, p. 561.

du portrait de la favorite par La Tour, « en espérant que la muse protectrice de la peinture ne refuserait point ce portrait à la postérité [1] ». Le représentant prussien à Versailles enrageait de se heurter à l'impassibilité de la toute-puissante favorite, qui recevait volontiers chez elle Stahremberg. « On ne prend dans le Conseil, écrivait-il, aucune résolution d'une certaine importance, ni pour les affaires du dehors, ni pour celles de l'intérieur, qu'elle ne soit instruite ou prévenue [2]. »

Malgré l'annonce officielle de l'alliance anglo-prussienne, Louis XV hésita longtemps avant de s'engager avec Marie-Thérèse. Leurs intérêts s'opposaient. Le roi de France, qui allait déclarer la guerre à l'Angleterre [3], voulait maintenir la paix sur le continent. Après d'interminables tergiversations et un petit chantage de l'impératrice, qui menaçait de renouer avec ses anciens alliés britanniques, Louis XV, sur les instantes sollicitations de sa maîtresse, réunit solennellement ses ministres. Il devait leur exposer la situation et solliciter leur avis. D'Argenson, ministre de la Guerre, osa dire qu'il prévoyait le commencement d'un conflit qui risquait d'embraser toute l'Europe. Mais après qu'il eut parlé, Bernis sortit de son portefeuille une lettre de Kaunitz que venait de lui remettre Mme de Pompadour. Elle faisait état d'une tentative de rapprochement anglo-autrichien. La France allait-elle combattre l'Angleterre en ayant les principales puissances européennes liguées contre elle ? Les ministres, qui avaient fort bien compris que la décision du roi était déjà prise, se résolurent à conseiller l'alliance avec l'impératrice.

Le 1er mai 1756, un traité fut signé entre la France et l'Autriche, à Jouy, dans une propriété de Rouillé. Connu sous le nom de premier traité de Versailles, ce « chef-

1. *Ibid.*

2. La correspondance secrète de Stahremberg, écrite en français, est conservée à Vienne : Staatsarchiv Frankreich 93-95, Berichte. (*Cf.* Victor-Lucien Tapié, *L'Europe de Marie-Thérèse*, p. 358, n. 26.)

3. Cf. ch. 19, p. 263.

d'œuvre de sagesse et de politique [1] », aux dires de Bernis, répondait à des vœux contraires : la France en attendait la paix et l'Autriche la guerre. Cette dernière prenait l'engagement d'observer une neutralité absolue dans le conflit franco-anglais et la France de respecter les territoires appartenant à Marie-Thérese, notamment les Pays-Bas. Mais, par l'article VI, les deux puissances promettaient de se secourir mutuellement avec un corps de vingt-quatre mille hommes, au cas où l'une d'elles serait attaquée par une tierce puissance.

« Mme de Pompadour est enchantée, dit Stahremberg, de la conclusion de ce qu'elle regarde comme son ouvrage et m'a fait assurer qu'elle ferait de son mieux pour que nous ne restions pas en si beau chemin [...]. Elle m'a fait savoir que, toutes les fois que je voudrais faire parvenir quelque chose directement au roi, je pouvais lui demander un rendez-vous et qu'elle avait déjà la permission de me voir en particulier, toutes les fois que je voudrais [2]. » Quelques jours plus tard, il ajoute à l'intention de Kaunitz ces lignes révélatrices : « C'est à elle que nous devons tout attendre dans l'avenir. Elle veut qu'on l'estime et elle le mérite en effet. Je la verrai plus souvent et plus particulièrement lorsque notre alliance ne sera plus un mystère, et je voudrais avoir pour ce temps-là des choses à lui dire qui la flattassent personnellement [3]. »

Sans dissiper le mystère qui avait entouré ces négociations, la marquise laissait entendre qu'elle avait joué un rôle essentiel. Elle savait pourtant que ce « renversement d'alliances » était sévèrement critiqué à la Cour. Le parti prussien ne désarmait pas, et la rendait responsable d'un traité jugé contraire aux intérêts du royaume. On blâmait le monarque d'avoir été le jouet de sa favorite, saisie de vertige pour avoir été appelée *ma cousine* ou *ma princesse* par

1. Bernis, *op. cit.*, t. I, p. 274.
2. Arneth, *op. cit.*, t. V.
3. *Ibid.*

l'impératrice. C'est du moins la rumeur que faisaient courir le roi de Prusse et ses agents. Cependant une large partie de l'opinion approuva le traité. On s'imaginait que « l'union des deux premières puissances tiendrait toute l'Europe en respect [1] ». La marquise en était persuadée : « J'espère que la justice de notre cause nous portera bonheur, écrivit-elle à Choiseul, et que nous ferons repentir cette féroce nation d'avoir pris pour faiblesse ce qui était effet de la politique la plus sage et la plus raffinée. Je ne vous ai point caché le plaisir que les traités avec l'impératrice m'ont fait. Le public, bien qu'il ne sache pas à quel point ils sont avantageux, en a marqué une joie immodérée. C'est une double satisfaction pour ceux qui y ont pris part [2]. » Afin d'immortaliser un événement aussi considérable, elle fit graver par Guay une pierre d'onyx dont elle avait elle-même exécuté le dessin : « La France et l'Autriche se donnant la main sur l'autel de la fidélité et foulant aux pieds le masque de l'hypocrisie et la torche de la discorde. »

1. Duclos, *Mémoires*, t. I, p. 121-122.
2. Lettre à Choiseul, *op. cit.*, p. 25.

19

Accommodements avec le ciel

Mme de Pompadour n'en finissait pas d'étonner Versailles. Cependant les révélations concernant son rôle politique surprirent moins que sa nomination comme dame du palais de la reine, la plus haute charge qu'une femme pût briguer à la Cour. Ainsi Louis XV témoignait-il sa reconnaissance à sa favorite, dont le dévouement et la discrétion étaient connus de lui seul. La reine accueillit sa rivale avec aménité. Marie Leszczinska pratiquait, elle aussi, l'art de faire violence à ses sentiments. Elle savait le temps de la passion révolu depuis longtemps entre les deux anciens amants, et on l'avait persuadée que « c'était de sa part un acte héroïque d'oublier le passé [1] ».

Cette élévation comblait les vœux de la marquise.

Jeanne-Antoinette avait préparé ce coup de théâtre avec une suprême habileté. Si elle ne gouvernait pas la France, comme le prétendait d'Argenson, elle était la conseillère secrète du monarque et sa confidente. Toutefois, le moindre caprice du prince pouvait mettre fin à sa faveur. La charge qu'elle venait d'obtenir la mettait à l'abri d'une disgrâce, toujours possible avec un être aussi imprévisible que Louis XV. En devenant la treizième dame du palais, elle avait désormais un rôle officiel. Désignée comme surnumé-

1. Mme du Hausset, *op. cit.*, p. 88.

raire, elle devait tenir compagnie à la souveraine et la servir lorsque l'une de ses compagnes serait dans l'incapacité de remplir ses fonctions.

Depuis longtemps déjà, le roi voulait qu'elle fît partie de la maison de la reine, mais il avait fallu ménager la pieuse Marie, qui refusait d'admettre auprès d'elle une femme vivant notoirement dans le péché. Vers la fin de l'été 1755, Machault et le prince de Soubise avaient conseillé à leur amie de rentrer dans le giron de l'Eglise et elle s'y était résolue après mûres réflexions. Obtenir une charge auprès de Marie Leszczinska et conserver l'estime de l'impératrice, dont la piété et l'intransigeance à l'égard des mœurs étaient notoires, valait bien une sorte de conversion.

Dès la fin du mois de septembre, Mme de Pompadour rencontra le père de Sacy, un brillant jésuite, apparemment moins rigoureux que le père Pérusseau. Elle lui fit part de son désir de se mettre en règle avec Dieu. N'étant plus qu'une amie pour le roi, elle espérait recevoir l'absolution et s'approcher des sacrements, dont elle était éloignée depuis le début de sa liaison avec Louis XV. Le père de Sacy commença par lui rappeler qu'elle était mariée et que sa présence à la Cour restait un objet de scandale, puisqu'elle ne se justifiait en aucune manière. Si elle désirait faire son salut, elle devait retourner chez son époux. Sous la dictée du jésuite, elle écrivit une lettre d'une parfaite humilité à M. Le Normant. Elle confessait ses fautes, implorait le pardon de son mari et lui demandait s'il accepterait de reprendre la vie commune avec elle, malgré les outrages qu'elle avait infligés à son honneur. Quoi qu'il en coûtât à son orgueil, elle savait qu'elle ne courait aucun risque. Le Normant s'était fort agréablement consolé avec les plus jolies actrices de Paris, et mis en ménage avec Mlle Raime, une danseuse de l'Opéra, que les mauvaises langues surnommaient *Rem publicam.* Cependant pour mettre toutes les chances du côté de son amie, le prince de Soubise porta lui-même la lettre au fermier général et fit comprendre à cet épicurien que le roi serait sans doute fâché qu'il acceptât la proposition de son épouse.

M. Le Normant, qui n'avait aucune intention de renouer avec Jeanne-Antoinette, s'offrit le luxe de lui adresser une fin de non-recevoir fort ironique et bien tournée : « Je reçois, Madame, la lettre par laquelle vous m'annoncez le retour que vous avez fait sur vous-même et le dessein que avez de vous donner à Dieu. Je ne puis qu'être édifié d'une pareille résolution. Je ne suis point étonné de la peine que vous vous feriez de vous présenter devant moi et vous pouvez aisément juger de celle que je ressentirais moi-même. Je voudrais pouvoir oublier l'offense que vous m'avez faite ; votre présence ne pourra que m'en rappeler plus vivement le souvenir. Ainsi le seul parti que nous ayons à prendre, l'un et l'autre, est de vivre séparément. Quelque sujet de mécontentement que vous m'ayez donné, je veux croire que vous êtes jalouse de mon honneur, et je le regarderais comme compromis, si je vous recevais chez moi et que je vécusse avec vous comme ma femme. Vous sentez même que les temps ne peuvent rien changer à ce que l'honneur prescrit. J'ai l'honneur d'être, avec respect, Madame, votre très humble et très obéissant serviteur [1]. »

Sa blessure d'amour-propre vite guérie, la marquise entendit avec délices son directeur spirituel lui conseiller d'obtenir une charge à la Cour, de façon à rendre sa situation enfin décente. Pour voir ses vœux exaucés, il ne lui restait plus qu'à s'inspirer du rôle de Mme de Maintenon, dont l'ombre l'enveloppait chaque jour davantage. Poursuivant ses entretiens avec le père de Sacy, elle dit à Mme de Mirepoix et à Mme de Villars, ses amies, que son mari refusait de l'accueillir sous son toit et qu'elle cherchait à faire son salut. La sévère duchesse de Luynes, amie intime de la reine, fut bientôt mise dans la confidence. Dans ces conditions, Marie ne pouvait plus s'opposer à l'entrée de la mar-

1. A.N. M.C. Et. LVI, 111.

quise dans sa maison. Louis XV fut ainsi en mesure d'exiger de son épouse une charge de dame du palais pour son ancienne maîtresse. Très émue, celle-ci déclara modestement à Mme de Luynes qu'elle n'avait jamais sollicité cette place « qu'on l'avait obligée de la prendre et qu'elle n'avait agi que sur les conseils de son confesseur [1] ».

Le jour de sa nouvelle présentation à la reine, le 8 février 1756, Mme de Pompadour « se déclara dévote » et changea radicalement ses habitudes. Renonçant à sa toilette publique, elle reçut désormais courtisans et ambassadeurs assise devant son métier de tapisserie. Elle lisait des ouvrages de piété et on la voyait, toutes coiffes baissées, abîmée en prières, lors de la messe, à la suite de la souveraine. Elle parlait de religion, disait craindre les jugements divins et allait jusqu'à faire maigre (ce qui ne lui était jamais arrivé) dans les petits cabinets. Elle se fit aménager un appartement de retraite aux Capucines de la place Vendôme à Paris. On s'attendait à ce qu'elle renonçât au rouge et à ses merveilleuses parures, mais il n'en fut rien. Elle demeurait toujours aussi élégante et continuait de présider à tous les plaisirs de la Cour.

Cette « conversion » soudaine intrigua plus encore que sa récente promotion. D'aucuns s'indignaient qu'elle voulût faire son salut à la Cour et suggéraient qu'elle se retirât dans un couvent. D'autres prétendaient que sa conversion entraînerait celle du roi. Quelques dévotes vinrent chez elle, sans le moindre scrupule, et n'hésitèrent pas à solliciter sa protection. On se perdait en conjectures pour vérifier le proverbe affirmant « qu'il est avec le ciel des accommodements »... S'abstenant de tout jugement, les plus sages essayaient d'expliquer cet extraordinaire revirement : « Comme elle n'avait jamais paru fausse en rien [...], les apparences étaient qu'elle était de bonne foi », estimait le prince de Croÿ [2]. Le duc de Luynes, lui aussi, la croyait sincère : « Elle dit elle-

1. Luynes, *op. cit.*, t. XV, p. 322.
2. Croÿ, *op. cit.*, t. I, p. 337.

même qu'elle n'a pas l'attrait et le goût pour la dévotion qu'elle désirerait avoir, et que c'est une grâce qu'elle espère obtenir par ses ferventes prières. [...] Elle a une mauvaise santé et plusieurs incommodités. Ce sont des moyens dont Dieu se sert souvent pour opérer les conversions [1]. »

Le duc de La Vallière, qui connaissait bien Jeanne-Antoinette, semblait plus sceptique. Il confia ses impressions à Voltaire, à qui elle demandait de traduire les psaumes de David à son intention. « Un rayon de grâce a éclairé, mais sans ivresse ; quelques changements médiocres en sont le seul témoignage, écrivit-il au poète. On ne va plus au spectacle, on fait maigre trois jours par semaine pendant tout le carême, mais sous la condition qu'on ne serait point incommodé. [...] Au reste, la même vie, les mêmes amis, et je ne flatte d'être du nombre, aussi aimable qu'on n'a jamais été, et plus de crédit que jamais. Voilà la position où l'on est, et qui fait que l'on voudrait des psaumes de votre façon. L'on vous connaît, on vous a admiré, et l'on veut vous lire encore [2]. » Voltaire, qui faisait courir sous le manteau son édition de *La Pucelle*, n'avait guère envie de se livrer à ce genre de travail. Il manqua peut-être une occasion de rentrer en grâce.

Jeanne-Antoinette jugea nécessaire de se justifier auprès de Choiseul, qui se trouvait toujours dans une situation délicate auprès du Saint-Père. « Le parti de la dévotion que j'ai pris, après de très mûres et très longues réflexions, me fera accuser de finesse, d'habileté, de prévoyance et même de fausseté, lui écrivit-elle le lendemain de sa nomination. Je ne suis pourtant qu'une pauvre femme qui cherche depuis dix ans le bonheur et qui croit l'avoir trouvé. J'ai écrit à mon mari par ordre du père de Sacy. Il m'a répondu qu'il me souhaitait toutes sortes de biens, mais qu'il ne voulait jamais me voir. Le révérend a encore exigé que j'eusse une place à la Cour pour plus de décence. Le

1. Luynes, *op. cit.*, t. XV, p. 324.
2. Lettre citée par R. Pomeau, *op. cit.*, t. I, p. 853.

roi a bien voulu écrire à la reine qui m'a faite surnuméraire de son palais. J'aurais été très affligée d'être en titre, mes battements de cœur ne me permettant pas de faire un service assidu et je l'ai demandé. Votre amitié pour moi vous rendra ces ennuyeux détails intéressants [1]. » Et la « pauvre femme » d'enchaîner sur la querelle janséniste qui divisait encore le clergé, et de prier Choiseul « de rétablir la paix dans l'Église », en suivant la voie de la modération préconisée par le roi.

Mme de Pompadour était-elle sincère ou jouait-elle une comédie admirablement mise en scène avec la complicité du roi et de quelques fidèles? Le père de Sacy avait-il été convoqué pour trouver l'accommodement nécessaire avec le ciel et la Cour? Nul ne pourrait le dire. Mais lorsque Mme de Pompadour fut nommée dame du palais, le jésuite refusa de lui donner l'absolution. Elle devait rencontrer plus tard un prêtre moins intransigeant, qui la laissa recevoir les sacrements sans qu'elle eût à quitter Versailles. « Elle me fit part un jour de cette pieuse intrigue, en s'excusant de me l'avoir cachée, raconte Bernis. J'eus le courage de lui dire que cette comédie n'en imposait à personne; qu'elle passerait pour fausse et hypocrite; que n'étant pas touchée par le cœur, la dévotion finirait par l'ennuyer; qu'elle se donnerait un ridicule en prenant l'état de dévote, et un plus grand encore en le quittant par ennui. Ma prédiction ne lui plut pas; mais elle s'exécuta à la lettre, peu après le retour du duc de Choiseul [2]. »

Pour l'heure la marquise, au comble de la faveur, oubliait presque les petites maîtresses du roi, et se donnait tout entière aux grandes affaires, qui se traitaient chez elle. Elle passait le plus clair de son temps auprès du monarque, bien qu'elle eût fait murer l'escalier intérieur reliant leurs appartements. Obligé de passer par un grand salon rempli de monde pour la rejoindre dans son cabinet, Louis XV en

1. Mme de Pompadour à Choiseul, *op. cit.*, p. 22-23.
2. Bernis, *op. cit.*, t. II, p. 74-75.

éprouvait un certain agacement. Le soir, elle soupait gaiement dans les cabinets où elle continuait d'assurer le rôle de maîtresse de maison. « Tout cela faisait un mélange des plus singulier », notait le prince de Croÿ [1].

Mme de Pompadour s'occupait, tout à la fois, de la guerre avec l'Angleterre, des affaires du parlement et du clergé, et des négociations de Choiseul avec le pape. On était alors sur le point d'en découdre avec la Marine britannique. Le 21 décembre 1755, Louis XV avait adressé un ultimatum au cabinet de Saint James pour qu'on restituât à la France les vaisseaux capturés avec leurs équipages. Les Anglais ayant rejeté l'ultimatum, le roi se considéra en guerre avec eux. Il nomma le maréchal de Belle-Isle commandant des côtes de la Manche et de l'Atlantique et le maréchal de Richelieu commandant des côtes de la Méditerranée. Au mois d'avril, il décida, en son Conseil, d'organiser un débarquement dans l'île de Minorque, possession britannique depuis le traité d'Utrecht en 1713. Il espérait prendre ses ennemis par surprise et rendre Minorque à l'Espagne en échange de son alliance. Pendant que le maréchal de Belle-Isle faisait quelques sorties sur les côtes de la Manche pour intimider les Anglais, une expédition partit des îles d'Hyères, sous le commandement de Richelieu, le 12 avril 1756.

La marquise en était fort émue. A l'issue d'un souper, elle dit au prince de Croÿ qu'elle redoutait un débarquement anglais dans le pays d'Aunis ; « que l'expédition de Mahon était sûre ; que les dispositions de la Marine étaient admirables ; qu'il faudrait pendre ceux qui débitent que tout manque quand cela n'est pas. Enfin comme elle était aussi attachée à M. de Machault qu'ennemie de M. d'Argenson, la Marine avait beau jeu ! Elle dit aussi qu'il ne fallait pas mettre les armes bas qu'on n'eût écrasé les Anglais ; que la considération était la principale chose à une grande puissance ; qu'il valait mieux périr tous que de donner atteinte à

1. Croÿ, *op. cit.*, t. I, p. 358.

cela. [...] Enfin, elle parla avec beaucoup de force et de dignité et elle avait plus d'élévation d'âme qu'on ne devait s'y attendre [1] ».

La Cour séjournait à Compiègne lorsqu'on apprit que Minorque était tombée aux mains des Français ! Sous le commandement de M. de La Galissonière, l'escadre était arrivée devant l'île, le 18 avril, douze mille hommes avaient débarqué et mis le siège devant le fort Saint-Philippe, qui dominait Mahon et passait pour imprenable. Le 27 juin, les Français s'en étaient rendus maîtres, malgré l'attaque de l'amiral Byng, qui fut contraint de se retirer à Gibraltar.

Le roi et sa favorite exultaient. On se congratulait à Compiègne et le souverain fit célébrer un *Te Deum.* De bonnes nouvelles du Canada, où les Français avaient remporté quelques victoires sous le commandement de Montcalm, et enfin l'occupation de places fortes en Corse, contribuèrent encore à l'euphorie générale. Mme de Pompadour convia la Cour et les ministres étrangers dans son ermitage de Compiègne, où elle donna une grande fête, qui s'acheva par un feu d'artifice. Dans les jardins brillamment éclairés, elle distribua aux dames des rubans et aux messieurs des nœuds d'épée « à la Mahon ».

Pendant le siège, elle entretint une correspondance régulière avec Richelieu et ne manqua pas de lui adresser une lettre de félicitations, dont le ton révèle l'ambiguïté de leurs relations : « Je crois que vous êtes bien sûr que c'est de très bon cœur que je vous appelle mon Minorquin. Nous sommes tous dans la joie et surtout de la façon dont la place a été prise. Rien d'aussi brillant pour la nation et pour le général ! Convenez que votre étoile est belle, et qu'elle ne s'est jamais démentie. [...] J'aurais bien quelques reproches à vous faire d'avoir sollicité d'autres que moi pour cette intéressante affaire. Je garde ma rancune jusqu'au moment où vous serez content, mais alors, je vous ferai connaître

1. Croÿ, *op. cit.*, p. 354.

jusqu'où doit s'étendre la confiance en amitié quand on en a reçu autant de preuves et je vous apprendrai, vieux barbant que vous êtes, qu'on ne peut être trop délicat sur pareil chapitre. Bonsoir Minorquin, ce mot me fait oublier les torts de Richelieu [1]. »

Pendant ce temps Bernis, enfermé avec Stahremberg dans l'appartement du duc de Penthièvre, se défendait, seul, contre les menées de la maison d'Autriche. L'ambassadeur de Marie-Thérèse essayait d'obtenir que l'alliance défensive liant les deux Etats devînt offensive. L'abbé, dont la situation était très délicate puisqu'il négociait toujours en secret, sans en référer au ministre des Affaires étrangères, ne consentit à ce que les arrangements offensifs n'intervinssent que dans le seul cas où Frédéric II romprait le premier la paix d'Aix-la-Chapelle. Informée du détail de ces tractations, Mme de Pompadour s'en félicitait : « Nous commençons à nous venger de la perfidie des Anglais d'une façon bien brillante, écrivait-elle à Choiseul. J'espère que la justice de notre cause nous portera toujours bonheur et que nous ferons repentir cette féroce nation d'avoir pris pour faiblesse ce qui était effet de la politique la plus sage. [...] Je ne vous ai pas caché le plaisir que les traités avec l'impératrice m'ont fait [2]. »

Cependant les nouvelles d'Allemagne assombrirent l'atmosphère : le 29 août, Frédéric II, sans déclaration de guerre, avait envahi la Saxe, obligé la faible armée d'Auguste III [3] à capituler, et menaçait directement la Bohême. Cette vigoureuse offensive mettait fin aux hésitations dans lesquelles Louis XV et Bernis se débattaient depuis plusieurs mois. Alors qu'on était en guerre contre l'Angleterre, il fallut envoyer des troupes au secours de Marie-Thérèse. Au lieu des vingt-quatre mille hommes prévus par le traité, on en

1. Bibliothèque Victor Cousin, Fonds Richelieu, ms. 27, fol 182.
2. Mme de Pompadour à Choiseul, *op. cit.*, p. 25.
3. Roi de Saxe et roi de Pologne, il était le père de la dauphine Marie-Josèphe.

envoya quarante-cinq mille, à cause des supplications de la dauphine, dont la famille avait été gravement touchée dans ce désastre. Louis XV confia le commandement des troupes au maréchal d'Estrées, bien que la marquise eût préféré le donner au prince de Soubise, lequel n'avait qu'une division sous ses ordres.

Kaunitz remercia Mme de Pompadour, toujours très flattée de la considération que lui témoignait la cour de Vienne. « Je suis sensiblement touchée de la justice que Leurs Majestés Impériales veulent bien me rendre et des bontés dont elles daignent m'honorer. Mon zèle en augmenterait s'il était possible, mais les preuves que je vous ai données vous ont toujours appris, Monsieur, qu'il ne s'y pouvait rien ajouter [1]. » Et Kaunitz de s'adresser encore à la favorite afin d'insister sur la nécessité de transformer le traité défensif en traité offensif.

Cependant pour soutenir l'effort de guerre, le roi avait besoin d'argent. Dès le mois de juillet 1756, un édit rétablit l'impôt du vingtième et en créa un second. Le parlement s'opposant à l'enregistrement de cette mesure, Louis XV dut tenir un lit de justice, le 13 août. La fronde parlementaire avait repris avec plus de vigueur que jamais. La publication de la fameuse encyclique, qui maintenait la constitution *Unigenitus* mais supprimait l'exigence du billet de confession à ceux qui voulaient recevoir les sacrements, fut pour les magistrats l'occasion de s'opposer, encore une fois, au pouvoir royal. Sous prétexte que l'encyclique avait été publiée sans permis d'imprimer et sans nom d'imprimeur, ils interdirent aux évêques de la citer et de la diffuser. Tous les parlements du royaume firent aussitôt cause commune avec celui de Paris, au nom de la « théorie des classes », qui supposait que toutes ces cours souveraines ne constituaient qu'un seul et même corps.

1. Cité par Jacques Levron d'après les archives de Vienne, dans *Secrète Madame de Pompadour*, p. 192.

Alors que Louis XV aurait voulu consacrer tout son temps aux tractations diplomatiques et aux préparatifs militaires, il continuait de se heurter à une magistrature rebelle. Le 13 décembre 1756, il résolut d'imposer ses volontés par un nouveau lit de justice. Il traversa Paris dans un silence hostile. Devant les magistrats impassibles, il fit lire par son chancelier trois déclarations. Par la première, il réaffirmait la bulle *Unigenitus* comme loi de l'Etat; par la deuxième, il interdisait aux magistrats de suspendre l'exercice de la justice; par la troisième, il supprimait soixante offices de conseillers laïques. A la stupeur qui avait accueilli les déclarations succéda l'indignation. Très échauffés par les propos royaux, la plupart de ces Messieurs donnèrent aussitôt leur démission. La nouvelle s'en répandit comme une traînée de poudre dans la capitale, où le peuple prit fait et cause pour les parlementaires. Le roi était voué aux gémonies. Il se murmurait des vers menaçants pour sa vie, tels que ceux-ci :

Tu vas à Choisy, tu vas à Crécy
Que ne vas-tu à Saint-Denis!

20

L'attentat

L'année 1757 commença tristement. Il faisait froid et humide. La marquise, comme la plupart des courtisans, toussait à fendre l'âme. Trop enrhumée pour suivre la Cour à Trianon, Madame Victoire était restée chez elle à Versailles. Le 5 janvier, le roi vint lui faire visite. Son état n'inspirait aucune inquiétude. Après avoir passé quelques moments auprès d'elle, Louis XV repartit pour Trianon où il devait fêter les Rois. A 6 heures moins le quart, il s'apprêtait à monter dans son carrosse lorsqu'un homme fendit les rangs de sa garde, s'approcha tout près de lui et s'enfuit. Le roi fit deux pas en avant, chancela, se retint à M. de Montmirail, se retourna vers le dauphin et le duc d'Ayen, et murmura : « Je viens de recevoir un furieux coup de poing. » A ce moment, il porta la main à sa poitrine et la retira pleine de sang. « Je suis assassiné, dit-il, c'est cet homme-là. Qu'on ne l'arrête pas et qu'on ne lui fasse point de mal [1]. »

Tandis qu'on se précipite sur le coupable, on conduit le roi jusqu'à sa chambre, où rien n'est prêt pour le recevoir :

1. Tous les récits de l'attentat se recoupent parfaitement. Nous nous servons ici essentiellement du *Journal* du duc de Croÿ, des *Mémoires* de Bernis, des *Mémoires* de Luynes, des *Mémoires* de d'Argenson et des lettres publiées par M. Lever, *in Papiers de famille*, t. I, p. 726-731.

ses gens sont à Trianon. Tant bien que mal, on assied le blessé dans un fauteuil et on ne trouve que deux mouchoirs pour étancher le sang qui s'écoule de la blessure : « Je suis frappé ! Je n'en reviendrai pas ! » susurre Louis XV, avant de s'évanouir. On s'affole. On court de tous côtés. En toute hâte on va chercher, à Trianon, La Martinière, chirurgien de Sa Majesté. En attendant l'homme de l'art, les uns disent qu'il faut laisser couler le sang de la plaie et d'autres donnent un avis contraire. On se résout seulement à déshabiller le monarque et à le déposer sur son lit, à même le matelas. Revenu à lui, il réclame de toute urgence un confesseur. L'aumônier de quartier reçoit sa première confession et lui donne l'absolution. Sur ces entrefaites, sont arrivés le chirurgien de la reine et le premier chirurgien de la dauphine, qui n'osent sonder la plaie en l'absence de La Martinière. Quant à Bouillac, médecin des Enfants de France, il décide de saigner le blessé (comme s'il n'avait pas perdu déjà assez de sang !).

La famille royale venait d'être prévenue de l'attentat. Mme la dauphine, accourue la première, envoie aussitôt chercher des draps et une chemise chez son époux. La reine, pâle comme une morte, reste prostrée au chevet de son mari. Mesdames, qu'on a envoyé chercher sans les prévenir du malheur arrivé, s'effondrent, inanimées, à la vue de leur père baignant dans son sang ; abasourdi, le dauphin sanglote bruyamment lorsque le monarque lui remet la clef de son secrétaire, en lui déclarant : « Mon fils, ceci vous regarde à présent. Je souhaite que vous soyez plus heureux que moi. Je vous laisse le royaume dans un moment bien critique. J'espère que vous aurez assez de lumière pour discerner le bon parti. » Le dauphin lui prend les mains, les baise et murmure : « Plût à Dieu que j'eusse reçu le coup ! – Cela serait bien plus douloureux pour moi ! » répond Louis XV qui demande, de nouveau, son confesseur.

Enfin arrivé auprès de l'illustre victime, La Martinière sonde la plaie et la déclare sans danger. De joie, la reine lui saute au cou et l'embrasse. Mais l'inquiétude demeure. L'arme n'était-elle pas empoisonnée? Au comble de l'angoisse, Louis XV ressent des étouffements. Nouvelle saignée, quatre heures après la première. Un peu apaisé, le souverain se confesse une seconde fois et reste plus d'une demi-heure, tête à tête, avec le père Desmarets. On a apporté les saintes huiles, mais le cardinal de La Rochefoucauld n'étant pas là pour les lui administrer, on remet à plus tard la cérémonie de l'extrême-onction. Croyant sa dernière heure arrivée, Louis XV fait une sorte d'amende honorable, demande pardon à la reine et à ses enfants du scandale de sa vie passée, et déclare qu'il est rassuré de laisser le royaume en aussi bonnes mains qu'en celles de son fils. Le silence n'est plus troublé que par les sanglots de la famille royale.

Terrassée par la nouvelle, Mme de Pompadour s'était évanouie, elle aussi. Il avait fallu la ranimer et la saigner. Malgré sa faiblesse, elle avait exigé qu'on la conduisît aussitôt dans son appartement au château, où, dévorée d'inquiétude, elle attendait les nouvelles du roi. Bernis, arrivé à Versailles avant elle, descendit la voir. « Elle se jeta dans ses bras avec des cris et des sanglots » qui auraient attendri jusqu'à ses ennemis. L'abbé la pria de « rassembler toutes les forces de son âme, de s'attendre à tout et de se soumettre à la Providence [1] ». Il ajouta néanmoins qu'elle ne devait pas écouter ceux qui lui conseilleraient de partir. Amie du roi et dépositaire des secrets de l'Etat, elle ne devait obéir qu'aux ordres du monarque. Admis dans la chambre du souverain, l'abbé « revint la consoler à toutes les heures de la nuit [2] ».

Le lendemain matin, les médecins étaient parfaitement rassurés. A minuit, La Martinière avait « levé l'appareil » et constaté qu'il n'y avait aucun signe d'empoisonnement. Le roi avait dormi et on avait tout lieu d'espérer un prompt rétablissement, la plaie étant très superficielle. Mais bien que le chirurgien eût déclaré la blessure sans gravité, le roi

1. Bernis, *op. cit.*, t. I, p. 354.
2. *Ibid.*, p. 355.

continuait de se considérer comme perdu. Il demanda au dauphin de présider le Conseil. Repris par ses vieilles terreurs morbides, Louis XV sombra dans une profonde mélancolie. Il se comportait comme un grand malade. Prostré derrière les rideaux de son lit, il ne bougeait pas et se nourrissait à peine. Sa famille ne le quittait pas. Le neuvième jour, les médecins l'exhortèrent à faire quelques pas.

La première émotion passée, les courtisans furent plus occupés par le sort de Mme de Pompadour que par celui du roi. Allait-elle être renvoyée ? Partirait-elle de son plein gré ? On se remémorait les fameuses scènes de Metz, qui avaient entraîné la disgrâce de Mme de Châteauroux. La confession du roi, ses entretiens répétés avec le père Desmarets, laissaient croire que le règne des prêtres allait succéder à celui de la favorite. La reine et ses filles ne songeaient qu'à la conversion du souverain. « Tous les regards se tournaient vers le dauphin : c'était le soleil levant. [...] Le cabinet était une vraie arène où tout le monde se parlait à l'oreille et avec l'air du plus grand calme [1]. »

Sous prétexte d'une fallacieuse amitié, « on venait voir la mine que faisait la marquise [2] ». On allait et venait dans son appartement comme dans une église pendant la semaine sainte. La malheureuse Jeanne-Antoinette passait son temps à pleurer et tombait parfois en syncope. Quesnay, qui voyait le roi cinq fois par jour, avait beau lui dire qu'il était presque en état d'aller au bal, elle ne parvenait pas à se rassurer. Si l'état du monarque était aussi satisfaisant, pourquoi ne lui donnait-il pas signe de vie ? La marquise ne se fiait qu'à Bernis. Il avait promis à Jeanne-Antoinette de lui répéter fidèlement ce que le roi pourrait lui dire à son sujet. L'abbé n'avait cependant pas caché à la marquise que si le souverain lui demandait son avis sur la conduite à tenir avec

1. Dufort de Cheverny, *op. cit.*, p. 202.
2. Mme du Hausset, *op. cit.*, p. 100.

sa favorite, il lui eût conseillé de « faire cesser le scandale, en ne vivant plus avec elle dans la familiarité [1] ».

Suspendue aux nouvelles, Jeanne-Antoinette ne quittait pas son appartement et tentait de faire bonne figure à ses visiteurs. Mais elle se désolait : le roi semblait l'ignorer. La famille royale se crut alors assez forte pour l'obliger à quitter Versailles. La vieille comtesse de Toulouse fit part de ce vœu à l'abbé, qui se récria fort poliment : dépositaire des secrets du monarque, Mme de Pompadour devait attendre ses volontés. Dépitée par cette réponse, à laquelle il eût été difficile d'opposer des arguments sérieux, la famille royale se tourna vers Machault. On le flatta. On lui fit voir qu'il serait glorieux d'aider le souverain à prendre une décision, qui lui coûtait beaucoup, cependant nécessaire à la paix de son âme. On lui laissa entendre qu'il aurait alors toutes les chances d'être nommé Premier ministre.

Alors que Saint-Florentin et Rouillé étaient venus voir la marquise à plusieurs reprises, Machault ne lui avait pas encore fait visite. Mme de Pompadour éprouva un fâcheux pressentiment en le voyant entrer pour la première fois chez elle, huit jours après l'attentat. On les laissa seuls. Lorsque le ministre repartit, elle fondit en larmes. « Il faut que je m'en aille, mon cher abbé », dit-elle à Bernis, qui entrait dans son cabinet. Après avoir bu à grand-peine, une tisane de fleur d'oranger, tant ses dents claquaient, elle donna l'ordre de faire préparer son départ pour Paris. Elle se retira ensuite dans son cabinet avec son confident et ordonna qu'on ne laissât plus entrer que ses intimes et les ministres.

On annonça bientôt la maréchale de Mirepoix : « Qu'est-ce donc Madame que toutes ces malles ? s'écria-t-elle. Vos gens disent que vous partez.

– Hélas, ma chère amie, le maître le veut, à ce que m'a dit M. de Machault.

1. Bernis, *op. cit.*, t. I, p. 363.

– Et son avis à lui, quel est-il ?
– Que je parte sans différer [...].
– Il veut être le maître, votre garde des Sceaux et il vous trahit. Qui quitte la partie la perd », s'exclama la maréchale [1]. Le prince de Soubise, l'abbé de Bernis et Marigny entrèrent chez la marquise, peu après Mme de Mirepoix. Ils parlèrent tous ensemble pendant près d'une heure et convainquirent leur amie de ne pas quitter Versailles. Marigny s'éclipsa pour prévenir Mme du Hausset. « Elle reste, dit-il ; mais *motus* : on fera semblant qu'elle s'en va [*sic*] pour ne pas animer ses ennemis. C'est la petite maréchale qui l'a décidé ; mais son garde (elle appelait ainsi M. de Machault) le paiera [2]. » La marquise se calma et le onzième jour après l'attentat, elle reprit espoir en recevant enfin un billet du roi [3].

Louis XV commençait à se lever et marchait dans sa chambre, en s'appuyant légèrement sur une canne. Il ne se départait pas de son air triste et las. Sa famille ne le quittait guère. Le dauphin le suivait jusque dans son cabinet privé. La reine et les princesses venaient lui faire leur cour, avant et après la messe, jusqu'à ce qu'il leur fît signe de s'en aller. Chacune s'avançait et lui baisait la main avant de se laisser embrasser. Un après-midi, vers 2 heures, alors que presque tout le monde était parti dîner, le roi, encore en robe de chambre et bonnet de nuit, donna le signal du départ à la dauphine et dit au dauphin de ne pas le suivre. Il s'avança vers Mme de Brancas, qui allait partir : « Donnez-moi votre mantelet », lui dit-il. Sans marquer le moindre étonnement, la duchesse lui tendit son mantelet, qu'il mit sur ses épaules. Le roi la salua et descendit chez Mme de Pompadour. « C'était le Dieu de l'Opéra qui descendait dans la machine pour calmer toutes les inquiétudes [4]. »

1. Mme du Hausset, *op. cit.*, p. 101-102.
2. Mme du Hausset *op. cit.*, p. 102.
3. Bernis, *op. cit.*, t. I, p. 364.
4. Choiseul, *Mémoires*, p. 132.

Lorsqu'il revint vers heures, ce n'était plus le même homme. Il souriait, parlait affablement, et fit même des plaisanteries sur la petite cape dont il était affublé. Le lendemain, il s'habilla, chassa et reprit sa vie habituelle. En peu de temps Jeanne-Antoinette était parvenue à le rassurer et à lui rendre le goût de la vie. Quoiqu'elle sût peu de chose de l'assassin, elle assura au souverain que c'était un fou qui avait agi seul : ce n'étaient ni les jésuites, ni les magistrats du parlement qui avait armé son glaive.

En une heure, Mme de Pompadour avait recouvré son ascendant sur le monarque. La Cour était sidérée, les intrigants déconcertés, le dauphin troublé, la dauphine pétrifiée et la marquise rassérénée. Chacun revint lui faire la cour. On pressentit aussitôt que son règne allait durer encore longtemps. « Je ne vous dirai qu'un mot de toutes les horreurs qui se sont passées dans la chambre du roi, écrivait-elle à Choiseul. Représentez-vous le second tome de Metz, à l'exception des sacrements, qu'il n'a pas été dans le cas de recevoir. [...] Ne craignez pas que les événements puissent affaiblir mon courage. La perte du roi pourrait seule en être capable. Il vit, tout le reste m'est égal. Cabale, indignités, écrits, etc., rien ne m'effraiera et je le servirai quoi qu'il m'en doive arriver, tant que je serai en position de le pouvoir [1]. »

Alors que l'opinion inquiète se préoccupait de savoir qui avait armé le bras de l'assassin, et cherchait à démêler les causes d'un si grand crime, l'entourage immédiat du roi résolut, à l'instar de la marquise, de faire passer le criminel pour un dément ou un fanatique. Dès son arrestation, il fut mis dans la salle des Gardes, dépouillé de ses affaires et laissé nu comme un ver. Chacun pouvait le voir et lui parler tout à son aise. C'était presque une attraction. L'homme, qui se nommait Damiens, reconnaissait son forfait, mais refusait d'avouer s'il avait des complices. « Qu'on

1. Mme de Pompadour à Choiseul, *op. cit.*, p. 181-182.

prenne garde à M. le Dauphin », se contenta-t-il de dire. On crut à une conspiration, ce qui provoqua plusieurs arrestations. Transféré dans la prison de Versailles, sur l'ordre de Machault, Damiens endura un premier supplice : on lui brûla les pieds et les mollets au fer rouge pour le faire parler. Il se débattit tant qu'il put, mais ne dénonça personne. En attendant qu'il fût jugé, les langues allaient bon train. Les uns attribuaient son crime au parlement, les autres aux jésuites, chaque parti rejetant sur l'autre l'ignominie de l'attentat. Chaque jour des placards injurieux pour le roi étaient affichés sur les murs de la capitale et même sur ceux du château. Le souverain, qui voulait être informé de tout ce qui pouvait se dire ou se tramer contre lui, exigeait de ses ministres la plus grande franchise. Depuis des années, il avait d'ailleurs l'habitude de se faire communiquer la copie des correspondances privées, qu'on ouvrait dans les bureaux de Jeannelle, l'intendant des postes, et qu'on recachetait habilement avant de les renvoyer à leurs véritables destinataires. C'était l'institution du *Cabinet noir*, qui n'était pas toujours utilisé à des fins politiques, Louis XV se délectant également des aventures amoureuses de ses sujets.

Mme de Pompadour avait souvent recours aux services de Jeannelle. Etant donné la gravité des circonstances et l'état dépressif du roi, la marquise exigea qu'on prît à son égard des précautions particulières. Il fallait éviter de lui donner lecture de lettres faisant allusion à des complots criminels dirigés contre sa personne, ainsi que de toutes celles où l'on débitait des horreurs contre lui. Jeannelle transmit ses ordres à d'Argenson, qui avait en charge le département de Paris. Il refusa d'en tenir compte. Excédée par une attitude qu'elle estimait coupable à l'égard du monarque, Mme de Pompadour s'en prit à ce ministre. Elle voyait là l'occasion rêvée de se débarrasser d'un ennemi qui la combattait sournoisement depuis des années. Il était sans doute le seul à ne pas avoir compris qu'elle avait retrouvé ses anciennes prérogatives. Sur les instances de Bernis, elle avait pourtant essayé de se rapprocher de lui, mais d'Argenson avait cru voir dans ses démarches « les derniers efforts d'une personne qui se noie et qui s'accroche où elle peut [1] ». Le ressentiment de la marquise à son égard n'en était que plus vif. Elle se fit conduire chez lui, et l'aborda avec une évidente agressivité : « Monsieur, lui dit-elle, il serait essentiel de cacher ces abominations au roi. Il ne dort plus et se tourmente ; continuez de veiller à sa sûreté, mais ne lui en parlez plus.

– Madame, répondit-il, personne ne le désire plus que moi ; priez le roi, dans ces moments de bonté et de familiarité où il ne peut rien vous refuser, de ne plus me faire de questions ; je serai trop heureux et trop content de garder un silence que je crois utile et nécessaire à la santé du roi ; mais je ne le puis toutes les fois qu'il me questionnera.

– Je le sens, reprit Mme de Pompadour avec aigreur, vous aimez mieux le voir malheureux et faire le bon valet ; mais monsieur, ces billets sont fort extraordinaires ; il est bien étonnant que Berryer [2], qui a toute la police à ses ordres, n'en trouve et n'en apporte aucun, et que vos gens, en petit nombre, qui ne les cherchent point, en découvrent toujours [3]. » La froide impassibilité du ministre l'avait exaspérée. Bernis la trouva chez elle, accoudée à la cheminée, encore enveloppée dans son manteau, les mains enfouies dans son manchon. « Vous avez l'air d'un mouton qui rêve, lui dit-il.

– C'est un loup qui fait rêver le mouton [4] », répondit-elle avant d'éclater en sanglots. A ce moment, entra le roi. La voyant troublée, il lui mit dans un verre quelques gouttes d'Hoffmann avec de l'eau et lui tendit le breuvage. Elle l'avala, lui baisa les mains et se calma.

1. Bernis, *op. cit.*, t. I, p. 367.
2. Berryer était alors lieutenant général de police de Paris.
3. Valfons, *op. cit.*, p. 254-255.
4. Mme du Hausset, *op. cit.*, p. 103.

Le lendemain, la Cour apprit la disgrâce de MM. d'Argenson et de Machault. Leur renvoi avait été décidé entre le roi et Mme de Pompadour. Louis XV ne sacrifiait pas d'Argenson uniquement pour satisfaire la rancune de sa favorite. On l'avait persuadé que ce ministre attisait par ses cabales le feu de la discorde à Paris et à Versailles. C'était cependant un homme d'expérience, capable d'en imposer aux chefs militaires, au début d'une guerre qui s'annonçait pour le moins préoccupante. Parfait honnête homme, son neveu et successeur, M. de Paulmy [1], paraissait bien jeune pour assumer de telles responsabilités.

La destitution de Machault surprit encore davantage. Il avait été fort lié à Mme de Pompadour. On lui reprochait ses complaisances pour la favorite, ses manières autoritaires, sa sécheresse et sa morgue. Mais le roi lui en voulait de l'avoir engagé à tenir le dernier lit de justice, qui avait achevé de révolter le parlement et peut-être inspiré l'attentat, sans l'avoir prévu [2]. Cependant on reconnaissait à Machault une véritable intelligence politique et une parfaite connaissance des affaires de la Marine, dont il était le gestionnaire, en même temps qu'il tenait les sceaux. En pleine crise parlementaire et, de surcroît, au début d'un conflit qui devait se livrer sur mer avec l'Angleterre, il eût fallu le remplacer par un homme qui lui fût, sinon supérieur par ses lumières, du moins égal. Ce ne fut pas le cas de M. de Moras qui, cumulant les Finances et la Marine, se plaignit aussitôt de la lourdeur de sa tâche. A Choiseul qui lui demandait ce qui l'avait engagée à faire des « choix aussi risibles », la marquise répondit qu'elle avait proposé de remplacer les anciens ministres par des hommes qui occupaient

1. Marc Antoine René de Voyer, marquis de Paulmy, était le fils de l'auteur des *Mémoires*. Il n'occupa le ministère de la Guerre que de février 1757 à mars 1758. Gouverneur de l'Arsenal, il a laissé une très riche bibliothèque, qui constitue le fonds essentiel de l'actuelle bibliothèque de l'Arsenal.

2. Président Hénault, *Mémoires*, p. 244.

déjà un poste subalterne dans leurs départements. Choiseul lui fit alors observer que « cette raison pouvait être bonne pour elle ; mais que dans cette occasion, au commencement d'une guerre effrayante par l'étendue de toutes les branches, elle n'était pas avantageuse à l'Etat [1] ».

« Avec sa confiance d'enfant », Mme de Pompadour était persuadée « qu'avec son secours tout irait bien, assure Bernis. Je ne pensais pas de même, ni nos alliés non plus. Ils regardèrent comme une faute capitale le renvoi des deux ministres dans de pareilles circonstances [2] ». Toute-puissante, la marquise, qui avait fait nommer Bernis ministre d'Etat, reçut gracieusement Choiseul, qui revenait de Rome. Elle veillait à sa nomination comme ambassadeur à Vienne, afin de défendre les intérêts de l'alliance dont elle se croyait le principal artisan. Elle avait, en outre, l'intention d'aider le roi à mettre au pas son parlement récalcitrant. Le vertige du pouvoir l'avait saisie.

Cependant, quelques-uns de ses amis la mirent en garde contre les dangers qui la guettaient. « Tant que MM. d'Argenson et de Machault ont été en place, le public n'a accusé qu'eux des malheurs de l'Etat, lui écrivit le comte de Sade [3]. Leur exil met le roi à découvert, et vous aussi, Madame. On connaît sa confiance pour vous ; il vous aime, il vous parle, et vous écoute. Quel moment glorieux pour une personne qui aime le roi et l'Etat. Ne vous laissez point séduire par de mauvais conseils. N'écoutez point ceux qui pourront vous dire que le peuple est en état de soutenir de nouveaux impôts. [...] Je pense qu'il ne reste au roi qu'une ressource pour avoir de l'argent : c'est d'en trouver dans la réforme de sa Maison. Personne n'est assez injuste pour vouloir qu'il prenne sur ses plaisirs, mais qu'il ôte les abus et les voleries, qui ne contribuent ni à la magnificence de sa

---

1. Choiseul, *Mémoires*, p. 141.
2. Bernis, *op. cit.*, t. I, p. 372.
3. Jean-Baptiste, comte de Sade (1702-1767), père du célèbre marquis, ami et correspondant de Voltaire.

cour, ni à son faste, ni à ses plaisirs. [...] La réforme que je propose, si terrible pour un ministre, est une chose aisée à un roi qui est aimé. Qu'il punisse avec rigueur le premier qui osera murmurer, ou qu'il le ramène par la douceur; qu'il fasse sentir la situation où il se trouve, la misère des peuples; qu'il fasse espérer de rétablir les choses dans des temps plus heureux ou d'accorder d'autres grâces. Il n'y a pas de prince, point de grands seigneurs qui ne se prêtent à ce moment.

« Comme on ne se méfie point de moi, j'entends les plaintes de tout le monde : le murmure est général. Je vous suis trop attaché pour vous flatter et je suis trop vrai pour dissimuler. L'affaire du parlement cause des malheurs sans nombre dont vous seriez touchée si vous en aviez le tableau sous les yeux. On ne laisse point aussi longtemps un royaume sans justice. Une personne médiocre me dirait peut-être que le roi ne doit pas reculer. Ah! Madame, ce n'est pas vous qui pensez cela! Est-ce reculer que de se rendre aux larmes de tout un peuple qu'il voit à ses genoux?

« La vérité est toujours écoutée quand elle sort de la bouche des grâces. Vous trouverez peut-être ma démarche bien hardie; elle est d'un citoyen qui aime l'Etat et qui vous est attaché, d'un homme qui ne craint rien pour la démarche qu'il fait parce qu'il vous connaît [1]. »

La marquise lui répondit : « Je sais que j'ai des ennemis; je les connais, je n'ai rien fait pour me les attirer et je les méprise [2]. »

Le jeune Marmontel lui écrivit une lettre, inspiré par les mêmes sentiments que ceux du comte de Sade : « A présent que les ministres sont renvoyés et que les hommes qui les remplacent n'ont aucun ascendant, ni aucune influence, songez, Madame, que c'est sur vous qu'on a les yeux et que c'est à vous désormais que s'adresseront les reproches, les

1. Lettre du comte de Sade à Mme de Pompadour, *in Bibliothèque Sade, Papiers de famille, Le règne du père*, éd. Maurice Lever, t. I, p. 731-733.
2. *Ibid.*, p. 733.

plaintes, si le mal continue ou les bénédictions publiques, si vous y apportez remède et si vous le faites cesser. Au nom de votre gloire et de votre repos, Madame, hâtez-vous de produire cet heureux changement. N'attendez pas que la nécessité le commande ou qu'un autre que vous l'opère ; vous en perdriez le mérite et l'on vous accuserait du mal que vous n'auriez pas fait. Toutes les personnes qui vous sont attachées ont les mêmes inquiétudes et forment le même vœu que moi. » Mme de Pompadour lui répondit qu'elle « avait du courage », et qu'elle voulait que ses amis en eussent pour elle et comme elle [1] ».

1. Marmontel, *op. cit.*, p. 144.

21

Le vertige du pouvoir

Mme de Pompadour aimait la monarchie autant que le roi. L'état dépressif où Louis XV avait sombré depuis l'attentat contribua à le rapprocher encore davantage d'une compagne à laquelle il pouvait se confier sans arrière-pensée. C'est toujours auprès d'elle qu'il puisait la force qui lui manquait pour assumer les pesanteurs du pouvoir. Et l'insatiable besoin qu'il éprouvait de sa rassurante présence donnait à cette femme perpétuellement malade une force indomptable, qu'elle s'épuisait à lui insuffler. Malgré les exhortations des confesseurs et celles de la famille royale, il continuait de former avec son ancienne maîtresse un couple qui semblait indissociable.

Mme de Pompadour avait des lumières de tout et ne manquait pas d'intelligence, mais n'était pas préparée à assumer de véritables responsabilités politiques. Elle croyait cependant que ses longues conversations avec le roi, avec les ministres et les ambassadeurs lui avaient donné l'expérience qui lui manquait. Avec un Conseil dont les membres comptaient désormais pour elle une majorité d'obligés, elle espérait gouverner en parfaite harmonie avec le souverain.

Le royaume avait alors besoin des compétences d'un homme d'Etat clairvoyant, rompu aux subtilités de la politique. Les démarches incertaines d'une femme, inspirée autant par son amour pour le monarque que par son ressentiment contre ses ennemis personnels, risquaient de le mettre en danger, mais la marquise évaluait mal la gravité des problèmes posés à Louis XV. Elle s'imaginait que la guerre serait brève et victorieuse, sans soupçonner un instant les dangers de l'alliance autrichienne et les faiblesses du haut-commandement français. Il semble qu'elle ait également sous-estimé la profondeur de la crise intérieure. Si la fronde parlementaire en était l'expression banale et attendue, l'attentat de Damiens pouvait être considéré comme sa manifestation violente. Mme de Pompadour n'admettait pas que le parlement eût l'audace de résister au roi. Elle restait persuadée que Louis XV devait mettre fin à cette fronde par un acte d'autorité : les magistrats n'étaient que des rebelles qu'il fallait châtier. Elle ne concevait le pouvoir royal qu'absolu et intangible.

Il semblait urgent d'apaiser ce long conflit, qui avait rebondi après le lit de justice du 13 décembre précédent. Trois jours après cette mémorable séance, Mme de Pompadour, sur les instances du roi, avait demandé à Bernis son avis sur la conduite à tenir avec les parlementaires. L'abbé encourageait le souverain à la fermeté, mais lui conseilla de négocier : il devait convoquer le premier président, M. de Maupeou, et exiger qu'il remît à la raison les démissionnaires, afin que la justice fût rendue normalement. L'abbé proposait également au souverain de dire à M. de Maupeou qu'il était prêt à entendre les remontrances de son parlement, comme le voulait la coutume.

Le roi pouvait tirer parti de l'attentat, qui avait bouleversé les magistrats. Suivi par plusieurs de ses collègues, le président Maupeou était accouru à Versailles. Ils y restèrent jusqu'à ce qu'on fût rassuré sur l'état du souverain. Sous le coup de l'émotion, plusieurs « têtes chaudes » écrivirent au chancelier qu'ils étaient prêts à reprendre leurs fonctions. Mais un parlementaire ambitieux, avec la complicité d'un ministre intrigant, changea les termes de la lettre, de telle sorte qu'ils parurent quelque peu insolents. On examina le texte au Conseil. Bernis jugeait opportun de fermer les yeux sur certaines expressions équivoques, et préconisait une réponse favorable à ces magistrats, qui semblaient désireux de se ranger. Les autres ministres ne partagèrent pas son avis. Le chancelier (qui était encore Machault) répondit avec « une hauteur et une sécheresse qui refroidirent le zèle » de ces Messieurs. Bernis le regretta. C'était le meilleur moyen de laisser se développer dans la capitale les troubles les plus imprévus, et d'attiser l'ire des parlementaires, au moment où le souverain avait besoin de nouveaux subsides pour la guerre. Chaque ministre se crut alors autorisé à négocier personnellement avec le parlement [1].

De son côté, Mme de Pompadour cherchait à reprendre en mains la situation. C'est alors que des amis estimèrent judicieux de lui faire rencontrer discrètement le président de Meinières [2], l'un des magistrats démissionnaires, dont les arguments juridiques avaient souvent inspiré les remontrances de ses pairs [3]. Le 26 janvier, à 6 heures, un valet de chambre introduisit le président chez la marquise. Seule, debout à côté de la cheminée, sans dire un mot, elle le toisa de la tête aux pieds. Glacé par cet accueil, le président s'avança vers elle, aussi timidement qu'un écolier. « Tirez une chaise », proféra-t-elle d'un « ton de colère » à son valet de chambre, qui ne savait quel siège avancer. M. de Meinières s'assit vis-à-vis d'elle « mourant de peur » et débita une harangue fort respectueuse. Il venait plaider la cause de son

1. Bernis, *op. cit.*, t. I, p. 333.

2. J.B.F Durey de Meinières (1705-1785) était président à la deuxième Chambre des enquêtes depuis 1731.

3. Les citations qui suivent sont extraites de la *Première conversation* et de la *Seconde conversation de la marquise de Pompadour avec le président de Meinières*, publiées par le baron Jérôme Pichon dans les *Mélanges des Bibliophiles français*, 1856, d'après le manuscrit autographe du président de Meinières. Ces deux textes, qui se trouvent également dans les *Mémoires* du duc de Richelieu, t. VIII p. 386 et suiv., ont été de nouveau publiés par Poulet-Malassis dans son édition de *La Correspondance de Mme de Pompadour*, p. 173-214. Nous donnons les références de cette dernière édition.

fils auquel le roi avait successivement refusé sa nomination comme conseiller au parlement et son intégration dans un régiment [1].

« Droite comme un jonc », la marquise l'écouta sans le quitter des yeux un seul instant. Lorsqu'il eut achevé son discours, elle lui répondit que son fils était victime de l'attitude frondeuse qu'il avait adopté dans sa compagnie. « Le roi est le maître, Monsieur ; il ne juge pas à propos de vous marquer son mécontentement personnellement, mais de vous le faire éprouver en privant monsieur votre fils de jouir d'un état [...]. Il emploie le moyen qui est dans sa main ; il faut respecter ses volontés. » Voyant son interlocuteur désolé d'être responsable des déboires encourus par son fils, la marquise lui proposa un marché : « Vous savez, par exemple, que le roi désire dans ce moment des marques de soumission de la part de Messieurs des Enquêtes et des Requêtes qui ont donné leur démission ; qu'il a donné des preuves de ses bontés à ceux qui lui ont écrit des lettres particulières. Si vous vouliez en écrire une de même, et par votre exemple engager plusieurs autres à en écrire de semblables, ce serait un service que vous rendriez au gouvernement dans les circonstances présentes, que je serais en état de faire valoir, et alors vous pourriez espérer quelque changement dans les dispositions du roi à votre égard. Mais quand je n'aurai autre chose à dire à S.M., sinon : " Sire, j'ai vu aujourd'hui M. de Meinières ; il m'a protesté de l'attachement le plus respectueux pour votre personne, etc. ", le roi me répondra : " Qu'a-t-il fait pour me le prouver ? Rien. " Et les choses demeureront dans le même état et je ne pourrai rien faire pour vous [2]. »

M. de Meinières répondit à la marquise qu'il lui était impossible d'écrire une telle lettre, qui le déconsidérerait auprès de sa compagnie : « Dans l'alternative ou de perdre

1. *Ibid.*, p. 181-183.
2. *Ibid.*, p. 186-187.

mon honneur, ou de voir mon fils privé d'un état, je ne balance pas [...].

– Monsieur de Meinières, dit-elle, j'ai envie de vous faire plaisir, mais je vois que cela ne me sera pas possible, car vous ne vous prêtez à rien, dit-elle.

– Vous en voyez les raisons, Madame.

– Elles ne valent rien. [...] On ne vous accorderait pas tout à l'heure ce que vous désirez pour monsieur votre fils ; ainsi cela ne paraîtrait pas être la récompense de votre complaisance. » Et comme le président insistait sur le déshonneur qui rejaillirait sur lui s'il accomplissait une telle démarche, la marquise se mit à rire : « Je suis toujours étonnée d'entendre mettre en avant leur prétendu honneur pour ne pas faire ce que le roi désire, ce qu'il veut, ce qu'il ordonne, et ne pas considérer qu'il est du véritable honneur de remplir les devoirs de son état, et de faire cesser le plus tôt qu'il est possible le désordre qui règne dans toutes les parties de l'administration par le défaut de justice. Voilà, Monsieur, en quoi il faut faire consister son honneur : à reconnaître ses torts, la légèreté d'une démarche si contraire à toute règle, à toute bienséance ; à tâcher par une conduite différente à effacer dans l'esprit du roi et de ses sujets l'impression défavorable qu'une action de cette nature doit y causer. Je crois que personne n'ignore combien j'honore la magistrature, mais il n'y a rien que je donnasse pour n'avoir point pareil reproche à faire à ce tribunal auguste, à ce premier parlement du royaume [1]. »

M. de Meinières écoutait la marquise, « émerveillé » par la facilité avec laquelle elle s'exprimait et la justesse des termes qu'elle employait. Et comme il essayait de se défendre, elle reprit son discours, non sans une certaine véhémence : « Je vous le répète, c'est la trop grande bonté du roi qui vous rend aujourd'hui, tous, si entreprenants et si difficiles. A la fin, monsieur, sa bonté se lasse et il veut être

1. *Ibid.*, p. 193.

le maître. N'allez pas attribuer aux ministres le ressentiment particulier et personnel du roi, comme vous le faites toujours : il ne s'agit point d'eux; c'est ici le roi qui est personnellement blessé et qui par lui-même, et sans y être en aucune façon excité par personne, veut être obéi.

« Mais, je vous demande un peu, messieurs du parlement, qui êtes-vous donc pour résister comme vous faites aux volontés de votre maître? Croyez-vous que Louis XV ne soit pas un aussi grand prince que Louis XIV? Pensez-vous que le parlement d'aujourd'hui soit composé de magistrats supérieurs en qualité, en capacité et en mérite à ceux qui composaient le parlement alors? Ah que je le souhaiterais bien! » s'exclama-t-elle avant de rappeler au magistrat médusé l'ordonnance de 1667 et le lit de justice de 1673. Et comme Meinières osa murmurer que les magistrats du temps de Louis XIV avaient fléchi sous le pouvoir absolu du monarque, Mme de Pompadour s'emporta : « Quel sentiment! Quelle expression [1]! » s'écria-t-elle. Rompu aux joutes oratoires, M. de Meinières sut trouver la parade qui convenait : Louis XV n'était pas un despote, il respectait les lois et voulait bien entendre les vérités que lui disaient ses magistrats. « C'est un grand malheur, lui dit-il, quand un prince ne veut pas écouter ceux qui sont préposés par leur institution pour l'avertir des surprises qui peuvent lui être faites. Et qu'il me soit permis de le dire, Louis XV ne serait pas aujourd'hui surchargé des dettes immenses contractées par Louis XIV, si messieurs du parlement qui vivaient sous son règne avaient opposé quelque résistance à ce torrent de création d'offices et rentes sur la ville qui accablent à présent l'Etat [2]. »

Mme de Pompadour mit fin à l'entretien, sans doute étonnée que M. de Meinières eût osé lui résister. Elle ne se doutait pas qu'il repartait « rempli d'étonnement et d'admiration » pour elle. La marquise ne ressemblait pas à la « sul-

1. *Ibid.*, p. 202-205.
2. *Ibid.*, p. 206.

tane » vilipendée par les pamphlets. Ils réfléchirent chacun de leur côté. Sachant que le président préparait un plan d'accommodement, la favorite le convoqua de nouveau chez elle. Le 8 février, il se présenta dans son cabinet et tenta de plaider la cause des parlementaires démissionnaires, dont le roi avait décidé supprimer les charges. En vain. Au nom des principes de la monarchie absolue qu'elle défendait bec et ongles, la marquise demeura inflexible : « Il faut que l'honneur du roi, qui n'est pas moins important que le vôtre, soit ménagé et sauvé : il a dit deux fois qu'il avait exilé des particuliers, qu'il avait pourvu au remplacement de leurs offices ; croyez-vous qu'il puisse changer à la face de l'univers ? [...] Mais fussiez-vous simple citoyen, pourriez-vous voir de sang-froid une poignée d'hommes résister à l'autorité du roi de France ? N'en auriez-vous pas une mauvaise opinion ? Quittez votre petit manteau de magistrat, monsieur le président, et vous verrez tout cela comme je le vois [1]. » Mme de Pompadour était sans doute le meilleur avocat du roi, mais elle n'avait cependant pas réussi à faire changer d'un iota les convictions des parlementaires.

Seule en activité, la Grand-Chambre du parlement instruisait alors le procès de Damiens, l'assassin du roi. Elle comprenait « un nombre de magistrats plus que suffisant pour juger un procès criminel [2] ». Le régicide avait été incarcéré à la Conciergerie dans la tour Montgomery où l'on avait jadis enfermé Ravaillac. Les membres de sa famille avaient été également arrêtés et emprisonnés. On apprit bientôt que cet homme, âgé de quarante-deux ans, originaire d'Artois, avait commencé sa carrière de valet chez les jésuites et l'avait achevée chez Mme de Sainte-Reuze, maîtresse du marquis de Marigny. Elle l'avait chassé sur les instances de son amant, qui le jugeait dangereux. Instable et violent, il avait commis chez elle un important larcin. Damiens n'avait pas fait de longs séjours chez ses autres

1. *Ibid.*, p. 211-212.
2. Luynes, *op. cit.*, t. XV, p. 361.

maîtres, qui appartenaient presque tous au milieu de la robe.

Craignant qu'il ne fût l'exécuteur d'un complot, ses juges cherchaient à lui faire avouer les noms de ceux qui avaient armé son bras. Mais Damiens ne dénonçait toujours personne. Dans l'espoir de surprendre ses secrets, les magistrats demandèrent aux gardes, qui ne le quittaient pas, de transcrire ses libres propos sur un registre. Il ne révéla rien de plus que lors de ses interrogatoires. Il affirmait « avoir attenté à la vie du roi parce que S.M. n'avait pas écouté les remontrances de son parlement ». Il n'avait pas voulu tuer le monarque mais seulement « l'engager à songer à la misère de son peuple ». Il s'inquiétait, en outre, de savoir si le parlement était rétabli, si l'archevêque était toujours à Conflans et si l'on refusait encore les sacrements. Il accusait Mgr de Beaumont d'être la cause des troubles religieux et affirmait qu'il n'y aurait pas de paix sociale tant que l'Eglise n'obéirait pas au parlement. Il disait également que « Dieu le consolerait parce qu'il mourait pour le peuple, que le roi était mal conseillé et que les ministres lui cachaient la plupart des affaires [1] ».

Aux yeux des magistrats, Damiens n'était qu'un déséquilibré, dont le faible entendement avait été « échauffé » par des propos mal compris, entendus aux abords du palais de justice, dans les buvettes, mais aussi chez ses anciens maîtres. Mais comme il s'agissait, pour la plupart, de conseillers au parlement, ses juges insistèrent sur « la folie » du criminel. Au cours des dix audiences du procès, qui commença le 12 février, ils affectèrent une particulière rigueur, afin de laver le parlement de tout soupçon. Le président Hénault, qui siégeait parmi eux, estimait « ce monstre unique en son espèce ; ce n'était ni Ravaillac, ni

1. *Extrait de ce que le prisonnier a dit et qui a paru mériter attention aux douze sergents du régiment des gardes-française chargés de le garder à vue.* B.N. Mss. Fonds Joly de Fleury, ms. 2070, fol. 158-162, cité par Pierre Rétat *in L'attentat de Damiens, Discours sur l'événement au* XVIII*e siècle.*

Jacques Clément ; la religion n'entrait pour rien dans cette action exécrable. Il n'avait point de complice ; c'était un fanatisme sans objet que la pitié, disait-il, pour le pauvre peuple, qui l'avait armé contre le meilleur de nos rois. [...] J'étais un de ses juges. Je n'ai jamais vu d'homme plus insolent ; il nous faisait baisser les yeux en parcourant tous les bancs ; ce qui est étonnant, c'est que quand on l'interrogeait sur son vol, il tombait dans l'humiliation et que, sur son action détestable, il reprenait son audace. Cependant, il témoigna du repentir, et il disait qu'en commettant son crime il eût été fâché de le consommer [1] ». Damiens ayant toujours nié avoir eu connaissance de la doctrine régicide, on ne remit pas en cause la thèse du « monstre » solitaire à l'esprit faible, qui satisfaisait tous les partis.

La sentence tomba le 26 mars 1757. Comme Ravaillac, Damiens fut condamné à être écartelé, ses restes brûlés sur un bûcher dispersés au vent. Personne ne s'insurgea contre la barbarie du châtiment. Ainsi devait être puni le régicide. Conçue comme une sorte de grand spectacle d'expiation collective, l'exécution attira un considérable concours de peuple sur la place de Grève [2]. Quelques grandes dames se piquèrent d'y assister, mais leur présence à un tel supplice ne manqua pas de choquer la Cour, qui préféra jeter un voile pudique sur l'abominable châtiment infligé au condamné.

Depuis l'attentat, les langues allaient bon train et d'innombrables écrits clandestins exprimaient avec violence le malaise du royaume. Alors que les gazettes officielles laissaient croire que le drame avait rassemblé dans un même élan tous les Français autour du Bien-Aimé et n'avaient pas de mots assez durs pour fustiger le crime, on distribuait sous le manteau pamphlets, billets chiffrés, dessins, où l'on voyait des poignards, des lys renversés, des couronnes brisées ; on découvrait toujours des placards injurieux pour le souverain

1. Hénault, *op. cit.*, p. 243-244.
2. *Cf.* le récit qu'en donne l'avocat Barbier, *op. cit.*, t. VI, p. 505-508.

affichés aux endroits les plus inattendus. Damiens n'apparaissait là, ni comme un fanatique isolé, ni comme l'instrument d'une faction politique, mais plutôt comme le porte-parole du petit peuple désemparé, pressuré d'impôts, avide de trouver en même temps boucs émissaires et défenseurs.

A l'instar de Voltaire et de la plupart des philosophes [1], Mme de Pompadour vit en Damiens une figure du fanatisme, qui déshonorait le siècle de Louis XV par son caractère archaïque. Quant au roi, il restait persuadé que les propos séditieux tenus par les magistrats chez lesquels avait servi son assassin étaient à l'origine de son crime. Peu de temps après l'exécution du criminel, il dit à la marquise : « Sans ces conseillers et ces présidents, je n'aurais pas été frappé par ce *monsieur* (il appelait toujours ainsi son assassin).

– Ah ! Sire, s'écria Mme de Pompadour.

– Lisez le procès, répondit-il ; ce sont les propos de ces messieurs qu'il nomme, qui ont bouleversé sa tête [2]. »

Le roi et sa favorite s'entendaient à merveille. L'ambassadeur de Saxe prétendait même qu'ils avaient repris des relations très intimes. Voyages et petits soupers se succédaient au rythme habituel. La marquise était d'une élégance éblouissante et demandait à Mme de Lutzelbourg de lui envoyer des dentelles. Elle suivait cependant avec beaucoup d'attention les négociations de Bernis avec Starhemberg qui devaient aboutir à la signature d'un nouveau traité franco-autrichien, conclu le 1er mai 1757. Avant même que l'accord ne fût signé, les armées royales avaient franchi le Rhin, le roi tenant absolument à rassurer l'impératrice sur sa bonne foi.

Mme de Pompadour voulait faire nommer Choiseul ambassadeur à Vienne. Pour y parvenir, il lui fallait déjouer

1. Seul Diderot s'en indignera dans une lettre à Sophie Volland, en octobre 1760 et comparera Damiens à Regulus.

2. Du Hausset, *op. cit.*, p. 127

le projet de Rouillé, qui souhaitait voir le comte de Broglie à ce poste. Mais le ministre des Affaires étrangères, très malade, avait, en fait, peu d'autorité. Néanmoins, Broglie était un concurrent sérieux. Le roi le connaissait et avait apprécié ses services. Il avait cependant le tort de n'être guère favorable à l'alliance. Dans de telles circonstances, il n'était pas difficile de convaincre Bernis, tout-puissant au Conseil, d'imposer Choiseul à la place de Broglie. L'abbé « prit ainsi le parti de laisser cette nomination au gré de la marquise et d'être utile au comte de Stainville [1] » (c'est ainsi qu'on appelait encore le futur duc de Choiseul). Ce dernier se montra très déférent à l'égard de Bernis, qui lui fit mille protestations d'amitié.

Se rendant parfaitement compte qu'il lui eût été quasiment impossible de dépendre d'un ministre aussi borné que Rouillé, qui de surcroît n'approuvait pas un traité qu'il allait devoir défendre, Choiseul résolut de le faire démissionner et de le remplacer par Bernis. Mme de Pompadour, à laquelle il fit part de son intention, commença par se récrier. « Mais, M. Rouillé se meurt ; il dort au Conseil et dans son cabinet ; il n'y a qu'à attendre que l'apoplexie nous en délivre : le roi ne veut pas être homicide d'un ministre inepte, mais honnête homme, en le déplaçant ; s'il pouvait se déplacer lui-même, le roi en serait bien aise. Mais Mme Rouillé, qui aime la Cour, comme une bourgeoise qui n'était pas faite pour y être, l'en empêchera toujours...

– Voulez-vous, interrompit vivement le comte de Stainville, que je vous apporte dans une heure la démission de M. Rouillé ? Le voulez-vous ? [2] » Mme de Pompadour traita ce projet de folie, mais y consentit en riant.

Peu après, Choiseul revint triomphant chez elle. Il s'était fait annoncer chez Mme Rouillé, l'avait convaincue que son mari mettait ses jours en danger en assumant des responsabilités aussi lourdes. Il lui promettait que si son époux

1. Bernis, *op. cit.*, t. I, p. 383.
2. *Ibid.*, p. 387.

consentait à remettre sa démission pour les affaires étrangères, il garderait la surintendance des postes, ce qui lui permettrait de rester à la Cour. Mme Rouillé ne se fit pas prier trop longtemps et décida son mari à renoncer à sa charge la plus importante. Choiseul l'emportait.

La nouvelle causa autant de surprise que de joie à Mme de Pompadour. La promptitude, l'intrépidité et l'habileté de son protégé l'éblouissaient. La suite n'était plus qu'un jeu d'enfant pour elle. Quelques jours plus tard, le 29 juin 1757, son cher Bernis succédait à Rouillé. Avant de prêter serment au roi, l'abbé eut l'honneur de lui annoncer la victoire de Kollin remportée, le 19 juin, par les armées autrichiennes contre Frédéric II. Succès inespéré. Le 7 mai, le roi de Prusse avait mis le siège devant Prague, où les troupes de Marie-Thérèse [1] se trouvaient pratiquement sans munitions. Mais une attaque inopinée, menée par le comte de Daun [2] contre les Prussiens, venait de les contraindre à lever le siège. En cinq semaines, la cour de Vienne, qui s'était vue près de la ruine, reprenait une supériorité évidente par rapport à la Prusse. Louis XV s'en montra fort satisfait.

C'est au cours d'un voyage à Choisy que Choiseul prit connaissance des clauses de l'accord historique scellant, pour quelques décennies, le destin de la France et celui de l'Autriche. En lui remettant le texte du traité, Bernis avait l'air de lui dire : « Allez, vous conviendrez, quand vous l'aurez lu, que je suis le plus grand homme en politique qui ait jamais existé [3] . » Le maréchal de Belle-Isle frappait le sol de sa canne comme pour approuver l'abbé et Mme de Pompadour était radieuse. Choiseul passa la nuit à étudier le traité. Son contenu l'atterra. C'est du moins ce qu'il affirme

1. Ces troupes étaient placées sous le commandement de Charles-Alexandre, prince de Lorraine, (1705-1766), frère de l'empereur François Ier.

2. Léopold Joseph Marie, comte de Daun (1712-1780), feld-maréchal et conseiller intime depuis la paix d'Aix-la-Chapelle.

3. Choiseul, *op. cit.*, p. 145.

dans ses *Mémoires*. Cependant, le lendemain matin, il ne laissa rien paraître de ses doutes. Sa carrière était en jeu. Lorsqu'il remit le document à la marquise en présence de l'abbé et du maréchal, elle lui demanda « comment il avait trouvé cette besogne ». « Elle est si immense, répondit-il, qu'il serait téméraire à moi, après une simple lecture, de donner mon avis. Il faut travailler longtemps sur ce traité avant que de pouvoir en connaître toutes les branches. Le projet est grand, et très grand, mais l'exécution, je l'avoue, m'effraie. » Choiseul maîtrisait à la perfection les subtilités de la langue diplomatique, qu'on n'appelait pas encore langue de bois. « On vous rassurera », susurra Belle-Isle. Et on parla d'autre chose. Choiseul passa le début de l'été à la Cour et fit son entrée à Vienne le 20 août 1757.

Le traité qu'il avait à défendre avait certes de quoi inquiéter le nouvel ambassadeur, « chargé de lever tous les obstacles qui s'opposeraient à son exécution [1] ». Le nouvel accord aggravait sensiblement les charges de la France, Louis XV s'engageant à entretenir six mille soldats allemands, à envoyer cent cinq mille hommes au secours de Marie-Thérèse, et à lui verser 12 millions de florins. Il promettait, en outre, de ne pas déposer les armes avant que l'Autriche n'ait récupéré la Silésie. En échange de son aide, l'impératrice promettait au roi de lui céder plusieurs villes des Flandres (Mons, Ypres, Furnes, Ostende, Nieuport) et de concéder le reste des Pays-Bas à l'infant de Parme, époux de Madame Elisabeth, si les duchés de Parme, Plaisance et Guastalla faisaient retour à l'Autriche. C'était mettre la France au service de l'Autriche, l'engager dans une guerre continentale, à l'issue incertaine, alors que son principal ennemi demeurait l'Angleterre, contre laquelle il fallait livrer combat sur mer et dans les colonies.

1. Filon, *L'ambassade de Choiseul à Vienne, Instructions données à Choiseul, ambassadeur à Vienne,* pièces justificatives, I, p. 79-86.

22

Un perpétuel combat

A Versailles, à Compiègne, à Choisy, à Fontainebleau, on ne parlait plus que de guerre. Obsédée par la diplomatie et la stratégie, Mme de Pompadour aurait presque négligé les plaisirs du monarque et ceux de la Cour, si elle n'avait pas craint d'être supplantée dans ce ministère, qui lui appartenait depuis tant d'années. Elle semblait alors détenir « le timon des affaires [1] » avec l'abbé de Bernis. Les ministres, qui subissaient ce joug sans broncher, passaient deux fois par jour chez la favorite pour lui rendre compte. Ils traitaient chez elle aussi bien des affaires de l'Etat que des leurs, si l'occasion s'en présentait. Le nombre des familiers de la marquise augmentait sans cesse. On en comptait alors une quarantaine. « Jamais crédit n'avait été poussé aussi loin. [...] Elle faisait absolument tout [2]. »

Le traité conclu avec l'impératrice inspirait alors l'essentiel de son action et elle paraissait plus préoccupée par la guerre continentale que par les opérations menées contre l'Angleterre. En suivant la progression des armées sur les cartes, qui jonchaient son cabinet, elle s'impatientait des lenteurs du maréchal d'Estrées, dont se plaignait la cour de Vienne. Lorsqu'elle fut informée de la situation des troupes

1. Croÿ, *op. cit.*, t. I, p. 411.
2. *Ibid.*, p. 415.

par son vieil ami Pâris-Duverney, elle n'eut de cesse de faire destituer d'Estrées.

La guerre avait encore accru le pouvoir des frères Pâris. Depuis longtemps, Montmartel jouissait d'une extraordinaire confiance en Europe et dirigeait toutes les opérations financières du royaume. Quant à Duverney, il reprenait allégrement ses activités de munitionnaire. Ayant toujours collaboré avec les généraux et les ministres, il possédait une incomparable expérience pour tout ce qui touchait la guerre. Bernis le considérait comme une sorte de génie dans son domaine. Aussi l'abbé avait-il enjoint au comte d'Estrées de se concerter avec lui, dès le début de la campagne. Mais, une brouille étant bientôt survenue entre eux, vivres et munitions commencèrent à manquer, et l'armée n'avança pas aussi rapidement que prévu, au grand dam de l'impératrice. A Versailles, Duverney ne fit pas mystère du mépris dans lequel l'avait tenu le maréchal, qu'il rendait responsable de la paralysie des opérations.

Il pensa trouver en Richelieu le candidat susceptible de réaliser ses vœux et d'assouvir sa vengeance. Toujours avide de gloire, celui-ci avait poussé les hauts cris lors de la nomination d'Estrées, qu'il rêvait de supplanter. Il fit part de ses ambitions à Duverney, qui le tenait en haute estime depuis la prise de Minorque. Le financier croyait voir dans le petit-neveu du cardinal un meneur d'hommes, capable de succéder au maréchal de Saxe. Les deux compères s'entendirent et gagnèrent à leur projet le maréchal de Maillebois [1] et M. de Crémilles [2], qui jouissaient de la confiance du roi. Restait à

1. Jean-Baptiste François Desmarets, marquis de Maillebois (1682-1762), était fils du contrôleur général Desmarets et petit-neveu de Colbert. Il débuta dans la carrière militaire sous Villars et reçut le bâton de maréchal en 1741. Il obtint le gouvernement d'Alsace en 1748. Son fils, le comte de Maillebois, était lieutenant général à Minorque en 1756, et maréchal des logis de l'armée d'Allemagne en 1757.

2. Louis-Hyacinthe Boyer de Crémilles (1700-1768), lieutenant général en 1748, sera appelé en 1758 pour aider le maréchal de Belle-Isle, secrétaire d'Etat à la Guerre.

convaincre la favorite, toujours méfiante à l'égard de ce grand seigneur.

Duverney exposa un plan au roi, en présence de la marquise et de M. de Paulmy, fantôme de ministre, réduit au rôle de figurant. Il prévoyait d'attaquer le roi de Prusse par l'Elbe et l'Oder. Les Français et les Impériaux devaient se porter sur Magdebourg, les approvisionnements se faisant par la Meuse, le Rhin et la Weser. Duverney proposait de remplacer d'Estrées par Richelieu et de donner au prince de Soubise une armée de vingt-cinq à trente mille hommes, qui devait agir immédiatement en Saxe afin « d'amuser le roi de Prusse, sans hasarder de bataille, pour donner le temps aux Autrichiens de s'emparer de la Silésie [1] ». L'article concernant Soubise était destiné à rallier les suffrages de Mme de Pompadour, très déçue que son ami n'eût pas obtenu le commandement en chef des armées royales, comme elle l'avait souhaité. Elle voulait « qu'il remportât quelque avantage signalé qui la mît en état de demander pour lui avec décence le commandement de nos armées et une place au conseil, en qualité de militaire [2] ». Ainsi aurait-elle compté un fidèle de plus à un poste clé. « Il ne fut pas difficile à Pâris-Duverney de faire trouver admirable à Mme de Pompadour un plan qui faisait jouer un si beau rôle à M. de Soubise et qui écartait le maréchal d'Estrées, qu'elle ne pouvait plus souffrir. » Elle était persuadée que son cher Soubise se couvrirait de gloire, deviendrait maréchal de France et remplacerait Richelieu lors de la prochaine campagne. « L'amitié l'emporta dans son cœur sur la haine [3]. » Duverney organisa une rencontre entre la marquise et Richelieu, lequel promit de donner d'excellentes troupes au prince de Soubise. Et ils se jouèrent mutuellement la comédie de l'amitié.

1. Bernis, *op. cit.*, t. I, p. 392.
2. *Ibid.*, p. 392.
3. *Ibid.*, p. 396.

Cependant la décision appartenait au roi, que les arguments de Duverney convainquirent sans difficulté. Le souverain communiqua le projet au dauphin qui l'approuva, au grand soulagement de Louis XV. Il se demandait en effet s'il avait fait le meilleur choix en nommant à la tête de ses armées le comte d'Estrées, qui semblait plus préoccupé d'assurer sa retraite en cas d'échec, qu'emporté par le désir de vaincre. De surcroît, il passait pour être hostile à l'alliance. Sa décision prise, le roi réunit son Conseil et lui exposa le plan qu'il avait décidé de mettre à exécution. Ses ministres ne purent que l'approuver.

Nommé à la place d'Estrées le 28 juillet, Richelieu partit pour l'Allemagne. Le surlendemain de son départ, à la surprise générale, on apprit la victoire d'Hastenbeck, remportée le 26 juillet contre les Anglo-Hanovriens [1] : l'armée ennemie s'était repliée et l'électorat de Hanovre, possession du roi d'Angleterre, tombait aux mains des Français. Malgré cet éclatant succès, le maréchal d'Estrées fut obligé de remettre le commandement à son successeur. Bien qu'il n'eût pas recueilli les lauriers de la victoire, Richelieu résolut d'en récolter les fruits. Il mit au pillage les régions conquises, ce qui lui valut de ses propres soldats le surnom de *Père la Maraude*. Il s'avança bientôt dans l'Electorat, soumettant sans difficulté les villes de Hanovre, Brunswick et Wolfenbuttel. C'est alors que le duc de Cumberland, fils du roi d'Angleterre et général en chef de l'armée anglo-hanovrienne, voulut entamer des négociations avec lui. Le maréchal répondit qu'il n'était là que pour combattre et Louis XV le félicita pour sa réponse.

Mais quelques semaines plus tard, le duc de Cumberland, réfugié à l'extrême nord du pays, dans la ville de Stade [2],

1. Cette victoire de l'armée française placée sous le commandement du maréchal d'Estrées était due principalement à l'action de Chevert et du marquis de Bréhan.

2. Principale ville du duché de Brême faisant partie de l'Electorat de Hanovre, située à 15 lieues au nord-est de Brême.

avec ses troupes démoralisées, tenta une nouvelle négociation avec Richelieu. Il ne manqua pas de le flatter, en insistant sur la gloire qui l'auréolerait si son geste pacificateur permettait d'achever la guerre sans effusion de sang. Alors que le maréchal venait d'annoncer à Bernis qu'il avait encerclé l'armée hanovrienne, il accepta d'entrer en pourparlers avec Cumberland. Et sans attendre les ordres de Versailles, il conclut, le 8 septembre 1757, la convention de Closter-Seven, selon laquelle les Anglo-Hanovriens s'engageaient à déposer les armes jusqu'à la fin du conflit. Mais ni Richelieu, ni le duc de Cumberland n'étaient mandatés pour prendre une telle décision.

Menacé au nord par un débarquement suédois en Poméranie et à l'est par les Russes, qui occupaient la Poméranie orientale, Frédéric II se trouvait dans une situation désespérée. Alors qu'il protestait vigoureusement auprès du cabinet de Saint James contre la convention de Closter-Seven, on se congratulait déjà en France. On croyait à la prochaine défaite du roi de Prusse. On envoya donc à Richelieu les pouvoirs nécessaires pour ratifier l'accord, en lui faisant toutefois remarquer qu'une capitulation eût été bien préférable à la convention qu'il avait signée. Pour être valable, elle nécessitait aussi la ratification du gouvernement britannique et dépendait de la seule bonne foi des Anglais ! Mme de Pompadour était pourtant satisfaite : « Je trouve la capitulation bonne et même excellente, en éclaircissant quelques points [1] », écrivait-elle à Richelieu. On ignorait encore à Versailles que William Pitt, revenu aux affaires depuis le mois de juin, s'insurgeait contre la fameuse convention et s'efforçait de convaincre George II de désavouer le duc de Cumberland [2]. Ce qui fut effectif le 1er janvier 1758.

---

1. Bibliothèque Victor Cousin, fonds Richelieu, 27, fol.189, Lettre de Mme de Pompadour au maréchal, datée du 2 octobre 1757. *Inédit.*

2. Cumberland démissionna dès qu'il apprit que son père l'avait désavoué.

Pendant ce temps Richelieu, persuadé d'avoir remporté une grande victoire, laissait ses régiments piller le pays et ne se pressait pas de rejoindre la Saxe, où l'attendait Soubise, qui avait dû se contenter de harceler les Prussiens sans engager de véritable action. D'aucuns accusaient le prince de pusillanimité. La cour de Vienne s'étant plainte, une fois encore, des lenteurs de l'armée française ; Mme de Pompadour écrivit à plusieurs reprises à Richelieu pour le prier de faire régner l'ordre dans son armée et de se porter au secours de Soubise : « Je ne vous cacherai pas que si vous ne mettez pas ordre aux pilleries de vos officiers généraux qui culbutent les mesures qu'il (Duverney) a prises et qui mettent la disette où avait été l'abondance, il me sera impossible de le retenir [1]. » Quelques jours plus tard, elle revient sur le même sujet : « Je ne puis m'empêcher de vous solliciter encore pour mettre fin aux pilleries et aux mauvais propos de votre armée. Je sens qu'il est difficile d'arrêter un mal commencé avec la campagne. Mais, Monsieur le Maréchal, si vous ne l'arrêtez pas dans ce moment, vous ne serez plus le maître dans six mois. Il n'est pas possible que vous n'ayez des gens intelligents auprès de vous. Employez-les à avoir des preuves contre les fripons. Plus ils seront élevés, plus leur punition fera d'effet aux subalternes. Je ne puis m'empêcher de vous reprocher les ménagements que vous avez pour les méchants et pour les tracassiers. Que craignez-vous quand votre maître vous soutient ? Si vous ne voulez pas les punir en personne, envoyez les preuves au roi. Il fera justice. Mais Monsieur le Maréchal, quand on commande aux hommes, il ne faut pas craindre des ennemis impuissants, eussent-ils même le pouvoir de vous faire du mal. Il faut être assez grand pour se sacrifier au bien de l'Etat. Vous me trouverez sans doute vive et courageuse. Je le serai toujours quand la gloire du roi sera compromise et je vois clairement (si vous ne mettez ordre à l'indiscipline de votre

1. Bibliothèque Victor Cousin, fonds Richelieu, 27, fol.189, Lettre de Mme de Pompadour au maréchal datée du 2 octobre 1757. *Inédit.*

armée) que le roi n'en aura point au printemps ; qu'il sera ruiné et que tout le monde lui fera la loi quand c'est à lui à la donner à l'univers entier [1]. » Dans toutes ses lettres, la marquise insistait pour que Richelieu rejoignît Soubise, dont elle attendait des merveilles : « Je vois depuis huit jours l'armée du roi en danger, la gloire et les jours d'un homme pour qui j'ai la plus tendre amitié compromis à l'excès [...]. Vous êtes sensible, vous connaissez mon cœur, jugez combien il souffre [2]. »

Richelieu n'avait aucune envie de voler au secours du grand ami de Mme de Pompadour. Il fallut que Louis XV envoyât M. de Crémilles lui porter ses ordres. Il s'en montra vexé, croyant déceler une manœuvre de la favorite, laquelle jugea bon de se justifier : « Je ne vois ni dans les faits, ni dans les personnes, rien qui puisse laisser croire que l'on veut vous exiler [...]. Je ne doute pas qu'on vous laisse carte blanche sur votre retour. M. de Soubise a mandé exactement sa situation ici [...]. Il ne fait aucune plainte, n'a demandé aucun secours. Il n'a laissé voir ni à son armée, ni dans ses lettres ici le désespoir où il était de sa situation qui, en effet, était cruelle. Mon amitié pour lui me le fait sentir dans toute son étendue. Mais ce n'a été qu'en réponse à mes lettres qu'il m'a avoué avoir souffert intérieurement pendant quelques jours [3]. »

Installé à Halberstadt, Richelieu envoya quelques bataillons en renfort à Soubise, qui avait été contraint de réunir ses troupes à celles de l'armée impériale, sous le commandement du prince de Saxe-Hildburghausen, dont il était devenu le subordonné. Lorsque Frédéric II vint camper en face d'eux, le prince de Saxe-Hildburghausen voulut attaquer. Frédéric II n'avait que vingt mille hommes à opposer aux soixante mille alliés. Soubise hésita, mais finit par consentir à livrer bataille, près du village de Rosbach, le

1. *Ibid.*, s.d., fol. 161. *Inédit.*
2. Mme de Pompadour au maréchal, s.d., fol. 153. *Inédit.*
3. *Ibid.*, s.d., fol. 159. *Inédit.*

5 novembre. Ce fut un désastre, malgré l'héroïsme des troupes françaises.

En apprenant cette défaite par une lettre du prince de Soubise, la marquise s'effondra en sanglotant. Elle resta plusieurs jours sans pouvoir ni manger, ni dormir. Louis XV essayait de la consoler, en répétant que le prince de Soubise n'était pas responsable de ce revers si blessant pour l'amour-propre français. A l'abattement succéda bientôt la fureur. Pour Jeanne-Antoinette, Richelieu était le responsable de ce malheur. Elle épancha son cœur meurtri auprès de Choiseul : « Trouvez bon, Monsieur l'Ambassadeur, que je vous parle très naturellement et pour la dernière fois de M. de Richelieu. Baillez-en tout ce qu'il vous plaira. Il faut que je vous ennuie de ce que je n'ai voulu dire à personne, sans cela j'en crèverais. » Et Mme de Pompadour de se lancer dans de longues considérations stratégiques avant d'en venir au fait : « M. de Richelieu est jaloux de M. de Soubise. Il a été fort fâché de ne pas l'avoir sous ses ordres. Il aurait voulu avoir les cent quarante mille et cinq cent mille hommes s'ils existaient, et ce qui l'aurait encore plus affligé, c'eût été qu'il eût battu le roi de Prusse. Aussi y a-t-il mis bon ordre ainsi qu'à la prise de Dresde. Voilà la loi et les prophètes. Je n'en parlerai de ma vie, mais ce n'est pas par ignorance et je suis bien aise que vous le sachiez, dussiez-vous avoir des vapeurs [1]. »

L'opinion s'était déchaînée contre le prince et surtout contre la favorite, à laquelle on attribuait la responsabilité de ce revers. N'avait-elle pas imposé la nomination d'un chef incapable ? On réclamait la destitution de Soubise. « Jugez de ma douleur des énormes injustices qu'on lui a faites à Paris. [...] J'en suis au désespoir », écrivait Jeanne-Antoinette à Mme de Lutzelbourg [2]. Elle recevait des lettres anonymes remplies d'injures et de menaces de mort. « Notre

1. Mme de Pompadour à Choiseul, *op. cit.*, p. 183.

2. *Correspondance de Mme de Pompadour*, lettre de Mme de Pompadour à Mme de Lutzelbourg, datée du 28 novembre 1757, *op. cit.*, p. 114.

amie est bien à plaindre. Le public n'aurait pardonné le commandement de M. de Soubise qu'à la faveur d'une victoire [1] », écrivait Bernis à Choiseul. « Elle a donné à M. de Soubise les preuves les plus fortes d'amitié, et le roi aussi [2]. » Cependant la défaite de Rosbach, celle de Leuthen essuyée par les troupes impériales, qui perdirent la Silésie à la fin de l'année [3], la nouvelle de la violation de la convention de Closter-Seven et le rappel du parlement achevèrent de briser la marquise.

Epuisée, malade, très déprimée, elle fit en secret son testament, le 15 novembre 1757 [4]. Elle désignait le prince de Soubise pour exécuteur testamentaire et le priait de considérer « cette commission comme une preuve certaine de la confiance que sa probité et ses vertus l'avaient inspirée pour lui ». Elle lui léguait deux bagues : l'une avec un gros diamant couleur d'aigue-marine, l'autre ornée d'une gravure de Guay symbolisant l'Amitié. « Je me flatte, disait-elle, qu'il ne s'en défera jamais et qu'elles lui rappelleront la personne du monde qui a eu pour lui la plus tendre amitié. » C'est peut-être à cette époque douloureuse que Mme de Pompadour se rendit dans le plus grand secret chez une « sorcière », à laquelle elle demanda dans quelles conditions elle affronterait la mort et si celle-ci était proche. « Vous aurez le temps de vous reconnaître », se contenta de répondre la devineresse [5].

1. Bernis, *op. cit.*, t. I, p. 138. Lettre de Bernis à Choiseul, du 14 novembre 1757.

2. Bernis, *op. cit.*, t. I, p. 142. Lettre de Bernis à Choiseul, du 22 novembre 1757.

3. Leuthen fut la plus étonnante victoire de Frédéric II. Le 5 décembre, il attaqua les Impériaux placés sous le commandement de Charles de Lorraine, qui venait de prendre Breslau. Il fit 22 000 prisonniers. Deux semaines plus tard, le roi de Prusse entrait dans Breslau et procédait à la reconquête de la Silésie.

4. Testament de Mme de Pompadour, in *Correspondance de Mme de Pompadour, op. cit.*, p. 216-222.

5. Du Hausset, *op. cit.*, p. 160.

Les ennemis de la marquise tentèrent alors de lui opposer une rivale, d'autant plus dangereuse qu'elle était jeune, jolie et bien née. Marie-Anne de Mailly, apparentée aux anciennes maîtresses du roi, épouse séparée du marquis de Coislin, n'avait pas hésité à céder aux avances du roi. Un peu trop vite peut-être. Emoustillée par cette nouvelle idylle, la Cour se distrayait des malheurs de la guerre en observant le duel que se livraient les deux femmes. Un soir, à Marly, Jeanne-Antoinette rentra chez elle au comble de l'exaspération, jeta son manteau, son manchon, se déshabilla rapidement et congédia ses femmes. Restée seule avec la fidèle Nicole du Hausset, elle explosa : « Je ne crois pas qu'il y ait rien de si insolent que cette Mme de Coislin ; je me suis ce soir trouvée au jeu à une table de brelan avec elle, et vous ne pouvez vous imaginer ce que j'ai souffert. Les hommes et les femmes semblaient se relayer pour nous examiner. Mme de Coislin a dit deux ou trois fois en me regardant : " Va tout ", de la manière la plus insultante ; et j'ai cru me trouver mal quand elle a dit, d'un ton triomphant : " J'ai brelan de rois. " Je voudrais que vous eussiez vu sa révérence en me quittant.

– Et le roi, demanda Mme du Hausset, lui a-t-il fait ses belles mines ?

– Vous ne le connaissez pas, ma bonne : s'il devait la mettre ce soir dans mon appartement, il la traiterait froidement devant le monde et me traiterait avec la plus grande amitié. Telle a été son éducation, car il est bon par lui-même et ouvert [1]. »

Mme de Pompadour écrivit alors au roi pour lui demander la permission de quitter la Cour. Mais Louis XV ne se pressait pas de lui répondre. La voyant accablée, Bernis lui demanda la cause de sa tristesse. Lorsqu'il la connut, l'abbé résolut d'écrire à son tour au souverain « pour lui représenter combien une nouvelle maîtresse affichée nuirait à sa

1. Du Hausset, *op. cit.*, p. 78.

réputation, à ses affaires et donnerait d'ombrage à la cour de Vienne qui, pour son alliance avec lui, s'était adressée à Mme de Pompadour [1] ». Il ajoutait qu'il refuserait de travailler avec une autre femme et renoncerait à son ministère si cela devait être. Cette dernière réflexion prouve, mieux que toute autre, l'importance du rôle exercé par Mme de Pompadour dans la vie politique, que d'aucuns ont voulu lui dénier.

La décision de Bernis fit trembler la marquise. L'abbé écrivit sa lettre, la lut à son amie, la cacheta et la donna au roi devant elle. Au comble de l'angoisse, Mme de Pompadour fondit en larmes. Dès le lendemain, Louis XV remit un long billet à son ministre, qui le porta cacheté à Jeanne-Antoinette. Elle l'ouvrit en tremblant. « Le roi y parlait avec la plus grande bonté et franchise ; il détaillait les qualités de la marquise et ses défauts et promettait de renoncer au goût qu'il avait pour sa rivale, parce qu'il en sentait le danger pour ses affaires et sa réputation [2]. » Une fois de plus Mme de Pompadour l'emportait, mais triomphait sans gloire. Elle avait tout sacrifié à un homme qu'elle ne retenait que par la force de l'habitude. Sa jeunesse s'enfuyait, sa beauté se fanait. Sans doute minée par la tuberculose, et atteinte par une maladie de cœur, elle se sentait fragile. Elle se croyait pourtant indispensable à la gloire de son roi. Elle voulait encore soutenir ce prince hanté par des tourments secrets et l'aider à surmonter les difficultés de la guerre. Mais le pouvait-elle, avec le seul concours d'un ministre presque aussi dépressif que son maître ? « Ma vie est un combat perpétuel [3] », dit-elle à Mme du Hausset.

1. Bernis, *op. cit.*, t. II, p. 72.
2. Bernis, *op. cit.*, p. 73.
3. Du Hausset, *op. cit.*, p. 82.

23

La disgrâce de Bernis

Mme de Pompadour régnait toujours sur un Conseil dont la plupart des membres ne brillaient guère par leurs talents. Paulmy à la guerre et Moras à la Marine étaient débordés par leur tâche. Boullongne ne savait comment parer au désastre financier. Saint-Florentin se conduisait en courtisan. Bernis, chargé des affaires étrangères, mais aussi des relations avec le parlement et des questions religieuses [1], semblait alors « au pinacle [2] ». C'était ignorer les difficultés dans lesquelles se débattait l'abbé. Dépendant d'un souverain inaccessible et imprévisible, le malheureux ecclésiastique essayait de gouverner en tenant compte des volontés de Mme de Pompadour, qui n'étaient pas forcément celles du monarque. Il appartenait à l'abbé de démêler ce que voulait Louis XV. Ce dernier « menait toujours la même vie et ne parlait jamais des choses qui pouvaient flatter ou animer les sujets employés. Cela en dégoûtait beaucoup. Sa bonté, égale, ne pouvait parer à ce défaut, qui paraissait une sorte d'insensibilité ou d'indécision, prenant plutôt le parti qu'on lui suggérait que le sien propre, qui eût été le meilleur. Tout cela, diminuant la subordination dans les différents ordres

1. Le roi avait créé pour Bernis un nouveau département pour les affaires du clergé et du parlement. (*Cf.* Bernis, *op. cit.*, t. II, p. 95.)
2. Croÿ, *op. cit.*, t. I, p. 416.

de l'Etat, le mettait dans une position cruelle [1] », notait tristement le duc de Croÿ. Dans cette période d'incertitude, « la marquise, sans en avoir le titre, était effectivement le Premier ministre du roi [2] ».

Cependant malgré leur vieille amitié et le grand service que venait de lui rendre Bernis, la marquise commença de se refroidir pour lui. Leurs vues s'opposaient à propos de la politique extérieure. Les revers subis par les alliés effrayaient l'abbé. Pour lui, c'était « folie » que de poursuivre une guerre ruineuse. Il souhaitait que le roi, de concert avec l'impératrice, engageât des négociations de paix. Il rappelait à Choiseul que la France était menacée par les Anglais sur ses côtes et dans ses colonies. L'été précédent, les Britanniques avaient failli s'emparer de l'île de Ré et de l'île d'Aix. On s'attendait à de nouvelles attaques au printemps prochain. D'autre part la situation était inquiétante en Amérique. Etait-il bien raisonnable de continuer à se battre pour l'impératrice ? « Le roi fera tout ce qu'il pourra pour soutenir ses alliés, mais je ne lui conseillerai jamais de hasarder sa couronne, écrivait-il à l'ambassadeur. Plus j'ai été chargé immédiatement de cette grande alliance, plus on doit m'en croire quand je conseille la paix. [...] Le sacrifice de mon amour-propre et d'un travail immense doit m'empêcher d'être suspect [3]. » Il ajoutait qu'aucun général français n'était capable de mener victorieusement une campagne contre Frédéric II et que la banqueroute menaçait.

Bernis exposa ses arguments au roi et à Mme de Pompadour qui faisaient preuve d'un incroyable optimisme. Encouragé par la marquise, Louis XV n'avait pas l'intention de mettre fin à la guerre. Au reste, Choiseul prétendait qu'il eût été honteux d'abandonner Marie-Thérèse avant qu'elle n'eût recouvré la Silésie. Bernis était atterré. « Soyons nobles, mon cher comte, disait-il à Choiseul, mais ne

1. *Ibid.*, p. 417.
2. Bernis, *op. cit.*, t. II, p. 47.
3. Bernis, *op. cit.*, t. II, p. 162, lettre à Choiseul datée du 14 janvier 1758.

soyons pas dupes ; soyons constants et fidèles, mais ne nous perdons pas et commençons par la sûreté du royaume [1]. » Parfait diplomate, songeant à son propre avenir, l'ambassadeur se fiait à l'humeur de son maître. Une négociation avec Frédéric lui paraissait prématurée et humiliante. Il affirmait que les armées alliées pouvaient encore gagner une guerre qui ne faisait d'ailleurs que commencer.

La légèreté avec laquelle le roi, la marquise et leurs amis abordèrent les journées du Carnaval acheva de troubler l'abbé. Mme de Pompadour avait retrouvé son entrain. « La gaieté prit tout à coup le dessus au point que l'on redevint belle comme le jour. On était engraissée. On ne parlait que de choses galantes. On paraissait enchantée. Le roi s'égayait. Il n'était plus question de dévotion [2]. » Et le démon de la politique semblait avoir lâché prise. Il n'en était rien. La marquise tenait à marquer ses distances avec un abbé morose, qui risquait de faire partager ses inquiétudes à un souverain naturellement enclin au doute. Le Carnaval venait à point nommé pour l'arracher aux démons susceptibles de lui faire perdre sa foi en ce que Mme de Pompadour appelait son étoile. Les fêtes du Carnaval furent étourdissantes et la favorite s'en réjouit. Elle avait soustrait Louis XV aux contraintes de son état et l'avait empêché d'écouter le triste Bernis.

La disgrâce de Richelieu et le retour de son cher Soubise l'avaient satisfaite. Sans avoir été destitué de son commandement, comme Richelieu, le prince venait prendre ses quartiers d'hiver à Versailles. Elle accueillit son ami dans le château de Champs, qu'elle louait au duc de La Vallière. Ils revinrent ensemble à Choisy. Le roi reçut affectueusement le vaincu de Rosbach, qu'on s'empressa de consoler, alors qu'on boudait le maréchal-duc.

Ce « moment de goguette » ne dura qu'une semaine. Le roi et sa favorite furent bientôt rappelés aux réalités d'une

1. *Ibid.*, p. 169, lettre à Choiseul, datée du 19 janvier 1758.
2. Croÿ, *op. cit.*, t. I, p. 420.

actualité préoccupante. Le 26 février, le marquis de Paulmy démissionna sans qu'on l'en eût prié. A sa place, Louis XV nomma le maréchal de Belle-Isle, âgé de soixante-quatorze ans, et qui, duc et pair, s'imaginait déroger en acceptant un portefeuille ministériel. Le monarque désigna un prince du sang, le comte de Clermont, pour succéder à Richelieu, en espérant qu'il parviendrait à rétablir la discipline dans les troupes françaises d'Allemagne.

Les récriminations de Marie-Thérèse, fustigeant l'incompétence des armées royales, inquiétaient plus Mme de Pompadour que les périls encourus par le royaume. Elle redoutait par-dessus tout la rupture de l'alliance. Aussi continuait-elle d'écrire aux généraux, pour leur transmettre des ordres ou les gourmander, selon l'humeur du jour. Outré qu'une femme, ignorante de l'art militaire, et qui se contentait de placer des mouches sur une carte pour décider de la marche des armées, pût s'arroger un tel pouvoir, le comte de Clermont lui adressa quelques mots assez vifs : « Il faut me laisser faire, Madame, et ne pas prévenir par des idées de trop loin, ou du moins me les communiquer avant que de donner des ordres ; sans cela la besogne ira mal. La façon de la Cour de diriger les mouvements militaires est ancienne et bien mauvaise. Cela gêne un maréchal qui est sur le lieu, qui sait son métier et qui est instruit des vues politiques [...]. Une armée ne se mène pas comme on promène son doigt sur une carte [1]. » Hélas, Clermont ne s'illustra pas comme les termes de son message pouvaient le laisser supposer. On apprit bientôt qu'il venait d'abandonner le Hanovre. La consternation régnait à Versailles.

Fidèle à ses engagements avec Marie-Thérèse, Louis XV refusait toujours d'engager des pourparlers de paix avec le roi de Prusse, malgré les prières de Bernis, que la marquise jugeait parfaitement inopportunes. Renoncer à l'alliance eût été se désavouer elle-même. L'abbé, ne sachant plus à quel

---

1. Lettre du comte de Clermont à la marquise citée par Pierre de Nolhac, *in Madame de Pompadour et la politique*, p. 252-253.

saint se vouer, ne trouvait rien de mieux à faire que d'ouvrir son cœur à Choiseul. L'ambassadeur devenait le dépositaire des plaintes et des tourments de son ministre. Dans ces longues litanies, l'abbé revenait toujours sur les mêmes thèmes. Il évoquait « la conduite honteuse du militaire [1] », déplorait les sommes considérables qu'on dépensait sans jamais savoir à quoi elle servaient et dénonçait, à mots couverts, les malversations des Pâris, que soutenait la marquise. Il prêchait pour la paix et s'affolait de constater que la France n'était pas gouvernée. « Le gouvernement qui est trop faible, qui n'existe même pas, est de bonne foi, mais il ne sait ni prévoir, ni remédier ni en imposer [2]. [...] Il n'y a aucun système général, ni rien de concerté, ni prévoyance, ni dépense faite à propos et encore moins d'économie ; peu d'argent, peu de crédit et un militaire déplorable. Il ne reste donc que la paix [3]. » Il s'étonnait que le roi ne « fût nullement inquiet [4] ». Et Bernis de répéter pratiquement dans toutes ses lettres qu'il était nécessaire au roi de prendre un Premier ministre, en dépit de l'aversion qu'il éprouvait pour cette fonction. L'abbé se défendait de vouloir l'exercer, mais il en était fort tenté. De telles confidences intéressaient au plus haut point le diplomate. Elles devaient contribuer à servir ses ambitions, le moment venu.

Bernis ne se méfiait pas de la correspondance que la marquise entretenait avec Choiseul. Persuadé que l'ambassadeur le servait fidèlement, il le pria d'être son intercesseur auprès d'elle. « Le service essentiel que vous pouvez me rendre, c'est de lui faire sentir combien on chercherait à la tromper, si on réussissait à lui persuader que mon influence nuirait à la sienne. Désormais Mme de Pompadour ne peut être perdue que par les affaires ou par la mort du roi. Le roi est jeune, il ne mourra pas de longtemps. Restent les affaires. Si elles

1. Bernis, *op. cit.*, t. II, p. 201, lettre à Choiseul datée du 7 avril 1758.
2. *Ibid.*, p. 206, lettre à Choiseul datée du 16 avril 1758.
3. *Ibid.*, p. 214, lettre à Choiseul datée du 21 avril 1758.
4. *Ibid.*, p. 228, lettre à Choiseul datée du 13 mai 1758.

vont bien, tout est dit. Que peut désirer Mme de Pompadour, si ce n'est que son ami soit celui qui les gouverne ? Au reste, il n'est pas question ici du titre odieux de Premier ministre. Il est question que le roi ait assez de confiance en quelqu'un pour suivre son avis et le faire suivre des autres [1]. »

Choiseul louvoyait habilement et profitait de la tension qu'il sentait monter entre la marquise et Bernis. Les « jérémiades » de l'abbé exaspéraient la favorite. Il osait lui dire des vérités qui « l'affligeaient et la rendaient malade [2] ». La défaite de Crefeld, connue à Versailles à la fin du mois de juin 1758, acheva de les opposer. Ce nouveau désastre, subi par le comte de Clermont, contraint de se replier sur le Rhin, mettait la France en danger. Bernis était plus que jamais partisan d'une paix que la marquise se refusait d'envisager. L'abbé écrivit alors au roi pour lui demander de reprendre lui-même le timon des affaires, ou de désigner un Premier ministre. L'abbé fit déposer sa lettre chez Mme de Pompadour, à laquelle il en adressait une autre, « plus forte et plus détaillée ». Il la priait de prendre en considération les graves arguments qu'il y exposait. Lorsqu'il se présenta chez elle, quelques heures plus tard, il la trouva « froide et aigre ». Elle refusait de montrer la lettre à Louis XV, « parce qu'elle était sûre qu'elle lui déplairait [3] ». S'avouant vaincu, Bernis déchira devant elle le mémoire qu'il destinait au souverain.

Le ministre obtint cependant de Louis XV et de la marquise l'acceptation d'un « plan de gouvernement » qui revenait à créer une sorte de commission coordinatrice à la tête de l'Etat. « Pour épargner au roi les longues discussions nécessaires à la conduite des affaires, je proposai, dit-il, que toutes celles de l'Etat fussent discutées dans des comités

1. Bernis, *op. cit.*, p. 210, lettre à Choiseul datée du 21 avril 1758.
2. *Ibid.*, t. II, p. 244, lettre à Choiseul datée du 22 juin 1758.
3 *Ibid.*, t. II, p. 67.

composés du Conseil d'En Haut [1] et, quand il serait nécessaire, de tout le Conseil et auxquels le contrôleur général serait toujours présent. » Les réunions devaient se tenir trois fois par semaine. Les décisions, prises à la pluralité des voix, devaient être remises à Mme de Pompadour, qui les soumettait au roi, lequel les approuvait ou les rejetait. C'était, en quelque sorte, donner au Conseil le rôle de Premier ministre. Ce système, qui fonctionna, tant bien que mal, jusqu'à la disgrâce de l'abbé, eut pour effet de faire prendre conscience à tous les ministres de la détresse financière et de la confusion régnant dans tous les départements.

C'est à l'issue d'un comité particulièrement houleux que le ministre de la Marine fut contraint de démissionner. Mme de Pompadour imposa son remplacement par Berryer, après une orageuse discussion avec l'abbé, qui proposait de reprendre Maurepas. La marquise n'oubliait jamais les injures ! Ancien lieutenant de police, le nouveau ministre connaissait mieux les bas-fonds de la capitale que les affaires de la Marine, pour lesquelles il n'avait aucune compétence. Mais la favorite avait confiance en lui...

Comme l'avait prévu Bernis, la situation s'aggravait en Amérique. Le 28 juillet, la chute de Louisbourg, à l'embouchure du Saint-Laurent, ouvrit le Canada aux Anglais. Ces derniers étaient sur le point d'obtenir la capitulation de la Guadeloupe, de s'emparer de la Marie Galante et de la Désirade. Pis encore, des escadres britanniques attaquèrent les côtes françaises. Avec vingt vaisseaux, l'amiral Anson bloqua le port de Brest, tandis que lord Marlborough avec le reste de la flotte débarquait à Cancale le 7 juin, s'emparait de Saint-Servan et arrivait devant Saint-Malo. Sur son passage, il brûla les corderies, les magasins et près de 80 bâtiments marchands ou corsaires. En apprenant que des troupes s'avançaient au

1. Le conseil d'En Haut se composait, en principe, du roi, du dauphin, du maréchal de Belle-Isle, de M. de Saint-Florentin, du maréchal d'Estrées, de M. de Puysieulx, de l'abbé de Bernis et de M. Berryer.

secours de Saint-Malo, il rembarqua le 10 juin. Mais ce n'était que partie remise. La même flotte, repartie d'Angleterre, bloqua de nouveau le port de Brest, le 30 juillet, et l'amiral Howe vint mouiller devant Cherbourg. Il bombarda la ville et débarqua ses hommes placés sous le commandement de Bligh qui se conduisit en soudard, au mépris de toutes les règles de la guerre : il enleva les canons, brûla les vaisseaux, ravagea la campagne environnante et soumit la population à d'insupportables contributions. Grâce à la résistance organisée par le duc d'Aiguillon [1] avec des volontaires bretons et les milices de garde-côtes, les Anglais prirent la fuite.

Ces « victoires », si l'on peut parler de victoires dans de telles conditions, avaient ragaillardi la marquise. Pourtant, à Vienne, Marie-Thérèse maugréait que « les Français n'étaient invincibles que contre elle [2] ». Bernis trouvait aberrant de « périr sans gloire pour le service de l'impératrice ». Il suppliait Choiseul « de démontrer l'inutilité d'une guerre qui serait toujours de plus en plus mal faite et malheureuse. [...] Je suis d'avis, disait-il, que nous fassions des sacrifices à l'Angleterre pour avoir la paix et je pense que la cour de Vienne devrait en faire de son côté [...] en renonçant à la plus grande partie de ses idées d'agrandissement [3] ».

Les armées autrichiennes et l'armée de Soubise venaient de remporter enfin quelques succès, qui autorisèrent le roi et la marquise à désirer la poursuite des opérations en Allemagne. Aussi Choiseul ne pressait-il nullement Kaunitz d'envisager la paix. Insensiblement, l'ambassadeur menait une politique personnelle à Vienne, sans écouter son ministre. Il flattait la marquise qui, ayant l'oreille de son

1. Duc d'Agenois, devenu duc d'Aiguillon, il était gouverneur de Bretagne depuis 1753.
2. Duclos, *Mémoires secrets*, t. II, p. 163.
3. Bernis, *op. cit.*, t. II, p. 261, lettre à Choiseul datée du 20 août 1758.

maître, détenait le pouvoir. Choiseul fit insidieusement comprendre à Mme de Pompadour que les nerfs de Bernis étaient ébranlés par trop de soucis; que son état mélancolique risquait d'être préjudiciable à la bonne marche des affaires. Pourquoi se laissait-il aller au découragement, alors que la situation n'était pas désespérée [1] ?

La marquise ressentait le besoin de s'appuyer sur un homme fort et qui ne fût surtout pas dépressif. Depuis longtemps, elle souhaitait la présence de Choiseul ses côtés. Le moment paraissait opportun. Encore fallait-il obtenir le départ de Bernis et que Louis XV consentît à appeler Choiseul au ministère. Elle cajola l'abbé et obtint pour lui le cardinalat, grâce à Choiseul, resté dans les meilleurs termes avec la cour de Rome. Bernis jubilait et voyait s'ouvrir devant lui une carrière de cardinal-Premier ministre. Il remercia avec effusion sa protectrice et son bienfaiteur, qui étaient seuls à savoir qu'il s'agissait là d'un cadeau de rupture. Choiseul était, lui aussi, au comble de la satisfaction : Louis XV venait de le faire duc [2]. Les deux gentilshommes se congratulèrent. En pleine euphorie, Bernis proposa ingénument à Choiseul de lui succéder au ministère des Affaires étrangères. « Nous agirons dans le plus grand concert, et Dieu merci, sans jalousie de métier. Nous assurerons le sort de notre amie. Son bonheur et sa santé dépendent de l'état des affaires [3]. »

Bernis était-il sincère, ou voulait-il faire de Choiseul un auxiliaire et s'arroger le rôle de Premier ministre sans en avoir le titre? Epuisé par les fonctions qui lui étaient dévolues, il avait besoin de gouverner avec un ministre digne de ce nom. Il crut sans doute que Choiseul serait ce collabora-

---

1. Duclos, *op. cit.*, t. II, p. 167.

2. Le 25 août 1758, Louis XV créait le comte de Stainville, duc héréditaire. C'est à ce moment qu'on prendra l'habitude de l'appeler duc de Choiseul. Les lettres patentes furent données à Versailles en novembre et enregistrées au parlement le 29 novembre 1758.

3. Bernis, *op. cit.*, t. II, p. 265, lettre à Choiseul datée du 26 août 1758.

teur dévoué. Il souhaitait lui abandonner la gestion des affaires étrangères qu'il aurait supervisée. Mais le nouveau duc ne se serait jamais laissé imposer la tutelle d'un abbé, fût-ce un cardinal, dont les compétences lui paraissaient très inférieures aux siennes. En outre, il ne voulait pas entendre parler de paix immédiate. L'entente était donc impossible. Choiseul feignit cependant de se prêter au jeu, en acceptant la charge de secrétaire d'Etat aux Affaires étrangères.

Bernis s'installa aussitôt dans l'un des plus beaux appartements de Versailles et la Cour s'imagina que commençait l'ère d'un cardinal-Premier ministre. C'était compter sans Mme de Pompadour. La marquise n'avait pas l'intention de se voir supplanter par Bernis dans un rôle qu'elle estimait remplir à la perfection. Elle espérait gouverner avec Choiseul, qui exerçait sur elle une sorte de séduction. Elle n'eut pas grand mal à convaincre Louis XV du danger que représentait désormais le nouveau cardinal. Le 13 décembre 1758, par une lettre très sèche, le roi remercia Bernis de ses services et l'exila dans l'abbaye de son choix.

Choiseul et la favorite l'emportaient. Mme de Pompadour sacrifiait Bernis parce qu'il ne la servait pas comme elle l'eût souhaité. Le cardinal était trop sensible, trop pessimiste, trop fragile pour qu'elle le supportât plus longtemps. Qu'importait les lettres dignes et pathétiques qu'il lui adressait encore. Elle voulait l'oublier, lui et sa politique frileuse qu'elle jugeait indigne de la grandeur royale. Elle était rassurée. A ses côtés, le duc de Choiseul partageait désormais le fardeau du pouvoir avec celui qui restait pour elle, envers et contre tous, le Bien-Aimé. L'amour possessif qu'elle éprouvait pour Louis XV et qui épuisait ses forces avait développé en elle le cynisme nécessaire à sa survie.

24

Le roi, le ministre et la marquise

Avec son nez retroussé, ses lèvres charnues et sensuelles, son air de vieil enfant déluré, Choiseul incarnait gaieté et joie de vivre. « D'une laideur fort agréable [1] », il exerçait un charme irrésistible sur tous ceux qu'il rencontrait, collectionnait les maîtresses et avait subjugué la marquise. Il la fascinait par son intelligence, son esprit mordant et son appétit de plaisir. Les mauvaises langues prétendaient qu'elle ne lui avait pas résisté. C'était mal connaître ces deux êtres, qui avaient trop besoin l'un de l'autre, pour conserver la faveur royale. Mme de Pompadour se montra sensible à la cour discrète du ministre. Elle ressentait peut-être le besoin d'un consolateur, mais elle n'eût jamais commis la folie de céder à ce don Juan, qu'elle avait appelé pour gouverner avec le monarque. Il était le seul grand politique qu'elle eût réellement distingué et elle avait préparé, de longue main, son ascension.

Choiseul devinait les êtres, et comprit parfaitement ce qu'attendaient le roi et la favorite. Avec son esprit clair et méthodique, sachant présenter rapidement un dossier compliqué, il s'imposa d'emblée à un maître difficile. Mais il garda l'habitude de faire partager à la marquise les secrets d'État et se servit d'elle pour influencer le monarque

1. Gleichen, *Souvenirs*, p. 17.

lorsqu'il en eut besoin. Il avait eu maintes fois l'occasion de lui prouver qu'il savait dénouer les intrigues et trouver des solutions politiques aux cas les plus complexes.

La marquise l'accueillit aussitôt dans le cercle de ses intimes ainsi que son épouse et sa sœur. D'une extrême délicatesse, la duchesse de Choiseul, à vingt-quatre ans, ressemblait à un tanagra. Petite-fille du financier Crozat, elle apporta une immense fortune à son époux, qui la dépensait allégrement. Réservée, intelligente et sensible, Mme de Choiseul avait l'art d'émouvoir et attirait d'innombrables hommages, sans paraître s'en rendre compte. Elle restait d'une incroyable fidélité à ce mari libertin, qui affichait ses liaisons sans vergogne. Elle l'aimait en silence, au grand désespoir de ses nombreux soupirants. Horace Walpole ne cachait pas la tendre admiration que lui inspirait cette femme inaccessible : « Gaie, modeste, pleine d'attentions, avec la plus heureuse propriété d'expression et la plus grande vivacité de raison et de jugement, vous la prendriez pour la reine d'une Allégorie. Un amant, si elle était femme à en avoir, pourrait désirer que l'Allégorie finisse; mais nous, nous disons : que cela ne finisse jamais [1]. »

Elle formait un saisissant contraste avec sa belle-sœur, l'impérieuse Béatrix de Choiseul, de quatre ans son aînée. Grande, plutôt brusque, peu féminine, dominatrice, elle ne manquait pourtant pas de séduction. Sans fortune, elle vécut de sa prébende de chanoinesse du chapitre de Remiremont jusqu'à ce que son frère conclût son mariage avec le duc de Gramont, riche et perdu de réputation. Il s'agissait de donner un état à la jeune femme, qui s'empressa de se séparer de son époux. Elle s'installa dès lors chez son frère, qu'elle adorait et qui passait pour son amant.

Aussi différentes qu'elles fussent, Mme de Choiseul et Mme de Gramont captivèrent Mme de Pompadour. Jeanne-Antoinette ne semblait même pas s'inquiéter de

1. Sainte-Beuve, *Causeries du lundi*, t. VII, p. 198.

l'intérêt que le roi manifestait pour Béatrix. Les nouvelles élues s'entendaient parfaitement avec les duchesses de Mirepoix et de Brancas, ses amies les plus proches, ainsi qu'avec Mmes d'Esparbès [1] et d'Amblimont, qu'elle appelait « ses petites chattes ». Parmi les hommes, le prince de Soubise faisait toujours partie des favoris, comme le duc de Gontaut, beau-frère de Choiseul, et le prince de Beauvau [2], frère de Mme de Mirepoix. Enjoués et prévenants, les Choiseul ranimaient cette petite société qui ennuyait parfois la favorite. Elle ne les quittait plus, les invitait aux soupers, dont elle avait réduit le nombre des convives, et allait dîner deux à trois fois par semaine chez M. de Choiseul.

La Cour se transforma. Les réceptions furent plus nombreuses et plus brillantes. Princes du sang et gentilshommes devinrent plus assidus : on pouvait enfin voir le roi. La marquise organisa des bals auxquels participait toute la Cour. Les soirées costumées remportèrent un immense succès. On se souvint longtemps d'un quadrille dansé, en costumes du temps de Louis XIV, par le duc d'Orléans, « monstrueusement gros », et l'imposante duchesse de Mazarin. Ces bals commençaient à minuit. Louis XV, la reine et leur suite s'installaient dans des tribunes aménagées à l'intérieur d'une salle construite spécialement pour ces divertissements. « Le roi y venait dans la loge du milieu où étaient Mme de Pompadour, Mme de Brancas et Mme d'Esparbès, le duc de Choiseul, le duc de Gontaut et le prince de Beauvau. Mme de Pompadour était sur le fauteuil à droite, les deux dames, l'une derrière l'autre, du côté opposé et le roi au milieu et les trois autres derrière. » Un soir, le monarque se leva au bout d'une demi-heure, demanda à Choiseul de prendre sa place, s'assit derrière lui et joua familièrement avec ses cheveux tout en plaisantant. « Tout le monde en

1. Anne Thoinard de Jouy (1739-1825) avait épousé en 1758 Jean-Jacques Pierre d'Esparbès de Lussan. Elle était parente des Le Normant.

2. Charles Just de Beauvau (1720-1793), lieutenant général à trente-huit ans, devint gouverneur de Languedoc et devint maréchal en 1783.

conclut l'excès de faveur où il était monté, car le roi, en public, se respectait beaucoup [1]. »

La marquise éprouva une joie ineffable en recevant de Marie-Thérèse une écritoire de laque au milieu de laquelle trônait le portrait impérial, serti de brillants [2]. La souveraine voulait témoigner sa reconnaissance à l'amie de Louis XV, qui avait toujours soutenu l'alliance et continuait de la défendre. Le présent était d'une telle richesse que Mme de Pompadour préféra le cacher, par crainte des commentaires désobligeants. Touché que l'austère impératrice eût ainsi marqué l'intérêt qu'elle portait à sa favorite, le roi autorisa Jeanne-Antoinette à lui répondre de sa main, honneur insigne qui constituait une réelle entorse au protocole. On imagine les brouillons successifs que dut griffonner la marquise pour trouver les formules dignes de la grande Marie-Thérèse, qui avait daigné jeter un regard sur elle :

« Madame, m'est-il permis d'espérer que Votre Majesté Impériale daignera recevoir avec bonté mes très humbles remerciements et les expressions de la respectueuse reconnaissance dont je suis animée pour l'inestimable portrait qu'elle m'a fait remettre. S'il ne fallait, Madame, pour mériter ce don précieux, qu'être pénétrée jusqu'au fond de l'âme de l'admiration pleine d'enthousiasme qu'inspirent les grâces séduisantes et les vertus héroïques de Votre Majesté Impériale, personne sans exception n'en serait plus digne que moi. J'ose ajouter qu'il n'est point de sujet de Votre Majesté Impériale qui rende un hommage plus sincère à ses rares et sublimes qualités. Vous êtes accoutumée, Madame, à voir dans tous ceux qui ont le bonheur de vous approcher les sentiments que j'ai l'honneur de vous exprimer ; mais j'espère que Votre Majesté Impériale daignera distinguer les miens, et les regarder comme une suite du très profond res-

1. Dufort de Cheverny, *op. cit.*, p. 255.

2. Le présent, commandé par l'impératrice dès 1756, avait coûté 77 278 livres 19 sols, soit 39 911 florins d'après la facture publiée d'après les archives de Vienne, *in* Arneth, *op. cit.*, t. V, p. 538-539.

pect avec lequel je suis, Madame, de Votre Majesté Impériale, la très humble et très obéissante servante. Jeanne de Pompadour [1]. »

Le roi relut la lettre et en autorisa l'envoi. Contrairement aux méchants bruits que faisait courir Frédéric II, Mme de Pompadour n'écrivit qu'une seule fois à l'impératrice. Le Salomon du Nord avait fabriqué une prétendue correspondance entre les deux femmes, dans laquelle Marie-Thérèse, appelée « ma belle reine » par Jeanne-Antoinette, lui répondait en la traitant de « cousine » ou de « bonne amie ». Sa colère méprisante contre Louis XV et sa favorite lui fit envoyer à Voltaire, outre des vers de mirliton qu'il lui demandait de corriger, une *Epître* injurieuse à l'égard de la France, « nation folle et vaine », et insultante pour son maître :

Quoi, votre faible monarque,
Jouet de la Pompadour,
Flétri par plus d'une marque
Des opprobres de l'amour
Lui qui, détestant les peines,
Au hasard remet les rênes
De son empire aux abois,
Cet esclave parle en maître!
Ce céladon sous un hêtre
Croit dicter le sort des rois.

Ayant reçu le paquet décacheté aux Délices, où il vivait depuis quatre ans, Voltaire éprouva de vives alarmes. Il connaissait la vigilance de la Poste [2] et des services de police qui lui étaient attachés. Le soupçon de trahison risquait de peser sur lui, s'il ne se défendait pas. Aussi écrivit-il sans tarder à Choiseul pour s'indigner des vers de Frédéric, qu'il joignit à sa lettre. Il assurait le ministre de sa fidélité à

1. Lettre datée du 28 janvier 1759, citée par V. L. Tapié, *op. cit.*, p. 360.
2. Choiseul venait d'être nommé surintendant des Postes.

l'égard de Louis XV et du refus qu'il opposait « aux faveurs » du roi de Prusse [1]. Choiseul le tranquillisa : il n'avait pas montré l'*Epître* au roi. En revanche, il avait commandé une cinglante réplique à Palissot, qui fustigeait l'homosexualité du roi de Prusse. Il chargeait Voltaire d'avertir Frédéric qu'on divulguerait ce poème, si les vers incriminant Louis XV étaient publiés. Choiseul pensa utiliser Voltaire comme intermédiaire secret entre la cour de Berlin et celle de Versailles, le philosophe entretenant des relations épistolaires suivies, non seulement avec Frédéric II, mais aussi avec l'Electeur Palatin, le duc de Wurtemberg et les princes de la maison de Saxe-Gotha. Cependant les tentatives de l'écrivain ne furent pas couronnées de succès. Son action lui valut de rentrer en grâce auprès de Mme de Pompadour, à laquelle il demanda la permission de lui dédier *Tancrède*, sa dernière tragédie. Les termes de la dédicace furent doux au cœur de la favorite : « Madame, disait Voltaire, j'ai vu dès votre enfance les grâces et les talents se développer ; j'ai reçu de vous des témoignages d'une bonté sans égale. [...] J'ose vous remercier publiquement du bien que vous avez fait à un très grand nombre de véritables gens de lettres, de grands artistes, d'hommes de mérite en plus d'un genre. [...] Vous avez fait du bien avec discernement, parce que vous avez jugé par vous-même ; aussi n'ai-je connu aucun homme de lettres, ni aucune personne sans prévention, qui ne redît justice à votre caractère, non seulement en public, mais dans les conversations particulières, où l'on blâme beaucoup plus qu'on ne loue. Croyez, Madame, que c'est quelque chose que le suffrage de ceux qui savent penser. »

C'est vers cette époque que Marmontel rendit visite au philosophe. Voltaire évoqua ses souvenirs de Versailles et les bontés que la marquise avait eues pour lui. « Elle vous aime encore, lui dit Marmontel. Mais elle est faible, et n'ose pas

1. Lettre du 6 avril 1759, citée par R. Pomeau, *op. cit.*, t. I, p. 901.

et ne peut pas tout ce qu'elle veut. » Saisi d'une subite inspiration, Voltaire dit à Marmontel de l'inviter pour un séjour aux Délices. « Qu'elle y vienne, dit-il avec transport, jouer avec nous la tragédie. Je lui ferai des rôles et des rôles de reine. Elle est belle, elle doit connaître le jeu des passions.

– Elle connaît aussi les profondes douleurs et les larmes amères.

– Tant mieux, c'est là ce qu'il nous faut, s'écria-t-il, comme enchanté d'avoir une nouvelle actrice. » On eût dit qu'il croyait la voir arriver [1].

La guerre n'empêchait pas la marquise d'exercer son mécénat et de se livrer à sa passion des bâtiments. En 1757, elle avait vendu Bellevue au roi [2], Crécy au duc de Penthièvre [3], et en 1760 le marquisat de Pompadour à Choiseul. Mais au mois de mars 1757, elle obtint du duc de Tresmes l'usufruit du château de Saint-Ouen pour 170 000 livres avec la possibilité de procéder à tous les aménagements de son goût [4]. Le 30 juin 1760 elle acheta le château de Ménars [5], construit au siècle précédent entre Orléans et Blois, et en mars 1761, celui d'Auvilliers [6], proche d'Artenay, qui devait lui servir d'étape sur la route de Touraine. La marquise fit entreprendre de très importants travaux à Ménars, sous l'égide de Gabriel. Elle prit alors l'habitude d'y séjourner environ tous les trois mois. Les dépenses occasionnées par la rénovation de cette

1. Marmontel, *op. cit.*, p. 205.

2. Elle revend Bellevue à Louis XV pour 350 000 livres alors qu'elle y avait dépensé plus de 2 600 000 livres, sans compter le mobilier. On pouvait considérer qu'il s'agissait là d'une restitution au Trésor royal.

3. Elle revend Crécy pour 1 000 000 de livres, plus une rente viagère de 100 000 livres annuelles, alors qu'elle y avait dépensé 4 112 000 livres.

4. Elle y dépensera 500 000 livres en quatre ans. A sa mort en 1764, le château fera retour aux Gesvres.

5. Elle l'achète pour 880 000 livres. Marigny l'hérita de sa sœur et porta le titre de marquis de Ménars.

6. Elle le revendit en 1763, mais en conserva la jouissance jusqu'à sa mort.

demeure et les déplacements de sa nouvelle propriétaire suscitèrent les commentaires les plus fâcheux, en pleine période de crise financière.

La guerre n'avait rien changé au train de vie de la Cour sur laquelle régnait toujours la marquise. En dépit de sa belle humeur, Choiseul était parfaitement conscient des dangers encourus par la France. La guerre ayant vidé les caisses de l'Etat, on redoutait toujours la banqueroute. Les recettes restaient très inférieures aux dépenses. Les impôts ne rentraient pas et le commerce extérieur était gravement déficitaire. Montmartel venait de se retirer, à la grande fureur de Mme de Pompadour. On reprochait au banquier d'avoir imposé des taux exorbitants aux prêts qu'il avait consentis. Dans une telle conjoncture, le ministre des Affaires étrangères ne pouvait s'empêcher de songer à la paix. Encore fallait-il que celle-ci fût honorable pour la France.

Choiseul voulait faire comprendre à Marie-Thérèse que Louis XV irait au bout de ses engagements, mais n'épuiserait pas longtemps son royaume pour reconquérir la Silésie, qui semblait définitivement perdue. Les instructions adressées à Choiseul-Praslin [1], le nouvel ambassadeur à Vienne, étaient on ne peut plus claires à ce sujet. Mais Kaunitz faisait la sourde oreille, malgré le rapport très circonstancié que lui avait adressé Choiseul sur l'état de la France. Le ministre avait seulement obtenu de Marie-Thérèse de ne plus lui fournir que vingt-quatre mille hommes et de diminuer environ d'un tiers les subsides qu'on lui versait jusque-là. Mais en échange, il fallait renoncer aux Pays-Bas. L'opinion se demandait pourquoi se prolongeait encore cette guerre, perdue d'avance, et dont on ne comprenait guère le sens.

1. César Gabriel, comte de Choiseul-Chevigny, puis duc de Praslin (1712-1785), était un lointain cousin de Choiseul-Stainville. Après une brillante carrière militaire, il fut nommé ambassadeur à Vienne (1758-1761), ministre d'Etat en 1761, secrétaire d'Etat aux Affaires étrangères (1761-1766), secrétaire d'Etat à la Marine (1766-1770).

Soutenu par la marquise, Choiseul justifiait la poursuite du conflit par la nécessité de conserver des alliés. Il craignait de voir l'Autriche se retourner contre la France, si Louis XV signait une paix séparée avec le roi de Prusse pour mieux combattre l'Angleterre. Il fallait donc fixer les objectifs militaires pour la campagne suivante. Le cabinet de Versailles espérait reconquérir le Hanovre et sauvegarder une partie de l'empire colonial. De son côté, Frédéric II se préparait à reprendre les hostilités contre les « trois illustrissimes putains », l'impératrice, la tsarine et la marquise, se jurant bien qu'elles seraient toutes trois « foutues [1] ». Mme de Pompadour, qu'il se plaisait à considérer comme la principale responsable du renversement des alliances et du déclenchement de la guerre, était la plus honnie des trois.

Après la victoire de Bergen, pour laquelle on se dépêcha de chanter un *Te Deum* à Versailles, la nouvelle campagne d'Allemagne se solda par des échecs retentissants. L'armée française, placée sous le commandement du maréchal de Contades, fut littéralement massacrée, le 13 avril 1759, à Minden, sur le bord de la Weser. Au Canada, où l'on n'avait envoyé que peu de renforts, Montcalm fut tué en défendant Québec, le 12 septembre, et Montréal tomba bientôt aux mains des Anglais. En Inde, la situation n'était guère brillante, depuis que Lally avait remplacé Dupleix. Enfin le projet de débarquement de la flotte française sur les côtes britanniques échoua, après que la Marine royale, partie de Toulon pour rejoindre Brest, eut été battue par l'amiral Boscawen au large du Portugal, le 7 août 1759. Onze jours plus tard, l'amiral Hawke réserva le même sort à l'escadre de Brest, en face de Quiberon, aux Cardinaux. Maîtres des mers, les Britanniques s'emparèrent de Belle-Isle. En un an, la France avait perdu 64 unités et n'était plus en état de défendre ses colonies. L'opinion se déchaînait contre un conflit meurtrier et ruineux, qui paraissait de plus

1. Lettre du 11 avril 1759, *in* René Pomeau, *op. cit.*, t. II, p. 5.

en plus absurde, et dont on ne voyait pas l'issue. « C'était toujours la marquise et le duc de Choiseul qui menaient tout. [...] Faute de pouvoir faire la paix, on continuait une guerre mal enfournée [*sic*] [1] », soupirait le prince de Croÿ.

Au mois d'octobre, la situation était si grave que Louis XV, s'inspirant de l'exemple de Louis XIV pendant la guerre de Succession d'Espagne, demanda aux Français de porter à la Monnaie leur argenterie et leurs bijoux afin de renflouer le Trésor. La marquise donna l'exemple. Elle avait d'ailleurs financièrement participé à la guerre, en faisant armer 23 vaisseaux de course. Mais, malgré ces démonstrations de bonne volonté, la situation financière restait dramatique. Le contrôleur général Silhouette avait démissionné et Bertin, son successeur, était assurément l'homme le plus embarrassé du royaume, en dépit de l'aide que pouvait lui apporter Laborde, le nouveau banquier de la Cour, créature de Choiseul et qui jouissait, comme son prédécesseur, d'un immense crédit en Europe.

Souvent la marquise parait au plus pressé, faisant agir ses relations personnelles, telles que le banquier Beaujon, qui l'avait d'ailleurs intéressée à ses spéculations. Ce petit mot adressé au contrôleur général donne un assez bon exemple de son action au cours de ces mois difficiles : « M. Berryer vient de m'amener M. Beaujon, écrit-elle à Bertin. Il est disposé à donner à la Marine un million d'extraordinaire, sinon l'événement si nécessaire manquera. Il ne s'agit que d'arrangements à prendre avec vous. Je suis bien sûre que vous ferez tout ce qui vous sera possible pour la nécessité d'une affaire si importante. Envoyez, je vous prie, chercher Beaujon promptement [2]. »

A la fin de l'année 1759, l'atmosphère de la Cour était sinistre. De plus en plus fréquemment victime de bronchites accompagnées de fièvre et de crachements de sang, Mme de Pompadour passait une bonne partie de son temps

1. Croÿ, *op. cit.*, t. I, p. 480.
2. B.N. Mss. Nouv. Acq. Fses. 6498.

au lit, ce qui ne l'empêchait pas de recevoir le roi, ses amis, les ministres, et des solliciteurs. Oppressée par de terribles palpitations, elle se voyait mourir. Ce fut pourtant la duchesse de Parme qui la précéda dans la tombe. Installée à Versailles depuis 1757 pour défendre les intérêts de son époux, elle tomba malade au mois de décembre. On diagnostiqua la petite vérole et elle succomba le 6 décembre 1759, sixième jour de sa maladie. « Mon frère, cousin et gendre, vous êtes présentement dans les plus grandes inquiétudes, et moi de vous, mon cher fils, si je puis encore vous appeler de ce nom. Je vous promets souvent de mes nouvelles, puisque je n'ai plus personne par qui vous en faire passer. Mes larmes m'obligent de finir », écrivit le roi à l'infant Don Philippe pour lui annoncer le deuil qui frappait la famille royale [1]. C'est encore auprès de son incomparable amie que Louis XV puisa le réconfort dont il avait besoin après la mort de cette princesse qu'il chérissait particulièrement. Et la marquise se sentit revivre...

La nouvelle année était chargée de mauvais présages. Les pourparlers de paix engagés avec l'Angleterre à La Haye, sous l'égide de l'Espagne, échouèrent : Pitt voulait écraser la France afin de s'emparer de son empire colonial. Il fallut donc continuer de se battre. En Allemagne, les Français remportèrent deux victoires, la première à Corbach près de Cassel et la seconde à Clostercamp. Elles couvrirent de gloire le maréchal de Broglie et le marquis de Castries, dont les troupes firent preuve d'un bel héroïsme. Mais le sort des armes n'en fut pas changé pour autant, les alliés ne parvenant pas à mener une action commune contre le roi de Prusse. Bien qu'il eût frôlé plusieurs fois la catastrophe, Frédéric II n'était toujours pas vaincu.

Comme le prévoyait Pitt, les possessions françaises d'Amérique finirent de tomber entre les mains des Anglais. Pis encore, ceux-ci menaçaient les côtes françaises, occu-

1. Archives de Parme, *Lettere di Principi*, *in* Stryienski, *Mesdames de France*, p. 115.

paient Belle-Isle ainsi que Houat et Houëdic. Toujours sur la brèche, plus autoritaire que jamais, Mme de Pompadour adressait des lettres comminatoires au duc d'Aiguillon, qu'elle avait surnommé *M. Cavendish* depuis sa victoire de Saint-Cast. « Vous allez convenir tout à l'heure, Monsieur, que je suis bien insupportable d'avoir toujours raison, lui disait-elle. Comment donc, j'ai osé vous dire qu'avec les meilleures et les plus grandes qualités, vous aviez une petite tête qui s'échauffait trop vite, et vous me le prouvez dans ce moment encore. En vérité je suis odieuse, et je ne conçois pas comment vous avez la bonté de me répondre après un pareil tort. [...] Vous voulez quitter la Bretagne. Belle folie qui vous passe par la tête. [...] Vous avez de l'humeur ; dites-moi qui n'en aurait pas s'il s'y laissait aller ? *Ah, fi ! Je rougis pour vous de vous voir moins de courage que moi. Vous avez les désagréments de votre petit commandement, et moi ceux de toutes les administrations, puisqu'il n'est point de ministre qui ne vienne me conter ses chagrins. Qu'il ne soit plus question des vôtres, je vous prie. Je veux pouvoir donner mon amitié à M. Cavendish sans restriction, et que si son âme m'en paraît digne, sa tête le soit aussi. Je verrai par votre conduite jusqu'à quel point vous en faites cas*[1]. »

D'autres lettres suivront. Toutes écrites sur un ton aussi impérieux. Cependant le duc d'Aiguillon, dans l'incapacité de reprendre Belle-Isle, préféra donner sa démission, déchaînant ainsi les foudres de la favorite : « C'est aux âmes communes à qui il convient d'envoyer leur démission pour un désagrément, mais celle de M. d'Aiguillon doit être au-dessus de pareilles misères et n'avoir pour but que l'utilité dont il peut être à son maître. Vous donnez à votre mauvaise cause la meilleure tournure qu'il vous est possible ; ne me croyez pas assez dupe, je vous prie, pour l'adopter. Sondez votre conscience, et vous trouverez tout ce que je vous dis. [...] Je suis fâchée, mais très fâchée contre vous. La

1. *Correspondance de Mme de Pompadour, op. cit.*, p. 146-147, lettre au duc d'Aiguillon datée du 8 au soir [*sic*] 1760. C'est nous qui soulignons.

petite tête dont je vous parlai, le jour de votre départ, a joué un trop grand rôle. Je ne sais quand je vous pardonnerai. Vous mériteriez bien que je ne m'intéresse plus à vous. Bonsoir, Monsieur, rancune tenante et très fort [1]. »

En janvier 1761, à la mort du maréchal de Belle-Isle, Choiseul prit le portefeuille de la Guerre, exigea celui de la Marine après avoir fait renvoyer Berryer et donner les Affaires étrangères à son cousin Choiseul-Praslin, lequel travailla toujours sous son contrôle. Sans en avoir le titre, Choiseul exerçait effectivement les fonctions de Premier ministre. Étant donné la gravité de la situation, Mme de Pompadour était forcée de s'effacer. Elle n'en continuait pas moins à s'entretenir quotidiennement des affaires de l'État avec le roi et son principal ministre. Elle supervisait encore le travail des autres ministres. Elle s'insurgeait contre les parlementaires, qui refusaient d'adopter les édits fiscaux indispensables au financement de la guerre. « La probité est souvent dupe ; c'est ce qui vous arrive, Monsieur, dans ce moment, écrit-elle à Bertin. Je vous l'avais prédit, parce que seize ans dans ce pays-ci en valent cent d'expérience. [...] Cela s'appelle d'indignes citoyens et beaucoup plus ennemis de l'Etat que le roi de Prusse et les Anglais. Si la paix ne se fait pas ou qu'elle soit mauvaise, c'est à eux seuls qu'il faut s'en prendre et je voudrais que l'univers fût instruit de cette vérité [2]. » Et lorsque les magistrats prétendirent soumettre à leur contrôle les dépenses personnelles du roi, ainsi que toutes celles qu'autorisaient de simples bons signés ou acquis du comptant signés par Sa Majesté, elle laissa exploser sa colère : « Oh ! Pour la petite proposition de rendre compte, je n'y tiens pas, s'écria-t-elle ; et je ne peux concevoir comment vous avez eu la patience de ne pas leur cracher au visage. Le roi a lu votre lettre. Il faut donc attendre

---

1. *Correspondance de Mme de Pompadour, op. cit.*, p. 154-155, lettre au duc d'Aiguillon, datée du 20 août (probablement 1760).

2. B.N. Mss. Nouv. Acq. Fses. 6498.

patiemment le résultat de ces charmants [*sic*]. L'horreur! Enfin je me tais; mais je n'en pense pas moins [1]. »

Pendant qu'elle fulminait contre le parlement, Choiseul réalisa le projet qui lui tenait à cœur depuis son arrivée au pouvoir : une alliance entre la France et l'Espagne, appelée Pacte de famille. Les Bourbons de Parme et ceux de Naples devaient y adhérer. Sans entrer dans cette ligue des Etats catholiques opposés aux puissances protestantes, l'Autriche restait l'alliée de la France. Ce rapprochement renforçait la situation diplomatique de Louis XV, mais ne pouvait plus lui être d'un grand secours, à cette phase de la guerre. On s'en rendit compte au mois d'août 1762, lorsque la flotte espagnole, incapable de porter secours à la Martinique, fut vaincue par les Anglais qui s'emparèrent de La Havane et occupèrent Cuba, colonie espagnole. En Allemagne, Frédéric, ayant signé une paix avantageuse avec le tsar Pierre III, confirmée par la tsarine Catherine II, put se retourner contre les Français et les Autrichiens. Il battit les uns à Cassel, en Hesse, les autres à Feidberg, en Saxe. On pouvait craindre pour 1763 l'invasion de l'Autriche et le passage du Rhin.

Il fallut se résoudre à conclure la paix et consentir à bien des sacrifices. Au traité de Paris, signé avec l'Angleterre le 10 février 1763, la France abandonnait le Canada, Saint-Vincent, Tobago, la Dominique et la Grenade. Afin de conserver la Guadeloupe et la Martinique, centre du commerce des épices, Louis XV cédait la rive gauche du Mississippi aux Anglais. Il dut, en outre, donner la rive droite du Mississippi à l'Espagne, pour compenser la perte qu'elle faisait de Cuba et de la Floride. Enfin la France conservait ses comptoirs en Inde, et rendait Minorque aux Anglais pour récupérer Belle-Isle. Cinq jours après le traité de Paris, était conclu celui d'Huberstbourg avec Frédéric II, lequel se voyait confirmer la possession de la Silésie, mais

1. B.N. Mss. Nouv. Acq. Fses. 6498.

il devait restituer ses Etats à l'Electeur de Saxe. Le prestige du Salomon du Nord était à son zénith, celui de l'impératrice, qui n'avait pourtant rempli aucun des objets qu'elle s'était proposés, restait à peu près intact. La prépondérance anglaise s'affirmait dans le monde. Quant à Louis XV, il était le prince humilié de l'Europe. « La paix que nous venons de faire n'est ni bonne, ni glorieuse », reconnaissait-il après avoir ratifié le traité. L'opinion reporta la honte de cette paix sur le souverain et sa favorite. Cependant Louis XV, Mme de Pompadour et Choiseul ne considéraient pas comme un désastre la perte d'un empire colonial difficile à défendre et qui avait coûté plus cher qu'il n'avait rapporté : la France conservait les îles nécessaires à son commerce. Néanmoins, ses armées réputées jusqu'alors les meilleures d'Europe avaient été vaincues ; la Marine était à reconstruire ; la France ne détenait plus le leadership européen et les caisses de l'Etat étaient désespérément vides. Louis XV avait perdu l'affection et le respect de ses sujets. Quant à sa favorite, elle était tout simplement détestée.

Cependant, la Ville de Paris avait organisé des fêtes pour célébrer la paix. Le 20 juin 1763, après que le souverain eut réuni sa cour à Choisy, où la marquise avait présidé à tous les divertissements imaginables, on se rendit dans la capitale. Les trois journées de réjouissances prévues par les échevins devaient s'ouvrir par l'inauguration de la statue équestre de Bouchardon, érigée en l'honneur du roi sur la nouvelle place Louis XV, en face des Tuileries. Disposées aux quatre coins du piédestal, les statues de Pigalle représentant la Force, la Prudence, la Justice et l'Amour n'avaient pas manqué d'attirer de sanglantes épigrammes. On pouvait lire sur le socle de la sculpture quelques graffitis du genre de ceux-ci : « Grotesque monument, infâme piédestal/ Les vertus sont à pied, le vice à cheval. » Ou encore : « Il est ici comme à Versailles / Il est sans cœur et sans entrailles. » La favorite n'était pas épargnée. Devant les quatre figures allégoriques, la foule criait : « Mailly, Vintimille, Châteauroux, Pompadour », en couvrant de huées ce dernier nom.

Mais le 20 juin, la première cérémonie, qui consistait à faire le grand tour de la place, à se rapprocher de la statue et à la saluer, se passa sans le moindre incident. Les Parisiens n'auraient pas boudé un tel spectacle pour un empire. Le soir, ils se pressèrent nombreux dans les Tuileries illuminées, où l'on distribuait des victuailles au son d'un orchestre, mais un violent orage abrégea la soirée. Le lendemain ils purent admirer la cavalcade des hérauts d'armes, parcourant la ville pendant neuf heures pour proclamer la paix. On attendait le 23 juin avec impatience. Ce soir-là était prévu un immense feu de joie sur la Seine, suivi par un feu d'artifice et l'illumination de la place. Dix-neuf loges couvertes de damas cramoisi avaient été aménagées devant le Palais-Bourbon à l'intention du roi, de sa famille et de quelques familiers. La marquise, qui avait la sienne, s'empressa, dès la fin du spectacle, d'aller jusqu'à son hôtel afin de donner le signal de l'illumination de ses jardins, qui suivit celle de la place. Princes et badauds y accoururent tous, de sorte que les Champs-Elysées connurent le premier embouteillage mémorable de leur histoire. Il dura jusqu'au petit jour. De l'avis unanime, les illuminations de la favorite surpassèrent celles de la Ville. Toujours royale, « Mme de Pompadour dit au prévôt des marchands qu'elle était furieuse de ce que cette cérémonie, la plus auguste, dit-elle, qu'il soit possible de faire, n'avait pas été plus brillante [1] ».

---

1. Croÿ, *op. cit.*, t. II, p. 93.

25

« Un instant, monsieur le curé »

Depuis le début de la guerre, Mme de Pompadour avait beaucoup changé, aussi bien physiquement que moralement. La quarantaine accomplie, Jeanne-Antoinette n'est plus la jeune personne pulpeuse représentée par Boucher. Si l'on se fie au portrait exécuté par Drouais en 1764, quelques semaines avant sa mort, la marquise est devenue une femme dont la jeunesse enfuie laisse encore quelques souvenirs, mais qui est passée dans la catégorie des jolies douairières. Elle garde assurément beaucoup de grâce et d'élégance dans sa robe de satin broché à ramages, mais le fanchon de dentelles noué sous un menton légèrement empâté est celui d'une dame qui a renoncé aux séductions de la jeunesse. On croirait lire une leçon de sagesse dans le regard de cette beauté un peu mûre, si l'on ignorait les drames et les conflits qui se livrent sans fin au tréfonds de son âme inquiète.

En dépit des maux divers qui l'accablent et la vieillissent avant l'âge, Mme de Pompadour reste attachée au roi comme la maîtresse de l'été de Fontenoy. Louis XV lui appartient. Du moins le croit-elle. Elle entend encore diriger sa vie jusque dans les moindres détails. Elle vit toujours dans la hantise de voir poindre l'usurpatrice qui la reléguerait dans le petit cercle de la reine, dont elle fait partie comme par effraction. Elle choisirait l'exil plutôt que d'affronter un semblant de disgrâce. La part qu'elle a prise à la conduite des affaires, la confiance que Louis XV lui accorde, auraient tout lieu de la rassurer, mais Mme de Pompadour est une perpétuelle angoissée, malgré la calme assurance dont elle a toujours fait preuve.

Réduite depuis plusieurs années au rôle d'« amie nécessaire », la marquise voit le roi vieillir doucement, non sans éprouver une secrète satisfaction. La quête de plaisirs charnels de son amant de cœur ne va-t-elle pas enfin s'épuiser? Ils pourraient ainsi former, elle et lui, le couple idéal, assagi par les années. Qui sait si dans le secret de son âme, la marquise n'a pas espéré la mort de l'inoffensive Marie Leszczinska dans l'espoir de devenir la reine secrète du Bien-Aimé? Louis XIV avait bien épousé Mme de Maintenon! « Mon esprit et mon cœur sont continuellement occupés des affaires du roi, écrivait-elle au duc d'Aiguillon. Mais sans l'attachement inexprimable que j'ai pour sa gloire et pour sa personne, je serais souvent rebutée des obstacles continuels qui se rencontrent à faire le bien. J'aurais préféré la grande niche, et je suis obligée de me contenter de la petite; elle ne convient pas du tout à mon humeur [1]. » De quelle « niche » s'agit-il donc, sinon du trône?

Afin d'évincer d'éventuelles rivales, Mme de Pompadour résolut de jouer sur les scrupules religieux du roi. Louis XV se tenait toujours éloigné des sacrements pour les raisons que l'on sait. L'intervention du pape ne pouvait-elle pas le ramener dans le giron de l'Eglise? La marquise l'espérait et comptait sur l'habileté de Choiseul, familier des arcanes du Vatican, pour intercéder auprès du Saint-Père. La promesse de l'absolution pour les désordres de sa vie privée mettrait un frein aux frasques galantes du monarque. Si le Saint-Père voulait bien faire preuve de quelque indulgence et acceptait qu'elle restât auprès de son ancien amant, elle était prête, cette fois, à prendre définitivement les apparences de la

1. *Correspondance de Mme de Pompadour, op. cit.*, p. 137, lettre au duc d'Aiguillon, s. d., mais probablement de 1759 ou 1760.

dévotion. Aussi écrivit-elle un long rapport à Clément XIII. Elle lui exposait ses démêlés avec les confesseurs jésuites de la Cour qui lui avaient refusé les sacrements si elle restait à Versailles, bien que ses relations avec Louis XV fussent depuis longtemps empreintes de la plus grande pureté. Heureusement, un prêtre compréhensif avait bien voulu l'absoudre de ses péchés et elle vivait depuis lors réconciliée avec Dieu. Cependant, elle s'inquiétait pour le salut de Louis XV et restait persuadée que le Saint Père « lèverait les obstacles qui éloignaient le roi de remplir un devoir saint pour lui et édifiant pour les peuples [1] ».

Les démarches de Choiseul à Rome, en faveur de Louis XV et de sa favorite, ne furent pas couronnées de succès. Au reste, le roi n'avait alors aucune envie de s'amender. Il était tombé amoureux d'une sculpturale beauté, qui l'enivrait de son charme. Casanova avait été ébloui par sa carnation d'une blancheur éblouissante, que relevait une longue et abondante chevelure noire, encadrant un ovale aux traits réguliers dans lequel sa petite bouche rose laissait entrevoir des dents à l'émail intact. Avec sa taille s'élevant très nettement au-dessus de la moyenne et sa gorge généreuse, elle avait l'air d'une déesse. Fille d'un bourgeois de Grenoble, Anne Coupier, qui se faisait appeler Mlle de Romans [2], fut conduite à Paris par sa sœur, Mme Varnier, qui tenait tripot au Palais-Royal. On ne sait pas exactement dans quelles circonstances le roi fit la connaissance de cette belle personne. Perpétuellement à l'affût, ses rabatteurs écumaient tous les lieux de plaisir de la capitale et connaissaient toutes les entremetteuses. Mme Varnier savait quel prix elle pouvait tirer de cette vierge imposante, âgée d'une vingtaine

1. *Instructions rédigées au nom de Mme de Pompadour et relatives à la négociation entamée en cour de Rome pour vaincre l'opposition des confesseurs qui refusent de laisser approcher Louis XV des sacrements tant qu'il gardera près de lui Mme de Pompadour* (1759), *in* Choiseul, *op. cit.*, p. 376-378.

2. Eugène Welvert, « Le vrai nom de Mlle de Romans », *in Revue Historique*, 1886.

d'années au moment de sa présentation à Louis XV, en 1759 selon toute vraisemblance. Elle obtint ce qu'elle souhaitait.

A la différence des pensionnaires du Parc-aux-Cerfs, qui croyaient avoir pour amant un grand seigneur polonais, Mlle de Romans sut qu'elle était la maîtresse du roi. Au reste, le monarque ne l'installa pas, comme les autres, à sa petite maison du Parc-aux-Cerfs, mais en loua une, pour elle seule, dans la grande rue du village de Passy. Lorsqu'il voulait la voir à Versailles, il l'envoyait chercher dans un carrosse à six chevaux. La Cour ne parlait que de la nouvelle élue, et Mme de Pompadour en éprouvait de mortelles alarmes, dont les affaires politiques ne parvenaient pas à la distraire. Ses espions la tenaient au courant des allées et venues des deux amants et la duchesse de Mirepoix essayait de la rasssurer : « Les princes sont avant tout des gens d'habitude; l'amitié du roi pour vous est la même que pour votre appartement, vos entours; vous êtes faite à ses manières, à ses histoires; il ne se gêne pas, ne craint pas de vous ennuyer; comment voulez-vous qu'il ait le courage de déraciner tout cela en un jour, de former un autre établissement, et de se donner en spectacle au public par un changement de décoration [1] ? »

La marquise connaissait trop bien le roi pour ne pas le savoir très amoureux. Lorsqu'elle apprit que Mlle de Romans était enceinte, ses inquiétudes redoublèrent. Le souverain n'allait-il pas reconnaître l'enfant et faire de sa mère une maîtresse déclarée? « Tout cela est du Louis XIV; ce sont de grandes manières qui ne sont pas celles de notre maître », lui répétait la duchesse de Mirepoix [2]. Mais Jeanne-Antoinette n'était pas rassurée. Quoique Mme du Hausset soutienne le contraire, c'est sans doute la marquise qui fit procéder à des perquisitions chez la belle Romans, afin de soustraire les papiers prouvant la paternité de

1. Du Hausset, *op. cit.*, p. 167-168.
2. *Ibid.*, p. 168.

Louis XV. Cela ne servit à rien. Le 13 janvier 1762, la jeune femme accoucha d'un fils, baptisé le lendemain à l'église de Chaillot, sous le nom de Louis-Aimé de Bourbon, fils de Louis de Bourbon et de demoiselle Anne Coupier de Romans, dame de Meilly-Coullonge. Le roi signa même l'acte que vint lui présenter le curé. Cette quasi-reconnaissance fit grand bruit. D'aucuns prétendaient déjà que l'enfant était un futur duc du Maine.

Enivrée par cette maternité exaltante, Mlle de Romans prit bientôt l'habitude de promener son enfant au bois de Boulogne. Habillée à la dernière mode, la gorge couverte de dentelles précieuses, elle s'installait sur l'herbe pour l'allaiter, à la vue de tous. N'y tenant plus, Mme de Pompadour brûlait de voir la mère et l'enfant. Accompagnée par Mme du Hausset, le visage dissimulé par des coiffes, cachant sa bouche sous un mouchoir, elle se rendit dans la clairière où elle savait trouver l'heureuse mère. « Elle nous regarda fixement, raconte Mme du Hausset. Madame la salua et, me poussant du coude, me dit : “ Parlez-lui. ” Je m'avançai et lui dis :

– Voilà un bien bel enfant.

– Oui, me dit-elle, je peux en convenir, quoique je sois sa mère.

« Madame, qui me tenait sous le bras, tremblait, et je n'étais pas trop rassurée. Mlle de Romans me dit :

– Etes-vous des environs ?

– Oui, madame, lui dis-je; je demeure à Auteuil avec cette dame qui souffre en ce moment d'un mal de dents cruel.

– Je la plains fort, car je connais ce mal qui m'a souvent tourmentée.

« Je regardai de tous côtés, dans la crainte qu'il ne vînt quelqu'un qui nous reconnût. Je m'enhardis à lui demander si le père était un bel homme.

– Très beau, me dit-elle, et si je vous le nommais, vous diriez comme moi.

– J'ai donc l'honneur de le connaître, madame ?

– Cela est très vraisemblable [1]. »

La marquise et sa compagne mirent fin à l'entretien et regagnèrent leur voiture. « Il faut convenir que la mère et l'enfant sont de belles créatures, dit Madame, sans oublier le père ; l'enfant a ses yeux. Si le roi était venu pendant que nous étions là, croyez-vous qu'il nous eût reconnues ?

– Je n'en doute pas, madame ; et dans quel embarras j'aurais été ! Et quelle scène pour les assistants de nous voir toutes les deux ! Mais quelle surprise pour elle [2] ! » Le soir, Mme de Pompadour raconta seulement au roi qu'elle était allée acheter des tasses à la manufacture de Sèvres, ce qui était également vrai.

Louis XV continua d'honorer Mlle de Romans pendant cinq ans, mais ne la présenta jamais à la Cour. Lassé par ses exigences, il finit par l'exiler chez les Ursulines de Saint-Denis et lui enleva son fils, qu'il refusait de légitimer. La marquise mourut sans avoir pu assister à la disgrâce de cette rivale [3]. La liaison que le roi engagea en 1762 avec Mlle Tiercelin, une toute jeune fille, rassura peut-être Jeanne-Antoinette : le souverain batifolait. Lorsqu'il était las de Mlle de Romans, il s'encanaillait avec la petite Tiercelin. Ni l'une ni l'autre ne pouvaient supplanter la véritable favorite. La nouvelle de la grossesse de Mlle Tiercelin l'affligea sans doute moins que ne l'avait fait celle de Mlle de Romans. Elle savait désormais que le roi ne reconnaîtrait pas ses bâtards [4] et ne « déclarerait » pas leur mère. La Tiercelin,

1. Mme du Hausset *op. cit.*, p. 169.

2. *Ibid.*, p. 169-170.

3. Quelques années plus tard, Louis XV autorisa le mariage de son ancienne maîtresse avec le marquis de Cavagnac. Quant au petit Louis de Bourbon, devenu abbé de Bourbon, il mourut à Rome en 1787, sans avoir accompli la carrière que sa naissance aurait pu laisser espérer.

4. L'enfant de Mlle Tiercelin naquit le 7 février 1764, quelques semaines avant la mort de la marquise.

qui avait aussi donné un fils au roi, devait subir le même sort que Mlle de Romans en 1766 [1].

Pendant l'été qui suivit le traité de Paris, la marquise semblait très fatiguée. A Compiègne, où elle continuait de recevoir les personnalités habituelles, elle parut en public moins souvent que d'habitude. Le matin, elle passait un temps considérable à sa toilette pour tenter de réparer l'outrage des ans, qui la marquait plus qu'une autre, en raison de son triste état de santé. Mais elle « continuait de tout mener [2] », s'entretenant quotidiennement avec Choiseul, Mme de Gramont et naturellement avec le roi. A Fontainebleau, elle prépara encore tous les spectacles de la saison. Mais au début de l'année 1764, elle avait l'air d'un spectre. Au mois de janvier, elle reçut le jeune Mozart et l'écouta jouer du clavecin. Peu après, elle retrouva avec une joie qui n'était pas feinte l'abbé de Bernis, dont Louis XV venait de lever l'exil en le nommant ambassadeur à Rome. Elle reçut à cette occasion la marquise de La Ferté-Imbault, une fausse prude qui avait snobé aussi bien Mme d'Etiolles que la marquise de Pompadour. Cette dame accepta cependant de faire visite à la sultane, dont les jours étaient désormais comptés. Elle en a laissé un récit perfide et cruel : « Je la trouvai belle et grave, dit-elle, ayant l'air de se bien porter, bien que se plaigant de ne pas dormir, de digérer mal et d'étouffer chaque fois qu'elle montait un escalier. Elle commença par me dire que j'étais sans doute contente d'elle, puisqu'elle avait fait revenir mon ami (Bernis) de façon aussi brillante. Elle ajouta, au reste, qu'il s'était toujours conduit en honnête homme, mais que les malheurs publics l'avaient rendu si sombre et si triste qu'il donnait au roi et à elle-même des crispations de nerfs. [...] Elle se mit

1. Elle mit au monde un fils le 7 février 1764, connu dans l'Histoire sous le nom d'abbé Le Duc. Il joua un certain rôle en faveur de la famille royale pendant la Révolution et l'Emigration. Il mourut sans doute vers 1829. Mlle Tiercelin était morte en 1779, après avoir mené une vie assez agitée.

2. Croÿ, *op. cit.*, t. II, p. 96.

ensuite à me dire, avec autant de chaleur et d'expression qu'une comédienne qui joue bien son rôle, à quel point elle était affectée par le déplorable état du royaume, la rébellion du parlement et par ce qui se passait là-haut (en me montrant du doigt, avec des larmes dans les yeux, l'appartement du roi). Elle assura que c'était une grande marque d'attachement qu'elle donnait au roi de rester auprès de lui, qu'elle serait mille fois plus heureuse de vivre seule et tranquille à Ménars, mais que le roi ne saurait plus que faire si elle le quittait ; et en m'ouvrant ainsi son cœur, qu'elle ne pouvait, me dit-elle ouvrir à personne, elle devint, pour me peindre ses tourments, d'une éloquence et d'une énergie que je ne lui avais jamais vues. [...] Bref, elle me parut folle et enragée, et je n'ai jamais ouï de plus beau sermon pour prouver les malheurs attachés à l'ambition ; et en même temps, je la vis tour à tour si misérable, si insolente, si violemment agitée et si embarrassée de sa suprême puissance que je sortis de chez elle, après une heure de cette conversation, l'imagination frappée qu'il ne lui restait plus d'autre asile que la mort [1]. »

Lors d'un séjour de la Cour à Choisy, au mois de février 1764, l'état de la marquise empira brutalement. Pour la première fois, elle n'assista pas aux petits soupers et laissa la duchesse de Gramont prendre sa place auprès du roi. Le 29, dans le grand salon de compagnie, elle fut prise d'un malaise brutal qui la contraignit à demander l'aide d'un valet pour regagner sa chambre où elle se coucha aussitôt. On diagnostiqua une fluxion de poitrine, qui s'aggrava les jours suivants. Le roi venait la voir plusieurs fois par jour. Il dut cependant regagner Versailles. Dès lors, des courriers se succédaient de Choisy à Versailles et de Versailles à Choisy, pour donner des nouvelles de la marquise. Le monarque abandonnait ses activités pour courir auprès de Jeanne-Antoinette dès qu'il en trouvait le temps. « La maladie de

1. Ségur, *Le Royaume de la rue Saint-Honoré*, p. 164-165.

Mme de Pompadour arrêtait tout et faisait un bien grand événement [...]. Toute la Cour, ainsi que tout Paris, envoyait ou allait sans cesse à Choisy. Chacun faisait ses raisonnements. » Les uns s'imaginaient que le roi allait verser dans la dévotion, les autres que Mme de Gramont allait succéder à la marquise. « Enfin, on allait à l'extrême sur tout, et cela fit, comme de raison, la plus grande sensation [1]. »

Cependant, contre toute attente, l'état de la marquise s'améliora à la fin du mois de mars. Une messe d'action de grâces fut célébrée à la Madeleine de La Ville-l'Evêque, paroisse parisienne de la marquise. Quesnay permit à sa malade de se promener en voiture dans le parc, mais ses pronostics étaient réservés. « On trouve Mme de Pompadour beaucoup mieux, mais sa maladie n'est pas près d'être finie et je n'ose pas prendre beaucoup d'espérance », écrivait Mme du Deffand. Cependant, Favart et Palissot composaient déjà des odes pour célébrer son rétablissement. Cochin et Boucher se mirent à leurs crayons pour trouver les allégories de circonstance. Mme de Pompadour reprenait si bien goût à la vie qu'on lui permit de revenir à Versailles. Le 7 avril, dès qu'elle fut réinstallée chez elle, le mal reprit avec violence. De jour en jour, son état empirait. Suffoquant, étouffant, elle restait assise dans un fauteuil. Le roi lui faisait souvent visite dans son appartement. « Mes inquiétudes ne diminuent point, écrivit-il à l'infant de Parme. Et je vous avoue que j'ai très peu d'espérances d'un parfait rétablissement, et beaucoup de crainte d'une fin trop prochaine peut-être. Une connaissance de près de vingt ans et une amitié sûre ! Enfin, Dieu est le maître. Il faut céder à tout ce qu'il veut. M. de Rochechouart aura appris la mort de sa femme après bien des souffrances ; je le plains, s'il l'aimait [2]. »

1. Croÿ, *op. cit.*, t. II, p. 133.

2. Archives de Parme, *Lettere dei principi*, cité par Pierre de Nolhac, *in Mme de Pompadour et la politique*, p. 338-339.

C'est son ancien amant qui pria la marquise de recevoir les sacrements. Ce furent là leurs adieux. Par décence, elle fit demander à son mari de venir l'assister dans ses derniers moments, mais il répondit qu'il était alors incapable de se déplacer. Avant de se mettre en règle avec Dieu, elle convoqua son notaire et relut son testament, qui faisait de son frère Abel Poisson, marquis de Marigny, son légataire universel [1]. N'ayant plus la force de tenir une plume, elle dicta un codicille stipulant quelques legs supplémentaires à des amis chers, ainsi qu'à tous ceux qui l'avaient soignée.

Dans la nuit du 14 au 15 avril, le curé de la Madeleine de La Ville-l'Evêque, confessa la marquise et lui administra l'extrême-onction qu'elle reçut avec résignation. « Elle meurt avec un courage rare à tout sexe, écrivit le dauphin à l'évêque de Verdun [...]. Chaque fois qu'elle respire, elle croit que c'est la dernière. C'est une des fins les plus douloureuses et les plus cruelles qu'on puisse imaginer [...]. Le roi ne l'a pas vue depuis hier. Le curé de La Madeleine de La Ville-l'Evêque ne la quitte pas. Voilà des sujets d'espérance et de miséricorde pour elle. Au reste, je crois que cet événement fera plus de bruit que d'effet. Vous sentez tout ce que cela veut dire, tant pour la morale que pour la poli-

---

1. L'immense fortune de la marquise de Pompadour échut à son frère. Il vendit, peu de temps après sa mort, sa bibliothèque comprenant 3525 ouvrages, dont il retira 41 940 livres (*Cf. Catalogue des livres de la bibliothèque de feu Mme la marquise de Pompadour, dame du palais de la Reine*). Marigny vendit également une partie des tableaux et mobilier de sa sœur : la vente dura un an ! La marquise laissait en outre 284 059 livres de bijoux, comprenant 22 parures en diamants blancs (154 040 livres), 7 parures en diamants blancs, jaunes et rubis (40 800 livres), 41 bagues (18 676 livres) et 55 parures de pierres précieuses de diverses couleurs (70 543 livres). (*Cf. Inventaire après décès de la marquise de Pompadour, dressé par le notaire Dutartre le 27 juin 1764*, A.N., M.C., Et. LVI,113-114.) Rappelons que Mme de Pompadour léguait par testament l'hôtel d'Evreux à Louis XV, qui le vendit au financier Beaujon, lequel le revendit à Louis XVI.

tique [1]. » En présence du prêtre, Mme de Pompadour parla avec fermeté à son frère, à MM. de Choiseul, de Soubise et de Gontaut. Sentant venir la fin, elle leur dit : « Cela approche, laissez-moi avec mon confesseur et mes femmes. » Puis, rappelant Soubise, elle lui donna les clés de son secrétaire ; elle eut encore la force de désigner le carrosse qui devait emporter sa dépouille jusque chez elle, dans son hôtel de Versailles qui communiquait avec le château. Elle refusa doucement d'être changée par ses femmes : « Je sais que vous êtes très adroites ; mais je suis si faible que vous ne pourriez vous empêcher de me faire souffrir, et ce n'est pas la peine pour le peu de temps qui me reste à vivre [2]. » Et comme le curé voulait se retirer, elle murmura dans un sourire : « Un moment, monsieur le Curé, nous nous en irons ensemble [3]. » A 7 heures et demie du soir, en ce dimanche des Rameaux, la marquise expira. Elle avait quarante-deux ans.

Quelques instants plus tard, la duchesse de Praslin vit passer sur une civière le corps d'une femme, recouvert d'un simple linceul [4]. C'était celui de la marquise, qu'on transportait chez elle sans même attendre le carrosse. Mme de Pompadour avait bénéficié d'une prérogative princière en mourant de maladie à Versailles.

Dès qu'il apprit le décès, le roi décommanda le grand couvert et se retira dans ses cabinets avec les amis de Jeanne-Antoinette. La dévote Marie-Josèphe espérait bien que la favorite était partie pour l'autre monde « en ayant sincèrement reconnu et détesté le mal qu'elle avait fait ». Elle devait cependant reconnaître que le roi « était très affligé et

1. Lettre du dauphin à l'évêque de Verdun, citée d'après les Archives Nicolaï, *in* Boislisle, *La Maison de Nicolaï*, p. 590.

2. Archives de Dresde, 2744, IX, 18 avril 1764, *in* Stryienski, *op. cit.*, p. 317.

3. *Mémoires secrets pour servir à l'histoire de la République des Lettres*, t. II, p. 49.

4. Dufort de Cheverny, *op. cit.*, p. 335.

qu'il se contraignait avec tout le monde et avec sa famille [1] ». Le lendemain de la mort de son amie, Louis XV écrivit à l'infant : « Toutes mes inquiétudes ne sont plus, de la plus cruelle manière, vous le devinez [2] ! »

Le 17 avril, à 6 heures du soir, alors que se déchaîne un violent orage, le convoi funèbre de très-haute et très-puissante dame, madame la marquise-duchesse de Pompadour, quitte l'église Notre-Dame de Versailles où a eu lieu le premier service funèbre. Il traverse la place d'armes, avant de prendre l'avenue de Paris pour conduire la marquise à l'église des Capucines. « Le roi prend Champlost par le bras ; arrivé à la porte de glace du cabinet intime, donnant sur le balcon qui fait face à l'avenue, sur la Cour, il lui fait fermer la porte d'entrée et se met avec lui, en dehors sur le balcon. Il garde un silence religieux, voit le convoi enfiler l'avenue, le suit des yeux jusqu'à ce qu'il perde de vue tout l'enterrement, malgré le mauvais temps et l'injure de l'air auxquels il avait paru insensible. Il rentre dans l'appartement ; deux grosses larmes coulaient encore le long de ses joues et il ne dit à Champlost que ce peu de paroles : "Voilà les seuls devoirs que j'ai pu lui rendre !" [3]. »

1. Boislisle, *op. cit.*, p. 590.
2. Archives de Parme, *Lettere dei principi*, cité par Pierre de Nolhac, *in Mme de Pompadour et la politique*, p. 344.
3. Dufort de Cheverny, *op. cit.*, p. 335.

Lettres inédites de Mme de Pompadour et du roi Louis XV

De l'importante correspondance de Mme de Pompadour, ne subsistent que quelques épaves, difficilement accessibles au public. G. Masson, dans la *Correspondance littéraire* du 5 septembre 1857, exhumait quelques missives destinées au duc d'Aiguillon, qui se trouvent au British Museum. En 1878, l'éditeur Poulet-Malassis publia une série de lettres provenant de différents fonds (43 adressées par la marquise à son père et à son frère, 5 à Pâris-Duverney, 18 au duc d'Aiguillon et 15 à la comtesse de Lutzelbourg). En 1917, le général de Piépape faisait paraître dans la *Revue de l'Histoire de Versailles* les lettres au duc de Choiseul. Pierre de Nolhac, le célèbre conservateur et historien du château de Versailles, avait eu accès à certains fonds privés, en particulier à la collection Morrisson, contenant des lettres aux ducs de Mirepoix et de Richelieu. Il signalait également celles de la marquise au contrôleur général Bertin, déposées à la Bibliothèque nationale (BNF, Département des Manuscrits, Nouv. Acq. fses. 6498). Plus récemment, la dernière biographe de Mme de Pompadour, Danielle Gallet [1], découvrit quelques lettres aux Archives nationales, (K 149, 17), adressées à Pâris-Duverney et concernant l'Ecole militaire, ainsi qu'une vingtaine d'autres au duc de La Vallière, dans le Chartrier d'Uzès (265 AP). Il faut également noter que la famille d'Argenson a déposé ses archives à la Bibliothèque universitaire de Poitiers où l'on retrouve plusieurs autographes de la favorite. Le contenu de ces publications éparses, et de ces fonds en partie inexploités, mériterait d'être réuni et publié.

1. Danielle Gallet, *Madame de Pompadour*, p. 255-257.

Une cinquantaine de lettres et billets inédits au duc de Richelieu, classés à tort parmi les « lettres galantes », dormaient à la Bibliothèque Victor-Cousin dans le fonds Richelieu. Entièrement rédigées de la main de la marquise [1], elles portent toutes le cachet à ses armes et sont collées dans des registres, selon un ordre pour le moins surprenant. Nous avons tenté de les reclasser dans leur continuité chronologique, peu facile à établir, près de la moitié d'entre elles n'étant pas datées. Une série concerne le rôle le Richelieu à Gênes, à la fin de la guerre de Succession d'Autriche (1748) ; une autre, l'expédition de Mahon (1756) ; et la plus importante, sans doute, la campagne de Hanovre (1757). On compte enfin quelques billets épars qui témoignent de la régularité des relations entretenues par Mme de Pompadour avec le maréchal-duc, dont elle se méfiait, mais qu'elle savait ménager.

Ecrites au fil de la plume, sans brouillon préalable, ces missives permettent de mesurer l'immense crédit de la marquise, qui semble bien occuper le centre du pouvoir. Rien ne lui échappe de l'organisation des plaisirs de la Cour, de la politique et de la conduite des armées. Les messages assez brefs, que nous n'avons pu dater revêtent plus d'importance qu'on ne pourrait le penser. Ils témoignent de cette mainmise sur l'ensemble des affaires, même les plus anodines. La favorite s'exprime presque toujours avec une autorité souveraine, en particulier pendant la campagne de Hanovre.

Nous ajoutons à cette correspondance, deux lettres inédites du roi au même Richelieu. Elles donnent le ton de leurs relations, celles de deux libertins.

1. A l'exception d'une seule, *cf. infra*, p. 167.

Lettres de la marquise de Pompadour au duc de Richelieu [1]

A Monsieur le Maréchal duc de Richelieu à Gênes [2]

Ce 9 février, [1748] [3]

Je ne veux pas laisser partir votre courrier, Excellence, sans vous dire un petit mot. Eh bien, il vous faut la patience d'un ange pour tenir aux tracasseries que l'on vous fait [4]. Je vois que tous les pays se ressemblent sur cet article mais malheureusement les vôtres sont de plus grande conséquence que celles que je vois et entends tous les jours. Je ne puis trop vous inviter à garder votre sang-froid. Vous en sentez la nécessité pour le bien du service du maître que nous adorons.

Adieu Excellence. L'on dit que vous oubliez les pauvres femmes qui vous aiment et que vous vous désennuyez avec d'autres. Cela serait infâme, je ne veux pas le croire.

---

1. Bibliothèque Victor-Cousin, Fonds Richelieu, registre 27. Fol. 122 à 194.

2. Après la bataille de Lawfeld, Richelieu avait été envoyé en Italie pour seconder le maréchal de Boufflers, auquel il devait succéder après sa mort survenue le 1er août 1748. Boufflers avait délivré Gênes, bloquée par les Piémontais et les Autrichiens. A la suite de plusieurs combats victorieux, Richelieu resta maître du pays jusqu'à la ratification du traité d'Aix-la-Chapelle. Il quitta Gênes le 10 novembre 1748 après avoir été nommé maréchal de France.

3. Fol. 175.

4. La campagne fut très difficile. « Il fallait défendre la République des insultes des Anglais qui croisaient dans le golfe de Gênes et repousser les Autrichiens d'un territoire tout hérissé de pics et de montagnes. Le petit nombre de soldats que la Cour lui [Richelieu] accorda ne permit pas une action éclatante. » (Richelieu, *op. cit.*, t. VII, p. 230.)

Quant à moi qui ne vise qu'à l'amitié, votre libertinage ne me fait point de tort.

24 février 1748 [1]

Les pierres que l'on jette dans votre jardin, Excellence, produisent de très bons fruits. L'échantillon que vous m'avez envoyé est admirable. Quoique je sois à répéter un rôle, je ne puis laisser partir Le Doux sans vous dire un petit mot. En vérité, vous avez tort de ne pas nous voir jouer, à commencer par moi. Nous valons plus de louis d'or cette année que de sous la dernière [2]. Il faut espérer que la prochaine, nous serons encore meilleurs et que nous vous dédommagerons de la perte de cette année.

Bonsoir Excellence, les louanges que l'on vous donne me font le plus grand plaisir du monde.

Ce 25 [mars 1748] [3]

Toujours de nouveaux compliments à vous faire, Excellence, et en vérité, je m'en acquitte avec un véritable plaisir. Le roi présent me dit de vous mander qu'il est très content de vous et qu'il n'a pas le temps de vous écrire aujourd'hui. Il va se mettre à table. Nous sortons de l'opéra où je n'ai pu chanter parce que j'ai été très enrouée mais je reprends jeudi. Je chanterai l'amour en jupe et non en culotte car il faut ménager les bégueules et les sots, dont il y a assurément plus que les honnêtes gens [4].

La soupe m'attend.

Bonsoir, Excellence, je vous aime bien sincèrement.

Le duc Durfort [*sic*] me charge de faire ses compliments à son père. Devinez qui c'est.

A Marly, le 26, [mars 1748] [5].

Je me porte fort bien, Excellence. Notre prédiction a été juste. Il est vrai qu'en sautant sur une banquette, je me suis blessée, ce qui m'a

---

1. Fol. 131.
2. La troupe de la marquise donnait cette année-là *Le Méchant* de Gresset ainsi que *Almazis* et *Ismène*. (*Cf.* chap. 9.)
3. Fol. 175.
4. Allusion au rôle que Mme de Pompadour avait joué dans les *Amours de Ragonde* où elle était apparue en costume masculin, le jour du Mardi gras 1748.
5. Fol. 169.

fait souffrir des reins et de la colique. Si je ne vous le mandais pas, vous l'ignoreriez car peu de gens l'ont su. Les nouvelles de Marly sont peu intéressantes. Je joue au lansquenet où je suis ruinée. Le roi nomma ce soir Mlle de Charleval [1] pour être auprès de Madame Victoire qui revient à la fin du mois [2]. J'ai eu l'audace de le dire au pauvre Brancas. Il m'a fait une pitié horrible.

Nos spectacles sont plus brillants que jamais et le seront encore davantage l'année prochaine. Si je voulais vous mander des observations qui se font ici, votre cousine Lauraguais m'en fournirait à elle seule un volume, mais c'est sur quoi je me tais [3]. J'ai chargé Quimon de vous bien dire l'intérêt que je prends à vous et combien votre gloire m'a fait de plaisir. Il ne reste plus qu'à envoyer à Gênes ce maudit mari. Quoi qu'il en soit, j'aime encore mieux que vous reveniez ici.

S. l. n. d., lundi au soir, le 17 [4]

L'on me prie instamment de vous envoyer ces lettres, Excellence. Je m'en acquitte ainsi que de vous demander décision sur cet article. J'ai peur que nous ne nous revoyions qu'à votre année. En vérité, le temps est trop long et je m'ennuie fort de ne vous pas voir. Vous trouverez ce pays-ci [5] plus exécrable que jamais. Qu'y faire ? On ne peut le changer. Il faut bien y vivre, mais ce n'est pas sans peine que les honnêtes gens peuvent s'y résoudre.

Je ne doute pas que le roi vous donne quelque marque de son contentement et comme je vous l'ai mandé, j'y contribuerai en tout ce qui dépendra de moi.

Bonjour Excellence. Nous allons le 9 à Crécy, je suis bien fâchée de ne vous y pas voir.

A Monsieur de Richelieu, à Gênes [6]

Compiègne, le 14 juillet 1748

Je vous ai mandé, Excellence, la volonté où le roi était depuis longtemps de supprimer les galères quand il en trouverait l'occasion. Sa

1. Mlle de Charleval était nommée sous-gouvernante de la princesse.
2. Madame Victoire est revenue à Versailles à la fin du mois de mars 1748.
3. M. et Mme de Lauraguais (ancienne maîtresse de Louis XV) se séparaient (*cf.* la lettre de Louis XV p. 380).
4. Fol. 168.
5. La Cour.
6. Fol. 132.

Majesté l'a effectué. Je suis très persuadée par la bonté qu'il a pour vous que toutes les choses qu'il pourra faire, il les fera [1]. Nous sommes ici dans un endroit charmant, à ma fantaisie. Je voudrais y être toute l'année.

Je ne sais quand nous nous reverrons, mais ce que je sais, c'est que j'en ai une véritable impatience.

J'oublie depuis des temps immenses de vous parler de Crécy. Je vous prie de mander que je vous en ai écrit.

A Monsieur le Maréchal de Richelieu, à Gênes
S. l. n. d. [1748] [2]

Je me flatte, Excellence, que vous croirez mes almanachs (?) à l'avenir. Vous devez avoir relu la lettre de Monsieur d'Argenson. Il a eu un accès de goutte violent qui l'a empêché d'aller chez le roi, ce qui a été cause du retard. Il ne sera même pas en état d'y monter de plus de huit jours.

Je crois que vous irez bientôt aux Etats [3] et qu'après, nous nous reverrons. Je m'en fais, je vous assure, un grand plaisir.

A Monsieur le Maréchal de Richelieu, à Gênes
16 août [1748] [4]

J'étais bien sûre, Excellence, que vous seriez content des marques de bonté du roi [5]. Je ne doute pas qu'il vous en donne d'autres marques et vous pouvez compter sur une bonne solliciteuse en moi. Je suis fort aise que vous me croyiez digne d'avoir des amis et que vous vouliez être du nombre. Mais nous serons souvent en querelle car plus je vis dans cet infâme pays [6] et plus je me confirme dans la façon de penser que vous n'approuvez pas.

Nous avons eu de grandes chaleurs. Cela ne nous a pas empêchés de faire un petit voyage pour aller tuer des perdreaux à Saint-Denis.

---

1. Richelieu souhaitait devenir « Général des galères », charge qui rappelait celle de « Grand Maître de la navigation » dont était pourvu son grand-oncle, le cardinal.

2. Fol. 170.

3. Au retour de Gênes, Richelieu devait s'arrêter en Languedoc pour y présider les Etats. Il y obtint d'ailleurs des subsides pour régler les frais de guerre. Il ne regagna Versailles qu'au mois de décembre 1748.

4. Fol. 171.

5. Louis XV avait fait Richelieu maréchal de France.

6. La Cour.

Nous partons d'ici dans huit jours, dont je me désole car je l'aime à la folie [*sic*].

Quimon n'a pas voulu jouer l'opéra. A ce qu'on me dit, c'est grand dommage car il a une haute-contre aussi maussade que j'en connaisse. Je voudrais bien vous revoir avant votre année, mais je ne le pense pas.

Bonjour Excellence. Soyez persuadé de mon amitié.

Ce 29 septembre, [1748] [1]

Vous dites que nous aurons des querelles ensemble [2]. Voici le cas devant en faire une ou jamais. Vous me mandez avoir besoin de solliciteuses comme moi et cependant vous remettez tout à la providence et aux bontés du roi. Vous auriez mérité que je fusse restée muette, mais je ne suis pas accoutumée à la tiédeur pour les gens que je crois de mes amis. Le roi vous rendra compte, un jour, de ce que je lui ai dit. Il n'en avait pas besoin et vous aviez raison de compter sur ses bontés.

Je ne veux plus parler du pays que j'habite, plus j'y vis et plus je le déteste et le méprise [3].

Quimon a bien fait de ne pas jouer à l'opéra; la personne eut été fort honorée de jouer avec de tels acteurs, mais son caractère d'enragé est trop sérieux pour devoir en sortir. On prétend que j'aurai des tracasseries avec vous pour notre théâtre. Je n'en crois pas un mot et je ne doute pas que vous entendiez raison très aisément.

Quoi qu'il en soit, attendant discussion ou non, je vous fais compliment de tout mon cœur.

On n'en sait rien ici. Ainsi, je crois qu'il faut que vous attendiez la lettre de Monsieur d'Argenson.

De ma solitude, samedi, [1748 ?] [4]

Vous n'ignorez pas, Monsieur le Maréchal, quelle est mon admiration pour l'esprit de Voltaire et en même temps la vérité dont je suis capable et que vous m'avez demandée en me donnant sa pièce. Je l'ai lue avec attention. Je ne la trouve pas de la force de ses autres

1. Fol. 173.
2. Allusion au théâtre des petits cabinets. (*Cf.* chap. 11.)
3. La Cour.
4. Fol. 134.

pièces [1]. Mais comme les femmes (je ne parle que de moi) ne sont pas faites pour décider des ouvrages d'esprit, je m'en remets totalement à vos lumières et au jugement que vous en porterez.

Adieu, Monsieur le Maréchal, gagnez vite votre procès et venez nous voir, car malgré le mauvais semestre où je suis avec vous, votre présence m'est toujours fort agréable.

*

S. l. n. d. le 11 février [1750] [2]

Les femmes ne sont pas faites, Monsieur le Maréchal, pour discuter des affaires. Aussi ne m'en mêlai-je pas. Tout ce que je sais, et la raison me le dicte, c'est que le roi étant la justice et la bonté mêmes, ceux qui ne lui obéissent pas doivent être regardés de tout l'univers comme de très mauvais sujets de leur maître. Je ne doute pas que vous n'ayez fait de votre mieux et que vous ne soyez très fâché de ce qui se passe. Aussi désirai-je bien vivement tant pour le bien de la chose que pour vous-même que tout ceci finisse à la satisfaction du roi, dont la bonté, la sagesse et la fermeté ne se démentiront sûrement pas. Je vous remercie des herbes que vous m'envoyez. J'espère qu'elles nous embaumeront dans ma serre de l'Hermitage.

Ma santé est fort bonne. Nous n'avons pas été au bal cette année. Le spectacle d'hier a été charmant. Les deux voyages de Trianon peu nombreux et fort gais.

Le roi a donné à Monsieur d'Agenois le gouvernement de La Fère [3]. Je crois, Monsieur le Maréchal, que vous êtes bien persuadé de mon amitié pour vous et du plaisir que j'aurai à vous rendre tous les bons offices qui dépendront de moi.

---

1. Peut-être s'agit-il de *Sémiramis*, tragédie fort malmenée par la critique, et que soutenait Richelieu, au moment où Mme de Pompadour encourageait Crébillon à achever son *Catilina. Sémiramis* fut cependant jouée devant la Cour à Fontainebleau, le 24 octobre 1748.

2. Fol. 154.

3. Le 5 février 1750, à la mort du duc d'Aiguillon, le roi remit à son fils, duc d'Agenois, devenu duc d'Aiguillon par le décès de son père, le gouvernement de La Fère, emploi honorifique que détenait le feu duc.

S. l. n. d. [1754] [1]

Quelqu'opinion que j'eusse des Etats de Languedoc, Monsieur le Maréchal, je ne pouvais m'imaginer ce qui est arrivé, quoiqu'il y ait eu des exemples sous Louis XIII et Louis XIV. Je suis persuadée qu'il vous sera aisé de vous justifier. Je le désire fort, m'intéressant à ce qui vous regarde [2].

12 décembre 1754 [3]

Mes nerfs ont été en bien mauvais ordre depuis dix jours. Je sens [*sic*] mieux dans ce moment. Je suis bien aise que votre fluxion n'ait pas eu de suite. On m'avait dit que le pauvre Saint Priest était encore bien jeune. Je forme les mêmes regrets sur Voltaire [4]. C'est grand dommage.

Vous avez su tout ce qui s'est passé depuis la rentrée du parlement [5]. Vous croirez aisément que c'est ce qui m'a fait tant souffrir [6]. En vérité, la tête a trop d'empire sur le corps et y produit des effets trop funestes. Vous m'assurez de votre reconnaissance et de votre amitié. J'ai trop bonne opinion de votre cœur pour ne pas vous croire sincère. Je vous répète, Maréchal, que plus vous me connaîtrez, plus vous m'aimerez et plus vous désirerez acquérir une amie aussi unique que je le suis pour mes amis.

S.l.n.d. [octobre 1755] [7]

Le roi croit, Monsieur le Maréchal, que vous n'avez pas bien lu sa lettre et que c'est un des premiers et non le premier gouvernement

---

1. Fol. 147.

2. En janvier 1754, Richelieu partit pour la Guyenne, chargé d'instructions très sévères contre les protestants révoltés. Il mit cependant bientôt un terme à la politique répressive et partit s'installer dans son château de Richelieu en Touraine. Rappelé à l'ordre par Saint-Florentin, il retourna en Languedoc où il s'opposa aux Etats qui refusaient de voter l'impôt.

3. Fol. 130.

4. Voltaire avait fait intervenir Richelieu auprès de Mme de Pompadour pour revenir à la Cour, mais le roi s'y opposa.

5. Allusion de la marquise à l'interprétation faite par le parlement de la « loi du silence » imposée par Louis XV aux magistrats et à la « punition » de l'archevêque de Paris. (*Cf.* chap. 17.)

6. Les affaires du parlement n'étaient pas la seule cause des malaises de Mme de Pompadour. Elle avait perdu sa fille Alexandrine au mois de juin précédent et se remettait difficilement de ce deuil.

7. Fol. 137.

qu'il vous a promis [1]. Sa Majesté désire ravoir sa lettre. Que ce soit premier ou second, je désire celui-ci pour vous et je m'y emploierai de tout mon cœur.

S.l.n.d. [2]

J'ai fait vos représentations. Le roi veut la même chose, mais il est plus commode à l'arrangement de nos affaires de laisser le brevet de retenue sur votre charge comme il est. Sa Majesté ne mettra que 150 000 livres sur le gouvernement.

S.l.n.d. [3]

Je vous envoie, Maréchal, l'arrangement que le roi a fait en votre faveur et qu'il vient de me donner. Sa Majesté le croit très favorable, il me le paraît aussi. Assurée de votre probité, je ne doute pas de votre reconnaissance et de l'amitié invariable dont vous paierez les preuves que je vous donne de la mienne.

Je rentrerai à quatre heures.

S.l.n.d. [4]

Le roi m'a remis en partant cette lettre. Je ne veux pas vous faire perdre un instant de la satisfaction que vous ressentirez de cette marque de bonté de Sa Majesté. Je suis enchantée, Maréchal, d'y avoir contribué.

Je serai à Paris jusqu'à six heures. Si vous voulez me voir, vous en serez le maître.

*

A Monsieur le Maréchal duc de Richelieu à Minorque [5].

Ce dimanche 2 mai 1756

Minorquin de mon âme, comme dit très élégamment le marquis de

---

1. Au mois d'octobre 1755, Richelieu obtenait le gouvernement de la Guyenne et remettait au maréchal de Mirepoix, le commandement du Languedoc.

2. Fol 138.

3. Fol. 140. Ce billet et le suivant semblent être liés à la nomination de Richelieu au gouvernement de Guyenne.

4. Fol. 141.

5. Fol. 178. Au début de la guerre de Sept Ans, Richelieu avait reçu le commandement en chef des forces navales méditerranéennes. Il avait pris la mer le 9 avril 1756 et débarqué à Citadella, capitale de l'île de Minorque, le 18. Trois cents Anglais s'étaient enfermés dans le fort Saint-Philippe qui commandait la position de Port-Mahon, réputé imprenable. (*Cf.* chap. 19.)

Gontaut, j'ai été enchantée de vos premiers succès et j'espère que vous serez bientôt maître du fort Saint-Philippe. Il y a lieu de se flatter que cet événement fera taire les frondeurs de profession et rendra messieurs les Anglais un peu moins enragés. C'est ce que je leur souhaite et à nous aussi, car il est dur de craindre toujours les morsures. Ce joli petit bon trait ne m'a point paru tel puisque mon pauvre cousin [1] a pensé en périr. Nous avons su de ses nouvelles avant vous.

L'état affreux du cardinal de Soubise [2] laisse dans le moment bien peu de place à la joie que m'avait causée votre heureux débarquement. Son malheureux frère arrive pour le voir périr, j'en ai l'âme déchirée. Cette sensibilité pour mes amis est faite pour intéresser un aussi bon ami que mon Minorquin.

Si vous laissez du monde à Minorque, que ce ne soit pas mon cousin, je vous en prie.

S.l.n.d.

28 mai [1756] [3]

On nous mande de Toulon les plus folles nouvelles du monde. Je les aimerais mieux de votre patte de chat. Monsieur Byng [4] nous tient un peu alerte et nous ne voyons jamais passer devant chez nous cheval, âne ou mulet sans les prendre pour vous.

Je n'aurais pas, en mille ans, trouvé assez d'espoir pour vous exprimer l'occupation où nous sommes de vous de Minorque. Les vieilles comédiennes ont heureusement de la mémoire; elle m'a bien servie, puisque j'ai ajusté si à propos cette magnifique comparaison [5].

Je vous envoie la déclaration de guerre du roi d'Angleterre. La vérité n'y brille pas plus que le style. J'en suis fâchée pour l'honneur des beaux esprits anglais.

---

1. Gabriel Poisson de Malvoisin, petit-cousin de la marquise, cornette de Royal-Dragons.
2. Armand de Rohan, dit le cardinal de Soubise, évêque de Strasbourg et grand aumônier de France.
3. Fol. 122. Lettre publiée par Poulet-Malassis, *op. cit.*, p. 162-163.
4. Amiral commandant la flotte anglaise. Il sera exécuté après sa défaite.
5. L'allusion aux chevaux et aux mulets fait référence à une pièce jouée sur le théâtre des petits cabinets.

Je crois Monsieur de Duras [1] un honnête garçon. Je lui souhaite tous les biens imaginables, et je contribuerai volontiers à les lui faire obtenir mais je ne puis qu'applaudir au choix de Monsieur de Mirepoix.

Bonsoir, Monsieur le Minorquin, j'espère bien fort que vous êtes actuellement en pleine possession.

S.l.n.d.
[1756] [2]

Je n'ai point eu de vos nouvelles par le courrier, Monsieur le Maréchal. Vous mériteriez bien de ne pas recevoir des miennes, mais vous savez que je suis bonne et vous en abusez un peu.

Avez-vous bien reconnu la noirceur des gens qui mandaient que rien n'était prêt, puisqu'à votre dire même, tout l'est. Je voudrais bien voir punir ces mauvais citoyens.

Bonsoir, Monsieur le Maréchal, je voudrais bien vous appeler Monsieur le Majorquin, comme d'Affont Monsieur Scipion l'Africain.

Dites un mot pour moi à monsieur de Cambis [3].

27 juin [1756] [4]

Grondez bien fort mon garde, Monsieur le Maréchal. Il oublie souvent de m'avertir des jours où les courriers partent et me prive du plaisir de vous écrire un petit mot. Je lui en ai dit mon avis.

J'espère que vous avez actuellement un renfort de deux vaisseaux, et l'on se flatte que les trois autres partiront le 10. Vous avez des provisions de toute espèce, je vous invite à en faire une de patience, elle vous sera nécessaire. Mais je suis sûre que vous en viendrez à bout, quoique messieurs les Anglais aient ouvert un pari que vous seriez prisonnier et à Londres le 1er d'octobre. Quels insolents! J'aurais parié tout ce que je possède au monde. Les vilains se sont dédits, ils ont bien fait.

Je ne puis vous nier que les traités avec l'impératrice ne me fassent autant de bien que les remèdes de Tronchin [5]. La considération que

1. Emmanuel Félicité de Durfort, maréchal duc de Duras (1715-1789), ambassadeur en Espagne, gentilhomme de la Chambre.
2. Fol. 177.
3. Parent éloigné de Mme de Pompadour.
4. Fol. 179.
5. Cf. chap. 19.

le roi a dans l'Europe et que sa sage conduite lui a rendu, le bon état où sont ses affaires en dehors m'a fait grand plaisir. Je voudrais qu'elles fussent de même dans le cœur du royaume mais vous savez, Monsieur le Maréchal, je ne dis mot.

Dépêchez-vous donc, je meurs d'envie de vous appeler Minorquin.

L'abbé de Pomponne vient de mourir. Mon frère a la charge de Monsieur de Saint-Florentin [1].

S.l.n.d.

29, [juin 1756]

Je rouvre ma lettre pour vous complimenter sur la bonne opération de Monsieur de La Galissonière [2]. J'espère qu'elle vous avancera. Nous attendons la nouvelle d'un second combat.

5 juillet 1756 [3]

Le roi, ennuyé des contradictions perpétuelles que l'artillerie vous fait éprouver, Monsieur le Maréchal, vous envoie Monsieur de La Vallière avec un renfort d'officiers [4]. S'il en avait de meilleurs, il vous les aurait fait passer. Je souhaite cependant qu'ils arrivent trop tard et que vous soyez déjà mon Minorquin.

[juillet 1756]. [5]

J'espère, Monsieur le Maréchal, que ce courrier ne vous joindra qu'à Port-Mahon et qu'il vous trouvera victorieux. Ce sont moins des courtisans que quelques habitants de Toulon que l'on avait payés pour mander ici tout le contraire de ce qu'ils voyaient [*sic*]. L'immensité des préparatifs a augmenté le nombre des choses que l'on avait demandées. Marseille a bien servi, j'en ai appris hier des détails qui

1. L'abbé de Pomponne, qui mourut le 27 juin 1756, avait été ambassadeur à Venise. Il était, en outre, conseiller d'Etat d'Eglise et chancelier de l'ordre du Saint-Esprit. Sa charge de conseiller d'Etat échut à l'abbé de Bernis; celle de chancelier de l'Ordre, à Saint-Florentin, lequel en était greffier. C'est ainsi que Marigny obtint cette charge.

2. Chef d'escadre, qui avait transporté les troupes à Citadella et contribué à l'heureuse issue de la campagne.

3. Fol. 180.

4. On avait armé à Toulon cinq vaisseaux pour renforcer l'escadre de La Galissonière. (*Cf.* lettre du 27 juin.)

5. Fol. 181.

m'ont enchantée. Le mal est que l'on ne vous ait pas fait partir plus tôt mais tout est réparé actuellement. Je m'en flatte et je vous appelle d'avance Richelieu le Majorquin.

Bonsoir et amitiés sans fin au susdit Majorquin.

N'oubliez pas mon pauvre cousin Cambis.

Dimanche 11 [juillet 1756]. [1]

Je crois que vous êtes bien sûr que c'est de très bon cœur que je vous appelle mon Minorquin [2]. Nous sommes tous dans la joie et surtout de la façon dont la place a été prise. Rien d'aussi brillant pour la nation et pour le général ! Convenez que votre étoile est belle et qu'elle ne s'est jamais démentie. Elle vous servira pour votre fils [3] aussi utilement à ce que j'espère.

J'aurais bien quelques reproches à vous faire d'avoir sollicité d'autres que moi pour cette intéressante affaire. Je garde ma rancune jusqu'au moment où vous serez content, mais alors je vous ferai connaître jusqu'où doit s'étendre la confiance en amitié quand on en a reçu autant de preuves et je vous apprendrai, vieux barbant que vous êtes, qu'on ne peut être trop délicat sur pareil chapitre.

Bonsoir Minorquin. Ce mot me fait oublier les torts de Richelieu.

J'aurais fort désiré que le roi eût fait ses grâces tout de suite. Ce n'est pas son arrangement, il faut se soumettre.

24 juillet 1756 [4]

Ce n'est pas dans le moment où nous pouvons être utile à nos amis qu'il faut se souvenir de leur tort. J'ai agi d'après ce principe et je fais compliment de très bon cœur à mon Minorquin sur le survivancier que le roi daigne accorder au vainqueur de Mahon. Votre gendre [5] sera aussi content. Voilà où s'est borné mon pouvoir. La promotion de votre promenade sur les côtes ont été des objets trop sublimes pour que j'ai été appelée à ce conseil. Votre fils m'a paru se conduire sage-

1. Fol. 182.

2. Le 28 juin, Richelieu avait pris d'assaut le fort Saint-Philippe.

3. Le duc de Fronsac, fils de Richelieu, obtint la croix de Saint-Louis et la survivance de la charge de premier gentilhomme de la chambre. (*Cf.* lettre suivante.)

4. Fol. 183.

5. Septimanie, fille du duc de Richelieu, venait d'épouser le comte d'Egmont.

ment, mais vous ne pouvez trop lui répéter à quel point il doit être respectueux et reconnaissant de l'insigne faveur que vous lui avez méritée. Le pas est glissant à son âge surtout. Soutenez-le dans cette brillante carrière, ne lui laissez pas prendre les airs d'aisance dont la plupart de nos jeunes gens sont entichés, et qu'il ne trouble pas le bonheur qui vous a toujours suivi. Tels sont mes vœux pour mon Minorquin, rancune tenante cependant, mais je vous en ai assez dit. Si votre amitié est sincère et sensible, vous êtes assez puni de m'avoir donné sujet de m'en plaindre.

J'ai été un peu en colère du courrier qui est parti hier et que Monsieur d'Argenson a retardé deux jours. Votre fils prétend qu'il avait ma lettre et qu'elle n'a pas couru les rues de Compiègne.

Faites mes compliments, je vous prie, à Monsieur de Beauvau [1].

Je vous envoie un magnifique joyau représentant Mahon.

S.l.n.d.

Samedi au soir, [juillet ou août 1756] [2]

Je ne vous dis qu'un mot, mon Minorquin, puisque vous revenez. Assurément, ce n'a pas été sans peine. Je serai enchantée de vous revoir.

Dites à Monsieur de Beauvau que je lui ferai moi-même mes compliments et à Monsieur de Laval [3] et démentez que je ne réponds pas à leurs lettres, me faisant une peine de n'avoir rien d'agréable à leur dire.

*

le 15 août [1757] [4]

Par des nouvelles que nous recevons dans l'instant, Monsieur le Maréchal, il est vraisemblable que l'armement des Anglais est pour Brest [5]. Je les aurais mieux aimés avec Monsieur de

---

1. Charles Just de Beauvau-Craon, prince de Beauvau, frère de Mme de Mirepoix, grande amie de Mme de Pompadour.

2. Fol. 184.

3. Le marquis de Laval était maréchal des tranchées.

4. Fol. 149.

5. Les Anglais avaient alors armé une importante flotte, que l'on crut tout d'abord destinée à envoyer des renforts au duc de Cumberland à Stade. On pensa ensuite que ces hommes allaient débarquer en Hollande. On ne tarda pas à comprendre qu'ils menaçaient directement les côtes françaises.

Cumberland [1], quoique, assurément, j'aie grande confiance en votre neveu et dans les bonnes précautions qu'il a prises depuis un an [2]. Je n'ai nulle inquiétude du roi de Prusse. Tous les jours on le bat [3], et quand il finirait (comme je le crois) par donner une bataille au mois d'octobre et même la gagner, il ne ferait que retarder sa perte. Le public, qui détestait le maréchal d'Estrées huit jours avant son rappel, l'a pris dans la plus grande affection [4]. Les louanges ne tarissent pas. C'est une cabale de cour abominable. C'est le prix de notre raccommodement. C'est pour donner une armée à Monsieur de Soubise.

Je ne finirais pas si je vous rendais le nombre de bêtises et d'impostures qui se débitent à ce sujet. Votre ami, le prince de C. [5], s'en donne magnifiquement. Il est sûr que l'armée serait bien mieux dans ses mains. A tout cela, je ne connais d'autre remède que la patience et l'espérance que vos belles actions feront taire le nombre immense d'imbéciles et de frondeurs, dont votre armée est aussi pleine que Paris. Le roi sait la vérité. Tout le reste m'est indifférent. Il y a longtemps que j'ai pris le parti de me consoler des injustices par la pureté de mes intentions.

J'ai toujours désiré et cherché les moyens de gagner votre amitié, Monsieur le Maréchal. C'est vous dire le cas que j'en fais.

---

1. Fils du roi d'Angleterre, le duc de Cumberland avait le haut-commandement des troupes anglo-hanovriennes.

2. Emmanuel-Armand de Vignerot Du Plessis de Richelieu, comte puis duc d'Agenois (1720-1788). Maréchal de camp en 1748, gouverneur de La Fère en 1750, il était commandant en chef en Bretagne depuis 1753. Il sera nommé lieutenant général des armées du roi en 1758, gouverneur et lieutenant général d'Alsace en 1762. Il deviendra ministre des Affaires étrangères de 1771 à 1774.

3. Mme de Pompadour fait allusion à la défaite de Frédéric II à Kollin, le 18 juin précédent, et qui avait obligé le roi de Prusse à lever le siège de Prague et à reculer jusqu'en Saxe derrière Riesengebirge.

4. Vainqueur à Hastenbeck, le maréchal d'Estrées, à la suite d'une querelle avec Pâris-Duverney, avait été relevé de son commandement et remplacé par Richelieu (*Cf.* chap. 22). Cette nomination avait surpris, voire choqué l'opinion de la Cour comme celle de la ville. « Il paraît que le vœu unanime à l'armée, et même de beaucoup de gens à la cour, est de lui rendre toute justice, de le louer et de le plaindre », note le duc de Luynes, le 21 août 1757 (*op. cit.*, t. XVI, p. 299).

5. Il s'agit du prince de Conti.

Je suis fâchée du nombre de maladies que l'eau vous occasionne [1]. Peut-être serait-il nécessaire pour la conservation de l'armée de la laisser reposer.

S.l.n.d.

dimanche 2 [septembre 1757] [2]

La position de l'armée est sans doute admirable, Monsieur le Maréchal. Je voudrais bien que celle de l'intérieur y ressemblât et il y aurait espérance d'y réussir, si la même main qui a conduit depuis cinq ans n'employait toute son habileté à faire continuer le mal [3]. Ce sont des réflexions inutiles mais elles n'en sont pas moins affligeantes.

Vous êtes bien sûr actuellement que les 16 000 Anglais ne sont pas pour vous, et j'en suis très fâchée car vous les auriez rossés. Ils sont sûrement pour Brest [4]. Je n'ose espérer que votre neveu les empêchera de débarquer. Il y a pourtant bien longtemps que l'on y est sur ses gardes. L'Electeur [5] ferait aussi bien de ne vous pas visiter.

---

1. La région de Stade où se trouvait l'armée était marécageuse et insalubre. (*Cf.* Luynes, *op. cit.*, t. XVI, p. 301). « Il y avait cent malades par bataillon et quatre-vingts par escadron : jamais armée n'a eu autant besoin de repos. La mauvaise eau, du pain moisi et des marches trop rapides, nous avaient mis dans cet état. » (Valfons, *op. cit.*, p. 286.)

2. Fol. 158.

3. Il est possible qu'il s'agisse du comte d'Argenson, ancien ministre de la Guerre. « Depuis cinq ou six ans, la marquise employait tout son crédit [...] pour engager le roi à renvoyer M. le comte d'Argenson », écrit Bernis, au moment de la disgrâce de ce ministre, après l'attentat de Damiens (*Mémoires*, t. I, p. 366-367). Malgré les sollicitations dont elle fut l'objet, Mme de Pompadour s'opposa toujours à la levée de l'ordre d'exil qui pesait sur d'Argenson. Elle restait persuadée qu'il intriguait contre elle. (*Cf.* une lettre de Paulmy d'Argenson au président Hénault, datée du 6 décembre 1760, *in Bulletin du Bibliophile*, 1876, p. 15-16, citée par Yves Combeau, *in Le comte d'Argenson.*)

4. Dès la fin du mois d'août, la flotte anglaise était prête à appareiller. « Les nouvelles de Londres nous apprennent que depuis que la flotte est partie de Porstmouth [...] Les ministres ne cachent plus que c'est Brest qu'elle a pour objet. M. le duc d'Aiguillon paraît bien préparé à les recevoir [...] », lettre du 20 septembre 1757, citée par le duc de Luynes, *op. cit.*, t. XVI, p. 172.

5. L'Electeur de Hanovre.

Monsieur le duc d'O [1] de moins, vous n'aurez plus que les jeunes princes [2]. Mais le second a des instructions de son père à cet égard. Je souhaite que les eaux fassent du bien à monsieur le duc d'O [3]. Madame sa femme continue à ne se gêner sur aucun article. C'est un fort bon exemple au milieu de Paris.

On reconnaît votre amitié et l'intérêt que vous prenez à la précieuse conservation des jours du commandant que vous avez envoyé à Brunswick [4]. Il a été dit qu'il y avait eu beaucoup de confusion pendant la bataille [5]. Demandez à Bréhant qui était avec Champagne ; il est honnête homme et l'on peut s'en rapporter à lui, sur la bravoure, il doit s'y connaître. Je vous le répète, soyez en garde contre vous-même sur la version du *Pater*.

Soyez très persuadé des tripotages des caillettes dont votre armée est aussi pleine que l'île Saint-Louis. A tout cela, le mépris et faire aller chacun selon son devoir. Bonsoir, Monsieur le Maréchal, soyez victorieux et tâchez de m'aimer si vous pouvez. J'ai la fatuité de croire le mériter.

A Fontainebleau, 8 septembre 1757

Je ne trouve pas, Monsieur le Maréchal, que vous marchiez trop lentement et vous ne pouvez être soupçonné de n'avoir pas envie de voir de près Monsieur de Cumberland. Je sais de plus que le pays où il faut l'aller chercher est difficile, marécageux, par conséquent mal

1. Louis-Philippe, duc d'Orléans (1725-1785), qui s'était distingué à Hastenbeck et avait été fait maréchal à cette occasion, regrettait que le roi ne lui eût pas donné le commandement d'une armée. Il avait épousé Louise-Henriette de Bourbon-Conti, dont la vie privée était loin d'être exemplaire. (*Cf.* E. Lever, *in Philippe Egalité* chap. 2.)

2. Louis-Joseph, prince de Condé (1736-1818), et le comte de La Marche (1734-1814), fils unique du prince de Conti.

3. Le prince avait quitté l'armée le 17 août, pour aller prendre les eaux à Spa.

4. Richelieu avait envoyé le duc d'Ayen à Brunswick ; il s'était rendu maître de la place, le 18 août.

5. Il doit s'agir de la bataille d'Hastenbeck, dont on commençait à connaître les détails à Versailles. Le bruit courait que les troupes françaises, « dans l'obscurité de la nuit, de la poussière et de la fumée de l'artillerie s'étant méconnues, s'étaient battues vivement l'une contre l'autre, pendant quelque temps. » (Barbier, *op. cit.*, t. VI, p. 547-548.)

d'aise [*sic*] et qu'il augmenterait beaucoup les maladies de votre armée, vous n'en avez déjà que trop.

Je suis bien fâchée que messieurs les Anglais ne se soient pas déterminés à se faire rosser par vous, ce m'aurait été un moment très doux. Les nouvelles disent qu'ils ne sont pas encore partis et que le prince Edouard, second petit-fils du roi, sera de l'embarquement. J'espérais comme vous qu'ils étaient en mer le jour du terrible ouragan et qu'ils auraient été boire un coup, mais il ne faut pas s'en flatter.

Toutes nos nouvelles de nos côtes sont très rassurantes, on y attend les Anglais avec impatience. Votre neveu se conduit très bien et réussit à merveille, même avec les marins (chose difficile). Dites-moi donc pourquoi il s'est brouillé avec l'Infante [1], cela est ridicule. Elle est arrivée dimanche à Choisy. D'Antoine est aussi extraordinaire que de coutume.

Le roi destine à Malvoisin un régiment de troupes légères mais comme je serais très fâchée qu'il n'y fût pas aussi propre que messieurs les carabiniers me l'ont assuré, faites-moi le plaisir de lui donner des détachements de volontaires pour voir de quoi il est capable.

La vieille m'a dit qu'elle était fort contente de vos procédés pour son fils. Na. Que cela est beau, réellement, vous êtes trop généreux. A propos de générosité, ayez celle de ne pas tourner en ridicule le maréchal de B [2]. En vérité, je crois la chose convenable et même pour vous. Son fils [3] est bon sujet à tous égards.

Je sais très bien que le maréchal de Champagne ne s'est pas conduit comme il aurait dû. Je ne vous ai pas soupçonné de parler de lui légèrement. Il faut que je me sois mal expliquée. J'ai voulu seulement que vous sussiez la vérité par Bréhant [4] que je crois honnête homme et qui était avec Champagne.

Je conçois plus aisément qu'une autre la satisfaction que vous avez ressentie en voyant arriver des gens sur lesquels vous comptez. C'est la plus grand bien de la vie. Persuadez-moi, Monsieur le Maréchal, que

---

1. Madame Elisabeth, fille de Louis XV, qui avait épousé Don Philippe, infant de Parme.

2. Probablement le maréchal de Belle-Isle dont Richelieu jalousait le pouvoir. (*Cf.* Luynes, t. XVI, p. 289.)

3. Louis Marie Fouquet de Belle-Isle, comte de Gisors. Blessé et fait prisonnier lors de la bataille de Crefeld, il devait succomber à ses blessures.

4. Marie-Jacques, marquis de Bréhant (1724-1764), brigadier des armées du roi depuis 1748.

vous voulez être de ce nombre. Pour moi, je me prêterai facilement à le croire (fût-ce même une illusion) pour le plaisir qu'elle me fera. Le parlement est rentré, les conditions ne sont pas selon mon cœur mais il faut savoir céder aux circonstances [1].

Dites-moi donc, je vous prie, si Monsieur de Lucé est devenu fou et depuis quand les intendants ne rendent compte de rien. S'il n'avait pas d'esprit, ce serait une excuse mais il ne l'a pas et il y a quelque chose de bien extraordinaire dans sa conduite. Je vais lui en écrire de la bonne encre puisque la vieille veut que je m'y intéresse.

S.l.n.d.

Le 9 [septembre? 1757] au soir, [2]

Votre étoile vous a manqué pour cette fois, Monsieur le Maréchal. Elle devait faire fuir Monsieur de Cumberland ou vous faire arriver huit jours plus tôt. Mais comme vous dites fort bien, il n'y faut plus penser et je suis très sûre que dans quinze jours, vous aurez ramené votre armée. Vous avez tout ce qu'il faut pour cela. J'ai eu réponse de la lettre que je vous avais promise. On nie tous les faits. On n'a demandé qu'une seule grâce. On n'a de tort que celui de s'être fait adorer du soldat. Vous aurez un peu de peine avec les entours et je ne suis pas surprise qu'il lui ait été conseillé de revenir. Vous amuserez-vous à aller à Hanovre si l'on vous en ouvre les portes [3]? Ne vaudrait-il pas mieux achever de détruire les ennemis? N'écoutez pas un mot de ce que je vous dis sur cet article-là. Je radote peut-être complètement.

Vous avez trop d'élévation dans l'âme pour n'avoir pas parlé au maréchal d'Estrées convenablement [4]. A propos d'élévation, il vous convient de traiter avec distinction Monsieur de Gisors. Il le mérite personnellement et d'autres motifs encore doivent vous y engager. Il n'y a pas un mot de ce qu'on vous a dit du régiment de Champagne. Il n'a été que les trois premiers jours sans aller chez le maréchal. J'aimerais bien mieux que les Anglais envoyassent leurs

1. *Cf.* chap. 22.

2. Fol. 145-146.

3. Richelieu s'était rendu maître de cette ville, obligeant Cumberland à se retirer vers l'embouchure de l'Elbe.

4. Les officiers étaient tous venus témoigner leurs regrets à un chef qu'ils appréciaient. « Le régiment du roi [...] les marqua avec plus de vivacité. » (Valfons, *op. cit.*, p. 286.) Le maréchal d'Estrées donna ses cartes et fit part de ses projets à son successeur et repartit pour la France.

13 000 hommes avec de Cumberland, que sur les côtes où nous avons des protestants. Il ne vous en coûtera pas plus de les rosser et j'en suis sûre.

On m'a mandé ici que des officiers généraux avaient tenu des propos fort indécents. Sachez-les exactement et demandez-en la punition car il faut absolument remettre l'ordre dans votre armée. D'après ce que vous m'avez dit des menteuses confidences de votre charmante femme j'imagine qu'elle en a dit autant à cinq ou six de ses meilleurs amis. Votre neveu est du nombre. Mettez-le à portée de vous dire ce qu'il en est sans vous compromettre et détrompez-le, je vous prie, d'une idée aussi outrageante pour ma façon de penser.

Faites-moi aussi le plaisir de dire au prince de Condé l'intérêt que j'ai pris à lui auprès de vous. Quand vous n'aurez pas grand-chose à faire, informez-vous de mes parents Bisemont et Malvoisin. Je commence à être effrayée de la longueur de ma lettre à un pauvre homme qui arrive. N'en soyez pas fâché car il me semble qu'en dépit de vous-même, il y a des articles qui vous sont preuves d'une amitié que vous avez cherché à perdre plus d'une fois.

S.l.n.d.

Vendredi, minuit [1]

Votre étoile est revenue, Monsieur le Maréchal, et plus brillante que jamais. Je vous en fais mon compliment et j'en reçois les vôtres. Je suis enchantée d'un bonheur qui ne coûte de larmes à personne [2]. J'aurais désiré qu'il fût arrivé plus tôt et que vous eussiez pu envoyer du secours à Monsieur de Soubise dont la situation (quelqu'avantageuse qu'elle soit à l'impératrice si les généraux savent en profiter) mêle de l'amertume à la joie que votre capitulation me cause.

Monsieur de Duras [3] m'a dit, en gros, ce dont il était chargé pour Monsieur de Paulmy. Vous en serez sûrement content. Il a de l'esprit, de la probité et ne songe qu'à son affaire.

A l'égard de vos officiers généraux, il faut que vous envoyiez une liste secrète de ceux que vous désirez : le moins que vous en aurez sera le mieux pour les finances du roi. Je le crois aussi pour son service et pour votre plus grande tranquillité. La situation de Monsieur de Ges-

1. Fol. 151.

2. La convention de Closter-Seven.

3. M. de Duras venait d'annoncer au roi les clauses de la convention de Closter-Seven.

vres n'a pas permis à Monsieur de Duras de vous obéir. Il m'a parlé en arrivant. Je me trouve si bien de vous avoir pardonné qu'en votre faveur je suis tentée d'en user de même pour votre fils. Je souhaite n'avoir pas à m'en repentir. Le courrier part trop promptement pour que je puisse répondre à Messieurs de Noailles, de Chaulnes et Dumesnil qui m'ont écrit. Dites-leur, je vous prie, de ma part.

Bonsoir, Monsieur le Maréchal, pour qu'un compliment soit bon, il faut s'embrasser et je n'ai garde d'y manquer.

On vous enverra un autre courrier dans deux jours par lequel le roi vous répondra.

Sa Majesté a mal aux dents. Ce n'est rien.

19 septembre 1757 [1]

L'abbé [2] vous gronde, Monsieur le Maréchal, et moi je donne un beau fruit au roi ce soir où vous brillez admirablement. C'est seulement Monsieur Guay [3] qui a fait votre portrait, Gontaut en raffole. Monsieur de Paulmy [4] m'a dit que vous lui avez écrit une lettre particulière pour les quartiers d'hiver. On m'a priée de vous demander d'employer Monsieur du Blaisal. Répondez-moi ce que vous voudrez.

J'ai une vilaine sollicitation à vous faire mais vous vous y prêterez. C'est pour le comte de Montmorency. S'il revient à Paris, il sera arrêté pour dettes. Sa femme, son frère ont fait tout ce qui est possible, le dérangement est trop énorme. Que ce secret soit pour vous seul, je vous en prie.

Monsieur de Gesvres doit être bien fâché d'être si longtemps à mourir [5]. Depuis huit jours, il n'a plus que la tête et ne peut parler.

Monsieur de Duras vous aura mandé la façon dont je lui ai parlé [6]. L'amende honorable de sa mère ne m'en impose pas et je suis bien sûre qu'elle recommencera à la première occasion. Rendez-la

---

1. Fol. 188.
2. L'abbé de Bernis.
3. Graveur favori de Mme de Pompadour.
4. Antoine René de Voyer, marquis de Paulmy (1722-1787), éphémère secrétaire d'Etat à la Guerre (1757-1758).
5. Le duc de Gesvres était premier gentilhomme de la Chambre et gouverneur de la Ville de Paris. Il mourut le 19 septembre 1757.
6. Le duc de Duras devait succéder au duc de Gesvres à la charge de premier gentilhomme de la Chambre.

reconnaissante, Monsieur le Maréchal, vous serez un grand saint et n'aurez pas besoin d'autre miracle pour être canonisé. Mettez-vous cent fois en fureur. Je ne puis m'empêcher d'admirer votre bonheur puisqu'il influe jusque sur les gens que vous aimez. Je vous jure que je n'envie que cette dernière partie, mais il s'en faut bien que mon étoile ressemble à la vôtre. Qu'elle vous porte à m'aimer comme je pense dire que je le mérite. La mienne ne s'y refusera pas, soyez-en sûr, Monsieur le Maréchal!

S.l.n.d.

Mercredi [fin septembre ou début octobre 1757] [1]

Si vous avez été bien encensé, Monsieur le Maréchal, vous l'avez rendu magnifiquement. Je ne suis pas étonnée de la crainte que vous avez d'avoir des tracasseries avec la cour de Vienne. Il est sûr qu'il se peut être de quelqu'utilité au roi de Prusse de faire connaître votre réponse, il n'y manquera pas et la phrase du « héros, l'admiration de l'Europe », pourrait bien ne pas être approuvée de l'impératrice [2]. Vous verrez par le détail que vous fait l'abbé de Bernis que Fichet a tripoté avec de vos gens et qu'ils m'ont compromise d'une manière très choquante pour ma façon de penser. Vous la connaissez trop pour que je vous soupçonne de pareilles manœuvres.

Je vous ai mandé très naturellement ce que je pensais sur la position de Monsieur de Soubise. Il ignore s'il était possible de lui faire passer promptement du secours.

On ne sait que faire de Duverney. Je le verrai samedi et je tâcherai de le déterminer ou à rester ou à quitter tout à fait car il est impossible que les affaires du roi se mènent en ce moment avec une indécision perpétuelle.

---

1. Fol. 148.

2. Allusion de la marquise à une lettre que Frédéric II avait envoyée à Richelieu, le 6 septembre 1757, pour le convaincre de signer la convention de Closter-Seven. « Un Richelieu ne pouvait rien faire de plus glorieux en Europe, que de travailler à rendre la paix en Europe », lui disait-il. Selon une autre version, il aurait écrit : « Celui qui a mérité des statues à Gênes; celui qui a conquis l'île de Minorque malgré des obstacles immenses; celui qui est sur le point de subjuguer la Basse-Saxe, ne peut rien faire de plus glorieux que de rendre la paix à l'Europe. » (*Cf.* Richelieu, *op. cit.*, t. IX, p. 176.)

Votre fils m'a écrit de Vienne [1] et m'a envoyé une lettre pour le roi. Je l'ai rendue à Sa Majesté qui le trouve comme milord Housay hardi, entreprenant. S'il a été dans le tête-à-tête avec la duchesse de Coigny, il va pleurer, car elle est défunte [2]. Un autre mort m'afflige réellement, c'est le maréchal de Mirepoix [3]. C'est un loyal gentilhomme de moins et il y en a si peu.

Bonjour, Monsieur le Maréchal. J'ai eu de la peine et des maux de nerfs affreux qui m'empêchent de répondre à votre enfant. Ce sera pour la première fois.

S.l.n.d.
[septembre? 1757] [4]

[Le premier feuillet semble manquer]

En parlant de Monsieur de Fitz-James, je ne puis m'empêcher de vous solliciter encore pour mettre fin aux pilleries et aux mauvais propos de votre armée. Je sens qu'il est difficile d'arrêter un mal commencé avec la campagne. Mais Monsieur le Maréchal, si vous ne l'arrêtez pas dans ce moment, vous ne serez plus le maître dans le mois. Il n'est pas possible que vous n'ayez des gens intelligents auprès de vous. Employez-les à avoir des preuves contre les fripons. Plus ils seront élevés, plus leur punition fera d'effet aux subalternes. Je ne puis m'empêcher de vous reprocher les ménagements que vous avez pour les méchants et pour les tracassiers. Que craignez-vous quand votre maître vous soutient? Si vous ne voulez pas les punir en personne, envoyez les preuves au roi. Il fera justice. Enfin, Monsieur le Maréchal, quand on commande aux hommes, il ne faut pas craindre des ennemis impuissants eussent-ils même le pouvoir de vous faire du mal. Il faut être assez grand pour se sacrifier au bien de l'Etat.

Vous me trouverez sans doute vive et courageuse. Je le serai toujours quand la gloire du roi sera compromise et je vois clairement (si vous ne mettez ordre à l'indiscipline de votre armée) que le roi n'en aura point, qu'il sera ruiné et que tout le monde lui fera

1. Fronsac était allé à Vienne donner la nouvelle de la convention de Closter-Seven.

2. Née Vervins, elle avait épousé en premières noces le vicomte de Chabot, frère du duc de Rohan, et en secondes noces, le duc de Coigny. Elle mourut des suites de ses troisièmes couches, le 27 septembre 1757.

3. Il mourut le 28 septembre 1757

4 Fol. 161.

la loi quand c'est à lui, à la donner à l'univers entier. Je désire la paix. Mais ce ne peut jamais être d'une façon honteuse.

Je vous ouvre mon cœur parce que je suis bien sûre que vous pensez comme moi. L'abbé vous expliquera davantage l'histoire de Fichet [1] et de votre secrétaire. Vous verrez alors si j'ai été compromise et si elle peut me plaire avec les sentiments que vous me connaissez.

Bonsoir, Monsieur le Maréchal. Je vous ai promis punition et j'ai tenu ma promesse. Mais ma main s'en ressent et ne peut plus tracer que le mot d'amitié. La mériterez-vous toujours?

S.l.n.d.
[octobre? 1757] [2]

Vous faites le mousquetaire, Monsieur le Maréchal, mais vous y êtes accoutumé et cela vous réussit toujours. J'imagine cependant que ce n'a pas été seulement pour le plaisir d'entendre siffler les balles, mais pour reconnaître vous-même et le pays et la position des ennemis.

Avez-vous été content de Monsieur de Chimay? Il a du zèle. Monsieur de Soubise n'est pas aussi heureux que vous. Le roi de Prusse vient fondre sur son armée qui n'existe pas et qui, si elle était rassemblée, serait d'un tiers plus faible. Il se repliera ainsi que l'armée de l'Empire si le roi de Prusse le suit. Les troupes du prince Charles auront beau jeu pour l'écraser et faire la paix cet hiver.

L'impératrice, qui criait avec raison après une diversion, ne pouvait en avoir une plus puissante. Je ne suis pas surprise de vos désirs pour Monsieur de Duras. Je vous avouerai naturellement que je pense qu'il faut avoir la vertu d'une carmélite ou l'insensibilité d'une statue pour se résoudre à faire du bien à des personnes à qui l'on en a déjà fait, qui l'ont oublié si parfaitement et qui m'ont fait tout le mal qui dépendait d'eux. Je ne suis ni l'une ni l'autre et j'ai inutilement essayé les bienfaits pour l'attacher. Ainsi, il ne peut entrer dans mon esprit de m'intéresser pour lui. Le seul effort que je puisse faire pour vous est de ne point contrarier le goût du roi, pour peu qu'il en ait pour lui, car vous devez sentir qu'il ne peut m'être agréable de voir auprès de sa

1. Fichet ou Fitcher était un officier proche de Richelieu, qui l'aurait influencé pour ne pas porter secours à Soubise. (*Cf.* Richelieu, *op. cit.*, t. IX, p. 198.)

2. Fol. 163. Cette lettre semble précéder de peu de temps la bataille de Rosbach.

personne quelqu'un qui a toujours été occupé ainsi que sa race à me faire tout le mal qu'ils ont pu.

Mes nerfs m'ont tourmentée cruellement pendant quinze jours. J suis mieux. Ne m'aimez point à demi, Monsieur le Maréchal. Mon cœur n'est point fait pour la tiédeur. Il faut m'aimer beaucoup, me le persuader et on est sûr après du retour le plus sincère.

S.l.n.d. [1]

Rien de nouveau, Monsieur le Maréchal, mais je ne veux pas laisser partir le courrier sans vous dire un mot. Toujours les mêmes trains, le même acharnement causé par les mêmes gens. L'histoire du parlement ajoute encore à la fermentation qu'ils ont allumée avec tant de noirceur. Dieu sait ce qui en arrivera. J'en suis malade à mourir. La tête, les nerfs sont en bien mauvais ordre. Vous n'en serez pas surpris puisque vous connaissez ma sensibilité et mon attachement pour le roi et pour sa gloire.

2 octobre 1757

Je vous avais promis, Monsieur le Maréchal, de voir Duverney. Je lui ai parlé hier pendant deux heures, je crois l'avoir persuadé mais je ne vous cacherai pas que si vous ne mettez pas ordre aux pilleries de vos officiers généraux qui culbutent les mesures qu'il a pris [*sic*] et qui mettent la disette où avait été l'abondance, il me sera impossible de le retenir.

Un autre article qui le ferait échapper encore serait celui de l'abus des finances, il s'y intéresse en citoyen attaché à son maître et en frère de Montmartel. Vous voyez en gros que ses services dépendent beaucoup de la bonne conduite à tenir et dont votre généralat doit vous rendre maître.

La vieille aura sûrement fait croire à Lucé [2] que Duverney veut le renvoyer. Il peut être très assuré du contraire et que pour rien au monde Duverney ne voudrait qu'on le changeât. Il est sûr qu'il n'a nulle expérience et qu'il aurait dû s'en rapporter à ceux qui en ont, mais il a cru son esprit supérieur à tout et je crois qu'il en a plus d'opinion qu'il n'en mérite. Vous sentez bien que c'est à vous seul que je parle.

1. Fol. 164.
2. M. de Lucé était intendant de l'armée.

Je crois que vous n'avez pas compris l'abbé puisque vous le grondez. Il ne le mérite à aucun égard et c'est un ami que vous ferez bien d'acquérir. Il en est peu qui lui ressemblent. Je pense comme lui sur votre capitulation [1]. Je la trouve bonne et même excellente en éclaircissant quelques points. Je vois que votre tête fait bien du noir. Un peu de glace la rendrait couleur de rose car votre vie agitée [*sic*] vous donne mille inquiétudes. Tranquillisez-vous donc sur ce pays et soyez sûr que vos ennemis ne peuvent vous faire de mal tant que vous m'aimerez et aurez confiance en moi.

Dimanche, sept heures du soir, 14 octobre 1757

Faites la révérence à Monsieur le comte d'Artois arrivant [2]. Il est joli comme un cœur, mais pas autant que l'était certain jeune homme il y a quarante ans. C'est [la lettre est trouée] mal finir mais je n'ai plus le temps de rien dire.

23 octobre 1757 [3]

Monsieur de Duras m'a dit, Monsieur le Maréchal, que vous lui mandiez m'avoir écrit par le dernier courrier. Ni Monsieur de Paulmy ni l'abbé n'ont eu de lettre pour moi et je ne sais ce qu'elle est devenue.

Duverney est venu hier ici pour me parler, il y est resté deux heures; il ira bien si vous tenez Halberstadt et Monsieur de Soubise Bernsburg. Il ne veut pas qu'il passe la Saale, j'en suis désespérée, mais je n'ai rien à répondre sur une matière qui m'est aussi étrangère et quand on me dit que l'armée du roi y périrait.

Bonsoir, Monsieur le Maréchal. Crémilles [4] part, j'espère que vous serez content de ce qu'il vous dira.

S.l.n.d.

Samedi [fin octobre 1757] [5]

J'aime beaucoup mieux le parti que vous avez pris vis-à-vis des ennemis, Monsieur le Maréchal, sauf la correction ou l'explica-

1. Il s'agit de la capitulation de Closter-Seven (*cf.* chap. 22).
2. Naissance du comte d'Artois, futur Charles X, le 9 octobre 1757.
3. Fol. 191.
4. Louis Hyacinthe Boyer de Crémilles (1700-1768), lieutenant général en 1748, adjoint au maréchal de Belle-Isle en 1758 (*cf.* chap. 22).
5. Fol. 153.

tion pour le temps qu'ils sauront s'en servir contre nous et nos alliés.

Il est arrivé ce matin un courrier qui nous apprend l'apparition de l'escadre anglaise aux îles de Ré [1]. Ils ont su apparemment que nous étions en sûreté à Brest. Nous n'y sommes pas absolument dans le pays où ils nous attaquent et point du tout dans la rivière de Bordeaux. Il y a des gens qui croient que ce n'est qu'une feinte et qu'ils vont à Brest. C'est ce que je désire pour leur honte et la gloire de votre neveu. Il mérite d'en acquérir par la bonne conduite qu'il a dans toutes les occasions.

Duverney est enfin revenu, mais que Monsieur de Duras ne se vante pas de la réussite de ses talents dans cette circonstance, car dès la veille, nous avions une lettre de lui, telle que nous pouvions la désirer. C'est un homme bien utile et bien lumineux mais il faut avec lui pousser la patience jusqu'au dernier degré. Je le verrai à Paris. Monsieur de Duras vous mandera sans doute ce que le roi lui a dit, ainsi, je ne le répéterai pas. Il est très content et il a raison de l'être. Je vous parlerai peu de la situation de Monsieur de Soubise. Deux mots vous suffiront pour vous faire connaître la mienne à son égard. Je vois depuis huit jours l'armée du roi en danger, la gloire et les jours d'un homme pour qui j'ai la plus tendre amitié compromis à l'excès. Vous venez de détourner le coup qui le menace, mais tout sera fini avant que votre diversion ait lieu. Vous êtes sensible, vous connaissez mon cœur, jugez combien il souffre.

Bonjour, Monsieur le Maréchal.

Le premier président a envoyé sa démission. M. Molé le remplace [2].

S.l.n.d.
19 [3]

Vos bons amis de cour, Monsieur le Maréchal, ont l'air fort intrigués de l'envoi de Crémilles. Il ne peut pas entrer dans l'esprit de cer-

1. Le 24 octobre, la Cour apprenait que les Anglais menaçaient l'île de Ré et, le lendemain, que l'île d'Aix était dans la même situation. On envoya aussitôt des régiments de Normandie.

2. M. de Maupeou, premier président s'était déterminé à démissionner, le 24 octobre, en invoquant des raisons de santé, mais il semblait avoir perdu son crédit auprès de ses collègues du parlement.

3. Fol. 125

taines gens que l'on fasse rien de simple et qu'en vous envoyant un homme intelligent, on ne puisse avoir d'autres vues que celles du bien, de régler tout ce qu'il y a à faire avec vous, de voir sur les lieux ce qui est possible et ce qui ne l'est pas et de vous donner par la suite une tranquillité dont vous ne pouvez jouir par les contradictions que vous trouvez dans les opinions et qui seront levées par les comptes qu'il rendra après avoir vu. Tous ces motifs honnêtes, et pour le bien de la chose et pour vous-même, ne peuvent être compris par des gens qui ne le sont pas.

Parlant d'honnêteté, je ne crois pas qu'il y ait rien de si indécent que tous les propos que votre Rouillé a fait tenir contre Monsieur de Beauvau. Je ne le connais pas assez pour l'aimer beaucoup mais je suis indignée des moyens dont elle se sert pour obtenir des grâces. Ce n'est pas la première fois que je la vois employer ces infâmes moyens pour réussir dans ses projets, Dieu merci, elle n'a pas encore réussi.

N'allez-vous pas renvoyer votre neveu pour les arrangements?

J'oubliais de vous dire, à propos de Crémilles, que Monsieur de Maillebois le déteste. Je vous mets en garde autant qu'il m'est possible contre les choses qui pourraient nuire au bien du service et à votre propre tranquillité.

Duverney n'entend pas raison pour les fourrages.

Monsieur de Paulmy et moi cherchons des moyens pour que Dumesnil ait Brouage et que votre chère tante ne vous mange pas.

Bonsoir Monsieur le Maréchal.

S.l.n.d.
Dimanche au soir [1]

Je ne vous aurais pas soupçonné, Monsieur le Maréchal, de vous croire obligé de fermer les yeux sur l'arrivée de Crémilles. Je vois que j'ai été informée trop tard des propos des caillettes et qu'elles avaient déjà fait sur vous l'effet qu'elles voulaient faire. La réflexion l'a rendue peu durable puisque vous êtes content de ce voyage et je n'ai pas besoin de vous répéter ce que je vous ai déjà mandé à ce sujet. Je n'ignore pas toutes les discussions que vous avez eues pour l'occupation d'Halberstadt. Je ne puis rien vous dire sur une matière que je n'entends pas. Mais ce que je peux vous assurer pour l'avoir entendu et vu, c'est que Duverney était comme un démon sur cet article. Les jolis détachements envoyés pour enlever de force les grains (et qui ont

1. Fol. 159.

fait perdre Monsieur de Lusignan et fuir tous les paysans) avaient commencé de le dégoûter. Sur ce point, je ne trouve pas qu'il ait eu tort puisque sa besogne a été totalement renversée dans ce moment. Après de mûres réflexions sur les quartiers d'hiver, sur les efforts que le roi de Prusse ferait pour les attaquer, sur de pareils exemples du passé qui ont perdu nos armées, il a été dit que malgré l'utilité dont votre présence serait ici (ne fût-ce que pour vous tranquilliser), il serait trop dangereux de laisser l'armée entre les mains de Monsieur de Villemur.

Pour ne vous pas demander de rester et vous envoyer Crémilles pour prendre vos ordres, tous ces détails que je vous fais se sont passés chez moi entre Messieurs de Bernis, de Paulmy, Crémilles et Duverney. Ils sont restés deux heures après lesquelles Duverney et Crémilles ont été en parler à Monsieur de Belle-Isle. Je ne vous vois ni dans les faits ni dans les personnes, rien qui puisse laisser croire que l'on veut vous exiler comme vous dites l'avoir été après Mahon. Et quoique l'on vous ait dit dans le temps des prétendus motifs qui en étaient cause, il est très certain qu'ils ne sont pas venus à ma connaissance.

Au reste, je ne doute pas que l'on vous laisse carte blanche sur votre retour. Monsieur de Soubise a mandé exactement sa situation ici. La lettre de Berchiny [1], sa réponse – il ne fait aucune plainte – n'a demandé aucun secours. Il n'a laissé voir ni à son armée ni dans ses lettres ici le désespoir où il était de sa situation, qui en effet était cruelle. Mon amitié pour lui me le fait sentir dans toute son étendue. Mais ce n'a été qu'en réponse à mes lettres qu'il m'a avoué avoir souffert intérieurement pendant quelques jours. Vous vous faites des millions de tracasseries avec la moitié de vos officiers généraux, et moi je voudrais que vous n'en eussiez qu'une seule. Elle vous sauverait toutes les autres.

Ayez des preuves contre un fripon quelconque, le plus élevé que vous pourrez. Faites une punition exemplaire. Tout le reste rentrera sous terre. Stainville [2] me mande que vous êtes touché de ma conduite par rapport à vous. Vous devez l'être, Monsieur le Maréchal, de l'effort que je me suis fait pour ne pas parler dans un moment où mon cœur était déchiré et c'est, je vous jure, une des plus grandes

---

1. Gentilhomme hongrois au service du roi de France, lieutenant général de l'armée du Bas-Rhin. Il voulait alors rejoindre Soubise avec ses troupes.

2. Le comte de Choiseul-Stainville, alors ambassadeur de Louis XV à Vienne.

preuves d'amitié qu'il soit en mon pouvoir de vous donner. Vous en serez sûr, si vous connaissez ma sensibilité pour mes amis. Elle doit vous faire désirer d'être du nombre et vous savez bien que je ne demande pas mieux.

S.l.n.d. [1]

Je suis absolument de votre avis, Monsieur le Maréchal, sur les projets que vous aviez eus sur Harbourg et Domnitz. Notre armée n'est que trop fatiguée. Il est à désirer qu'elle puisse se reposer, mais j'en doute fort par les nouvelles qui arrivent de tous les côtés. Le jeune duc de Mecklembourg est déjà la victime de son alliance avec la France et Monsieur Keith [2] marche du côté de la Hesse. Ces craintes bien fondées ont déterminé le roi (en vous accordant la permission que vous demandez depuis si longtemps de revenir ici) à ne pas laisser son armée sans général.

Bonsoir, Monsieur le Maréchal. Je ne vous en dirai pas davantage puisque je vous reverrai bientôt.

S.l.n.d.
15 au soir [3]

Je suis bien aise de vous dire, Excellence, que vous radotez. J'ai fait prudemment toutes les perquisitions imaginables. Il n'est pas un mot de ce qu'on vous a mandé. Le contrôleur a dit que les dépenses étaient fortes et cela est vrai mais il n'a jamais songé à parler et sait parfaitement que cela ne vous regarde pas. Quant au public, quelque envie que le fripon dont vous me parlez puisse avoir de faire croire que les autres font comme lui, il ne persuaderait pas et je vous assure qu'il n'en est pas question. Prenez garde que les gens qui se disent vos amis en vous faisant de pareils rapports ne soient que des tracassiers : le monde en est plein, surtout ce pays-ci. J'ignore qui vous a fait ce faux détail mais j'ai mes raisons pour vous parler ainsi. Tranquillisez-vous. Je sais un peu ce qui se passe et ai trop d'amitié pour vous pour vous tromper.

---

1. Fol. 165.
2. Frère de Mylord Maréchal, gouverneur de Neuchâtel, général de l'artillerie du roi de Prusse.
3. Fol. 167. Cette lettre est la seule qui ne soit pas de l'écriture de la marquise.

30 novembre 1757 [1]

Je suis fâchée à tous égards, Monsieur le Maréchal, de la campagne que vous recommencez. Je souhaite qu'elle soit courte et heureuse et que vous puissiez bientôt venir ici raccommoder vos nerfs et votre tête, car je ne puis m'empêcher de vous avouer l'étonnement où je suis des volumes immenses qui ont été écrits depuis deux mois sans qu'il y ait eu de possibilité de se faire entendre. Le temps éclaircira tout, il faut s'en remettre à lui.

Ma santé est très dérangée [2]. Je ne dors ni ne digère et j'en suis peu surprise. Je suis fort sensible à l'intérêt que vous y prenez, vous le savez, Monsieur le Maréchal, aux sentiments que j'ai pour vous.

S.l.n.d. [3]

Ma santé est très mauvaise, Monsieur le Maréchal, et même dans ce moment, j'ai un mal de tête énorme. Un petit prophète m'assure que vous avez enveloppé un corps de six mille Prussiens et que vous avez battu les perfides Hanovriens. Je les souhaite à tous égards. Je finis, voyant à peine en vous écrivant.

S.l.n.d.
Dimanche 19 à 11 heures du soir [4]

Monsieur de Caraman s'est très bien conduit, Monsieur le Maréchal. J'aime sa femme et je contribuerai très volontiers à lui faire obtenir la grâce que vous désirez. A l'égard de Monsieur de Lannion, j'ai toujours cru (et j'en étais surprise) qu'il avait désiré le gouvernement de Mahon, j'ai ouï-dire beaucoup de bien de lui et il est susceptible de bontés mais il n'y aura pas de nomination au jour de l'an.

Ma santé ne se remet pas. Les nouvelles de Silésie l'ont fait retomber [5]. Vengez-nous, Monsieur le Maréchal, du destructeur des humains [6]. J'espère dans votre valeur et dans le bonheur du vain-

1. Fol. 192.
2. Allusion au désespoir qui s'était emparé de la marquise après Rosbach.
3. Fol. 155.
4. Fol. 156.
5. La bataille de Lissa remportée par les Prussiens contre les Autrichiens, le 5 décembre 1757.
6. Frédéric II.

queur de Mahon. Envoyez toujours les courriers car nous désespérons ici.

2 [janvier?] 1758 [1]

Le prince Ferdinand [2] a été très sage, Monsieur le Maréchal. S'il avait bien voulu laisser nos castres [*sic*] en repos, il aurait été plus honnête. Je vous assure que l'état des troupes (tant du corps que de l'esprit) m'affecte vivement. Je voudrais qu'il fût en mon pouvoir de les rendre telles qu'elles devraient être à tous égards mais malheureusement, je n'y puis rien.

A l'égard de l'article des subsistances, c'est à l'intendant à ne vous en pas laisser manquer. Le peu d'expérience de Monsieur de Lucé a fait de grands maux. Je désire plus que je n'espère que Gayot (qu'on dit habile) puisse les réparer, mais il est bien tard et le pays est furieusement mangé.

Monsieur de Lannion a de bons titres pour espérer les grâces du roi quoique Sa Majesté ne paraisse pas dans l'intention de prendre des engagements avec personne. Il a beau jeu. Je pense comme vous, que l'on viendra à bout de l'ennemi commun si l'on s'y prend bien et en même temps qu'il est difficile de s'y prendre plus mal qu'on l'a fait cette année.

Je ne vois pas sans une douleur extrême qu'une puissance aussi inférieure [3] tienne tête aux plus grandes réunies. Il est vrai qu'il a su profiter de toutes les fautes qui ont été faites de tous les côtés. Un prince à qui le choix des moyens est égal, est bien redoutable pour ceux qui sont arrêtés par des principes d'honnêteté. De tout cela, il résulte que s'il n'y a pas un plan arrêté et suivi avec exactitude, le roi de Prusse deviendra le maître de l'Allemagne et qu'il nous couvrira (ainsi que nos alliés) d'une honte éternelle.

Ce tableau triste mais fidèle me met dans le plus grand désespoir. Je ne peux croire que vous n'en soyez pas affecté et que vous ne mettiez pas tout en œuvre pour empêcher l'avilissement de votre maître, de votre nation et de vous-même.

Monsieur de Duras m'a demandé une conversation de votre part. Je lui ai dit quand il le voudrait. Vous craignez qu'on ne m'ait disposée contre vous, c'est un tort, personne ne m'a rien dit.

---

1. Fol. 193-194.

2. Ferdinand de Brunswick, frère du duc de Brunswick, qui était à la tête des Hanovriens.

3. La Prusse était considérée comme une puissance subalterne.

La situation des affaires m'afflige sensiblement, je vois le plus beau et le plus grand projet du monde [1] presque anéanti et par le militaire, j'en suis touchée jusqu'au fond de l'âme. Je ne pense pas à autre chose et ma santé en est très dérangée.

Vous pouvez remédier à tant de maux, je l'espère, Monsieur le Maréchal, de votre amour pour la gloire et pour la personne du roi.

*

S.l.n.d. [2]

Quelle arrivée, pauvre maréchal, j'en suis pénétrée ! La situation de mon âme vous répondrait de l'intérêt que je prends à votre inquiétude, si vous n'étiez pas sûr de mon amitié.

S.l.n.d. [3]

Je fais cas de Monsieur de Brancas, Monsieur le Maréchal. Je lui ai donné et lui donnerai toujours avec plaisir des marques de mon amitié parce que je sais qu'il en est reconnaissant. Il n'y aura pas de chevalier le premier de l'an.

J'ai eu cette nuit un débordement de bile affreux. Il me reste des douleurs d'entrailles et un grand mal de tête. J'attends avec la plus vive impatience les nouvelles de votre victoire. En vérité, elle est nécessaire à ma misérable santé.

A Monsieur le Maréchal duc de Richelieu, à Paris [4]
Marly, 24 mai s.d.

Il est question d'un mariage fort avantageux pour la fille de Madame de Sy, ma parente [5]. Il ne dépend plus que de la première place de payeur de rentes. Je n'ai rien à répondre, sachant qu'elle vous est promise, mais comme j'imagine que votre protégé pourra se contenter de la seconde, je vous prie, Maréchal, de me mander si vous pouvez me rendre ce petit service.

---

1. L'alliance de la France avec l'Autriche.
2. Fol. 133.
3. Fol. 157.
4. Fol. 135.
5. Madeleine Françoise Ferran, épouse de Charles René Frémin, seigneur de Sy, cousine éloignée de la marquise.

On m'assure tous les jours que votre santé est meilleure. Ces bonnes nouvelles me font grand plaisir, j'en aurai beaucoup à vous revoir, soyez en bien persuadé.

Bonjour Maréchal.

A Monsieur le Maréchal duc de Richelieu, à Paris
Une heure avant minuit, S.l.n.d. [1]

Je reçois votre lettre, Monsieur le Maréchal, en rentrant de souper de chez le roi. Sa Majesté donnera l'ordre à Monsieur de Saint Florentin pour la lettre de cachet de Madame votre sœur. Ainsi, adressez-vous à lui. Quant à votre grande affaire, vous jugez bien que je n'ai pas eu le temps de la discuter, mais vous pouvez être assuré que je m'y emploierai de tout mon cœur.

Le 23 mars, S.l.n.d. [2]

Mon rhume est à peu près de même, mais l'ennui de garder mon lit m'en a fait sortir. J'ai attendu pour vous répondre ce que dirait Monsieur de Séchelles, il ne peut promettre des intérêts à votre homme dans les sous-fermes, ne sachant pas encore quels seront les arrangements. Mais le roi lui ayant dit qu'il voulait vous obliger et qu'il en cherchait les moyens, Monsieur de Séchelles m'a promis de s'y prêter avec plaisir.

J'ai été informée exactement de votre santé, mais je n'ai jamais osé envoyer chez vous dans la crainte de vous effrayer. Je suis fort aise que votre état soit meilleur, et je le suis encore plus de vous avoir donné des marques de mon amitié.

Bonjour Maréchal.

S.l.n.d. [3]
Dimanche

Je vous verrai incessamment, Monsieur le Maréchal. Ainsi, je crois inutile de vous donner des explications sur le sujet dont vous vous êtes malheureusement mêlé. Je prends part de tout mon cœur au chagrin que vous en ressentez.

---

1. Fol. 136.
2. Fol. 139.
3. Fol. 142.

S.l.n.d. [1]

A Monsieur le Maréchal duc de Richelieu, à Paris

J'ai remis votre lettre au roi, Maréchal. Il m'a dit vous avoir envoyé l'original par Monsieur d'Aiguillon. Sa Majesté est très persuadée de ce que vous lui mandez à ce sujet.

Je vous renvoie votre voiture et vous en remercie. On ne veut pas que je passe [*sic*] la nuit. Je vous ferai sûrement avertir le jour que j'irai à Paris, étant fort aise de vous voir.

De Versailles, ce 8 décembre, s.d. [2]

Vous n'avez pas ignoré, Excellence, et ma tape à la tête et le gros rhume que je viens d'avoir à Choisy. Ainsi, vous ne serez pas étonné si j'ai été si longtemps sans vous répondre. Je commencerai d'abord par vous dire que j'ai eu un rhume d'humeur pour lequel j'ai été soignée deux fois et que d'abord que l'on m'a purgée, il s'est en allé. Vous me demanderez à quoi bon cette explication. Je réponds à cela que la coutume étant à Paris de me faire au moins cracher le sang, est une pleurésie. Je suis bien aise de vous mettre au fait de mon état qui est très bon. Je suis aussi grosse que quand vous m'avez quittée. Ainsi vous n'avez qu'à en juger. La faute du petit Monteil a été causée par trop d'envie de bien faire. Je vous le recommande toujours ainsi que Monchenu à qui je vous prie de faire mes compliments.

Vous vous êtes très bien remué dans votre petit coin. Je viens de parler de vous longuement avec le maréchal de Belle-Isle.

Adieu, Excellence. Vous connaissez mon amitié pour vous.

J'oubliais de vous dire que certain mari de par le monde est fort étonné de ce que je ne lui parle ni ne le regarde. Vous m'entendez.

---

1. Fol. 143.
2. Fol. 172

Lettres de Louis XV au maréchal de Richelieu

FONDS RICHELIEU Mss. 67.

Louis XV au maréchal duc de Richelieu
A Versailles, ce 22 mars [1746] au soir

Je ne veux pas vous laisser dans l'erreur, où il me paraît qu'on vous a mis plus longtemps. Il n'y a rien de si faux que pour ce qu'on vous a dit qu'on m'avait dit. J'ai regretté, je regrette et je regretterai toujours madame de Châteauroux. Je l'ai connue pour son malheur et pour le mien mais je donnerais tout, à l'heure, la plus forte partie de ma personne pour qu'elle nous fût rendue. Si vous aviez été dans mon âme hier, vous ne vous seriez pas laissé aller aussi aisément à des avis pernicieux pour votre repos. Jamais personne ne m'a dit que du bien d'elle. J'étais bien persuadé de la façon dont elle pensait pour moi et si je ne lui en ai pas marqué ma reconnaissance autant que je le devais, ce n'a pas été ma faute. Vous n'ignorez pas tout ce qui s'est passé dans mon âme et j'espère que vous ni personne ne me taxe de fausseté. Vous faites bien de ne me jamais nommer la personne qui vous a parlé d'un fait si faux car il ne mourrait que de ma main. Je sais que vous êtes un peu crédule. Dieu merci, je ne le suis pas.

En vous remerciant des souhaits que vous me faites, l'un n'empêcherait jamais l'autre.

A mon ami le duc de Richelieu

[de la main du duc de Richelieu : lettre du roi après la mort de Madame de Châteauroux, 1746]

Louis XV au maréchal-duc de Richelieu
A Versailles, le 16 avril 1748

Victoire est arrivée ici. Je suis très content de toute façon et je ne doute pas que vous ne fussiez aussi [*sic*]. Mais ce n'est plus viande pour vous que mes proches [*sic*]. Adélaïde a deux terribles marques; avec cela, sa figure plaît encore.

Vous saurez ou ne saurez pas que je me suis mis à avoir des poules à Choisy. Il y en a d'une espèce que l'on appelle perillette dorée et perillette cul blanc. Ce nom ne vous plaît-il pas assez? S'il y en avait à Gênes comme cela, je vous prierais de m'en rapporter.

Dieu merci, les affaires de Monsieur et de Madame de Lauraguais sont arrangées et l'on va procéder à la séparation volontaire de biens. Pour celle de corps, je la tiens faite. Que dites-vous de la Brancas qui me dit qu'elle disait que l'enfant qu'elle avait eu, était de moi? L'une ou l'autre sont bien imprudentes de me donner un tel paquet. Ah! Que n'avez-vous été ici pour tout cela!

Quand personne n'aurait aimé Coigny, son accident aurait toujours touché tout le monde, et vous savez que quand j'aime une fois, j'aime bien. Il a bien fallu, à la fin, me déterminer à ce cruel remplacement [1]. J'ai pris son fils et j'ai chargé le petit Champcenetz du détail en attendant qu'il ait l'âge que je jugerai convenable [2].

J'ai donné la capitainerie [3] au brochet [4] en supprimant sa lieutenance de Montrouge. Ce n'est peut-être pas le premier coup que vous ayez manqué en votre vie. Je suis plus fâché pour vous de celui-là que des autres, mais vous ne paraissez pas découragé et c'est tout. Quand on passe cinquante ans, il n'est pas surprenant de vieillir vite. Cependant, quelquefois des péronnelles rajeunissent ou du moins font qu'on se retrouve encore.

Madame de Pompadour ni moi ne vous aurions envié la gloire d'avoir mangé des pois de si bonne heure, quoique, vraisemblablement, nous n'en mangerons pas de sitôt, l'armée étant si retardée qu'il n'y a pas encore la plus petite apparence de vert.

---

1. *Cf.* chap. 9 p. 130-131.
2. Le fils du comte de Coigny n'ayant que onze ans, le gouvernement de Choisy exercé par son père devait être provisoirement confié au fils de M. de Champcenetz, sous les ordres du maréchal de Coigny.
3. Il s'agit de la capitainerie de la plaine de Choisy.
4. Surnom donné au duc de La Vallière

Je vous ai donné trois évêques au lieu d'un et de plus, un conseiller d'Etat. Si vous n'êtes pas content, vous aurez tort.

Meuse n'a plus la goutte et il mange assez bien. Mais il a toujours le ringot et de plus, un très méchant visage. Il vient enfin de se déterminer à partir pour les eaux de Plombières avant la campagne, laquelle, comme vous saurez peut-être déjà, est heureusement commencée.

Maestricht est investi et la tranchée doit avoir été ouverte la nuit dernière. Mon départ n'est pas encore fixé, mais vous sentez qu'il approche.

Adieu, votre Excellence, je vous quitte pour Monsieur de Montboissier et puis pour votre ami.

Orientation bibliographique [1]

I. SOURCES IMPRIMÉES

ARGENSON (marquis d'), *Journal et Mémoires*, publiés par J.B. Rathery, Paris, 1859-1867, 9 vol.

ARGENSON (marquis d'), *Autour d'un ministre de Louis XV, Lettres intimes inédites*, Paris, 1923.

BACHAUMONT (Louis Petit de), *Mémoires secrets pour servir à l'histoire de la République des Lettres en France*, Londres, 1762-1789, 36 vol.

BARBIER, *Chronique de la Régence et du règne de Louis XV (1718-1763), ou Journal de Barbier*, Paris, 1866, 8 vol.

BERNIS (François Joachim de Pierre, cardinal de) *Mémoires et Lettres*, publ. par F. Masson, Paris, 1878, 2 vol.

BESENVAL (baron de), *Mémoires*, publ. par Ghislain de Diesbach, Paris, 1987.

CASANOVA (Jacques), *Histoire de ma vie*, publ. par F. Lacassin, Paris, 1993, 3 vol.

Catalogue des tableaux originaux de différents maîtres, miniatures, dessins et estampes sous verre de feue Mme la marquise de Pompadour, dame du palais de la reine, dressé par Jean-Thomas Hérissant fils en 1765, sur les notices de l'abbé Bridard de La Garde.

CHOISEUL (duc de), *Mémoires*, publ. par F. Calmettes, Paris, 1904.

1. Parmi les archives consultées, nous n'avons cité en note que les pièces directement utiles à notre propos. En revanche, nous publions dans leur intégralité, les lettres inédites de la marquise de Pompadour au duc de Richelieu, qui se trouvent à la Bibliothèque Victor-Cousin, dans le fonds Richelieu.

CROŸ (duc de), *Journal inédit*, publ. par le vicomte de Grouchy et P. Cottin, Paris, 1906-1907, 4 vol.

DIDEROT (Denis), *Œuvres complètes*, éd. Roger Lewinter, Paris, 1969, 15 vol.

DU DEFFAND (Mme), *Correspondance complète avec ses amis*, publ. par A. de Lescure, Paris, 1865, 2 vol.

DU HAUSSET (Mme), *Mémoires sur Louis XV et Mme de Pompadour*, publ. par J.-P. Guicciardi, Paris, 1985.

DUCLOS (Charles PINOT), *Mémoires secrets sur les règnes de Louis XIV et de Louis XV*, publ. par Petitot et Monmerqué, Paris, 1829, 2 vol.

DUFORT DE CHEVERNY, *Mémoires*, publ. par J.-P. Guicciardi, Paris, 1990.

FAVIER, *Doutes et questions sur le traité du 1er mai 1756 entre la France et l'Autriche*, Londres, 1778.

FLAMMERMONT (Jules), *Correspondance des agents diplomatiques étrangers en France avant la Révolution*, Paris, 1896.

GLEICHEN (Baron de), *Souvenirs*, Paris, 1868.

GRIMM (Frédéric, Melchior), *Correspondance littéraire, philosophique et critique par Grimm, Diderot, Raynal, Meister...* publ. par M. Tourneux, Paris, 1877-1882.

HÉNAULT (président), *Mémoires*, publ. par le baron de Vigan, Paris, 1855.

KAUNITZ-RIETBERG (Wenceslas Antoine Dominique, comte puis prince de), *Correspondance secrète entre le comte A.W. Kaunitz-Rietberg et le baron Ignaz de Koch (1750-1752)*, publ. par Hans Schlitter, Paris, 1899.
« Mémoires sur la cour de France, 1752 », publ. par le vicomte du Dresnay, *Revue de Paris*, 11e année, vol. IV, p. 441-454 et 827-847.

LESZCZINSKI (Stanislas, roi de Pologne), *Lettres inédites... à Marie Leszczinska* (1754-1766).

LEVER (Maurice) Sous la direction de, *Bibliothèque Sade, Papiers de famille*, t. Ier, Paris, 1993.

LOUIS XV, *Lettres à son petit-fils, l'infant de Parme*, publ. par Ph. Amiguet, Paris, 1938.

LUYNES (Charles Philippe d'Albert, duc de), *Mémoires sur la cour de Louis XV, 1735-1758*, publ. par L. Dussieux et E. Soulié, Paris, 1860-1865, 17 vol.

MARAIS (Mathieu), *Journal et Mémoires... sur la Régence et le règne de Louis XV*, publ. par M. de Lescure, Paris, 1863-1868.

MARVILLE (FEYDEAU de), *Lettres de M. de Marville au ministre Maurepas*, publ. par A. de Boislisle, Paris 1896, 3 vol.
MARMONTEL (Jean-François), *Mémoires,* publ. par J. Renwick Paris, 1972, 2 vol.
MONTBARREY (Alexandre de Saint-Maurice, prince de), *Mémoires autographes*, Paris, 1826-1827, 3 vol.
MOREAU (Jacob-Nicolas), *Mes souvenirs*, publ. par C. Hermelin, Paris, 1898-1901, 2 vol.
MOUFFLE D'ANGERVILLE, *Vie privée de Louis XV*, Paris, 1781, 4 vol.
PAPILLON DE LA FERTÉ (Denis Pierre Jean), *Journal, 1756-1780*, publ. par E. Boyse, Paris, 1887.
POMPADOUR (Mme de), *Correspondance*, publ. par Poulet-Malassis, Paris, 1888.
– « Lettres à Choiseul », publ. par le général de Piépape, *Revue de l'Histoire de Versailles*, 19e année, 1917.
RICHELIEU (maréchal-duc de), *Mémoires*, 1790, 9 vol.
– *Mémoires du Maréchal-duc de Richelieu*, éd. Barrière, Paris, 1889, 2 vol.
ROUSSEAU (Jean-Jacques), *Correspondance complète*, éd. R.A. Leigh.
SAINT-PRIEST, (comte de), *Mémoires*, publ. par le baron de Barante, Paris, 1929, 2 vol.
[SOULAVIE], *Mémoires historiques et anecdotes de la cour de France pendant la faveur de la marquise de Pompadour*, Paris, 1802.
TOUSSAINT (François-Vincent), *Anecdotes curieuses de la cour de France*, Paris, 1908.
VALFONS, (marquis de), *Souvenirs*, Paris, 1860.
VÉRI (abbé de), *Journal*, publ. par le baron J. de Witte, Paris, 1928-1930, 2 vol.
VILLARS-BRANCAS (Marie-Angélique Fremyn de Moras, duchesse de), *Mémoires*, publ. par E. Asse, Paris, 1890.
VOLTAIRE, *Correspondance*, publ. par Théodore Besterman, éd. de la Pléiade, Paris, 1977-1992, 13 vol.
VOLTAIRE, *Mémoires*, publ. par J. Hellegouarc'h, Paris, 1998.

II. OUVRAGES CONSULTÉS

ABENSOUR (Léon), *La Femme et le féminisme avant la Révolution*, Paris, 1923.
ANTOINE (Michel) et OZANAM (Didier), *Correspondance secrète du comte de Broglie avec Louis XV,* Paris, 1956.

ANTOINE (Michel), *Louis XV*, Paris, 1989.
ARNETH (Alfred RITTER von), *Geschischte von Maria Theresia's*, Vienne, 1863-1879, 10 vol.
BEAUSSANT (Philippe), *Les Plaisirs de Versailles, Théâtre et Musique*, Paris, 1996.
BÉLY (Lucien), *Les Relations internationales en Europe*, XVIIe-XVIIIe *siècle*, Paris, 1992.
BERTOUT (A.), *Les Ursulines de Paris sous l'Ancien Régime*, Paris, 1936.
BOIS (Jean-Pierre), *Maurice de Saxe*, Paris, 1998.
BOISLISLE (A. de), *La maison de Nicolaï.*
BOUTARIC (E.), *Correspondance secrète inédite de Louis XV*, Paris, 1866.
BOUTRY (Maurice), *Choiseul à Rome*, Paris, s. d.
BROGLIE (duc de), *Le secret du roi*, Paris, 1878, 2 vol.
BUTLER (Rohan), *Choiseul, Father and Son*, Oxford, 1980.
CAMPARDON (Emile), *Madame de Pompadour et la cour de Louis XV*, Paris, 1983.
CASTRIES (duc de), *La Pompadour*, Paris, 1983.
CHAUNU (Pierre), FOISIL (Madeleine), NOIRFONTAINE (Françoise de), *Le basculement religieux de Paris au* XVIIIe *siècle*, Paris, 1998.
CHAUSSINAND-NOGARET (Guy), *Choiseul*, Paris, 1998.
– *La vie quotidienne des femmes du roi*, Paris, 1990.
COMBEAU (Yves), *Le comte d'Argenson, ministre de Louis XV*, Paris, 1999.
CORDEY (J.), *Inventaire des biens de Mme de Pompadour, rédigés après son décès*, Paris, 1939.
COTTRET (Monique), *Jansénisme et Lumières*, Paris, 1998.
COURAJOD (L.), *Le Livre-Journal de Lazare Duvaux*, Paris, 1873, 2 vol.
D'ESTRÉE (Paul), *Le Maréchal de Richelieu*, Paris, 1917.
DARNTON (Robert), *L'aventure de l'Encyclopédie*, Paris, 1982.
DUBOIS-CORNEAU, *Pâris de Montmartel*, Paris, 1917.
DURAND (Yves), *Les Fermiers généraux au* XVIIIe *siècle*, Paris, 1996.
EGRET (Jean), *Louis XV et l'opposition parlementaire*, Paris, 1970.
FAUR, *Vie privée du maréchal de Richelieu*, Paris, 1912.
FILON (M.), *L'Ambassade de Choiseul à Vienne*, Paris, 1872, 2 vol.
FLEURY (comte M.), *Louis XV intime et les petites maîtresses*, Paris, 1899.
FROMAGEOT (Paul), « La jeunesse de Mme de Pompadour » et « La mort et les obsèques de Mme de Pompadour », *Revue de l'Histoire de Versailles*, 1902.

GALLET (Danielle), *Madame de Pompadour ou le pouvoir féminin*, Paris, 1985.

– « Madame de Pompadour et l'appartement d'en bas au château de Versailles », Paris, *La Gazette des Beaux-Arts*, 1991.

– *Madame de Pompadour et la floraison des arts*, Montréal, mu. David M. Stewart, 1988.

GAXOTTE (Pierre), *Le Siècle de Louis XV*, Paris, 1998.

GONCOURT (Edmond et Jules de), *Les Maîtresses de Louis XV*, Paris, 1860.

GROSCLAUDE (Pierre), *Malesherbes, témoin et interprète de son temps*, Paris, 1961, 2 vol.

JULLIEN (Adolphe), *Histoire du théâtre de Madame de Pompadour*, Minkoff reprint, Genève, 1978.

LA BARRE DE RAILLICOURT, *Richelieu, le maréchal libertin*, Paris, 1991.

LA ROCHEFOUCAULD (Gabriel de), *Marie Leszczinska, femme de Louis XV*, Paris, 1943.

LACOUR-GAYET (G.), *Histoire de la Marine*, Paris, 1902.

LAUGIER (Lucien), *Le Duc d'Aiguillon*, Paris, 1984.

LAULAN (R.), « La fondation de l'Ecole militaire et Mme de Pompadour », *Revue d'histoire moderne et contemporaine*, 1974.

LEROI (P.-A.), « Relevé des dépenses de Mme de Pompadour depuis la première année de sa faveur jusqu'à sa mort », *Mémoires de la Société des Sciences morales, des lettres et des arts de Seine-et-Oise*, t. III, p. 113-152.

LEROY (Alfred), *Madame de Pompadour et son temps*, Paris, 1936.

LE ROY LADURIE (Emmanuel), *Saint-Simon ou le système de la Cour*, Paris, 1997.

LESUEUR (F.), *Ménars, le château et les collections de Mme de Pompadour et du marquis de Marigny*, Blois, 1912.

LEVER (Maurice), *Sade et la Révolution*, Paris, 1998.

– *Pierre-Augustin Caron de Beaumarchais*, Paris, 1999.

LEVRON (Jacques), *Choiseul, un sceptique au pouvoir*, Paris, 1972.

– *Secrète Madame de Pompadour*, Paris, 1961.

Louis XV. Un moment de perfection de l'art français, Paris, 1974.

LUCHET (M. de), *Histoire de Messieurs Pâris*, Lausanne, 1790.

MAIRE (Catherine), *De la cause de Dieu à la cause de la nation*, Paris, 1998.

MARIE (Alfred et Jeanne), *Versailles au temps de Louis XV*, Paris, 1984.

MARQUISET (A.), *Le Marquis de Marigny*, Paris, 1918.

MASSON (Frédéric), *Le Cardinal de Bernis depuis son ministère, 1758-1794*, Paris, 1877.

MAUGRAS (Gaston), *Le Duc et la Duchesse de Choiseul, leur vie intime, leurs amis et leur temps*, Paris, 1924.

MAUREPAS (Arnaud de) et BOULANT (A.), *Les Ministres et les Ministères au siècle des Lumières*, Paris, 1996.

MAUZI (Robert), *L'idée du bonheur au XVIIIe siècle*, Paris, 1960.

MEYER (Jean), *La Chalotais, Affaires de femmes et affaires d'Etat sous l'Ancien Régime*, Paris, 1995.

MITFORD (Nancy), *Madame de Pompadour*, Paris, 1954.

NICOLLE (Jean), *Madame de Pompadour et la société de son temps*, Paris, 1980.

NOLHAC (Pierre de), *Louis XV et Madame de Pompadour*, Paris, 1903, 2 vol.

– *Le château de Versailles sous Louis XV*, Paris, 1898.

– *Madame de Pompadour et la politique*, Paris, 1928.

PEREY (Lucien), *Un petit-neveu de Mazarin, Louis Mancini-Mazarini, duc de Nivernais*, Paris, 1890.

– *La fin du XVIIIe siècle, le duc de Nivernais, 1754-1798*, Paris, 1891.

PICCIOLA (André), *Le comte de Maurepas*, Paris, 1999.

POMEAU (René), *Voltaire et son temps*, Paris, 1985-1995, 2 vol.

REISET (comte de), *Le château de Crécy et Mme de Pompadour*, Chartres, 1876.

RÉTAT (Pierre) et ses collaborateurs, *L'Attentat de Damiens, discours sur l'événement au XVIIIème siècle*, Lyon 1979.

ROGISTER (John), *Louis XV and the « parlement » of Paris, 1737-1755*, Cambridge University Press, 1995.

ROUSSET (Camille), *Le Comte de Gisors*, Paris, 1868.

ROUART (Jean-Marie), *Bernis le cardinal des plaisirs*, Paris, 1998.

SAINTVILLE (G.), *Une confidente de Mme de Pompadour, Mme du Hausset de Demaines, d'après des documents authentiques*, Paris, 1937.

SAREIL (Jean), *Les Tencin*, Genève, 1969.

SÉGUR (Pierre de), *Le Royaume de la rue Saint-Honoré*, Paris, 1897.

SOLNON (Jean-François), *La Cour de France*, Paris, 1987.

STRYIENSKI (Casimir), *Le Gendre de Louis XV, don Philippe* , Paris, 1904.

– *La mère des trois derniers Bourbons, Marie-Josèphe de Saxe et la cour de Louis XV*, Paris, 1903.

– *Mesdames de France, filles de Louis XV*, Paris, 1911.
TAPIÉ (Victor-Lucien), *L'Europe de Marie-Thérèse, du baroque aux Lumières*, Paris, 1973.
VAILLÉ (E.), *Le Cabinet noir*, Paris, 1950).
VAILLOT (René), *Le Cardinal de Bernis*, Paris, 1985.
VERLET (Pierre), *Le Château de Versailles*, Paris, 1961 et 1985.
VITZHUM D'ECKSTAEDT (comte de), *Maurice, comte de Saxe et Marie-Josèphe de Saxe*, Leipzig, 1867.
WADDINGTON (Richard), *La Guerre de Sept Ans*, Paris, 1904, 5 vol.
ZEVORT (Edgar), *Le Marquis d'Argenson et le ministère des Affaires étrangères*, Slatkine reprints, Genève, 1976.

INDEX DES NOMS DE PERSONNES

Table

Cet ouvrage a été réalisé par la
SOCIÉTÉ NOUVELLE FIRMIN-DIDOT
Mesnil-sur-l'Estrée
pour le compte des Éditions Perrin
en janvier 2002

Imprimé en France
Dépôt légal : mars 2000
N° d'édition : 1509 - N° d'impression : 58325